Heinrich Stümcke

Henriette Sontag

Ein Lebens- und Zeitbild

www.elv-verlag.de

Stümcke, Heinrich

Henriette Sontag

Ein Lebens- und Zeitbild

ISBN: 978-3-86267-464 0

Auflage: 1
Erscheinungsjahr: 2011
Erscheinungsort: Bremen, Deutschland
Cover: Ausschnitt aus dem Gemälde von Paul Delaroche (1797–1859).

Europäischer Literaturverlag GmbH, Fahrenheitstr. 1, 28359 Bremen (www.elv-verlag.de).

Bei diesem Titel handelt es sich um den Nachdruck eines historischen, lange vergriffenen Buches aus dem Selbstverlag der Gesellschaft für Theatergeschichte, Berlin 1913. Da elektronische Druckvorlagen für diesen Titel nicht existieren, musste auf alte Vorlagen zurückgegriffen werden. Hieraus zwangsläufig resultierende Qualitätsverluste bitten wir zu entschuldigen.

Schriften der Gesellschaft für Theatergeschichte

Band XX

Henriette Sontag

von

Heinrich Stümcke

Berlin 1913

Selbstverlag der Gesellschaft für Theatergeschichte

Henriette Sontag als Donna Anna

Nach dem Gemälde von Paul Delaroche

Henriette Sontag

Ein Lebens= und Zeitbild

von

Heinrich Stümcke

Mit zwölf Tafeln

Berlin 1913
Selbstverlag der Gesellschaft für Theatergeschichte

Meiner Mutter.

Vorwort.

Die erste Anregung zu diesem Buche reicht lange Jahre zurück, bis in die Anfänge meiner Bekanntschaft mit Carl Sontag († 1900). Es war nur natürlich, daß unser Gespräch gleich beim ersten Mal auf die berühmteste Trägerin des Namens kam, als wir plaudernd im behaglichen Ecksalon in der Pragerstraße unter Delaroches Gemälde saßen, auf dem Henriette mit großen ernsten Augen den Besucher anblickte. Der meisterhafte Erzähler teilte mir aus dem reichen Schatz seiner Erinnerungen, die Darstellung in seinen bekannten Büchern ergänzend und belebend, mancherlei über die einst von dem Knaben schon wegen des großen Altersunterschiedes mit einer Art von scheuer Ehrfurcht betrachtete berühmte Schwester mit, über deren wechselvollen Lebensgang er durch die Mutter und die jüngere Schwester Nina aufs genaueste unterrichtet war. Der greise Künstler verhehlte mir nicht, daß eine umfassende quellenmäßige Biographie Henriette Sontags eine ebenso dankbare wie schwierige Aufgabe sein würde, die er im Falle der Inangriffnahme aus seinem Besitz an Handschriften und Bildern nach Möglichkeit zu fördern versprach. Über die Zuverlässigkeit des ihm vor Augen gekommenen gedruckten Materials zu einer Lebensgeschichte der Schwester äußerte Sontag sich sehr skeptisch. Die Gräfin Rossi selber hat 1851 zu Hoffmann von Fallersleben geäußert: „Glauben Sie doch ja nicht, was in den Zeitungen steht, die Zeitungen haben über mich noch nichts gesagt, was wahr ist." In solcher Verallgemeinerung ist dieser Ausspruch freilich ebensowenig zutreffend, wie die Meinung von Hektor Berlioz, die Sontag habe weniger als andere berühmte Sängerinnen unter der Feindseligkeit und Parteilichkeit der Kritik zu leiden gehabt. Als nach Jahren der Plan zu diesem Buche festere Gestalt gewann, überzeugte ich mich allerdings bald,

daß nicht nur die zahllofen in= und ausländifchen Zeitungsartikel, die fich
mit der Perfon der fchönen Sängerin und der fpäteren Gräfin Roffi bei
ihren Lebzeiten und nach ihrem Tode befchäftigt haben, fondern auch die
Darftellung ihres Lebensganges und ihrer Künftlerlaufbahn in Brofchüren,
Mufikgefchichten und Sammelwerken in bezug auf Beibringung und Ver=
wertung des Tatfachenmaterials an Vollftändigkeit und Richtigkeit viel, oft
alles zu wünfchen übrig ließen, und fomit nur ein Zurückgreifen auf hand=
fchriftliche Quellen und eine Kontrolle des Gedruckten durch die eigenen
brieflichen Äußerungen unferer Heldin an vertraute Perfonen ihres einftigen
Umganges Erfolg verfprach. Durch die Freundlichkeit des Antiquars und
Verlagsbuchhändlers Ernft Frensdorff in Berlin gelangte ich 1905 in den
Befitz ganzer Serien von Briefen, welche die Künftlerin an intime Freunde
und Freundinnen während ihrer Berliner Wirkfamkeit in den 20er Jahren,
von ihren ausländifchen Gaftfpielen in derfelben Zeit fowie in den Jahren
1849 - 53 gerichtet hat. Durch fyftematifch betriebene Nachforfchungen
kamen weitere umfangreiche Briefreihen, u. a. aus dem Nachlaffe Carl
Sontags, und wichtige Aktenftücke, die insbefondere über die Zeit des König=
ftädtifchen Theaters und des Sontagfiebers Licht verbreiteten, mir zur Kenntnis.
Bei Durchficht der gedruckten Kataloge bedeutender in= und ausländifcher
Autographenfammlungen und der Theater und Mufik betreffenden Lager=
und Auktionskataloge der bekannten deutfchen Autographenhandlungen, die
aus anderem Anlaß von mir unternommen wurde, habe ich auch auf die
Sontag bezügliche Schriftftücke notiert und dank dem Entgegenkommen der
jetzigen Befitzer in manches Blatt Einficht nehmen können. Gegenüber dem
fortlaufenden Briefwechfel mit vertrauten Korrefpondenten kommen aller=
dings diefe vereinzelten Schreiben, die zumeift den Austaufch konventioneller
Höflichkeiten oder kurze gefchäftliche Mitteilungen über Gaftfpiele und der=
gleichen enthalten, kaum in Betracht. Daneben war ich bemüht, die nicht
eben zahlreichen, bereits gedruckten, zum Teil in ausländifchen Publi=
kationen verftreuten Briefe, fowie die gedruckte Sontag=Literatur über=
haupt im weiteften Umfange zur Ergänzung und Kontrolle heranzuziehen.
So fah ich mich bei der Ausarbeitung diefer Monographie in der Lage,
die Sängerin, zumal an entfcheidenden Wendepunkten ihres Lebens und auf

der Höhe ihrer künstlerischen Erfolge teils selber sprechen zu lassen, teils die Urteile anderer mit ihrer eigenen Auffassung der Menschen und Dinge zu vergleichen. Briefe des Grafen Rossi, der Mutter und Schwester, Franziska und Nina Sontag, und von Freunden und Freundinnen an die Sängerin gerichtete Episteln erwiesen sich oft nicht minder geeignet, vieles in den bisherigen Darstellungen des Lebensganges der Sontag vorgebrachte Falsche und Zweifelhafte zu berichtigen und aufzuhellen.

Henriette Sontag war noch ein Kind jener schreibfreudigen Zeit, wo der briefliche Austausch freundschaftlicher Gefühle und die Schilderung erlebter Eindrücke eine ganz andere Rolle spielten als heute. Wie manche schreibfrohe Frauen jener Periode, die wir unbedenklich zu den Meisterinnen der Epistolographie zählen, hat auch sie mit den Regeln der Rechtschreibung und Interpunktion, oft auch mit den Gesetzen der Stilistik, auf gespanntem Fuße gestanden. Die ziemlich häufig beliebte Verwendung von Fremdwörtern und fremdsprachlichen Brocken ist wohl weniger der Mode der Zeit als der zur zweiten Natur gewordenen Gewohnheit der mehrsprachigen internationalen Virtuosin und Diplomatengattin zuzuschreiben. Aber wenn unmittelbarer Ausdruck des Gefühls, ungeschminkte Natürlichkeit und Gegenständlichkeit der Schilderung und ein reicher Lebensinhalt Vorzüge eines Briefschreibers sind, so darf die große Sängerin auch für ihre Episteln eine freundliche Note beanspruchen. Die Lust zum Briefschreiben ist ihr erst mit den Jahren gekommen. Die durch Rollenstudium und häufiges Auftreten, zahllose lästige Besuche, gesellschaftliche Verpflichtungen und zeitraubende Gastspielreisen in Anspruch genommene junge Künstlerin sah im Schreiben jahrelang anscheinend nur eine lästige Verpflichtung, die sie gern auf die Mutter, die Schwester, die gelehrige Zofe oder einen dienstwilligen Anbeter wie Holtei abwälzte. Vergeblich haben wir nach einem Brief von ihrer Hand aus jenen Jahren an Goethe und an Beethoven gesucht, um nur diese beiden Größten, mit denen ein freundliches Schicksal sie in Berührung brachte, zu nennen. Während der fast zwanzigjährigen Pause in ihrer Künstlerlaufbahn hat dann die Gräfin Rossi unter dem günstigen Einfluß bedeutender oder ihrem Herzen nahestehender Menschen bei hinreichender Muße auch Geschmack an häufigem schriftlichen Gedankenaustausch

in Form von Plauderbriefen gewonnen. Mit dem jungen Goethe hätte
sie sagen können, daß ihre Schilderungen und Bekenntnisse meist aufs
Papier hingewühlt seien. Temperamentvolle Begeisterung, schalkhafte Laune
gehen schon in den besten Stücken aus ihrer Jugendzeit gern mit ihr durch.
Verstiegene Gefühle und falsche Pose liegen ihr fern. Der guten Gewohnheit, einige Vertrauten über ihre persönlichen Erlebnisse und ihre künstlerischen
Taten auf dem Laufenden zu erhalten, blieb sie auch in den letzten Jahren
ihres Lebens während der anstrengenden Gastspielfahrten in Europa und
Amerika treu. Noch geraume Zeit nach ihrem unerwarteten Tode gelangten
ihre letzten Grüße und ihre humorvollen Schilderungen der mexikanischen
Eindrücke an ihre Lieben in der Heimat. Und alle diese Zeugnisse von
ihrer Hand bestätigen auch in diesem Falle Goethes Wort, daß Briefe zu
den wichtigsten Dokumenten zählen, die ein Mensch hinterlassen kann.

Es ist mir eine angenehme Pflicht, in diesem Zusammenhange vor
allem der Besitzer und Verwalter der Handschriften zu gedenken, ohne die
das Zustandekommen dieses Werkes unmöglich gewesen wäre. An erster
Stelle habe ich meinen ehrerbietigsten Dank abzustatten Sr. Königl.
Hoheit dem Großherzog Adolf Friedrich von Mecklenburg-
Strelitz, mit dessen gnädiger Erlaubnis ich die im Schloß-Archiv zu
Neu-Strelitz in musterhafter Vollständigkeit aufbewahrte Korrespondenz des
Grafen und der Gräfin Rossi mit weiland Großherzog Georg K. H. jahrelang für die Zwecke dieses Buches benutzen durfte. Dankbar verpflichtet
bin ich ferner der Generalintendantur der Königlichen Schauspiele und der Generaldirektion der Preußischen Staats-
archive in Berlin, der Direktion des Königlichen Haus-
archivs in Charlottenburg, der Direktion des Museums für das
Königreich Böhmen in Prag, dem Magistrat der Stadt Koblenz, dem bischöflichen Sekretariat in Mainz. Durch bereitwillig erteilte Auskünfte oder Unterstützung bei der Beschaffung des gedruckten, handschriftlichen und bildlichen Materials haben mich in dankens-
werter Weise gefördert: Frau Geheime Legationsrat von Bülow in
Berlin, Fritz Donebauer in Prag, Angelo Eisner, Ritter von
Eisenhof in Wien, Josef Finkelstein in Leipzig, Ernst Frens-

dorff in Berlin, Prof. Dr. Alfons Fritz in Aachen, Prof. Dr. Ludwig Geiger in Berlin, Dr. Fritz Hartmann in Braunschweig, Dr. J. Heckscher in Hamburg, Kammerherr Dr. Stephan Kekulé von Stradonitz in Großlichterfelde, Hofschauspieler Hermann Knispel in Darmstadt, Schriftsteller Paul A. Merbach und Schriftsteller Hans v. Müller in Berlin, Dr. Alfred Rosenbaum und Prof. Dr. August Sauer in Prag, Regierungsrat Dr. Anton Schlossar in Graz, Pater Dr. Expeditus Schmidt in München, Ingenieur Karl Sontag in Przemysl, Kammerherr H. von der Wense in Neu-Strelitz, Hofschauspielerin Frl. Pauline Ulrich in Dresden, Prof. Dr. Alexander v. Weilen in Wien.

Berlin 1912.

Dr. Heinrich Stümcke.

Inhaltsverzeichnis.

Verzeichnis der Beilagen.

Am Exemplare in matt
Am Exemplare in matt

Acte de Naissance.

Cejourd'hui le *quatrième* jour du mois de *janvier* de l'an *1860*, il nous a été présenté un enfant, qui a été reconnu être du sexe *féminin* né le *trois* *jour* du mois de *de l'an* *1860* heure du matin à *Coblence* (ses prénoms) *Caecilie Wilbourg*

Son père (prénoms) *Francois* (nom) *Sontag* (profession)

né le

demeurant domicilié à présente âgé de vingt-trois ans

Sa mère (prénoms) *Francois* (nom) *Merklop* (qualité)

née le

son épouse légitime née à ... domiciliée à ...

Le premier témoin (prénoms) *Auguste Victoire* (nom) *Sontag* (profession) *... âgé de trente six ans* domicilié à *Coblence*

Le second témoin (prénoms) *Francois Joseph* (nom) *Paviton* (profession) *demeurant* né le *... âgé de quarante huit ans* domicilié à *Coblence*

Sur la déclaration qui nous a été faite par le *sage femme* (prénoms) *...* (nom) *Deyffert* (profession) né le *... âgé de ...* domicilié à *Coblence*

Fait et dressé le présent acte par nous officier de l'état civil, et ont signé avec nous les déclarans, après lecture et interprétation en langue allemande.

En absence en père

Joseph Anton Joachim Zurcol Sontag Boulhors

Geburtsurkunde von Henriette Sontag

Magistrats-Archiv, Coblenz

Stumde, H. Sontag. Tafel II.

I. Kapitel.

„Mlle. Sontag ist ein klar geschriebenes Buch, dem nur der Vollständigkeit wegen einige mystische Kapitel einverleibt sind, die zur Offenherzigkeit des sonstigen Inhalts noch den Reiz des Geheimnisses bringen." Diese Worte des berühmten Juristen Eduard Gans treffen nicht nur auf die künstlerische Individualität Henriette Sontags, sondern auch auf ihr Leben zu. Schon bei der Niederschrift des Datums ihrer Geburt stockt die Feder des gewissenhaften Chronisten. Die eigenen Angaben der Künstlerin und ihrer Verwandten lauten widersprechend, in den biographischen und lexikalischen Sammelwerken, in den Gedenkartikeln und Essays der Zeitungen und Zeitschriften wurde bald 1803, bald 1804 und 1805, 1806, ja 1809 als das Jahr ihrer Geburt angegeben.¹) Erst die Auffindung der Geburtsurkunde im Koblenzer Archiv hat die endgültige Feststellung des richtigen Datums, des 3. Januar 1806, ermöglicht. Freilich enthält auch diese Urkunde eine nicht jeden Zweifel ausschließende crux: die Neugeborene wird als Gertrude Walpurga, nicht als Henriette bezeichnet. Schon Karoline Bauer tat aus diesem Grunde in ihren Memoiren die spitzfindige Bemerkung: „Ich habe verschiedene Gründe zu glauben, daß Henriette um einige Jahre früher geboren, als Wunderkind von der klugen Mutter um 2—3 Jahre jünger gemacht und ihr Taufschein mit dem der jüngeren früh gestorbenen Schwester Gertrudis Walpurga einfach vertauscht wurde." Dieser Vermutung steht indessen das direkte Zeugnis der Taufpatin der Sontag, eines Fräulein Gertrud Loef, späteren Justizrätin Heinzius in Koblenz, entgegen, die ihr einstiges Patenkind noch in den 40er Jahren als Gräfin Rossi gekannt und wiedergesehen hat. Daß aus Respektsrücksichten Paten gebeten und Täuflingen Namen gegeben werden, die weder den Eltern noch später den Kindern gefallen und daß Kinder kurzerhand für den Familiengebrauch

1

umgetauft werden, ist ja kein einzig dastehender Fall. Es sei nur an Theodor Körner, der in seinem Elternhause stets Karl gerufen wurde und an Heinrich, ursprünglich Harry Heine erinnert.[2]) Unrichtig ist in der Geburtsurkunde die Angabe des Geburtshauses: Löhrstraße. Henriette ist vielmehr in dem heute nicht mehr bestehenden Eckhause am Plan- und Entenpfuhl, der früheren Moslerschen Hofkonditorei, geboren. Der jetzt an dieser Stelle sich erhebende Neubau ist seit dem Jahre 1886 mit einer Tafel zur Erinnerung an den seltenen Singschwan geschmückt, der den Entenpfuhl und das Sprüchwort „nomen et omen" Lügen gestraft hat.

Henriette Sontag war ein echtes Theaterkind. Beide Eltern gehörten der Bühne an; der Vater, Franz Sontag (geboren 17. Januar 1783 in Mainz als der Sohn eines Hoflakaien Martin Sonntag und seiner Gattin Apollonia Pasaquez),[3]) war ursprünglich für die Beamtenlaufbahn bestimmt, folgte aber schon früh dem Hang zur Bühne und zeichnete sich in der Oper als Baß-Buffo und im Schauspiel als Komiker und Charakterspieler (humoristische Väter und Juden) aus. Schon als Achtzehnjähriger brachte er es auch zum Prinzipal einer kleinen Truppe, die im Wirtshaus zum römischen Kaiser in seiner Vaterstadt spielte. Anno 1803 heiratete er in Koblenz Franziska Markloff, die in Heddernheim 1789[4]) geborene Tochter eines kurmainzischen Beamten. August Markloff wird in der Familientradition der Sontag als begüterter und um Land und Amt mannigfach verdienter Mann geschildert. Da er indessen schon 1793 starb und Kur-Mainz in den Kriegsläuften hart mitgenommen wurde, waren die Vermögensverhältnisse der Witwe jedenfalls keine glänzenden und Franziska, einem lustigen, aufgeweckten Mädchen, das bei Liebhaberaufführungen in Mainz und Koblenz sich bald hervortat, wurde seitens der Mutter kein Widerstand entgegengesetzt, als sie, kaum zur Jungfrau erblüht, das Theaterspielen zum Lebensberuf wählte und einem blutjungen Schauspieler die Hand zum Bunde reichte. Das erste Wirken des jungen Paares auf den Bühnen der Rhein- und Maingegend hat wenig Spuren hinterlassen. Wir wissen nur, daß Franz Sontag zur Zeit der Geburt Henriettes in Trier weilte. In der betreffenden Rubrik von Henriettes Taufschein fehlt die Standesbezeichnung des Vaters. Vielleicht hat Frau Franziska aus Rückſicht auf ihre Familie und die Zukunft der Tochter es vorgezogen, die damals noch immer mit ſcheelen Augen betrachtete Tätigkeit des wandernden Komödianten nicht ſchwarz auf weiß amtlich beglaubigen zu laſſen. Ein Jahr nach Henriettes Geburt wird Sontag „nebſt Frau und Kind" als Mitglied der Truppe des Prinzipals Ludwig Doſſy in Aachen aufgeführt.

Früher als dem Vater blühte Franziska Sontag das Glück, in ge= ſicherte Engagementsverhältniſſe und an eine Bühne von Rang zu gelangen. 1810 hatte Großherzog Ludwig I. von Heſſen das bisherige Krebsſche Theater in Darmſtadt zum Hoftheater erhoben, das lange vernachläſſigte Opernhaus neu herrichten laſſen und die erſte Glanzepoche der heſſiſchen Hofbühne damit eingeleitet. Noch im September desſelben Jahres wurde Franziska Sontag für „erſte Liebhaberinnen und junge Frauen" verpflichtet. Für Kinderrollen weiſt das Perſonalverzeichnis neben vier anderen Namen den Henriettens auf. Wir glauben gern dem Bericht alter Darmſtädter, daß die Kleine ein munteres und lebendiges Kind geweſen iſt und auch an wilden Knabenſpielen Gefallen gefunden hat. Das Theaterblut regte ſich frühzeitig.

Wenig über 5 Jahre alt, am 5. März 1811, feierte die Kleine ihr Debüt auf den Brettern, gelegentlich eines Gaſtſpiels des berühmten Künſtlerpaars Eßlair in Kotzebues Einakter: „Die Beichte". Der uns erhaltene Theaterzettel verzeichnet: „Ein Kind — Henriette Sontag".[5]) Sie wird ihre Sache gut gemacht haben, denn in der Folgezeit begegnen wir ihrem Namen häufiger auf den Programmzetteln heute längſt verſchollener, aber damals beliebter Stücke wie Jfflands „Dienſtpflicht", Klingemanns „Vehmgericht", Caſtellis „Minengräber in Schweden", Gotters „Medea", Körners „Roſamunde". 1814 machte ſie ihren erſten Gaſtſpielausflug in Begleitung ihrer Mutter nach Mannheim, wo Vater Sontag am Hof= theater als beliebter und bewährter Künſtler wirkte. Ein Sommerengagement in Baden=Baden im Jahre 1811 hatte ſeinen Übergang an das Hoftheater vermittelt. Einige angeſehene Kurgäſte aus Mannheim hatten an ſeinem Spiel Gefallen gefunden und während des folgenden Winterengagements in Freiburg i. Br. war es ihm gelungen, die Protektion der kunſtſinnigen Großherzogin Stephanie von Baden, der Adoptivtochter Napoleons, zu

erringen, die dem Künstler eine Empfehlung an den Mannheimer Inten=
danten von Venningen zuteil werden ließ. Nachdem die Aussichten auf
eine Anstellung in Stuttgart sich zerschlagen, bewarb Sontag sich in einem
Schreiben vom 25. Oktober 1811 um ein Engagement als erster Baß=Buffo
und Charakterspieler am Mannheimer Hoftheater. „Um die Vorzüge eines
solide stehenden Theaters zu genießen", erklärte er sich mit einer Gage
von 1200 Gulden, Reiseentschädigung und einem Benefizabend zufrieden,
obgleich er in seinem jetzigen Engagement 1500 Gulden beziehe. Das mit=
gesandte Repertoire enthielt 60 Rollen, u. a. Leporello im „Don Juan"
und Papageno in der „Zauberflöte". Gleichzeitig bemerkte er, daß es
wenige alte und neue Ritter= und Konversationsstücke gebe, in denen er
nicht studiert sei. Sontag äußerte ferner die Bitte, wenn möglich auch
seine Frau Franziska, die zur Zeit in Darmstadt tätig sei, zu engagieren.
Der Mannheimer Intendant schlug diese Bitte kurzerhand ab, da alle
weiblichen Fächer besetzt seien. Die Gage von 1200 Gulden und 6 Louisdor
Reisegeld wurden dagegen in dem am 1. März 1812 geschlossenen Kon=
trakte dem Künstler bewilligt, der am 15. März zum erstenmal auf der
Mannheimer Hofbühne in der Rolle, in welcher er das besondere Wohl=
gefallen der Großherzogin erregt hatte, als Bucephalo in der Oper: „Die
Sängerinnen auf dem Lande", auftrat. Auch die Presse, voran der ein=
flußreiche Kritiker der „Zeitung für die elegante Welt" und der „Allgemeinen
musikalischen Zeitung" fällte über den neuen Komiker ein sehr günstiges
Urteil. — 1814 sah Franz Sontag, vermutlich nach längerer Pause, die
Seinen wieder. Am 4. Oktober sang die achtjährige Henriette die Lilli
im „Donauweibchen", während der Vater den Larifari gab. Die Rolle,
die Wenzel Müller, der seiner Zeit viel gefeierte fruchtbare Komponist und
Kapellmeister, für sein Töchterchen Therese Müller, die spätere berühmte
Sängerin Madame Grünbaum, eigens komponiert hatte, lag auch der kleinen
Sontag vortrefflich. Ihr hell herausgeschmettertes hohes C erregte schon
auf der Probe das Entzücken des Kapellmeisters und der Orchestermitglieder,
und der Beifall sowohl bei der ersten Aufführung wie auch bei der Wieder=
holung, in welcher die kleine Künstlerin sich sogar in einigen eigens ein=
gefügten Koloraturen versuchte, ließ an Echtheit und Stärke nichts zu

wünschen übrig. Als sich Henriette, stolz über den errungenen Erfolg, vom Vater trennte, um mit der Mutter nach Darmstadt zurückzukehren, ahnte sie schwerlich, daß es ein Abschied fürs Leben sein würde.

Obgleich Frau Franziska eine der beliebtesten Künstlerinnen des Darmstädter Hoftheaters war und fast in allen Stücken beschäftigt wurde, regte sich in ihr das unruhige Künstlerblut und sie strebte nach einem neuen Wirkungskreise. 1811 und 1812 hatte Iffland in Darmstadt gastiert und seiner schönen und intelligenten Partnerin seine Anerkennung nicht vorenthalten, ihr wohl auch Andeutungen von der Möglichkeit eines Engagements am Berliner Hoftheater gemacht, wonach Frau Franziska einen Teil der Rollen der alternden Bethmann=Unzelmann übernehmen sollte. Nach einer unkontrollierbaren Quelle hatte Frau Sontag damals aus Bescheidenheit die Einladung des berühmten Mimen und Generaldirektors abgelehnt und sich erst 1814 zu einem Brief an Iffland entschlossen, der diesen indessen nicht mehr am Leben antraf. Im folgenden Jahre bot sich als Ersatz eine andere, nicht minder günstige Aussicht für sie: in Prag war durch den Abgang Sophie Schröders das Fach der ersten Heldin und Liebhaberin frei geworden. Rasch entschlossen erbat Frau Sontag vom Großherzog Ludwig ihre Entlassung und erhielt sie im Mai 1815, obgleich ihr Abgang in Darmstadt sehr bedauert wurde und, wie der Chronist der hessischen Hofbühne berichtet, die Regie in nicht geringe Verlegenheit brachte, da die Rollen der beliebten und vielbeschäftigten Künstlerin nicht so rasch neu besetzt werden konnten. Wie es scheint, war Frau Franziska nicht ganz sicher, ob sie in der böhmischen Hauptstadt dauernd festen Fuß fassen würde. Vielleicht billigte auch ihr Gatte die Übersiedelung an einen so weit entfernten Ort nicht und es kam zwischen den beiden zu einem unheilbaren Zerwürfnis. Auf jeden Fall blieben Henriette und ihre im Januar 1811 geborene jüngere Schwester Nina vorläufig unter der Obhut der Witwe Markloff in Mainz. War es großmütterlicher Ehrgeiz oder hegte die frühreife Henriette selber den Wunsch, nicht sang= und klanglos im wahren Sinne des Wortes von der Stätte ihres ersten Auftretens zu scheiden, genug, die alte Frau wandte sich in einer treuherzigen Eingabe bald nach der Abreise von Henriettes Mutter an den Großherzog von Hessen mit der

Bitte, ihrer Enkelin ein letztes Auftreten zu bewilligen. Im Hintergrund mag auch die Hoffnung geschlummert haben, daß dieser Abschied der kleinen Künstlerin den Charakter einer Benefizvorstellung tragen und die durch die Übersiedelung der stets geldbedürftigen Frau Franziska arg geschmälerte Kasse aufbessern würde. Frau Markloffs Eingabe, die das interessanteste Dokument aus der Frühzeit Henriettes bildet, lautet:

„Durchlauchtigster Großherzog! Gnädigster Landesherr!

Ew. Königlichen Hoheit legt meine Enkelin Henriette, die älteste Tochter der gewesenen Hofschauspielerin Sontag, unterthänigste Bitte zu Füßen, sie ist 9 Jahre alt, zeichnet sich durch ihre außerordentliche Stimme aus, und hat sich den größten Beyfall vieler Musik-Kenner erworben. Auf eine bewunderungswürdige Art singt sie die in dem beyliegenden Verzeichnis enthaltenen Rollen und die ebenfalls verzeichnete Arie. Nicht allein zur Aufmunterung der wirklich ausgezeichneten Talente dieses Kindes, sondern auch hauptsächlich darum, weil meine Tochter, die gewesene Hofschauspielerin Sontag, sich so vieler Gnaden-bezeichnungen Ew. Königl. Hoheit und des allerhöchsten Hofes zu ihrer immer während tiefen Dankbarkeit zu erfreuen hatte und es gewiß als die letzte und höchste Gnade tief verehren würde, wenn man ihrem Kinde Gelegenheit gäbe und die Gnade gewährte seine frühere Ge-schicklichkeit vor dem großen Beschützer Thaliens vor ihrer Abreise zu ihrer Mutter nach Prag zu zeigen, unterfang ich mich Ew. Königliche Hoheit zu bitten:

allergnädigst zu erlauben, daß meine Enkelin in einer der ver-zeichneten Rollen auf dem hiesigen Hoftheater auftretten (sic!) dürfe und deßhalb das Nöthige allerhuldreichst zu verfügen. In tiefster Ehrfurcht ersterbe ich Ew. Königliche Hoheit aller-demüthigste Wilhelmia Marckloff. Witwe des Domcapittlichen Amts Keller von Bingen.

(Rollenverzeichniß:) Oberon — König der Elfen; Camilla — den Adolph; im erst und zweyten Akt des Donau Weibchens — die Lili; die Arie von der Mirra im Opferfest „ich war, wenn ich erwachte". —

Großherzog und Intendant, die über den Abgang Frau Franziskas verstimmt waren oder der erst 9jährigen Henriette eine des Hoftheaters würdige Gesangleistung nicht zutrauten, fühlten sich nicht bemüßigt, dem Gesuch der Großmutter stattzugeben. Für die versagte Abschiedsvorstellung bot sich der Kleinen indessen rasch ein anderweitiger Ersatz; sie durfte in Frankfurt a. M. im Januar 1816 ihre Kunst zeigen und als Zerli in dem Singspiel: „Die Teufelsmühle am Wiener Berg“, die der schon er= wähnte Kapellmeister Wenzel Müller gleichfalls für seine Tochter kom= poniert hatte, auftreten. Um den Eindruck des Wunderkindes zu verstärken, hatte die kluge Großmutter Henriette um zwei Jahre jünger gemacht. Der Rezensent der „Allgemeinen musikalischen Zeitung“ fürchtete zwar von einem so frühen Auftreten eines Kindes vor einem größeren Publikum physische und moralische Nachteile, konnte aber nicht umhin, sich dem günstigen Urteil der Zuhörer, die die kleine Sängerin mit Beifall überschütteten, anzuschließen. „Henriette Sontag,“ schreibt er, „acht Jahre alt und keine Frankfurterin, sang die Romanze aus dem Opferfest und sang nicht wie ein Kind, sondern, wenigstens scheinbar, mit Bewußtsein und Ausdruck wie eine geübte Sängerin. Selbst ihre Stimme schien so. Wenn das frühkeimende Talent gedeiht, so muß etwas Ausgezeichnetes entstehen. Allein frühblühende Blumen ver= welken oft auch früh.“

In die Freude über den Erfolg mischte sich bei Henriette bald der Schmerz des Abschiedes von der geliebten Großmutter. Ohne Begleitung eines Erwachsenen mußte das 10jährige Kind, dem noch die Obhut über das 4jährige Schwesterchen anvertraut war, die weite Postwagenfahrt zur Mutter nach Böhmen antreten, ganz auf die Nachsicht und Gutmütigkeit der Mitreisenden und der Kondukteure angewiesen.

II. Kapitel.

In den meisten alten und neuen Biographien Henriette Sontags wird mit rührender Einstimmigkeit behauptet, daß Henriette ihren Vater vor der Übersiedelung nach Prag verloren habe, einige lassen Frau Franziska sogar schon vor Antritt ihres Darmstädter Engagements zur Witwe werden.

Oscar Teuber, der die Rolle des offiziösen Vertreters der Familientradition der Sontag spielt[1]), schildert in seiner „Geschichte des Prager Theaters" den Vater als einen unstet von einer rheinischen Stadt zur andern wandernden Komödianten, den ein unglücklicher Sturz auf der Bühne zum Krüppel machte, so daß er sich ganz dem Stern der jungen Gattin vertrauen mußte und mit dieser zog, wohin sie ihr Engagement führte. Er läßt den ehemaligen Buffo noch 1825 am Leben sein und Jetti die Sorge für einen Vater ohne Beschäftigung und Einkommen und für drei unmündige Geschwister — außer der schon erwähnten Nina zwei 1820 bezw. 1821 geborene Brüder August und Fritz — tapfer tragen. Von diesem Zeitpunkt an verschwindet Franz Sontag nach Paul Lindaus[2]) treffendem Ausdruck spurlos und unbetrauert aus der Familienchronik der Sontag. In den etwa dreihundert mir bekannten Briefen Henriettes, Ninas und Franziskas an Verwandte und intime Bekannte habe ich in der Tat nicht die leiseste, auch nur andeutungsweise Erwähnung des Vaters gefunden. Nie wird der Wiederkehr seines Geburts- oder Todestages oder irgendwelchen Einflusses auf seine Kinder gedacht. Auch auf der Anzeige von Franziska Sontags Tode ist er mit keiner Silbe erwähnt. Der unbefangene Leser muß den Eindruck gewinnen, daß man das Andenken eines unbedeutenden und unwürdigen Familienmitgliedes möglichst verwischen wollte, nachdem der Name Sontag zu europäischem Ruhm und Glanz durch seine gefeiertste Trägerin emporgediehen. — Leider stimmt die Familientradition nicht mit der nüchternen Sprache der Akten überein. Franz Sontag war, wie wir gesehen haben, kein unsteter Komödiant, sondern ein Mann, der gern ein Opfer brachte, um die Vorzüge eines festen Engagements zu genießen, der, nur der Not, nicht dem eigenen Triebe gehorchend, in seiner Anfängerzeit von Bühne zu Bühne wanderte und, nachdem er einmal einen sicheren Wirkungskreis gewonnen, sich in der Gunst seiner Vorgesetzten und des Publikums zu behaupten wußte. Daß er mit Geld nicht sonderlich umzugehen verstand und oft in Schulden steckte und um Vorschuß und Urlaub zu auswärtigen Gastspielen nachsuchen mußte, ist ein unter den Angehörigen seines Berufes, namentlich in jener Zeit — man denke nur an Iffland und seine fortwährenden Geldnöte — allgemein verbreiteter typischer Fehler,

Auf Allerhöchsten Befehl

wird

Im Großherzoglichen Opern-Theater

heute

Dienstag den 5. März 1811

aufgeführt:

Der häusliche Zwist.

Ein Lustspiel in 1 Aufzug, von Kotzebue.

Personen:

Der Mann	* * *
Die Frau	* * *
Der Nachbar	Hr. Hannstein.

* * * Hr. und Mad. Eslair, als Mann und Frau.

Hierauf folgt:

Die Erbschaft.

Ein Schauspiel in 1 Aufzug, von Kotzebue.

Personen:

Obrist Hanns Heinrich von Fels	Hr. Wohlbrück.
Herrmann Walther, sein Wachtmeister	Hr. Blumauer.
Madame Dahl	Mad. Haßloch.
Henriette) ihre Töchter	Dem. Eschborn.
Johanna)	Louise Wohlbrück.
Oberförster von Mallwitz	Hr. Hölken.

Zum Beschluß.

Die Beicht.

Personen:

Baron Ammer	* * *
Baronin	* * *
Ein Kind	Henriette Sonntag.

Hr. und Mad. Eslair, als Baron und Baronin Ammer.

Preise der Plätze sind bekannt.

Der Anfang ist um 6, das Ende um 9 Uhr.

Theaterzettel von Henriette Sontags erstem Auftreten

Darmstadt 1811

so daß man unseren Buffo, den genußfreudigen Sohn der Rheinlande, nicht als Ausnahmeerscheinung charakterisieren darf. In einem Briefe der Mannheimer Intendanz wird ausdrücklich Franz Sontags bisheriger Fleiß gelobt und ihm zur Wiederherstellung seiner Gesundheit ein Urlaub auf unbestimmte Zeit bei vollen Bezügen gewährt. Anderseits wird ihm ein später gewünschter Urlaub verweigert, da seine Kraft nicht entbehrt werden könne. Als darauf die übliche Drohung des Künstlers, den Kontrakt nicht erneuern zu wollen, bei der Intendanz nicht verfing, wählte Franz Sontag das klügere Teil und setzte die erworbene Stellung nicht leichtsinnig aufs Spiel, sondern verpflichtete sich nach Ablauf seines Kontrakts aufs neue der Mannheimer Bühne. Im Jahre 1817 hatte er das Unglück, in einer Aufführung von Cherubinis Oper: „Lodoiska" sich den Fuß zu ver- stauchen. Der Mannheimer Hofschauspieler Ferdinand Wilhelm Grua, der die Theaterzettel sammelte und mit handschriftlichen Notizen zu ver- sehen pflegte, hat auf dem Programm der Vorstellung vom 20. November 1817, in welcher Franz Sontag eine Rolle in Kotzebues Lustspiel: „Die Indianer in England" gab, vermerkt: „Letzte Rolle von Sontag. Er hatte bei der letzten Aufführung von Lodoiska den Fuß übertreten, dann war später bei den Kapuzinern ein Essen, Sontag soll dabei berauscht von einer Bank gefallen sein und den Fuß gebrochen haben. Er wurde mit glühendem Eisen gebrannt, starb aber bald, einige Zeit hernach." Anton Pichler be- richtet in seiner „Chronik des Hof- und Nationaltheaters in Mannheim", daß Franz Sontag am 28. März 1819 gestorben und sein Ableben als das eines sehr beliebten Mitgliedes allgemein betrauert worden sei. Auch er stützt sich auf Gruas, dem Mannheimer Theaterarchiv einverleibte Zettel- sammlung. Denn auf der Rückseite des Theaterzettels vom 28. März 1819 hat Grua notiert: „Heute starb Sontag in Mainz." Der zwischen diesen beiden Eintragungen bestehende Widerspruch erklärt sich wohl daraus, daß Grua den ersten Vermerk zu einer Zeit eingetragen hat, als er das genaue Todesdatum noch nicht wußte oder nicht mehr im Gedächtnis hatte. Auf jeden Fall steht aus den Akten des Mannheimer Hoftheaters fest, daß Franz Sontag seit jenem Novemberabend nicht mehr die Bühne betreten hat und daß sein Rollenfach 1818 sich in anderen Händen befand. Nicht minder steht fest, daß er, entgegen der Schilderung Teubers, ein fleißiger, seßhafter und beliebter Künstler war, der zwar keine Reichtümer sammeln und seine Familie von seiner Gage allein nicht ernähren konnte, aber die dauernde Trennung von den Seinigen nicht gewollt, sondern nur als unvermeidliches Übel ertragen hat. Der Umstand, daß er der gastlichen Ladung trinkfroher Klosterherren einmal gefolgt und wacker mitgehalten hat, berechtigt noch nicht zu dem Schlusse, daß der unfreiwillige Zölibatär regelmäßig bei der Flasche Trost suchte. Vermutlich um die Pflege seiner Mutter zu genießen, brachte der Schwerkranke die letzten Lebenswochen in Mainz zu. Dort starb er nach der Angabe im Mainzer Kirchenbuche am 29. (nicht 28.) März im Hause Welschnonnengasse 9.

Frau Franziska hatte seinen Namen schon vorher aus ihrem Gedächtnis gestrichen und blieb auch seinem Sterbebette fern. Die lebenslustige, erst dreißigjährige Witwe wußte sich in ihrem neuen Wirkungskreise bald zu trösten.

III. Kapitel.

Mit der Behauptung, ein Theater habe zu dieser oder jener Zeit eine Glanzepoche erlebt, ist, namentlich von Lokalhistorikern, von jeher viel Mißbrauch getrieben worden. Mit Recht geißelt der jüngste Historiker des deutschen Theaters, Max Martersteig, solches Geschwätz von Blütezeit einer Bühne, wenn eine einflußreiche Maitresse einen Fürsten zu ungewöhnlichen Aufwendungen für Oper und Ballett zu bestimmen wußte und ihren Anhang in gut bezahlte Brotstellen brachte. Solcher Talmiglanz hat selten lange vorgehalten und vermag das Auge des kundigen Forschers auf die Dauer nicht zu täuschen. Anders lagen die Dinge in den beiden ersten Jahrzehnten des vorigen Jahrhunderts in der böhmischen Hauptstadt. Durch ein Zusammenwirken günstiger Umstände und die Tatkraft und Umsicht des verantwortlichen Leiters hat die Prager Schaubühne in den 1½ Jahrzehnten von 1806 bis 1822 in der Tat eine Zeit des Glanzes erlebt, der auch dem nachprüfenden Auge des Historikers Stand hält. Johann Karl Liebich, der 1806 die Direktion des ständischen Theaters übernahm und sie 10 Jahre hindurch bis kurz vor seinem Tode inne hatte, war einer der letzten großen Prinzipale alten Stils, der Freund und Vater seiner Angestellten, bei denen er nur Papa Liebich hieß. Ein jovialer, behäbiger Mann, der leben ließ und zu leben wußte, ständig offene Tafel hielt und die Prager Aristokratie der Geburt und des Geistes in seinem gastlichen Hause vereinigte, nicht den Kassenrapport zur obersten Richtschnur seines Handelns machte und doch bei aller Freigebigkeit und Opferbereit= schaft das ihm anvertraute Institut vor ernsthaften finanziellen Krisen zu bewahren wußte. Seine persönliche Beliebtheit in den Kreisen der hohen Aristokratie und seine Findigkeit, neue Quellen zu erschließen, kam ihm freilich nicht wenig zu statten. Selber ein tüchtiger Künstler, wußte er den rechten Mann an den rechten Platz zu stellen, auch das Talent im Keime schon zu erkennen und trotz aller Milde und Jovialität die für das Gedeihen einer Bühne unerläßliche Disziplin aufrecht zu erhalten. Für seinen sicheren Blick und sein energisches Festhalten an dem selbst gebildeten Urteil zeugt auch sein Benehmen gegenüber Franziska Sontag. Die Künstlerin sah sich bei ihrer Ankunft in Prag in der bis auf den heutigen Tag äußerst schwierigen Lage, mit dem Andenken an berühmte und äußerst beliebte Vorgängerinnen kämpfen zu müssen. Jahrelang hatten die Prager sich an Julia Löwe und der größeren Sophie Schröder in den Rollen der Liebhaberin und Heldin erfreuen dürfen. Den Stolz der Bühne, eine Lichterscheinung aus einer höheren Welt hatte der offizielle Professor der Ästhetik an der Prager Universität Sophie Schröder genannt und der Chor der kleinen Gelegenheitsdichter und begeisterten Dilettanten hatte erst recht kein schmückendes Beiwort für die Göttliche für zu stark befunden. Doppelt streng und kritisch stand man nun dem neuen Ankömmling gegen= über, der das Wagnis, eine Schröder zu ersetzen, unternehmen wollte. Das Urteil der Aufsichtskommission des Theaters lautete denn auch über Franziska Sontag nichts weniger als günstig. Man fand „ihr Organ widerwärtig und ihr Benehmen durch ihre negativen äußeren Formen auf= fallend". Möglich, daß die Künstlerin in der Erregung des Debüts ihre Stimme nicht ganz in der Gewalt hatte und durch forcierte Lustigkeit und Lebendigkeit sich über ihre Angst hinwegzutäuschen versuchte und da=

durch nicht sonderlich günstig wirkte. Auf jeden Fall erkannten einsichts-
volle Beurteiler schon nach ihrer zweiten Antrittsrolle, der Maria Stuart,
daß die neue Heldendarstellerin „eine verständige Frau sei, die mit warmem
Gefühl und tiefem Blick in das Wesen jedes Charakters schaue und
nur darum einen schweren Stand habe, weil sie mit dem Andenken an
eine Löwe und Schröder kämpfe". Ein bemerkenswertes Zeugnis über
Franziska Sontags schauspielerische Fähigkeiten besitzen wir in einem Briefe
Ludwig Löwes, der späteren Zierde des Wiener Burgtheaters, der damals
mehrere Jahre zusammen mit der Sontag in Prag wirkte. Der Brief,
der an den jüngsten Sohn der Künstlerin, den verstorbenen Hofschauspieler
Karl Sontag gerichtet ist und von diesem in dem ersten seiner originellen
autobiographischen Anekdotenwerke der Öffentlichkeit mitgeteilt wurde, lautet:

„Franziska Sontag konnte mit Fug und Recht eine der ersten
Schauspielerinnen in Deutschland genannt werden, denn eine Künstlerin,
die zu gleicher Zeit mit den Sternen erster Größe wetteiferte, hat doch
wohl hohe Rechte, in den Annalen deutscher Kunst einen Kranz zu
tragen. Sophie Schröder, Julie Löwe, Sophie Müller, Stich-Crelinger
leisteten in ihrem Fache nicht mehr als Franziska Sontag. Ich habe
von ihr Rollen gesehen, die mir unvergeßlich sind und die ich so niemals
wieder sah. Ihre schöne Gestalt, ihre ausdrucksvolle Mimik, ihr weiches,
klangvolles Organ, ihre Wahrheit und Lebensfrische und ihr echt künst-
lerisches Studium machten sie unbedingt zu einer seltenen Bühnen-
erscheinung; dazu kam nun noch, was der Verstand nicht hervorbringt,
was nicht geschaffen werden kann, was von der Natur gegeben sein
muß — die süße Regung der Seele — Gefühl! Darum war sie auch
in Rollen, die eben Gefühl bedingen, unnachahmlich. Ich erinnere mich,
daß der damalige Direktor des Prager Theaters, Carl Liebich, der
größte Schauspieler, den ich gesehen, (und ich sah Iffland, Ludwig Schröder,
Ludwig Devrient, Carl Seydelmann) der Sontag nach der Marie
Stuart einen Kranz reichte und ihr dabei erklärte, sie sei die Erste, die
ihn in dieser Rolle vollkommen befriedigt hätte. Kurz, der Ruhm der
Sontag war ein bewährter, gerechter, und zu ihrer Zeit war es nicht
so leicht wie jetzt, auch Schleichwege vierspännig zu fahren."

Es unterliegt wohl keinem Zweifel, daß dieser Brief mit dem nötigen Körnchen Salz zu verstehen ist. Löwe schrieb als alter Mann aus der Erinnerung und mit der bestimmten Absicht, einem einflußreichen und berühmten jüngeren Kollegen eine Freude zu machen, da Sontag ihn ausdrücklich um ein Urteil über seine Mutter gebeten hatte. Die Bezeichnung Liebichs als des größten Schauspielers, den er gesehen, spricht nach unserem Empfinden nicht für Löwes theaterkritische Urteilskraft, denn von keiner anderen Seite wird Liebich, trotz aller Anerkennung seiner Verdienste als Direktor und ausübender Künstler, ein so voller Kranz gereicht, und diese bloße briefliche Versicherung kann, Löwes schauspielerische Autorität unbeschadet, nicht den Anlaß bieten, die theatralische Rangliste jener Zeit zu revidieren. Hat Löwe aber auch den Mund etwas voll genommen, so dürfen wir diesen Brief immerhin als Bestätigung dafür betrachten, daß Franziska Sontag eine nicht alltägliche Begabung besessen und in Rollen, die ihrer Individualität entsprachen, starke Wirkungen erzielt hat.

Indes die Mutter sich wacker mühte, die Gunst des anfänglich spröden Prager Publikums zu gewinnen, war auch das Töchterlein nicht müßig. Mit Recht fand Frau Franziska den Zeitpunkt für gekommen; wo die ungewöhnliche musikalische Begabung ihrer Henriette eine reguläre, sachverständige Ausbildung erheischte. Bislang war sie eine kleine Natursängerin gewesen und hatte, von ganz gelegentlichen Anweisungen der Kapellmeister abgesehen, gezwitschert, wie ihr der Schnabel hold gewachsen. Alles hing jetzt davon ab, daß das kostbare, zerbrechliche Metall dieses glockenhellen Stimmchens in die rechten Hände gelegt würde, und Henriette hätte es nicht leicht besser treffen können als in Prag. Der von jeher musikfreundliche böhmische Hochadel, der in seinen Palais und Schlössern eigene Kapellen hielt, war, um dieser edlen Liebhaberei einen tüchtigen Nachwuchs zu sichern, zu einem „Verein zur Beförderung der Tonkunst in Böhmen" zusammengetreten, aus dessen Schoße wiederum 1810 in den Räumen des ehemaligen Dominikanerklosters das Prager Konservatorium der Musik entstand. Ursprünglich nur für Instrumentalmusik eingerichtet, wurde es 1815 um eine Gesangsabteilung erweitert. Am 1. Juni 1817 wurde die 11½ jährige Henriette Sontag in diese Unterrichtsklasse aufgenommen. Die nun folgenden Prager Lehrjahre der jungen Künstlerin sind von dem Efeu der Legende und dichterischen Ausschmückung so dicht überwuchert worden, daß es nicht leicht fällt, diese Periode in dem klaren Lichte der nüchternen Tatsachen zu zeigen. Wie bei mancher anderen späteren Berühmtheit haben phantasiereiche Journalisten und Biographen die romantischen Zutaten eigener Erfindung nicht gespart, um den ersten Aufflug und den Siegeszug der „böhmischen Nachtigall", wie der geschmeichelte Prager Nationalstolz Henriette eine Weile gern bezeichnete, noch wunderbarer erscheinen zu lassen. So entstand die Fabel, daß Henriette, von der Leitung des Konservatoriums als angeblich talentlos zurückgewiesen, von der verzweifelten Mutter zu einem tüchtigen Kapellmeister in Privatunterricht gegeben worden sei, der das Gold in der Kehle erkannte, aber die Erfolge seiner Schülerin lange selbst vor der Mutter verheimlichte, bis endlich eines Tages das Gastspiel eines berühmten auswärtigen Sängers und die plötzliche Erkrankung der heimischen Primadonna es dem Wunderkinde ermöglicht habe, als Retterin in der Not einzuspringen und mit einem Schlage sich eine erste Stellung zu erobern. Natürlich fehlte auch die beliebte billige Prophezeiung des künftigen Ruhmes Henriettes nicht, die der große Tenorist, mit seiner kleinen Partnerin vor die Rampe tretend, in einer gerührten Ansprache an das Publikum vom Stapel gelassen haben soll. Die hübsche Episode, die ein paar Jahrzehnte lang in der „Gartenlaube" und anderen Familienblättern mehr oder minder phantasiereich ausgemalt den Lesern immer wieder aufgetischt worden ist, muß endgiltig in das Reich der Fabel verwiesen werden. Henriette Sontag hat dem Prager Konservatorium fast volle vier Jahre, bis zum 20. Februar 1821, angehört und verdankt dem dort erhaltenen Unterricht die Grundlage ihres Könnens. In der Altistin Anna Czejka-Aurhammer,[1] einer geborenen Pragerin, (1782 bis 1850) fand sie eine vortreffliche Lehrerin, die ebenso im Konzertsaal wie auf der Bühne zu Hause war. Kein Geringerer als Karl Maria von Weber urteilte über sie in einem Konzertbericht:

„Mit Vergnügen bemerkt man an dieser braven Künstlerin die Vorteile, die sie von dem Anhören der besten Sänger zu ziehen und sich anzueignen gewußt. Ihre Stimme ist voll und kräftig, ihr Vortrag geſchmackvoll, und wenn ſie auf die Betonung mancher Buchſtaben, z. B. des i, das etwas Schärfe in ihrer Stimme erzeugt, einige Achtſamkeit verwendet, ſo wird wenig mehr zu wünſchen übrig bleiben, und wir können uns mit Recht zu ihrem Beſitz Glück wünſchen."

Die kluge und temperamentvolle Frau ſah wohl bei der erſten Prüfung der Stimme der jungen Noviæe, welch ſeltenes Talent ihr anvertraut wurde, und ſie nahm ſich ſeiner nicht mit der geſchäftsmäßigen Pflichttreue der Klaſſenlehrerin, ſondern mit der individuellen Beſorgnis und Zärtlichkeit einer Mutter an. Henriette hat denn auch zeitlebens dankbar und freudig anerkannt, was ſie dieſer ſeltenen Lehrerin verdankte. Schon in ihrem erſten Briefe an die Czejka aus Berlin unterm 13. Dezember 1825 ſchreibt ſie:

„Ich habe vor einigen Tagen Briefe von Roſſini bekommen, worin er mir einen bedeutenden Antrag für Paris in der italieniſchen Oper macht; ob ich ihn annehme, weiß ich noch nicht, da mir daſſelbe aus London zu theil wurde, Neapel und Wien. Sie ſehen, meine gute Lehrerin, Ihre Mühe und Geduld haben Sie an keine Unwürdige verſchwendet, die es mit wahrer Dankbarkeit einſieht. Ich wünſche nichts als daß mir der liebe Gott ſeinen Segen noch eine Zeit ſchenken möge, um es Ihnen einſt vergelten zu können. Hätten Sie mein Talent nicht entdeckt, kein Menſch würde ſich um das unbedeutende Kind gekümmert haben. Sie legten den erſten Keim der Kunſt, und nur Ihnen habe ich es zu danken, was ich jetzt bin. Sollte ich in ſpäteren Zeiten etwas für Sie tun können, in welcher Art es auch ſeyn mag, ſo rechnen Sie ganz auf Ihre Jette, die Ihnen ganz zugethan iſt und ſich immer nennen wird   Ihre dankbare

Henriette Sontag."

Sorgte Frau Czejka für die ſtimmliche Ausbildung, ſo war der von dem Pianiſten Pixis erteilte Klavierunterricht nicht minder fördernd, und auch dieſem Lehrer kam die ſpätere europäiſche Berühmtheit ſeiner Schülerin zu gute.

Früher noch als die Tore des Konſervatoriums öffneten ſich Henrietten die Pforten des Prager Muſentempels. Direktor Liebich hatte der Bitte der Mutter, Henriette für Kinderrollen zu engagieren, gern entsprochen und die Kleine am 9. November 1816 in ihrer schon in Frankfurt erprobten Glanzrolle als Jeriel in der „Teufelsmühle" auftreten lassen. Nach dem erfolgreichen Debüt stellte der Direktor das vielseitige Theaterkind bald in Knabenrollen, wie Walther Tell, bald in kleinen Gesangpartien heraus. So sang sie im Jahre 1818 den Benjamin in der Oper: „Joseph und seine Brüder" und im folgenden Jahre die Emmeline in einem zum Benefiz ihrer Mutter aufgeführten Potpourri mit Gesang und Tanz: „Die Schlacht bei Leipzig". Der Prager Korrespondent von Bäuerles „Theaterzeitung" nannte sie bei dieser Gelegenheit bereits „unsere gern gesehene Henriette Sontag", fand die Sicherheit und den Ausdruck ihres Vortrages für ein kaum 14jähriges Mädchen bewunderungswert und schloß mit dem Wunsche: „Möge der Genius der Kunst das aufkeimende Talent vor allen verderblichen Einflüssen des Eigendünkels und der Selbstsucht bewahren, dann werden wir uns einst der schönsten Blüte und der herrlichsten Früchte zu erfreuen haben." Im Jahre 1820 durfte sie neben ihrer Mutter sogar die Melitta in Grillparzers: „Sappho" spielen und wurde von Direktor Holbein, Liebichs Nachfolger, in dem Personalverzeichnis schon als „Dlle. Sontag, Liebhaberin, 2. und 3. Partien in der Oper; berechtigt zu schönen Erwartungen" aufgeführt. — Von den Leitern der Hochschulen und Konservatorien wurde und wird bei der Aufnahme von Schülern in der Regel zur unumstößlichen Bedingung gemacht, daß die Eleven während des Besuchs der Anstalt sich vom öffentlichen Auftreten, sofern es sich nicht um Aufführungen des Instituts handelt, fern halten, da man mit Recht annimmt, daß durch Überanstrengung infolge der doppelten Übungen für Unterricht und Konzert oder Bühne, durch verfrühte Wahl zu schwieriger oder überhaupt ungeeigneter Stücke einerseits die Stimme des Eleven, anderseits bei mangelhafter Ausführung der Ruf der Anstalt und des Lehrers leiden kann. Es nimmt einen daher mit Recht wunder, daß die Prager Konservatoriumsleitung mehrere Jahre lang für die Theatertätigkeit Henriettes blind und taub war. Endlich, im Januar 1821 raffte sich der Konservatoriumsdirektor Dionys Weber zu der Erkenntnis auf, daß das öffentliche Auftreten seiner Schülerinnen sich nicht mit den Zwecken des

Graes. / 27. Aprilis 1872

Euer Hochwohlgeboren

...hochwohlgeboren
Herrn ... Hannover H: Weinighra ?

Porträts und Handschrift von Franz Sontag

Mannheim den 21te April
1812

Sontag

Unterrichts vertrage und brachte dem Direktorium zur Kenntnis, „daß die Gesangschülerinnen Therese Brunetti und Henriette Sontag wider sein ausdrückliches Verbot in dem Benefiz der Primadonna Wilhelmine Becker als Sängerinnen aufgetreten seien und auch einige der anderen Schülerinnen hieraus Veranlassung nähmen, sich in Privatakademien zu produzieren." Wegen dieses Verstoßes gegen die Disziplin wurde Henriette, wie die Matrikel des Konservatoriums unter dem 20. Februar 1821 verzeichnet, aus der Anstalt strafweise entlassen. Welche Vorgänge sich dabei hinter den Kulissen abgespielt haben mögen, ob der Direktor vielleicht die dem Konservatorium unbequemen Damen Czejka und Becker treffen oder ein Exempel statuieren wollte gegenüber einer in der Öffentlichkeit viel genannten und gekannten Schülerin, um die Strenge und Unparteilichkeit der Direktion im hellsten Lichte zu zeigen, oder ob man es übel genommen hatte, daß Henriette zwar in den öffentlichen Akademien der Czejka, nicht aber in dem Konservatoriumskonzerte des Vorjahres mitgewirkt hatte, läßt sich nicht entscheiden. Vielleicht wollte man nur einer über kurz oder lang zu erwartenden Austrittserklärung der jungen Künstlerin zuvorkommen und benutzte diesen Verstoß gegen die Anstaltsordnung als äußeren Vorwand der Entlassung. Die Sontag=Legende hat geschäftig auch diese Episode im Leben der schönen Jetti phantastisch vergoldet und eine Erklärung des Direktoriums der Musikhochschule erdichtet: „Die Statuten unseres Instituts verbieten die Wirksamkeit eines Zöglings auf der Bühne, Henriette aber ist der Bühne unentbehrlich, hat überhaupt in den 2 Jahren ihrer Lehrzeit so unendlich viel gelernt, daß wir ihr 4 Jahre vor der gesetzlichen Zeit die Entlassung geben, um sie der Bühne zu erhalten." Auf jeden Fall nahm sich Henriette die Entlassung nicht zu Herzen, da sie ihre Kraft jetzt ungeteilt dem Theater widmen konnte.

Eine längere Krankheit der Primadonna Wilhelmine Becker gab der jugendlichen Stellvertreterin ungeahnte Gelegenheit, ihr Können im vollsten Lichte zu zeigen und sich in der Gunst des Publikums mit einem Schlage festzusetzen. Ihr, wie wir sahen, von der Legende ausgeschmücktes Auftreten als Prinzessin von Navarra in der Oper: „Johann von Paris" gelegentlich des Gastspiels des berühmten Tenoristen Gerstäcker wurde selbst von dem Prager Musikreferenten der „Leipziger allgemeinen Musikzeitung", der nicht zu den Sontag-Enthusiasten zählte, mit wärmstem Lobe anerkannt. „Als der Zettel Dem. Sontag, die sonst den Pagen gab, in dieser Rolle verkündigte, ist nicht zu leugnen, daß allen Freunden ihres Talents etwas bange für den Erfolg wurde, der jedoch die kühnsten Erwartungen übertraf. Sie führte diese wichtige Gesangspartie mit einer Präzision, Reinheit und Zartheit aus, daß man, obschon Madame Grünbaum zuletzt in Prag die Prinzessin gesungen hatte, in den rauschendsten Beifall ausbrach und sie kaum zu Ende singen ließ. Aber selbst den Enthusiasmus abgerechnet, zu welchem ihre im fürstlichen Prunk blendende jugendliche Blüte und Lieblichkeit etwas beitragen mochte, muß ihr jeder Unbefangene zugestehen, daß sie mehr als billige Forderungen erfüllte und in Betracht auf ihre Jugend wohl verdiente, nach dem ersten Akte und zu Ende der Oper mit dem kunstreichen Gaste die Ehre des Hervorrufs zu teilen. Auch ihr Spiel war ausdrucksvoll, wenn man ihr gleich anfangs etwas Befangenheit ansah, welche jedoch zu ihrer Ehre gereichte; dieses Mißtrauen in die eigene Kraft läßt zugleich mit Recht voraussehen, daß sie den rauschenden Beifall des Publikums noch nicht als Tribut annehmen, sondern durch denselben nur befeuert wird, auf dem Wege fortzufahren, der sie einst zur Vollendung führen wird."

An jenem Abend, wo Henriette durch ihre Kunstfertigkeit, Gefälligkeit und schnelle Auffassung der Direktion das Gastspiel Gerstäckers ermöglichte, rückte sie von der Vertreterin 2. und 3. Gesangspartien endgültig zur Primadonna auf. Die 15jährige durfte mit vollen Händen in die Schätze des damaligen Opernrepertoires greifen. In rascher Folge sang sie die Clorinde in Isouards „Aschenbrödel", die Myrrha im „Unterbrochenen Opferfest", die Margarete in Gretrys „Richard Löwenherz", die Agathe im „Freischütz", die Zerline im „Don Juan", die Giulietta in Zingarellis „Romeo und Julia", die Sophie in Paërs „Sargines", die Amenaide im „Tancred", die Rosine im „Barbier von Sevilla".

Der starke Erfolg, den Webers Oper in Prag erlebte, wurde in erster Linie ihrer poesievollen Verkörperung der Agathe zugeschrieben. Ihr zierlicher Wuchs, ihr blondes Engelsköpfchen mit den lebhaften blauen

Augen, dem lachenden Munde und den schalkhaften Grübchen in den Wangen, die glockenreine, weiche und doch umfangreiche Stimme, ihr ausdrucksvolles, wohlabgerundetes Geberdenspiel ließen sie für die Rolle der züchtiglichen deutschen Maid voll schmachtender Hingabe geradezu prädestiniert erscheinen. Direktor Holbein, der ob seiner Kühnheit, einem so jungen Mädchen das erste Rollenfach der Oper anzuvertrauen, anfänglich manches Kopfschütteln erregt hatte, sah sich durch den Erfolg, den sein neuer Star in jeder Rolle erzielte, vollauf gerechtfertigt. Wer die Fülle der neuen Aufgaben und die große Zahl der Aufführungen, in denen Henriette während der Jahre 1820 bis 22 aufgetreten ist, erwägt, möchte zu dem Schlusse kommen, daß mit der jugendlichen Kraft in bedenklicher Weise Raubbau getrieben worden ist. Weder die Mutter noch der alte Kapellmeister Triebensee ließen Henriette Primadonnenlaunen durchgehen. Wie es heißt, mußte sie selbst bei den Proben mit voller Stimme singen und plötzliche Absagen wegen vermeintlicher oder wirklicher Indisposition standen nicht in ihrem Katechismus. Bedenkt man, daß Henriette auch in den Jahren, wo wegen der Mutation der Stimme nach der Meinung erfahrener Ärzte und Gesangspädagogen der Unterricht und überhaupt jegliche gesangliche Betätigung am besten stockt, nicht nur studiert hat, sondern öffentlich aufgetreten ist und daß nach dem übereinstimmenden Urteil der Zeitgenossen bis ins 48. Lebensjahr ihre Stimmittel in fast unverminderter Schönheit und Stärke ihr erhalten blieben, so erscheint sie in Wahrheit als ein Gesangphänomen seltenster Art.

Wenngleich die Stellung einer Primadonna in einer Musikhauptstadt, wie Prag es damals war, den Ehrgeiz einer 16jährigen wohl befriedigen konnte, so strebte Henriette doch noch höher. Auch die weitschauende praktische Mutter wußte, daß das Gold in der Kehle der Tochter noch ganz anders ausgemünzt werden und daß aus der vermeintlichen böhmischen Nachtigall eine europäische und mindestens zunächst eine österreichische werden könne. Barbaja, der Napoleon der damaligen Impresarii, der Freund Rossinis und Direktor der italienischen Opern in Neapel und Mailand, der einer Catalani, Malibran und Pasta, einem Garcia und Rubini am Teatro San Carlo und auf ausgedehnten Wanderzügen zu

Lorbeeren und Gold verholfen, wurde auch auf den neuentdeckten Prager Stern aufmerksam und wollte das Wagnis unternehmen, das deutsche Gretchen seinen Landsleuten in den Rollen der Heldinnen Rossinis und Donizettis vorzustellen. Zunächst sollte der Versuch auf der deutschen Bühne in Wien gemacht werden, wo Barbaja gemeinschaftlich mit dem Grafen Palffy die italienische Oper im Kärnthnertortheater und im Theater an der Wien leitete. Am 22. Juli 1822 fand Henriettes Wiener Debüt als Prinzessin von Navarra im Wiedener Theater statt. „Schon mit dem ersten Ton," berichtet Bäuerles „Theaterzeitung", „gewann Dlle. Sontag alle Herzen. Wohl tat es allen musikalischen Ohren, wieder eine rein klingende, echte Sopranstimme zu hören, welche Weichheit, Biegsamkeit und Kraft in sich vereint. Mit diesen musikalischen Eigenschaften verbindet sie noch den seltenen Vorzug, daß sie sich zugleich als talentvolle Schauspielerin auszeichnet." Zwei Tage später folgte der „Freischütz" und brachte Henriette gleichfalls einen vollen Erfolg. Der Rezensent der „Wiener Zeitschrift für Kunst, Literatur, Theater und Mode" bekannte, daß er recht herzerfreulich überrascht sei und daß der Eindruck des Gesanges von der ersten großen Szene bis zu Agathes Gebet im dritten Aufzug immer tiefer drang. „Die Durchführung dieser Partie erfordert einen nicht geringen Kraftaufwand und eine reine Gediegenheit, wenigstens eine höchst edle Einfachheit, unterstützt durch einen frischen Glanz der Stimme, und keine brillante Kehlenfertigkeit, kein äußerer Schmuck vermag die Mängel zu ersetzen, oder auch nur zu bedecken, ein schöner Ton an sich kann ebenfalls nicht alles wirken; jene seltene Gabe, die Gemüter zu ergreifen, muß ihm ganz besonders eigen sein. Und diesen Vorzug besitzt die Sängerin gewiß in einem hohen Grade, was aber noch bemerkenswerter ist, sie weiß zu rühren, ohne selbst gerührt zu scheinen. Ein farbenreiches Gemälde der Empfindungen entwickelt sich voll feiner Nuancierungen. Die durch alle Gewalt der vereinten Instrumente plötzlich durchgreifende Kraft der Stimme war oft zu bewundern und ebenso wurde man durch die Lieblichkeit des zartesten Pianos hingerissen. Ein recht kindlich frommes Gemüt offenbarte sich im Vortrag des Gebets." Außer im „Freischütz" und „Johann von Paris", die bei vollen Häusern Wiederholungen erlebten, trat Henriette noch als Rosine im „Barbier von Sevilla", Myrrha im „Unterbrochenen Opferfest" und als Amenaide im „Tancred" auf dem Hoftheater am Kärnthnertor auf. Die Kritik stellte bei der Sängerin im Vortrag der ersten Arien eine anfängliche Beklommenheit fest, räumte indessen ein, daß Henriette im Fortgang des Spiels die volle Herrschaft über sich selbst gewonnen, durch Kraft des Ausdrucks und kunstmäßige Geläufigkeit wieder vielfach überrascht und rauschenden Beifall geerntet habe. Am 17. August verabschiedete sie sich von dem Wiener Publikum. Impresario und Direktion konnten mit dem hübschen Singvogel, der in den heißesten Sommerwochen dem Theater eine ungewöhnliche Anziehungskraft verliehen hatte, zufrieden sein. Mutter und Tochter wurden mit der stattlichen Gage von 18000 Gulden, einer Benefizvorstellung und 6 Wochen Reiseurlaub von Frühjahr 1823 ab für die beiden vereinigten Wiener Theater verpflichtet.

Die Kunde von der enthusiastischen Aufnahme, die ihre Primadonna bei dem verwöhnten Wiener Publikum gefunden hatte, ließ Henriette in der Wertschätzung der Prager Musikfreunde natürlich nicht wenig steigen, aber in das Gefühl des Stolzes und der Bewunderung mischte sich immer lebhafter das des Bedauerns über den bevorstehenden Verlust der seltenen Begabung, die man aus bescheidenen Anfängen zu so schöner Blüte sich hatte entwickeln sehen. Auch Henriette selber wird der Abschied nicht leicht geworden sein, fesselte sie doch an Prag nicht allein das Gefühl der Dankbarkeit für die Stätte ihrer ersten Triumphe, sondern das Theaterkind, das zuvor eine wirkliche Heimat und rechtes Familienleben nicht gekannt hatte, war in Prag in dem Kreise lieber Menschen im eigentlichen Sinne heimisch geworden und hatte in ihrer Lehrerin Anna Czejka und in Josephine Andree, der Gattin eines Kreisphysikus, zwei mütterliche Freundinnen gewonnen, mit denen sie ein Herzensbund fürs Leben vereinigte.

Die Abschiedsvorstellung im Theater ließ die scheidende Primadonna noch einmal die ganze Wonne, der Liebling der böhmischen Musikfreunde zu sein, kosten. Auch an gedruckten Huldigungen in Vers und Prosa fehlte es nicht, wie das nachstehend abgedruckte Flugblatt bezeugen mag, das als erste der Henriette Sontag später in Überfülle zuteil gewordenen Huldigungen dieser Art mehr als bloßes Kuriositätsinteresse besitzt:

Zum letztenmal soll heut' ertönen
Für Prag dein holder Schwanensang?
Wie werden bange wir uns sehnen
Nach deiner Stimme Silberklang.

Wir sahn in mancherlei Gestalten
Dich, Polhymniens Priesterin,
Natur und Kunst so schön entfalten,
Empor fast zur Vollendung blühn.

Wer konnt' dich als Sophie sehen,
Nicht wünschen, selbst Sargin zu sein?
Wer Amenaidens zartes Flehen
Um Tancred hören, nicht verzeihn?

Wie floß Agathens frommes Beten
So brünstig heiß aus deinem Mund!
Und als ob Engel um dich wehten,
Schien es in jener Schauerstund'! —

Gleich einer sanften Philomele
Im dichten grünen Blütenhain,
Ertönte schmelzend deine Kehle
Als Fürstin von Navar', allein.

Und was als Anna, Elisene,
Im Schmerz sowohl als Todesgraus,
Du Großes durch die Macht der Töne,
Geleistet hast, löscht nichts hier aus.

Doch auch im muntern Spiel und
Scherzen
Bewährte sich dein Kunstsinn gleich,
Und freundlich wallten uns're Herzen
An deiner Hand in Komus Reich.

Die schalkhaft tändelnde Rosine
Zog aller Herzen an sich hin,
Und in dem Spiele der Zerline
Lag unbefang'ner Jugendsinn.

Für diese uns versüßten Stunden
Nimm unsern warmen Dank mit Dir
Ist es den Lippen längst entschwunden
Dir bleiben doch die Herzen hier.

Mit neuem Ruhme Dich zu schmücken
Eilst Du von uns zur Kaiserstadt;
Leb' wohl! dort mög Dir's vollends glücken
Zu brechen der Vollendung Blatt.

IV. Kapitel.

Ende März des Jahres 1823 traf Henriette in der österreichischen Kaiserstadt ein und am 4. April erschien sie auf den ihr bereits vertrauten Brettern des Theaters an der Wien zum erstenmal in der Rolle der Donna Anna, in der sie später von Delaroches Meisterpinsel verewigt worden ist. Es war ein kühnes Unterfangen, gerade in dieser Partie zu debütieren, die ihre Vorgängerin Wilhelmine Schröder-Devrient zu ihren Glanzleistungen gezählt hatte. Nach Stimme und Äußerem mußte Henriette für die Rolle der Zerline, die sie ja auch wiederholt mit Erfolg schon in Prag gesungen hatte, geeigneter erscheinen. Trotzdem bestand sie mit Ehren und wenn die

Berichte auch nicht enthusiastisch lauteten, so wurde doch allgemein die Vor=
stellung als gelungen gerühmt[1]). Schon am folgenden Tage (5. April) trat
sie als Pamina in der „Zauberflöte" auf und „hatte den Erfolg des
Abends für sich". Ein Versuch, eine der schwierigsten Partien Spontinis,
die Amazily zu singen, schlug indessen, da die Stimmittel hierfür noch nicht
ausreichten, fehl. Auch das Wagnis, inmitten einer italienischen Umgebung
ersten Ranges die Hauptrolle in einer Rossinischen Oper in italienischer
Sprache zu singen, glückte nicht recht. Das Publikum nahm zwar ihre
Elena in der „Donna del Lago" mit großem Beifall auf, da man an=
erkannte, wie wacker die junge deutsche Sängerin neben den berühmten
Ausländern sich hielt, aber man fand ihre Stimme für diese Partie be=
sonders in den Mitteltönen noch zu schwach und ihr Spiel erschien etwas
kalt, was die Mutter wohl nicht mit Unrecht auf die fremde Sprache schob,
„in der sich Henriette doch unbequem bewege". Karl Maria von Weber,
der dieser Vorstellung beiwohnte, fand „die Sontag allerliebst, jugendlich
frisch und ihre Geläufigkeit bedeutend". Henriette selbst war, wie ein Brief
an den Prager Schauspieler Franz Rudolf Bayer bezeugt, über ihre Leistung
sehr stolz: „Ich habe in der italienischen Opera gesungen in der Donna del Lago
— Herr von Bayer, das ist keine Kleinigkeit — und bin 5 Mal hervor=
gerufen . . Mein Glück ist jetzt in Wien für immer gemacht, denn ich
kann ihnen sagen, die italienische Partei war ganz gegen mich. Wie
groß war mein Triumph, alle die Vorurteile habe ich zu Boden ge=
schmettert." — Weber kannte Henriette als Schülerin der Czejka schon
von Prag her. Damals war sie ihm als hoffnungsvolles Talent,
aber nach seinem eigenen Ausdruck noch „ganz gänsig" erschienen. In=
zwischen war sie mit ihren größeren Aufgaben gewachsen und hatte
älteren Meisterinnen, neben denen sie wirkte, einer Fodor-Mainville, die
die Legende später zu ihrer Lehrerin machte, einer Rossini-Cibran und
Pasta, und dem schönen und feurigen Tenor Fortis, für den ihr 17jähriges
Herz in einer Mischung von Bewunderung und instinktiver Furcht heimlich
erglühte, manche Feinheiten abgelauscht. Weber brachte den Leistungen
Henriettes jetzt um so größeres Interesse entgegen, als er mit dem Gedanken
umging, ihr die Titelrolle seiner neuen Oper „Euryanthe" anzuvertrauen,

die freilich in gesanglicher und schauspielerischer Hinsicht weit größere Anforderungen stellte, als die Agathe im „Freischütz". Die Uraufführung
einer deutschen Oper auf dem heißen Boden Wiens war an sich kein geringes Wagnis. „Echter Kunstsinn ist hier gar nirgends mehr zu haben
— besonders der hohe Adel ist selbst ganz tot für die Musik. Der deutsche
Theaterkomponist hat gar ein gefährliches Feld," klagt 1823 Konradin
Kreutzer in einem Briefe an Spohr, freilich mit einiger Übertreibung. Mit
Kreutzer hoffte manch anderer Freund der deutschen Musik, daß Weber,
der deutsche Meister, „der italienischen Oper mit seinem neuen Werke einen
gehörigen Gnadenstoß versetzen werde." Um so wichtiger mußte eine durch-
aus genügende Besetzung der Titelrolle erscheinen. Viele schüttelten den
Kopf, als sie hörten, daß Webers Wahl auf die kleine Sontag gefallen
sei; aber sollte der deutsche Komponist die Rolle vielleicht von einer der
allmählich verblühenden, überreifen italienischen Primadonnen in der Sprache
Rossinis singen lassen? Von den deutschen, für ihn in Frage kommenden
Sängerinnen Wiens zog er wegen ihrer größeren stimmlichen Frische die
Sontag der älteren Madame Grünbaum vor. Der von Henriette in der
Partie der Jungfrau vom See erhaltene Eindruck war für Weber ent-
scheidend. „Am Tage nach der Vorstellung," erzählte er, „ging ich mit
Buch und Partie der Euryanthe zur Sontag, las es vor und sang sie vor.
Mutter und Tochter waren wirklich äußerst ergriffen, es fehlte nicht an
Tränen und Feuer. Ich hoffe, es wird gut werden. Auch mich närrischen
Esel, der doch das Ding gemacht hat, rührte es aufs neue und ich war
recht müde, als ich in die Oper kam (Aschenbrödel), da ich von 5 Uhr
mich abgeredet und gesungen hatte." Die Proben gingen zu des Meisters
Zufriedenheit und die Erstaufführung am 25. Oktober war im ganzen ein
voller Erfolg. Der glückliche Komponist schilderte seiner Gewohnheit ge-
mäß noch am selben Abend und in den nächsten Tagen in Briefen an
seine Frau seine Eindrücke: Henriette (Euryanthe) im kleidsamsten Kostüm
an Guido Renis Beatrice Cenci erinnernd, wurde mit fabelhaftem Beifall
empfangen, konnte 5 Minuten lang nicht anfangen und mußte dreimal
wieder abbrechen und danken. Das lange Rezitativ zwischen Euryanthe
und Eglantine (Madame Grünbaum) ermüdete, das Duett im ersten Akt

hatte dagegen wieder großen Erfolg. „Den höchsten Punkt," schreibt Weber, „erreichte die Teilnahme im Zu ihm! (Henriettes Arie). Eine solche Wechselwirkung zwischen Publikum und der Sache habe ich noch nie erlebt, sie spielten ordentlich mit, jeder Takt wurde durch Tränen, Bravogemurmel und Klatschen begleitet und die Sontag sogleich wieder herausgerufen. Es war aber auch hinreißend, wie sie singt und spielt." Liest man diesen Bericht und die damaligen kritischen Stimmen in den Wiener Blättern, so erhält man den Eindruck, daß nicht die Oper, sondern die Darstellerin der Titelrolle den Erfolg des Abends gehabt hat. „Wir setzen," schreibt die Wiener „Zeitschrift für Kunst und Mode", „die Leistung der Mlle. Sontag als Euryanthe der besten ihrer früheren gleich, wo nicht noch höher. Sie zeigte sich überall wie es die Situation, wie es der Moment erfordert, unbefangen, fromm, zärtlich, schwärmerisch, verzweiflungsvoll und im Jubel des Entzückens zur höchsten Kraft des Ausdrucks sich erhebend." Indessen wurde weder der Text noch die Musik der neuen Oper von dem damaligen Wiener Publikum in ihrer Bedeutung auch nur einigermaßen erfaßt. Das übersinnliche Element der Euryanthe-Rolle ging vermutlich auch über die Fassungs- und Gestaltungskraft der noch nicht 18jährigen Sängerin hinaus. Die Rezitative fand man unverständlich und, wie es in einem zeitgenössischen Tagebuch heißt, „darum langweilig". „L'Ennuyante" taufte der Foyerwitz die neue Oper heimlich um. Die 3. Vorstellung, die zum Benefiz Henriettes stattfand, war noch stark besucht. Dann, nach Webers Abreise, als auch die Neugier des Publikums, den Komponisten des „Freischütz" dirigieren zu sehen, nicht mehr befriedigt wurde, ließ das Interesse mehr und mehr nach. Vergebens suchte Kapellmeister Kreutzer durch starke Striche dem Publikum entgegenzukommen. Nach 20 Vorstellungen verschwand „Euryanthe" vom Repertoire des Kärnthnertortheaters. Webers Freunde wetterten unmutig gegen die Verständnislosigkeit der Menge, die dieser echt deutschen Musik Rossinis Schmachtfetzen vorziehe. Immerhin war die Zahl von 20 Wiederholungen in kurzer Zeit für die damaligen Verhältnisse ein ansehnlicher Erfolg, mit dem der Komponist wohl zufrieden sein konnte.

Henriette hatte ihrerseits selbst in den Augen des großen Publikums,

das den Gehalt der neuen Oper nicht zu erfassen vermochte, durch die ge-
lungene Durchführung dieser anstrengenden Partie ihre Geltung gefestigt.
Darüber, daß das Geräuschvolle ihrer Erfolge zum allergrößten Teil ihrem
anmutigen Äußern, ihrem bescheidenen, gewinnenden Auftreten galt und
erst in zweiter Linie ihrer Gesangskunst, machte sie sich mit der glücklichen
Unbefangenheit der Jugend und aus angeborener Harmlosigkeit keine Skrupel.
Den Seinen gibts der Herr im Schlafe, sagt das Sprichwort. Der
18jährigen wurde das Glück zuteil, mit einem Genius in Berührung zu
kommen und von ihm mit einer Aufgabe betraut zu werden, die sie den
Geist der Tonkunst in seiner ganzen Größe und Erhabenheit, wenn auch
noch nicht erfassen, so doch instinktiv ahnen ließ und ihr eine Erinnerung
bot, die für alle Zeiten einen goldigen Schimmer auf ihr Leben warf.
Eine gütige Fee hat den Namen Henriette Sontag mit dem Namen
Ludwig van Beethoven und der erhabenen Krönung seines Lebenswerkes,
der Neunten Symphonie, verknüpft. Es war begreiflich, daß die junge
Künstlerin, die dank dem von Pixis erhaltenen Klavierunterricht gewiß
einige der leichteren Sonaten Beethovens auf dem Fortepiano meisterte,
bald nach ihrer Ankunft in Wien den Wunsch empfand, dem großen
Komponisten unter die Augen zu treten. Aber die Berichte, die sie über
das unzugängliche und oft unwirsche Wesen des damals seines Gehörsinns
schon völlig beraubten Meisters empfing, waren nicht geeignet, ihren
wankenden Mut zu stärken. Henriettes gleichaltrige Kollegin Karoline
Unger, die spätere berühmte Ungher=Sabatier, die von dem gleichen Wunsch
beseelt wurde, war kecker und wagte allein den ersten Schritt in Beethovens
Junggesellenheim, als Henriette ablehnte, mitzukommen, weil sie hinter der
resoluteren Freundin zu sehr zurückzustehen fürchtete. Und in der Tat
machte Karoline auf Beethoven und seinen Freund Schindler den Eindruck
eines „Teufelsmädchens". Freundlich von dem Meister empfangen,
sprudelte sie bald kecke und witzige Bemerkungen heraus und verstieg sich
zu dem kühnen Wunsche, Beethoven möge für sie eine neue Oper schreiben.
Karolinens Schilderung der freundlichen Aufnahme machte auch Henriette
Mut. Am 8. September 1823 trat sie klopfenden Herzens mit der Freundin
in das Zimmer des Gewaltigen, der sie galant empfing und noch am selben

Abend scherzend an seinen Bruder Johann schrieb: „Zwei Sängerinnen besuchten uns heute und da sie mir durchaus die Hände küssen wollten und
recht hübsch waren, so trug ich ihnen lieber an, meinen Mund zu küssen."
Wenngleich die Taubheit Beethoven verhinderte, sich über Henriettes
Stimme selber ein Urteil zu bilden, so empfing er doch von ihrem Wesen
und ihrer Eignung für die Aufgaben der Opernbühne einen durchaus
günstigen Eindruck, den sachkundige Freunde, wie die Aufzeichnungen in
den Gesprächsheften uns beweisen, bestätigten. Am Morgen nach der
Erstaufführung der „Euryanthe" war Beethovens erste Frage, wie die
kleine Sontag gesungen habe und als er hörte, daß sie ihre Sache vortrefflich gemacht habe, schmunzelte er vergnügt. Sein unzertrennlicher
Schindler hatte ihm Henriette schon vor ihrem ersten Besuch als ein Muster
hoher Moralität gerühmt und sie wegen ihres „seltenen Fleißes und
seltener Bildung" dem Meister für seine Konzertpläne und die Partie der
Leonore empfohlen. Ein anderer Freund, Graf Lichnowsky, gab im Kon-
versationsbuch sein Urteil ab: „Im Singen ist die Sontag besser, in Darstellung und Kraft aber die Schröder." Als mit Beginn des Jahres 1824
Beethovens Pläne, in einer sogenannten Akademie mit Proben seiner
reifsten Schöpfungen vor das Wiener Publikum zu treten, immer festere
Gestalt gewannen, rechnete er auf die Mitwirkung seiner beiden neuen
jungen Freundinnen in erster Linie. Im Finale der 9. Symphonie und
in der Missa solemnis wurden Henriette und Karoline die Solopartien
anvertraut. Beide Mädchen fühlten sich durch das Vertrauen des verehrten Meisters nicht wenig geschmeichelt, fanden aber bald ihre Aufgabe
zu schwer und wünschten Erleichterung. „Die Sontag," vermeldete
Schindler, „sagt, sie habe im Leben so was Schweres nicht gesungen."
Doch wollte sich Beethoven auf keine Abänderung einlassen und wurde
von Schindler darin bestärkt, der da meinte, daß beiden Damen die gehörige
Schule, „solchen getragenen Gesang vorzutragen, fehle und die italienische
Gurgelei beide vom rechten Wege abgebracht habe". Seufzend fügten sich
die jungen Mädchen in den Willen des Gestrengen. Die eifrige und
willigere Henriette übte unter Schindlers Aufsicht einige schwierige Arien
von Porpora und anderen italienischen Altmeistern und erhielt dafür von

Beethovens Ablatus am Vorabend der denkwürdigen Aufführung das schmeichelhafte Lob: „Wegen der Sontag ist mir gar nicht bange; sie sagte, ich setze meinen Kopf zum Pfande, daß ich abends keine Note fehle. Sie hat doch Courage, aber die Mamsell Unger fühlt sich zu schwach." Um seinen schönen Helferinnen, die sich uneigennützig auch um die Beschaffung eines passenden Lokals für die geplante Akademie bemühten, seine Dankbarkeit zu zeigen, schwang sich Beethoven eines Tages zu einem bei ihm ungewohnten Akt der Galanterie auf: er lud die beiden Mädchen und zwei oder drei Freunde in sein Junggesellenheim zu Tisch. Rebhühner und Rostbraten wurden aus dem Stammwirtshause herübergeschickt und ein feuriger Tokayer funkelte in den Gläsern. Es mag bei Beethovens mangelhafter Einrichtung, dem Drunter und Drüber, drollig genug bei diesem improvisierten Künstlermahl zugegangen sein und alle verabschiedeten sich in der besten Laune. Aber am nächsten Morgen brachte der getreue Schindler dem Meister eine Hiobspost: die wenigen Tropfen des fetten süßen Ruster Ausbruchs, den Henriette getrunken oder die „spanischen" Rebhühner waren ihr leider so schlecht bekommen, daß die für den Abend angesetzte Aufführung von Kreutzers Oper: „Der Taucher" abgesagt werden mußte und die Sängerin die ganze Nacht von Brechanfällen geplagt wurde. Um die 24 Dukaten für die Mitwirkung im Hofkonzert nicht zu verlieren, war sie am nächsten Morgen trotz ihrer Übelkeit dennoch zur Probe gekommen. Bei der Unger hatte der Weingenuß gleichfalls eine Katastrophe bewirkt. „Beide Schönen," schrieb Schindler dem verdutzten Freunde ins Heft, „empfehlen sich Ihnen und bitten in Zukunft um besseren gesunden Wein. Ganz recht. Ihre Diners würden beiden sonst zu hoch zu stehen kommen."

Das große Ereignis der Akademie fand am 3. Mai 1824 im Kärnthnertortheater statt. Henriette machte ihr Versprechen wahr und sang vortrefflich. Beethoven, der neben dem Kapellmeister mit dem Rücken zum Publikum stand, ganz in die im Geiste gehörten Töne seiner Schöpfung vertieft, die seinem Ohr nur als ein dumpfes Brausen erschienen, drehte sich auf Veranlassung der Unger, als der Applaus nicht enden wollte, um und entfesselte dadurch noch stärkeren Beifall. „Die Sontag und Unger, die sonst, wo sie erscheinen, mit dem größten Applaus empfangen werden," meldete Beethovens Neffe am nächsten Morgen im Konversationsbuche, „wurden gestern beim Eintritt fast gar nicht beklatscht, wie es auch natürlich ist, denn bei einer Akademie, die Du gibst, fühlt das Publikum wohl, daß es Sänger nicht beklatschen dürfe." Die Wiederholung der Akademie am 23. Mai, die nach der „Weihe des Hauses" wieder Fragmente aus der 9. Symphonie und die Messe in D-dur brachte, war von dem gleichen Erfolge begleitet. Henriette durfte zur Belohnung, obgleich auch Stars der italienischen Oper mitwirkten, eine in den Rahmen des Ganzen freilich nicht recht passende italienische Bravourarie singen. Ein Festmahl, bei dem der Erfolg der Akademie gefeiert werden sollte, kam hauptsächlich in- folge einer zwischen Beethoven und Schindler eingetretenen Spannung nicht zustande. Der mißtrauische und an allen Menschen plötzlich irre gewordene Meister zeigte sich auch gegenüber Henriette plötzlich wenig höflich. Zum Andenken an ihre Mitwirkung in der Akademie erbat sie sich eine der beiden auf Beethovens Schreibtisch als Briefbeschwerer dienenden Kosakenfiguren aus Bronze, bekam aber eine abschlägige Ant- wort und mußte ohne ein Erinnerungszeichen abziehen[2]).

Die Sommermonate des Jahres 1824 benutzte Henriette zu einem Gastspiel in Graz, das vom 24. Juli bis 21. August währte. Daß auch in der Hauptstadt Steiermarks das Publikum der anmutigen Künstlerin gegenüber mit seinem Beifall nicht kargte, beweist am deutlichsten eine polizeiliche Verfügung, die auf den baufälligen Zustand des damals aus- hilfsweise in der ständischen Reitschule untergebrachten Musentempels vor- sorglich Rücksicht nahm: „Obgleich die Beyfallsbezeugungen im Schauspiel- hause durch Händeklatschen Niemanden untersagt ist, so ist doch wegen Erregung des Staubes das Stampfen mit Füßen und das Stoßen mit Stöcken, besonders in dem blos gezimmerten Schauplatze durchaus nicht zu dulden; daher Letzteres Jedermann bei Ahndung im Übertretungsfalle untersagt ist."

Der folgende Winter sollte der letzte sein, den Henriette in Wien zubrachte. Der österreichische Hof hatte, der Opfer müde, beschlossen, den Kontrakt mit Barbaja nicht zu erneuern und der vielseitige italienische Geschäftsmann, der ohnehin sozusagen mit einem Fuße stets in Mailand oder Neapel stand, war nicht ehrgeizig genug, um sich im Interesse eines guten Abgangs in künstlerische und pekuniäre Unkosten zu stürzen. „Wie elend es mit unserer deutschen Oper unter der italienischen Direktion hier steht," schrieb Konradin Kreutzer im Januar 1825 an seinen Freund Spohr, „werden Sie wohl schon wissen. — Seit fast einem Jahre existiert nun gar keine deutsche Oper mehr im Hoftheater. Die wenigen Sängerinnen, als wie Sontag und Ungher, werden in den italienischen Opern verwendet, und die Sänger sind teils auf Reisen, teils anderswo engagiert." Kreutzers Hoffnung, „daß sich nach dem gänzlichen Abgange des Herrn Barbaja doch wieder etwas Neues formieren werde", sollte sich nicht erfüllen. So sagten gleich ihrem Impresario auch seine beiden deutschen weiblichen Stars der Donaustadt Valet. Es spricht für Henriettes Beliebtheit, daß sie zu ihrem Abschiedskonzert am 17. April den großen Redoutensaal zu mieten wagen durfte, während die Unger sich bei dem ihrigen am 10. März mit dem kleinen Redoutensaal begnügt hatte. Karoline, noch immer die keckere und unternehmungslustigere der beiden Freundinnen, hegte keine Bedenken, Barbajas Lockruf zu folgen und ein Engagement in Mailand und Neapel anzunehmen und im Interesse besseren Fortkommens unter den Landsleuten Rossinis ihren guten deutschen Namen in Carlotta Ungher umzumodeln. Auch Henriette zu gewinnen, ließ es der Impresario an Überredungskunst nicht fehlen, aber er begegnete doppeltem unbesieglichem Widerstande, denn Franziska Sontag als praktische und weitblickende Frau hatte es sich längst zum Prinzip gemacht, Henriette keinen Kontrakt unterschreiben zu lassen, der nicht auch ihr und der jetzt 13 jährigen Nina eine anständige Gage und Beschäftigung sicherte. Auf den italienischen Opernbühnen Barbajas war jedoch für die deutschsprechende Heroine und Heldenmutter kein Platz, und Henriette allein nach dem Süden ziehen zu lassen, dagegen sträubte sich nicht nur ihr mütterliches Herz, sondern auch die Besorgnis, die Tochter möchte das Gold in ihrer Kehle zu billig verkaufen oder mit irgend einem verführerischen Ritter vom hohen C oder heruntergekommenen adligen Glücksritter einen Ehebund schließen und dadurch die weitschauenden Pläne der Mutter nicht nur in pekuniärer Hinsicht zu schanden machen. Henriette empfand ihrerseits nicht nur eine begreifliche Scheu, in einem ihr ganz unbekannten Lande und von den Intrigen der Kolleginnen umdroht auf sich allein angewiesen zu sein, sondern noch ein stärkeres Gefühl sprach mit. Schon in Prag hatte von den Kavalieren, die das hübsche Mädchen wetteifernd umschwärmten, der junge, elegante Kürassierleutnant Eduard Graf Klamm-Gallas einen tieferen Eindruck auf sie gemacht und durch die ehrliche Offenheit seiner Neigung auch bald ihr Herz gewonnen. Die Aussicht, ihren Namen dereinst gegen den einer der angesehensten Adelsdynastien Österreichs vertauschen zu dürfen, erschien trotz aller ihrer künstlerischen Erfolge Henriette verlockend. Mit dem glücklichen Optimismus jugendlicher Liebenden zweifelte der Graf nicht daran, daß er den Widerstand seiner Eltern gegen eine Heirat mit der bürgerlichen Sängerin besiegen würde, wenn diese erst den Zenith ihres Ruhmes erreicht hätte, und genoß einstweilen als heimlicher Verlobter den Vorzug, so oft seine Dienstpflicht und Henriettes Theaterbeschäftigung es gestatteten, in der Gesellschaft des schönen Mädchens weilen zu dürfen. Kein Zweifel, daß er den italienischen Vogelfänger, der seine Nachtigall gen Süden locken wollte, zu allen Teufeln wünschte. War auch eine örtliche Trennung der Liebenden unvermeidlich, da Henriette nach Auf-lösung der Wiener Oper an ein Privatisieren weder denken konnte noch wollte, so bot sich sicherlich auch diesseits der italienischen Grenze ein passendes Engagement. Henriette scheint damals ernstlich gewillt gewesen zu sein, sich von neuem der Prager Bühne zu verpflichten, um in der Nähe ihres Bräutigams weilen zu können, obgleich das dortige Engagement nach Wien einen Rückschritt bedeutet hätte. Vorläufig fand sie einen Monat nach ihrem Wiener Abschiedskonzert Gelegenheit, zum erstenmal auf reichsdeutschem Boden, vor dem verwöhnten, kritischen, musikliebenden Publikum Leipzigs ihre Künstlerschaft zu verteidigen. Der damalige Direktor des Stadttheaters, Karl Theodor Küstner, wollte Webers „Euryanthe" mit der Künstlerin, die sie so erfolgreich kreiert hatte, in der Titelrolle, den Leipzigern bekannt machen. Frau Czejka war bei ihm als Gesangslehrerin engagiert und hatte mit Lobsprüchen über ihren Lieb-ling sicherlich nicht gekargt. Der Gedanke an das Wiedersehen mit der alten Freundin war ein Grund mehr für Henriette, Küstners Einladung in freundlichem Lichte zu erblicken. Und so erschien sie am 20. Mai als Euryanthe auf den Brettern des alten Stadttheaters und feierte, wie Küstner in seinem Rückblick auf seine Direktion berichtet, „mit Anmut, Schönheit und vollendeter Kunst im Bunde und von den Leipziger Solisten und Chören trefflichst unterstützt ihre Triumphe", so daß Webers Oper in kurzer Zeit 6 Wiederholungen erlebte. „Die Euryanthe hat ungeheures Glück gemacht, keine Oper hat hier so gefallen," meldete Henriette vergnügt der alten Prager Freundin Andree. Auch Frau Franziska war samt Nina, ihrem Prinzip getreu, für einige Gastrollen verpflichtet worden und auch ihre Leistungen hatten freundliche Aufnahme gefunden. Wilhelm Gerhardt, der Freund Goethes und talentvolle Übersetzer, und andere wohlhabende Leipziger Kunstfreunde öffneten der Wiener Sängerin gastfreundlich ihr Heim. „Mir gefällt es hier weniger, als ich hier gefalle," heißt es in einem Briefe Henriettes an die Andree, „die kalten Sachsen wollen recht viel Vergnügen an mir finden, ich desto weniger an ihnen. Wir sind fast alle Tage wo anders eingeladen, das alles macht mir aber kein sehr großes Vergnügen, denn das, was mir die größte Freude machen könnte, muß ich hier leider entbehren. Was das ist, können Sie wohl leicht erraten." Der Schmerz der ersten Trennung von ihrem Eduard war eben noch zu frisch, als daß alle Theater= und Gesellschaftserfolge einen Ersatz hätten bieten können.

Schwerlich ahnte Henriette, daß in Leipzig sich ihr Schicksal für lange Jahre entscheiden sollte. Sie stand, wie das Kind in der Fabel, mit der wundertätigen Zauberwurzel in der Hand vor der verschlossenen Pforte, die plötzlich aufsprang und den Weg zu Bergen Goldes, Diamanten und Perlen, den Weg, der zu europäischem Ruhme führte, frei gab. In der Kaiserstadt an der Donau war Henriette eine Utilité, wie es in der Theatersprache heißt und schließlich eine Lokalberühmtheit geworden, in Preußens Hauptstadt wurde sie nach dem treffenden Ausdruck zweier berühmter Zeitgenossen „ein historisches Ereignis, ein Symbol jener Tage".

Die Theaterenthusiasten

Anonyme Karikatur aus M. G. Saphirs „Schnellpost", Berlin 1826

V. Kapitel.

„Die Geschichte der Berliner Sontagepoche," sagt Willibald Alexis in seinen Theatererinnerungen, „mit allen ihren wunderbaren, heiteren und sehr ernsthaften Intermezzos muß noch geschrieben werden. Sie würde ein Buch füllen." Das historisch geschulte Auge des Dichters der märkischen Romane hat schon richtig erkannt, daß jenes Strohfeuer der Begeisterung, das Henriette entflammte, nimmer zu jener Höhe hätte aufschlagen können, wäre nicht die Atmosphäre dazu präpariert gewesen, und daß wir die Sontagepoche nur begreifen und würdigen können, wenn wir das Bild des damaligen Berlin vor unserem geistigen Auge erstehen lassen. Auf die patriotische Begeisterung der Freiheitskriege mit ihrem Tatendrang und ihrer Opferwilligkeit war jene so oft geschilderte und beklagte Reaktion gefolgt. Stärker als je wurde das Volk wieder von den Regierenden bevormundet, spreizte sich der Beamtendünkel, pochten die sogenannten intellektuellen Kreise auf ihre geistige Bildung, die über die politische Leidenschaftlichkeit anderer Nationen gern als über etwas Rückständiges und Überwundenes spottete. Eine Stadt, die einen Hegel, Chamisso, Fouqué, Varnhagen, Gans, Schleiermacher, Eichendorff, um nur ein paar markante Namen zu nennen, zu ihren Bürgern zählte, durfte sich gewiß ihrer geistigen Kräfte rühmen, und doch gab im wesentlichen ein arges Philistertum den Ton an. Berlin zählte um 1825 etwa 200 000 Einwohner, und war doch nach heutigen Begriffen die richtige Kleinstadt. Die Leipzigerstraße galt da, wo sich heute Wertheims Warenpalast erhebt, als eine tote Gegend, wo das Gras auf der Straße wächst. Die Reinigung und Beleuchtung der Gassen ließ so ziemlich alles zu wünschen übrig. Noch sangen die Wächter nachts die Stunden ab und ein löblicher Magistrat glaubte bis zur Einführung der ersten spärlichen Gasbeleuchtung (1826) in den vier Sommermonaten die nächtliche Erhellung der Straßen dem Mond überlassen zu dürfen. Der Wagenverkehr hielt sich in bescheidenen Grenzen, die 1815 eingeführten Mietsdroschken auf den Halteplätzen begegneten noch immer zweifelndem Kopfschütteln. Wer sollte sie benutzen, da die Wohlhabenden über eigene Equipagen oder sogenanntes Monatsfuhrwerk verfügten, auch bei abendlichen Einladungen und Staatsvisiten sich noch gern der Trag- sänfte bedienten? Eine Geselligkeit großen Stils entfalteten nur 2 bis 3 reiche jüdische Familien und hohe Aristokraten. Auch der wohlhabende Bürger- stand war in seiner Wohnungseinrichtung und in seiner Lebensführung noch von altpreußischer Einfachheit, worin der Hof Friedrich Wilhelms mit gutem Beispiel voranging. Die gelegentlichen Inserate in den Tages- zeitungen, die das Eintreffen von frischen Austern, Baumkuchen, Süd- weinen und Südfrüchten anzeigen, beweisen, daß man diese heute fast alltäglichen Genüsse noch als etwas Besonderes und Ungewöhnliches emp- fand. Die erste elegante Caféeinrichtung Unter den Linden wurde wie ein Weltwunder angestaunt. Auch die Weinstuben, in denen sich die Intelligenz und insbesondere die Theaterleute zusammenfanden, waren der Altberliner Weißbierstube, wo sich der behäbige Philister nach des Tages Mühen erquickte, an Komfort wenig voraus. Dünner Tee und schwach belegte Butterbrote bildeten die leibliche Erquickung der zahlreichen literarischen Konventikel und ästhetischen Kränzchen, die sämtlich, die 1824 gegründete Mittwochsgesellschaft eingeschlossen, der u. a. Chamisso, Varn- hagen, Fouqué, Simrock und Eichendorff angehörten, mehr oder minder exklusiven und literarischen Parteicharakter trugen. Die Beschäftigung mit den großen Fragen des öffentlichen Lebens und der Politik war in diesen Kreisen mehr oder minder verpönt und auch die damaligen drei Tages- zeitungen, die nach Treitschkes treffendem Ausspruch um den Preis saftloser Langeweile wetteiferten, trugen diesem Empfinden Rechnung. Theater, Musik und Literatur bildeten den Haupt= ja, den einzigen Gesprächsstoff. „Am Theaterenthusiasmus," — ich gebe wieder dem gewiegten Zeitkenner Alexis das Wort, — „nahm nicht das ganze, aber ein großer Teil des Volkes teil, derjenige, der mit dem Drang nach Bildung, nach Äußerung seiner Kraft alle Richtungen der Öffentlichkeit sich verschlossen sah. Das Theater war freigegeben, insoweit, daß die Stimmen zu einem Chor wurden, daß der Einzelne eine Gemeinschaft suchte, um dem inneren Drange Luft zu machen. Fand er kein Volk, das mit ihm einstimmte, so doch ein Publikum." Auch Rahel Varnhagen sprach jenem Publikum aus dem Herzen, wenn sie einem

Freunde schrieb: „Eine Stadt ohne Theater ist für mich wie ein Mensch mit zugedrückten Augen, ein Ort ohne Luftzug, ohne Kurs." Jeder kannte die alten Habitués, wie die pensionierten Obersten Trescow und König, die womöglich keine Vorstellung versäumten und ihre großen Pariser Jumellen unentwegt auf die Bühne richteten. Einer Stadt von mehr als 200 000 Einwohnern konnten unter solchen Umständen auf die Dauer die beiden einzigen ständigen Bühnen, die königlichen Theater, nicht genügen. Das eifersüchtig festgehaltene Monopol der Hofbühne, Trauerspiele und ernste Schauspiele aufführen zu dürfen, schreckte indessen die Wagelust fremder Unternehmer ab. Charakteristischer Weise war es kein Theatermann, sondern ein ehemaliger jüdischer Armeelieferant, der später mit dem Kommissionsratstitel geschmückte Friedrich Cerf, der sich bei König Friedrich Wilhelm um die Konzession zur Errichtung eines Privattheaters bewarb und sie am 23. Mai 1822 in Würdigung seiner in den Kriegsjahren erworbenen Verdienste auch erhielt. Der kluge Spekulant, der zwar die Kunst des Lesens und Schreibens bis an sein Lebensende nur in höchst bescheidenem Maße beherrschte, aber dafür die, Geld ohne eigenes Risiko zu machen, um so besser verstand, hatte nichts Eiligeres zu tun, als seine Konzession einer Aktiengesellschaft abzutreten, die durch Kabinetsorder vom 17. Juni 1822 die königliche Bestätigung erhielt. In den am 20. Juli und 13. Dezember desselben Jahres abgeschlossenen Verträgen wurde stipuliert, daß vierhundert Aktien den erforderlichen Fond von 120000 Talern bilden, im Falle einer Auflösung der Aktiengesellschaft die Konzession unentgeltlich an Cerf zurückfallen und ihm außerdem das Vorkaufsrecht auf das Vereinsvermögen zustehen solle. Überdies wurde ihm eine „unter keinen Umständen zu schmälernde Rente" von 3000 Talern jährlich garantiert. Der Name der neuen Bühne „Königstädtisches Theater" entsprach der gewählten Baustelle, die das Cerfsche Grundstück am Alexanderplatz 1 bis 3 und die sogenannten Weydingerschen Häuser Alexanderstraße 2 und 3 umfaßte. Die Oberleitung des Baues wurde dem braunschweigischen Hofbauinspektor Ottmer übertragen, der auch die Pläne entworfen hatte. Am 21. August 1823 wurde der Grundstein gelegt und noch nicht ein Jahr war verflossen, als der gefällig und praktisch eingerichtete, Raum für etwa

1500 Zuschauer bietende neue Musentempel fertig dastand. Die Begeisterung und das Interesse waren groß, das langersehnte Volkstheater wurde mit ausschweifenden Hoffnungen begrüßt. Die sieben Direktoren, die Bankiers Beer und Mendelssohn, Vater und Onkel der beiden berühmten Komponisten, Benecke, der Schwiegersohn der Madame Dutitre, einer der populärsten Persönlichkeiten des damaligen Berlin, Fraenkel, Martin Ebers, der Vater des bekannten Ägyptologen und Romanschriftstellers, ferner J. D. Müller und der als Syndikus und Geschäftsführer fungierende Justizkommissionsrat Georg Karl Friedrich Kunowsky, sämtlich angesehene und begüterte Männer, waren vom besten Willen beseelt. Freilich hätten sie aus dem Schicksal der weiland Hamburger Entreprise lernen können, daß der gute Wille und selbst ein Lessing als Dramaturg nicht genügen, ein Theater erfolgreich zu leiten und daß es vor allem eines festumrissenen Programms und eines einheitlichen starken Willens bedarf. Beides fehlte von Anfang an beim Königstädtischen Theater so gut wie gänzlich. Der ursprünglich zum Bühnenleiter bestimmte frühere Hofschauspieler Heinrich Levin Bethmann, der Gatte der berühmten Unzelmann, sah sich noch vor Eröffnung des Theaters, am 12. März 1824, genötigt, seine Entlassung zu nehmen. Wie er in seiner unter dem satirischen Titel: „Mein Weihnachtsgeschenk an das Königstädtische Theater" später veröffentlichten Streitschrift erklärte, hatten insbesondere Kunowskys Intrigen und dessen Einmischung in rein künstlerische Fragen ihn zu diesem Entschluß gedrängt. An Stelle des Direktors trat ein vierköpfiges Regiekollegium: die Schauspieler Angely, Ehlers, Schmelka und Nagel, als Sekretär wurde ein leibhaftiger Baron verpflichtet. Dem Programm der neuen Bühne waren von vornherein bestimmte Grenzen gezogen. Es durften nur kleinere Schau- und Lustspiele, Possen und Singspiele zur Aufführung gelangen. Schau- und Lustspiele jedoch nur insofern, als sie nicht auf dem Repertoire der Hofbühnen sich befanden. Der alternde König, der die Mehrzahl der Abende am liebsten im Theater verbrachte, aber nur Heiteres und Lustiges sehen wollte, da es im Leben schon Trauerspiele genug gäbe, hoffte bei diesem Programm in dem neuen Musentempel am Alexanderplatz auf seine Rechnung zu kommen und zeichnete schon die Eröffnungsvorstellung, die am 4. August 1824, am Tage nach seinem Geburtstage, stattfand, durch seine und des Hofes Gegenwart aus. Das Programm dieser Eröffnungs= vorstellung hatte den Gründern nicht wenig Kopfzerbrechen gemacht. Die verschiedenartigsten Vorschläge, die Shakespeare, Calderon, Hans Sachs, die Wiener Hanswurstkomödie, Goethe und Lessing berücksichtigten, waren gemacht und verworfen worden, und endlich hatte man sich auf zwei voll= kommene Nichtigkeiten geeinigt: Auf einen von der schönen Karoline Bauer gesprochenen Prolog, der in ein Hoch auf Friedrich Wilhelm den Ge= rechten ausklang und Beethovens „Weihe des Hauses" folgte eine einaktige Posse von Bäuerle „Der Freund in der Not" und das einaktige Sing= spiel „Das Ochsenmenuett". Wie Kunowsky in seinem Rechenschaftsbericht später zugestand, waren bei der Eröffnung des Theaters nur 4 bis 5 Stücke eingeübt. Dennoch wurden in dem Spieljahr 1824/25 nicht weniger als 115 Novitäten herausgebracht. Es bedarf keines Wortes, daß diese über= hastete Einstudierung den Aufführungen ihren Stempel aufdrückte und daß die absoluten Nichtigkeiten vorherrschten. Der fruchtbare und finger= fertige Angely wußte sich bald mit seinen im Berliner Jargon geschriebenen Possen und Vaudevilles, die meist französische Verhältnisse und Namen unbekümmert ins Berlinische übertrugen, eine Art Monopol zu verschaffen. Ihre gesuchte und oft läppische Lustigkeit fand eine Weile an höchster Stelle wie in den breiteren Volksschichten Beifall. Dagegen mißglückte der Ver= such, die Wiener Zauberpossen für Berlin zu lokalisieren, trotz der aus= gezeichneten Komiker der Wiener Schule, die das Königstädtische Theater in Schmelka, Beckmann und Spitzeder besaß, im großen und ganzen. Auch die Beschwörung der alten Nothelfer Kotzebue und Iffland und literarische Ausgrabungen führten nicht zu dem gewünschten Ziel, ein dauerndes Gleichgewicht zwischen Einnahmen und Ausgaben zu erreichen. Die reichen Patrone des neuen Theaters hatten sich nicht knauserig ge= zeigt. „Die Direktion," schrieb Schmelka an seinen Freund Beckmann, „beträgt sich äußerst honett." Noch im November 1824 war keinem Mit= gliede ein Pfennig vom Vorschusse abgezogen und der Ertrag der ersten Vorstellung den Stadtarmen gewidmet worden. Das Gebaren Kunowskys, der nahezu unumschränkt der Herr nicht nur auf administrativem, sondern

auch auf künstlerischem Gebiete war, fand indessen nicht den Beifall der
Aktionäre. Um das wachsende Defizit zu beseitigen, mußte etwas ge=
schehen. Man griff, wie so oft in der Geschichte des deutschen Theaters,
zu dem gefährlichsten und verkehrtesten Mittel: zum Kultus der Oper und
zum Starsystem. Die Ursache der Krankheit wurde nicht beseitigt, sondern
das Leiden nur durch eine Periode täuschender Gesundheit für eine Weile
verdeckt. Das Königstädtische Theater erlebte dank der neugeschaffenen
Oper einen glänzenden Aufschwung und ließ das Licht seines Sternes weit=
hin leuchten, um nach dessen Abgange in um so trostloseres Dunkel zu
versinken. Die Wahl der neuen Opernkräfte konnte der Direktion nicht
schwer fallen: die Auflösung der Wiener italienischen Oper bot eine nicht
leicht wiederkehrende Gelegenheit, eine im Aufsteigen begriffene Ge=
sangsgröße wie Henriette Sontag und zwei oder drei tüchtige männliche
Kräfte zu gewinnen. Berliner Theaterenthusiasten, wie der Justizrat
Ludolf, der mit seinem jungen Freunde, dem Kritiker Ludwig Rellstab,
die schöne Primadonna in Wien gehört hatte, wußten ihr Gesangstalent
und ihre Anmut nicht genug zu rühmen. Auch der Erfolg der Leipziger
Euryanthe=Aufführung machte für sie Stimmung. Ein Wiener Agent
Röckel hatte in Kunowskys Auftrag vorsichtig sondiert, ob Henriette ge=
neigt sein würde, einem Engagementsantrag an das Königstädtische Theater
zu folgen; doch wurde ihm keine irgendwie bindende Zusage gegeben. Da
sich das Gerücht verbreitete, daß auch die Berliner Hofoper Absichten auf
die Sängerin habe, machten sich mehrere Mitglieder des Direktoriums in
einer Mischung von Neugier und Opferwilligkeit auf den Weg nach
Leipzig, um durch direkte mündliche Verhandlungen mit Mutter und Tochter
Sontag schneller zum Ziele zu kommen. Auch der neugewonnene Theater=
sekretär und Dramaturg Karl von Holtei ging mit auf den Nachtigallen=
fang, den er nicht nur in seinen Erinnerungen ebenso selbstgefällig wie aus=
führlich geschildert, sondern auch in Versen poetisch=satirisch verherrlicht hat:

> Denn eine Schar habsücht'ger Vogelfänger
> Steht um den Baum, auf dem die Holde thront;
> Solch' süße Kehle fehlt im Kreis der Sänger:
> Da wird kein Mittel, sie zu fah'n, geschont.

Ein jeder stellt die kunstgerechten Fallen,
Da sieht man Bauer, Sprenkel, Schling' und Netz;
Sie aber hütet schlau sich noch vor allen,
Denn Freiheit ist des Frühlings Hauptgesetz.

Nach seiner Schilderung war Holtei der Glückliche gewesen, dem der Fang gelungen. Er traf nach seiner Ankunft in Leipzig Henriette zufällig bei der ihm bereits bekannten Czejka und packte als kluger Diplomat die Sache beim rechten Ende, indem er zunächst Mutter und Lehrerin seinen Plänen günstig stimmte. Mutter Sontag machte ein Engagement Henriettes natürlich wieder von ihrem eigenen und dem Engagement der zweiten Tochter abhängig, und zwar sollte die Familie insgesamt die hohe Summe von 8000 Talern, davon die Mutter 2000, Henriette 5000, Nina 500, wozu noch 500 Taler Garderobengeld für alle drei kam, beziehen. Auch der Czejka wurde ein Engagement als Altistin und Gesangsmeisterin in Aussicht gestellt. Henriette wußte der geschickte Unterhändler bei ihrem künstlerischen Ehrgeiz zu packen. Sie hegte lebhaftes Verlangen, die weibliche Hauptrolle in Aubers neuer Oper: „Der Schnee" zu singen, die indessen dem königlichen Schauspielhause gehörte. Holtei — ich folge hier immer seiner Erzählung — brachte es fertig, durch ein geschicktes Tauschgeschäft die Oper von der Intendanz frei zu bekommen und Henriette belohnte seinen Eifer nicht nur mit einem schwesterlichen Kuß, sondern auch mit der Unterzeichnung des Kontraktes, der der König=
städtischen Bühne den kostbaren Singvogel endgiltig für zwei Jahre sicherte.

In der Sprache der Akten nimmt sich die Geschichte ganz anders, aber ausnahmsweise nicht nüchterner, sondern romantischer aus. Demnach hatte Intendant Graf Brühl schon Ende März 1825 durch einen Wiener Vertrauensmann, den kaiserlichen Hofpensionär von Sannes, die Sontag zu einigen Gastrollen im Königlichen Opernhause eingeladen. Sannes be=
richtete über seinen Besuch bei der Sängerin am 26. April seinem Auftrag=
geber geradezu enthusiastisch: „Daß sie (Henriette) ein höheres Honorar als Madame Grünbaum (nämlich mehr als 20 Louisdor pro Rolle) fordern wird, konnte ich aus ihren Äußerungen sehr deutlich entnehmen. Sie ist

aber auch ohne alle Übertreibung eine Sonne erster Größe am jetzigen Theaterhimmel und ich bin überzeugt, daß sie die kalten Berliner auf= rütteln und ihr Blut in wonnige Aufwallung zaubern wird. Gestalt, Stimme, Kunst und Bewegungsweise stempeln sie zur ersten jetzt lebenden teutschen Sängerin. Ich wünsche, daß diese liebliche Erscheinung ein mächtiger Impuls sein möge, der die nur an niedrigen Possen hängende Mehrzahl elektrisiert und sie dem neuen sittlichen Geschmack wieder zuführt." Die Intendanz, schloß Sannes, möge also nicht säumen, durch entsprechendes Honorarangebot Mutter und Tochter der ihrer Äußerung nach nicht in ihrem Plan liegenden Fortsetzung der Reise von Leipzig nach Berlin geneigt zu machen. Graf Brühl erwiederte auf diese lockende Anpreisung des neuen Sterns etwas von oben herab: seinen Informationen nach sei die Sontag bereits am Königstädtischen Theater engagiert und sie solle sich nicht ein= bilden, daß sie gleichzeitig auf der Königlichen Bühne gastieren und in der Königstadt spielen könne. Bevor er sich in weitere Verhandlungen einlasse, müsse er über diesen Punkt Klarheit haben. Inzwischen war bei Franziska Sontag auch im Auftrage des Herzogs von Braunschweig wegen eines etwaigen Engagements der Tochter angefragt worden und das König= städtische Theater hatte ihr durch den Inspizienten Remie angeblich bereits Vorschuß und Reisegeld gezahlt. Sie hielt die Trümpfe somit in der Hand und wich als kluge Geschäftsfrau einer weiteren bindenden Unterredung mit dem Vertrauensmann des Berliner Intendanten durch ihre Abreise nach Prag aus. Jetzt beehrte Graf Brühl einen Leipziger Vertrauensmann, den Buchhändler Duncker, mit der heiklen Mission, den vielumworbenen Singvogel einzufangen. Duncker meldete am 30. April, daß „die Sontag gestern in Leipzig eingetroffen sei und er zuversichtlich hoffe, die Gegner aus dem Felde zu schlagen". In seiner Vollmacht für Duncker erklärte sich Brühl bereit, Henriette an 20 Abenden auftreten zu lassen und ihr für jede Rolle 130 Taler zu zahlen, während die Grünbaum nur 85 empfing, und die Kosten des Quartiers zu vergüten. Außerdem sei er zu einem Engagement unter zu vereinbarenden Bedingungen bereit. Duncker er= wiederte im Besitz der Vollmacht am 2. Mai postwendend, daß Kunowsky und Konsorten den Sontags bis nach Dresden entgegengefahren seien, sie

aber verfehlt hätten, daß Holtei und Benecke sowie Direktor Klingemann in
Leipzig bereits anwesend seien. Außer der Mutter müsse auch die zweite
Tochter engagiert werden, die übrigens allerliebst sei. Dunckers Schilderung
Henriettes war im übrigen ebenso begeistert und verlockend wie die seines
Wiener Vorgängers. Die Gestalt sei sehr lieblich, wie die der Madame
Eunicke, doch schlanker und zarter, auch das Gesicht vom frischesten Schmelz,
die beredten Augen von wienerischer Bewegsamkeit. Das junge Mädchen
sei einem Engagement nicht abgeneigt, wolle aber keine Vestalin und
Amazily (von Spontini) singen. Die Mutter habe freilich Ausflüchte ge=
macht, daß sie ohne Einwilligung ihres in Wien lebenden Bräutigams
(eines gewissen Cristelli) nicht abschließen könne. Graf Brühl saß in seinem
Antwortschreiben vom 6. Mai wieder auf hohem Pferde. Er glaubte,
ein Äußerstes an Entgegenkommen zu beweisen, wenn er ohne vorher=
gehendes Gastspiel der Künstlerin sofort ein 2--3jähriges Engagement
anbot: „Soviel Ambition wird die Demoiselle Sontag doch wohl haben, lieber
bei einem königlichen Theater angestellt zu werden als bei einer Vorstadt=
bühne." Im übrigen sei es doch bekannt, wie rücksichtsvoll er seine Künstler
behandle, wie wenig sie zu singen hätten und welch gute Altersversorgung
ihnen geboten würde. Aber schon am nächsten Tage mußte Duncker die
Hiobspost melden, daß alle Anstrengungen der Intendanz vergebens wären.
„Die Königstädter sind rasend und legen Gewichte in die Wage, die die
andere Schale in die Höhe schnellen lassen." Die Familie Beer habe die
Hand ins Spiel gelegt im Interesse des jungen Herrn Meyer-Beer, der
Musik=Intendant am Königstädtischen Theater werden solle. Madame
Beer, die reiche Bankiersfrau, habe allen Stolz bei Seite lassend, der
Mutter Sontag den ersten Besuch gemacht und ihr einen prächtigen Schal
und den Töchtern einen Haufen Kleider geschenkt. Vor Entzücken wäre
der Kontrakt mit dem Königstädter Theater sofort unterschrieben worden.
„Aber welcher Kontrakt! 8000 Taler! andere sprechen gar von 9! Davon
5000 für Henriette, 2500 für die Mutter und 500 M. für Nina. Das
sei viel zu teuer, das Theater werde bald zu Grunde gerichtet sein." Und
gewissermaßen als Trost für den Intendanten fügte Duncker, seine frühere
Bewunderung Henriettes stark einschränkend, noch hinzu, er habe die Sontag

jetzt als Agathe gehört und müsse sagen, daß die Seidler weit höher stünde.

Nachdem durch eine kurze Brunnenkur in Ems die Kehle zu neuen Taten gestärkt worden, traf Henriette in Berlin ein und erschien am 25. Juli zum erstenmal im Zuschauerraum des Königstädtischen Theaters, wo das schöne Mädchen, mit Mutter und Schwester in einer Loge sitzend, nicht wenig Aufsehen erregte und die Aufmerksamkeit der Zuschauer von der Bühne, man gab Kotzebues Bearbeitung von Bouillys „Abbé de L'Epé", vollständig ablenkte. Als Tag ihres ersten Auftretens wurde der 3. August 1825, der Geburtstag des Königs, bestimmt. Auf Henriettes Wunsch war Rossinis Oper: „Die Italienerin in Algier" für das Debüt gewählt und in 6 Tagen einstudiert worden. Das Haus war schon seit mehreren Tagen ausverkauft, ja die Billetbestellungen waren so zahlreich eingegangen, daß denselben erst mit der vierten Wiederholung der Oper am 13. August genügt werden konnte. Obgleich das Thermometer am Nachmittage 26 Grad im Schatten zeigte, hatte sich niemand durch die Augusthitze abschrecken lassen, diesem künstlerischen Ereignis beizuwohnen und die südländischen Charakter tragende Begeisterung des Publikums stieg von Henriettes erstem Auftreten bis zum Schluß mit der Quecksilberskala um die Wette. Über ihr Äußeres[1]) und ihre Gesangsleistungen in dieser Rolle mögen zwei kompetente Zeuginnen, Henriettes Kollegin Karoline Bauer und Rahel Varnhagen zu Worte kommen. „Während der Ouvertüre," erzählt die erstere in ihren Memoiren, „ging das fröhliche Wogen und Summen ungeniert weiter. ‚Sie' stand noch nicht auf der Szene, sie, um derentwillen man ja nur hier versammelt war.

Endlich erschien auf dem Deck des Schiffes eine zarte, jugendlichgraziöse kleine Dame in einem himmelblauen Überrock und einem kleinen weißen Federhut, der ein anmutiges, blühend frisches, mädchenhaft feines Vergißmeinnicht-Gesicht mit blonden Locken, blauen leuchtenden Augen und einem reizenden Kindermündchen umrahmte, das beim lieblich-heiteren Lächeln die schönsten Perlenzähne sehen ließ. Das Ganze, im Stehn und in der Bewegung ein liebliches Bild fröhlicher Jugend und harmonischer Anmut und Grazie, aber mehr hübsch, als schön.

Mit welchem Jubel wurde sie empfangen, überschüttet mit Blumen und Kränzen! Als sie sich dankend verneigte, strahlte ihr kindliches Gesichtchen in so reinem, vollem Glück, daß man sich unwillkürlich mit ihr über ihre Triumphe freuen und diese ihr von Herzen gönnen mußte.

Und dann öffnete sie das knospende Mündchen, wie ein Waldvögelein sein Schnäbelchen: so natürlich, ungezwungen, absichtslos — und das süßeste helle Vogelgezwitscher jubelte durch das Haus.

Die Stimme war weder voll, noch stark, aber glockenrein, perlenklar, silberhell, wohllautend, besonders in den mittleren Tönen, leicht beweglich, in jedem Ton deutlich artikuliert und von verführerischem Schmelz. Und wie süß wußte sie zu trillern, wie heller Lerchenjubel! Dann wieder brillierte ihre eigentümlich hohe Kopfstimme in den schwierigsten Passagen und Rouladen — so präzis wie eine zierliche Flötenuhr! Unvergleichlich — bezaubernd sang sie mezza und sotto voce! Und das alles kam so spielend leicht und mühelos aus dem zierlichen Mündchen hervor, das ich niemals verzerrt gesehen habe — (wie später in häßlichster Weise beim Singen den Mund der Catalani) —, daß der Hörer sich mit vollem Behagen dem Genuß hingeben konnte.

Lieblich-mutwillig sang und spielte die Italienerin das neckische Duett mit dem ergötzlichen Taddäo-Spitzeder, dessen vis comica selbst die Sontag nicht zu widerstehen vermochte.

Im zweiten Akt erschien sie prächtig gekleidet als Türkin. Am Schluß ihres Gesanges „O mein Lindoro" — bei den Worten „Lieber Türke! Lieber Türke!" entzückte sie durch das reinste, zierlichste Staccato — daß der Jubel kein Ende nehmen wollte.

Auch ich war besiegt und stimmte von Herzen in den allgemeinen Beifall ein, wenn ich auch fand, daß man in der Raserei des Entzückens doch des Guten etwas zu viel tat."

Strenger urteilte über die gleiche Leistung Rahel in einem Briefe vom 25. September an ihren Bruder Ludwig Robert: „Solche reine Langeweile, bloß mit höchster Geduld bis zum Aufspringen habe ich meines Erinnerns beinah noch nicht erduldet. Fangen wir bei Mlle. Sontag, der

Italienerin unter den Barbaren an: Engländer erfinden gewiß nächstens eine Maschine, die so vortrefflich singt. Kein Fehlerchen! Überlegen der Effekts. Höchste Leistung des Kehlchens! Glücklichstes Intonieren, immer fertig bereiter Ton der Kehle, tadelloseste Ausübung, glücklichste Remiscenz der Lehrer und Vorbilder, mit Intelligenz aufgefaßt, mit künstlerischer Ruhe bewundernswert wiedergegeben! Aber die Seele, die Leidenschaft nicht mit aufgenommen, der tief belebende Herzpuls fehlt. Angezogen war unsere Schöne allerliebst, das Ganze vollkommen Dame. Nicht vorteilhaft war ihre Kleidung als Türkin."

Das große Publikum freilich sah und hörte nicht mit Rahels Augen und Ohren, es schwamm in einem Jubel des Entzückens. Jedes Auftreten der zierlichen Schönen entfesselte eine wahre Völkerwanderung nach dem Alexanderplatz. "Es gefällt mir hier außerordentlich," berichtet Henriette einige Wochen nach ihrer Ankunft an die Andree, "und ich zweifle, daß ich sobald von hier weggehe. Das Theater ist wunderschön und ich werde hier angebetet wie eine kleine Königin. Wenn ich mich blicken lasse, jubelt alles." Auch die Patrone des Theaters hatten trotz der hohen Gage die Extrakosten für ein behagliches Nestchen ihrer Nachtigall nicht gescheut. "Meine sieben Direktoren", berichtet Henriette weiter, "die mich auf allen 14 Händen in ewigem Triumph herumtragen, richten mir meine Stuben so elegant als möglich ein." Mit kindlicher Freude schildert sie den großen Salon mit den rotsamtenen, goldgewirkten Tapeten, den rotseidenen Vorhängen, den großen Spiegeln und englischen Teppichen. Aber in den Becher der Freude wurde auch der Wermutstropfen geträufelt. Henriettes Mutter, die niemals eine gute Rechnerin und Wirtin gewesen war, glaubte angesichts des erhaltenen Vorschusses von 3000 Talern und der hohen Gage ihrer Tochter über die Schätze von Golkonda zu verfügen, und der eigene dringende Wunsch Henriettes, ihre Einkünfte von einem rechtskundigen Vormund verwalten zu lassen, machte ihr einen Strich durch die Rechnung. "Mit Mutter," beichtet Henriette der Andree, "gab es entsetzliche Auftritte, weil sie nicht wollte, daß Kunowsky Vormund wird. Sie drohte mit Trennung, ich antwortete gefaßt: Gut denn! Mutter redete darauf tagelang keine Silbe mit mir." Wie Henriette angibt, überwies sie ihre ganze Gage dem schließlich zum Vormunde bestimmten Justizrat Brode. Den großen Vorschuß von 3000 Talern hatte sie auf ihre Rechnung übernommen und sich überdies verpflichtet, für alle Schulden der Mutter zu haften. Für Kost, Logis und Bedienung erhielt Frau Franziska monatlich 100 Taler. Vom Ertrag eines Konzertes schenkte Henriette der Mutter weitere 1000 Taler und durfte somit wohl mit Recht behaupten: „Dies ist alles, was ein Kind seiner Mutter schuldig ist." Aber Frau Franziska gab nicht nur durch ihre übermäßigen Geldansprüche, sondern auch durch allerlei Liebesirrungen und Wirrungen der Tochter Grund zu Sorgen und Vorwürfen. Von impulsivem Temperament, und wie ihre berühmte Kollegin Wilhelmine Schröder-Devrient unfähig, den Zug des Herzens durch den Verstand zu kontrollieren und zu beherrschen, hatte sie während ihres Prager Engagements mit einem gewissen Cristelli, über dessen Persönlichkeit sich nichts Näheres feststellen läßt,[2] einen freien Liebesbund geschlossen, dem zwei Knaben, August (1820) und Fritz (1821) entsprossen waren. Henriette liebte die kleinen Stiefbrüder zärtlich, und wenn sie darauf bedacht war, Ersparnisse zu machen, so geschah es nicht so sehr in der Sorge um ihre eigene Zukunft, als um den Kindern eine gute Erziehung geben lassen zu können. Auf den Vater war in diesem Punkte leider gar nicht zu rechnen. In ihrem ersten Briefe aus Berlin berichtet sie der Andree: „Cristelli, heißt es, kommt auch, ich gebe auch meinen Segen. Soviel ist aber gewiß, wenn er kömmt, gehe ich. Die Mutter sagt, er käme, um sie zu heiraten, die Nürnberger sagen aber: sie hängen keinen, bevor sie ihn nicht haben." Der unwillkommene Stiefvater in spe kam auch in der Tat nach Berlin und Henriette ging ihm nach Möglichkeit aus dem Wege, indem sie ihre Räumlichkeiten von denen der Mutter völlig trennte. „Mutter", klagt sie ein halbes Jahr später ihrer alten Prager Freundin, „nahm mit schwerem Herzen Abschied von Cristelli. Jette (die Zofe Macco) sagt mir, er käme in drei Monaten wieder. Wo das hinaus will, weiß ich nicht. Sitzt der Mensch jetzt so lange der armen Frau auf dem Hals, macht auf Gottes weiter Welt nichts als Schulden, daß sie wieder drin steckt bis über die Ohren. Sie leugnet es freilich, aber ich weiß es aus sicheren Quellen und wenn ich nicht wieder die Hände auftue, wüßte ich wahrlich nicht, wie sie es anfangen soll. Nun, in Gottes Namen, so lange ich helfen kann, will ich es redlich tun."

Trotzdem von dieser Seite so hohe Ansprüche an ihre Kasse gestellt wurden, fühlte die dankbare Künstlerin sich moralisch verpflichtet, auch der als Witwe in ärmlichen Verhältnissen lebenden mütterlichen Freundin in Prag von Zeit zu Zeit mit nicht unerheblichen Summen helfend beizu- springen. „So lange ich was haben werde, wird meine gute Andre gewiß keine Not leiden. Mit was kann ich Ihnen alle die Sorge und Pflege vergelten, die Sie durch die ganze Zeit unseres Beisammenseins verwendet haben?"

War das ungewohnte Berliner Klima oder Überanstrengung durch zu häufiges Auftreten in den tragenden Rollen der drei rasch hintereinander einstudierten Opern schuld, kurz, im Oktober 1825 konnte Henriette auf einer Probe plötzlich zu ihrem größten Schrecken keinen Ton herausbringen. Stimme und Sprache waren verschwunden, eine Luftröhrenentzündung ent- wickelte sich und acht Tage lang mußte sie zu Bette liegen. Glücklicherweise wich das Übel ebenso plötzlich wie es gekommen war, ohne eine Spur zu hinterlassen. Während ihrer Krankheit mußte Henriette viel an ihren Eduard denken, der sie in Wien in einem ähnlichen Falle treulich gepflegt hatte, und im Geiste sah sie ihn manchmal auf dem roten Stuhl vor ihrem Bette sitzen. „Wir schreiben uns fast jede Woche 3 bis 4 mal, berichtet sie der Andree, „und haben uns, wenn es möglich ist, noch lieber. Bis jetzt ist noch nicht viel Hoffnung, daß er herkommen wird. Denn draußen auf dem Lande halten sie ihn fest." Dennoch brachte der junge Graf es fertig, seine Braut zu Weihnachten zu überraschen und ihr dadurch das schönste Christgeschenk zu bereiten. In strahlender Heiterkeit schildert sie der Andree am 30. Dezember 1825 das froh verlaufene Weihnachtsfest. „Eduardus, das gräfliche Geblüt: meine Freude können Sie sich denken, die war unbeschreiblich. Er ist seinen Eltern sozusagen durchgegangen und hat mich ganz unerwartet überrascht. Wenn es möglich ist, haben wir uns noch lieber als früher und ich glaube allem Anschein nach, der liebe Himmel hat mich so lieb, daß er mich einstens recht glücklich machen wird." Neben der von dem Geliebten erhaltenen kostbaren Pelzstola prangten auf dem

Weihnachtstisch nicht wenige blumige und dauerhaftere Gaben anderer Verehrer, die wetteifernd das Herz der Primadonna bestürmten. Aus Politik und geschmeichelter Eitelkeit ließ Henriette sich die Huldigungen gefallen, wenn ihr auch die Zudringlichkeit gewisser Besucher manchen Seufzer entlockte. Von den hohen Aristokraten, die Henriette huldigten, legte der damalige englische Gesandte am Berliner Hofe, Lord Clamwilliam besondere Wärme an den Tag. Immer häufiger sah man seine Equipage vor der Haustüre der Sängerin halten und fast niemals fehlte er bei ihrem Auftreten in der Loge. Kein Wunder, daß sich bald in Berlin und außerhalb das Gerücht verbreitete, daß die Primadonna des Königstädtischen Theaters sich bald mit einer siebenzackigen Krone werde schmücken dürfen. „Die Sontag wird eine Gräfin Sontag," schrieb im Februar 1826 Beethovens Neffe dem Oheim ins Gesprächsheft. Und auch die Andree fragte neugierig an, ob an dem ihr zugeflogenen Gerücht etwas Wahres sei. Henriette beruhigte sie umgehend: „Wegen der englischen Heirat hat man Sie falsch berichtet. Es kommt nämlich der englische Gesandte öfters zu mir, es ist aber keineswegs die Rede von einer Heirat, das heißt von meiner Seite. Er, glaube ich, hätte wohl Lust, aber Sie wissen ja am besten, wie die Sachen stehen, und keine Lords der Welt können mich je von dem abbringen, von dem ich so beseelt bin."

Von den Theaterkollegen stand ihr Holtei weitaus am nächsten. Sie ließ sich nicht nur die poetischen Huldigungen des geistreichen und witzigen jungen Dichters gern gefallen, sondern kam ihm auch mit schwesterlicher Vertraulichkeit entgegen. Wenn Holtei freilich sich einbildete, daß das schöne Mädchen wärmer für ihn empfinde, weil sie sich auf ausgedehnten Spaziergängen von ihm begleiten ließ und den englischen Botschafter und andere hochgeborene Verehrer neckisch als seine Rivalen bezeichnete, denen gegenüber sie ihn verleugnen müsse, so täuschte er sich. Ihr Herz war einmal durch die Liebe zu dem jungen Klamm-Gallas gefesselt und inmitten aller Lockungen und Versuchungen bewährte sie den alten Spruch, daß nichts eine Frau moralisch so festigt wie eine wahre Liebe. — Von den theater- und gastfreundlichen Kreisen der Residenz wurde Henriette mit Einladungen überhäuft. In dem von vornehmer Geistigkeit belebten Zirkel der Familie

Marchand machte sie u. a. die Bekanntschaft Hegels und Grillparzers, in den Familien der Justizräte Brode und Ludolf wurde sie bald wie ein Kind vom Hause behandelt. Insbesondere der letztere konnte sich in Aufmerksamkeiten für den schönen Gast nicht genug tun. Recht anschaulich schildert Karoline Bauer ein solches von dem freigebigen Ludolf zu Ehren Henriettes gegebenes Fest, an dem auch sie teilnahm:

„Endlich war der große Abend da. Der berühmte Spiegelsaal, dessen Wände, Türen und Plafond nur aus Spiegeln und überreich vergoldetem Stuck bestand, funkelte von Hunderten von duftenden Wachslichten, die durch den Reflex von allen Seiten vertausendfacht wurden. In allen Ecken und in den Fensternischen schimmernde Blumengruppen, und dazwischen tanzende Jugend und Schönheit, die auch für die Toiletten etwas Außergewöhnliches getan hatte. Wie entzückend schön war die sylphenhafte, heiterkeitstrahlende Henriette Sontag in ihrer duftenden Toilette: weißer Seidentüll, gestickt mit grünen Blättern und Ranken, über weißem Atlas, Smaragdschmuck und weiße Rosen im Haar."

Während der schönen Jahreszeit wetteiferten Henriettes Verehrer in der Veranstaltung von Landpartien nach der Pfaueninsel, nach Potsdam oder Stralau. Daß sie nie die berühmte Sängerin und große Dame herauskehrte, sondern in kindlicher Fröhlichkeit an dem Stelzenlaufen und den damals beliebten, uns heute für Erwachsene recht abgeschmackt dünkenden Gesellschafts- und Pfänderspielen sich beteiligte, Küsse empfing und herzhaft erwiderte, mit rotglühenden Backen leichtfüßig über die Wiesen flog und bei Gondelfahrten auf dem Wasser ihre frische Stimme erschallen ließ, sicherte ihr nicht nur die Neigung der Männer, sondern auch die Sympathie der Frauen. Daß sie mit dem Strome schwamm und sich nicht rar machte, trug sicherlich auch nicht wenig zu ihrer Popularität bei, die in dem berühmten und berüchtigten „Sontag-Fieber" ihren charakteristischen Ausdruck und ihren Höhepunkt erreichte. Holtei hatte recht mit seinem Verschen:

So oft sie gesungen,
Begeistert sie die Jungen,
Und ach, wie erst die Alten!!!

Ein alter Berliner Theaterhabitué, Friedrich Tietz, hat in seinen „Bunten Erinnerungen“ diesen Zustand recht drastisch und anschaulich geschildert. „Der jetzige Enthusiasmus für Senora Pepita,“ schreibt er 1854, „ist ein Kinderspiel gegen das, was wir damals in diesem Fache der schönen Henriette gegenüber leisteten. Die Chronik jener Zeit ist reich an rührenden und eklatanten Zügen eines Kunstgeschmacks, der sich durch alle Volksklassen Berlins verbreitet hatte. Wir gehörten nicht mehr dem kalten Norden an, wir waren Südländer geworden, unsere Eckensteher fanatische Lazaroni.

Der Genz'sche rote Wagen war das Futteral für das klingende und singende Memnonsbild, das solche Wunder auf uns übte. Die damalige Parole für alle Tage war „Sonntag“. Jener rote Wagen genoß das Glück, von der Quintessenz aller Nachtigallen gnädigst zur Leibkarosse ernannt zu werden und geraume Zeit dies angenehme Ehrenamt zu verwalten, so daß er dadurch eine Zelebrität bei den Berlinern erlangte, welche vielleicht noch niemals einem Wagen zuteil geworden. — Rief einer auf der Straße: „Der rote Wagen kommt!“ so wurden plötzlich alle Hälse länger, alle Brillen abgewischt, alle Lorgnetten flogen zum Auge — die moderne Einklemmung war damals noch nicht erfunden — die „alte Garde“ nahm den letzten Atem zusammen, um wenigstens einen Moment wieder jung und kraftvoll zu erscheinen. Die „junge Garde“ fuhr mit der Hand durch die gekräuselte Haartolle und zupfte die spitzen Vatermörder um einen halben Zoll weiter aus der steifen Kravatte. Nante richtete sich an der Ecke höher empor und schüttelte sich gewaltsam aus seinem perpetuierlichen Branntweintaumel auf. Der Holzhauer, der damals noch polizeilich ungestört, sein Atelier auf der Straße eingerichtet, ließ einen Augenblick Axt und Säge ruhen, um einen schwärmerischen Blick in den Wagen werfen zu können. Alle Fenster und Türen flogen wie durch einen Zauberschlag auf und überall fuhren menschliche Gesichter heraus, um sich im Anblick der Holden zu sonnen. Die Ellen in den Modeläden wurden länger, die Pfunde in den Butterkellern schwerer, die Maße der Hökerinnen in den Buden weiter für alle, die da kauften in dem glücklichen Moment. Denn welcher Händler hätte Sie, die Himmlische, sehen und in solchem Augenblicke noch an irdischen Vorteil denken können?! Die Vorfahren unserer Konstabler, damals Gensdarmen genannt, hoben die Säbel unter den Arm, damit ihr Klirren Sie nicht erschrecken sollte und manches uniformierte pommersche jugendliche Blut, das soeben als Schildwache „fleißig“ war, senkte betrübt den Blick, weil es so gern das Gewehr präsentiert hätte und doch nicht durfte. Hätte es damals schon Daguereotypisten und Photographen gegeben, wir glauben, die Herren wären mit ihrem Apparat neben dem roten Wagen hergelaufen, um Ihr Bild zu stehlen.“ Jede Schöne brannte darauf, in den Stunden, in denen die Diva den Wagen nicht mit Beschlag belegt hatte, auf den geweihten Polstern sitzen zu dürfen und der spekulative Fuhrherr schaffte, um der Nachfrage zu genügen, eine zweite rotangestrichene Equipage an. Schließlich aber wurde Henrietten die Sache im wahren Sinne des Wortes zu bunt. Sie wählte statt des leuchtenden roten ein weniger auffälliges, dunkelgrün gestrichenes Gefährt. Rasch kam der rote Wagen aus der Mode und das einstige Vehikel ihrer Popularität endete, wie alte Berliner wissen wollten, schwarz angestrichen, unrühmlich als Leichenfuhrwerk.

Daß vielen feinfühligen und besonders musikverständigen Leuten solch Übermaß der Begeisterung, das mehr der Person als der Sache galt und von wahrem Kunstverständnis himmelweit entfernt war, auf die Nerven fiel, ist nicht zu verwundern. Der geschätzte Komponist und vielbegehrte Klavierlehrer Ludwig Berger, dessen drastische Klage uns Karoline Bauer mit stenographischer Genauigkeit überliefert hat, stand mit seiner Philippika gegen das Sontag-Fieber jedenfalls nicht allein da:

„Nein, ich ertrag den Wahnsinn nicht länger! Hier bei Ihnen hofft' ich doch vor der ewigen Sontag — Sontag — Sontag Ruhe zu finden, und nun fangen auch Sie von ihr an, noch ehe ich meinen Hut abgelegt habe. Ich komme, um für vier Wochen die Klavierstunden abzusagen — ich muß auf einige Zeit fort von hier, andere Lüfte athmen — die hiesige Sontag-Epidemie bringt mich um!“

. . . . Wo ich mich blicken lasse — auf der Straße, in Gesellschaft, im Weinhause — gleich werde ich angerempelt: „Nicht

wahr, die Königin aller Nachtigallen? Ein leibhaftiger Engel! Haben
Sie denn schon gehört, daß sie gestern in Stralau Brataal und Pell-
kartoffeln gegessen und Weißbier dazu getrunken hat? Wenn ihr das
nur bekommt! Ein himmlisches Mädchen! — Stecke ich nur den Kopf
zur Tür hinaus, so brüllt jeder Schusterjunge, zirpt jede Nähmamsell
mich an mit dem Singsang aus der „Italienerin":

> „Ich rufe Dich Geliebte,
> „Mit meiner Liebe Tönen . . . ."

— — und denkt dabei an die göttliche Sontag. — Nehme ich eine
Zeitung zur Hand, so lese ich gleich Sontag — Sontag — Sontag!
Wann und wohin sie spazieren gefahren — wo sie in Gesellschaft war
— was sie gesagt und gesungen, gegessen und getrunken hat. . . Und
welche faden Wortwitze über die Sontag und den Tenoristen Jäger und
den Bassisten Wächter bekommt man auf Schritt und Tritt zu hören!
Der Wächter der Sontag-Jägerei ist noch einer der gelindesten! —
Nein, ich halte diese Verrücktheit nicht länger aus. Vielleicht ist Berlin
in vier Wochen etwas vernünftiger geworden und erinnert sich, daß es
eine Milder, Schulz und Seidler als gottbegnadete Sängerinnen sein
nennt. Ich gehe nach Frankfurt a. d. Oder."

Im Frühjahr 1826 sollte die Künstlerin auch die Schattenseite solch
übertriebener Bewunderung und Berühmtheit gründlich kennen lernen.
Nicht nur, daß die Neuigkeitskrämer und Klatschbasen beiderlei Geschlechts
in Wirtsstuben, Teekränzchen und Theaterfoyers sich mit allen Einzelheiten
ihres Privatlebens liebevoll oder boshaft beschäftigten, auch in der Presse
und sogar in Buchform wurde der Fall Sontag zu einer cause célèbre.
Henriettes Mutter hatte leider durch eigene Unvorsichtigkeit den ersten Anlaß dazu gegeben. Da ihr anscheinend im Gespräch oder in anonymen
Briefen der Vorwurf gemacht worden war, daß sie die Tochter ausbeute,
so glaubte sich Frau Franziska zu einer Flucht in die Öffentlichkeit genötigt, und erließ am 16. Januar des Jahres 1826 in der Spenerschen
und Vossischen Zeitung eine nicht eben geschickt abgefaßte Mitteilung über
die von Henriette bislang bezogenen Gagen. Sie hatten nach dieser Auf-

stellung in den fünf Prager Jahren 1818 bis 1820 je 600 Gulden, 1821 1000 Gulden, 1822 4000 betragen, in Wien 1823 und 1824 je 7000, überdies ein mit 3000 Gulden garantiertes Benefiz. Von diesen Summen, schloß Frau Franziska mehr pathetisch wie beweiskräftig, habe sie „alle Lehrer und Ausgaben bestreiten müssen und glaube durch diese Berechnung ihre Ehre hinreichend gerechtfertigt zu haben." Das ungewöhnliche Inserat erregte nicht wenig Aufsehen und Kopfschütteln; man fand dieses Aus-kramen privater Angelegenheiten mit Recht unzart und zwischen Mutter und Tochter kam es wiederholt zu heftigen Auftritten, da Henriette es müde war, wie sie der Andree erklärte, sich wie ein Schulknabe behandeln zu lassen.

Mit besonderem Eifer griff der berüchtigtste und meistgenannte der damaligen Literaten Berlins, der sich durch seine Beschäftigung mit der Sontag eine Art von Herostratosruhm erworben hat, in die Debatte ein. Am 11. Juli 1825 hatte der „ungarische Jude und privatisierende Schrift-steller" Moritz Gottlieb Saphir vom Polizei-Präsidium die Erlaubnis er-halten, sich zu literarischen Zwecken ein Jahr lang in Berlin aufzuhalten. In Wien, wo der ehemalige Talmudschüler und Rabbinatsanwärter mit ebensoviel Anpassungsfähigkeit wie skrupelloser Behendigkeit in die Lauf-bahn eines Journalisten und Theaterkritikers sich eingearbeitet hatte, war ihm der Boden zu heiß geworden. Nun mußte er geschickt die Rolle des unschuldig verfolgten Opfers der österreichischen Zensur und Polizeiwillkür zu spielen und in den Berliner Literatenkreisen mit anfänglich geheuchelter Bescheidenheit und Dienstbeflissenheit festen Fuß zu fassen. Er brauchte sich nicht lange umzuschauen, um zu sehen, daß die Ernte für seine Sichel reif war. In Wien war Bäuerles Theaterzeitung, zu deren Haupt-mitarbeitern Saphir gezählt hatte, zu einem einflußreichen und tonangebenden Blatte geworden. Nichts lag also für den findigen Journalisten näher, als auch Berlin mit einem derartigen Blatte, das natürlich ganz den Stempel Saphirschen Geistes und Witzes tragen sollte, zu beglücken. „Berliner Schnellpost für Literatur, Theater und Musik nebst einem Beiwagen für Kritik und Antikritik" nannte sich das neue Organ, das schon ein halbes Jahr nach Saphirs Ankunft in Berlin ans Licht trat und sofort regem

Interesse begegnete. Daß das Blatt in erster Linie der Beschäftigung
mit dem Theater galt, war bei der damaligen Lage der Dinge natürlich.
Die meist reichlich post festum erscheinenden und mit bandwurmartiger
Länge durch mehrere Nummern sich ziehenden, oft zu gelehrten dramaturgischen
Untersuchungen sich auswachsenden Kritiken und die gar zu nichtssagenden
reizlosen Notizen der damaligen drei Berliner Tageszeitungen konnten dem
Gros der Theaterbesucher unmöglich auf die Dauer munden. Der neue
Ankömmling legte in seinem Blatte das Hauptgewicht auf Kürze,
Schnelligkeit und witzige oder wenigstens witzig sein wollende Form der
Berichterstattung, berücksichtigte mit liebevoller Genauigkeit all den Klein-
kram und Kulissenklatsch, die Äußerlichkeiten der Aufnahme der aufgeführten
Stücke, kurz er wußte das Ganze seiner Zeitschrift einem neugierigen und
nach oberflächlicher Unterhaltung lüsternem Publikum so schmackhaft zu
machen, daß bald die Pränumeranten der neuen Schnellpost selbst unter
den Prinzen und Prinzessinnen des Königlichen Hauses und den höchsten
Hofchargen sich fanden, ja man munkelte, daß auch der alte theater-
freundliche Monarch am Morgen nach einer Premiere voll Interesse nach
dem schnell zu durchfliegenden Blättchen greife. — Saphir zählt nicht zu
den Autoren, deren Charakterbild in der Literaturgeschichte schwankt. Seine
Schriften sind für den heutigen Geschmack zum allergrößten Teil ungenießbar
und haben lediglich für den Literar- und Kulturhistoriker ein Kuriositätsinteresse. Das, was seiner Zeit viel bewundert wurde und unzweifelhaft
Saphirs Stärke bildete, seine Wortkomik, die vor keinem Kalauer zurück-
schreckte, seine scherzhaften Ethymologien, Wortverdrehungen und Satz-
verrenkungen, macht die Lektüre seiner humoristischen Vorlesungen geradezu
zur Qual. Seine Gedichte voll süßlicher Sentimentalität sind allmählich
auch aus den Sammelwerken und Liedertafelheften verschwunden. Am
längsten haben sich noch die von ihm geprägten oder umgemodelten, oder
seiner Person, seiner berüchtigten Häßlichkeit und seinen Abenteuern geltenden
Anekdoten erhalten. Zu dem kleinen Bruchteil seiner noch heute lesens-
werten Schöpfungen zählen unzweifelhaft einige Charakteristiken und
Theaterrezensionen, denn Saphir hatte Auge, Ohr und Verständnis für
die Leistungen der Schaubühne und des Konzertsaales. Er traf mit manchem

glücklich gewählten Wort den Nagel auf den Kopf, erfaßte das Wesentliche und ohne seinen unglückseligen Hang zu Wortspielereien und boshaften Witzen, hätte er im damaligen Theaterleben nicht die Rolle des Thersites, sondern die eines erzieherischen und belebenden Faktors spielen können. [8]) So aber wurde er nach Gustav Kühnes treffendem Urteil nur ein „Meister der Nihilitäten und ephemeren Trivialitäten des Broschüren=, Kulissen=, Garderoben= und müßigen Vagabundenlebens." Nur die Unkenntnis oder Voreingenommenheit kann leugnen, daß Saphir trotzdem eine Weile die Rolle des Hechts im literarischen Karpfenteich Berlins gespielt hat. Leute wie Hegel und Eduard Gans würdigten ihn, wenigstens eine Zeit lang, ihres Umgangs, schrieben gelegentlich für seine Blätter und waren sogar bereit, ihm in einem Ehrenhandel mit der Waffe, der allerdings nicht zum Austrag gelangte, als Sekundanten zu dienen. Seine ersten gesellschaftlichen Erfolge in Berlin wurden Saphir zweifellos durch den Umstand erleichtert, daß er mit kluger Berechnung keinerlei demokratische Alluren aufsteckte, sondern den Instinkten und Tendenzen der Gesellschaft, durch die und an der er verdienen wollte, schmeichelte oder wenigstens Rechnung trug. Er wurde nicht zum begeisterten Anwalt und Vorkämpfer des neugegründeten Volkstheaters am Alexanderplatz, sondern gab sich als liebevoller Berater und Fürsprecher der königlichen Bühnen, die ein wenig ins Hintertreffen getreten schienen und wegen ihrer wirklichen oder vermeintlichen Rück=ständigkeit aus den Kreisen der jungen Literaten mancherlei Angriffe erfahren mußten. Sein Vorschlag, die Intendanz möge das Königstädtische Theater erwerben und dort das leichtere Repertoire, Posse, Lustspiel und Vaudeville pflegen, sodaß dem Schauspielhaus nur das ernste Drama verbliebe, war nicht so übel und jedenfalls ehrlich gemeint.

Mit seinem stark vom Zufall abhängigen buntscheckigen Repertoire und der plötzlichen Pflege der Oper bot das Königstädtische Theater einem nach jeder Blöße begierig spähenden Kritiker Angriffspunkte in Hülle und Fülle. Den Witzbold und Satiriker vollends mußte der übertriebene Kultus der Primadonna reizen. Möglicherweise war auch verletzte Eigen=liebe auf Seiten Saphirs im Spiel. Wenigstens war der Volksmund schnell mit einer galanten Interpretation seines Verhalten gegenüber der schönen Henriette bei der Hand. „Der Affe hat den Engel gesehen, nun kann man die ganze Geschichte verstehen." Und in der Tat mag der Kritiker für die Reize der Sängerin nicht unempfänglich gewesen sein und von ihr eine Beachtung erheischt haben, die die von den glänzendsten Kavalieren verwöhnte Dame dem von der Natur nur äußerst stiefmütterlich bedachten Journalisten weigern mußte. Daß Saphir für Huldigungen von zarter Hand empfänglich war, beweist der erste seiner „Dummen Briefe an Julie," eine in der Oper viel umschwärmte Schöne, die nach seiner Aussage nur Blicke für den armen unbedeutenden Schriftsteller im Parkett hatte und ihm heimlich ein Zettelchen in die Hand drückte, auf dem ein Stelldichein vereinbart wurde. Weit stärker als verletzte Eigenliebe, sprach aber auf jeden Fall bei Saphir die Erkenntnis mit, daß ein Autor, der seine Sache auf den Witz und die Ironie gestellt hatte und beständig auf der Jagd nach Sensationen und Pikanterien sein mußte, um den einmal verwöhnten Gaumen seines Publikums zu kitzeln, ein so schier unerschöpfliches und dankbares Thema, wie den Sontagkultus sich nicht entgehen lassen durfte. So setzte er denn schon in den ersten Nummern seiner Schnellpost mit kleinen Plänkeleien und Anspielungen ein, glossierte das Inserat der Mutter Sontag, veröffentlichte ein boshaftes „Inventarium einer Sängerin," das 5469 Gelegenheitsgedichte mit Wonne und Sonne und 1700 Verzierungen am unrechten Orte umfaßte, und antwortete auf ein vermutlich fingiertes Eingesandt aus dem Leserkreise: „Mein Gott, sind denn Sängerinnen Päpste, daß man vor sie hinknien muß, wenn man sie porträtieren will?" Oder er verzapfte eine halb zutreffende Bosheit, die schnell die Runde machte und sich durch einen Besucher selbst in Beethovens Konversationsheft einschlich: „Die Sontag singt immer mezza voce, d. h. mit halber Stimme. Man muß sie also zweimal hören, um sie einmal ganz zu genießen, und dann hat man sie erst nur halb und halb gehört." Die Primadonna wurde durch die sich häufenden Nadelstiche bald nervös, und da ihre juristischen Vormünder und Berater ihr sagen mochten, daß auf dem Wege einer Klage dem aalglatten Angreifer nicht beizukommen wäre, so eilte sie mit einer Bitte um Schutz und Hilfe direkt an die Stufen des Thrones!

Berlin, den 5. März 1826.

Allerdurchlauchtigster, großmächtigster König,
Allergnädigster König und Herr!

Nur die tiefe Überzeugung von Eurer Königlichen Majestät Gerechtigkeit und gnädigen Bereitwilligkeit, den Unschuldigen zu schirmen, gibt mir den Mut, mich in Demut zu höchst Eurem Throne mit der untertänigsten Bitte zu flüchten, mich gegen die feindseligen und persönlichen Angriffe eines gewissen Herrn Saphir, Herausgeber des Journals die Schnellpost, schützen, und diesen Herrn in die Schranken verweisen zu lassen, die den Journalisten vorgezeichnet sind. Mehrere seiner Blätter und besonders die letzten beweisen, daß Herr Saphir auf schnöde Weise die Wohltat der Preßfreiheit mißbraucht, indem er häusliche Verhältnisse und Begebenheiten einzelner Personen auf entstellende Weise in seinem Blatte an das Licht zieht. Er begnügt sich nicht, die Anstalt, bei der ich mitwirkte und manche ihrer achtbaren Mitglieder fortwährend zu beschimpfen, sondern strebt auch mich persönlich bei jeder Gelegenheit herabzuwürdigen. Meine Gesundheit und Frohsinn leiden unter diesen Verfolgungen, vor denen mich künftig allergnädigst schützen zu wollen ich nochmals in Demut zu erflehen wage. Geruhen Euer Königliche Majestät dagegen die dankbaren Segenswünsche eines Mädchens anzunehmen, das schutzlos dastehend nur von der hohen Hand Trost hoffen darf, die so viele Tausende beglückt.

Die ich in tiefster Ehrfurcht ersterbe
Allerdurchlauchtigster großmächtigster König
allergnädigster König und Herr
Euer Königlichen Majestät
alleruntertänigste Henriette Sontag.

Friedrich Wilhelm, der die Sängerin bei seinen häufigen Besuchen im Königstädtischen Theater mit gütigen Ansprachen beehrte und sie auch zu den von dem Geheimen Kämmerer Thimm veranstalteten Soupers, nach deren Beendigung der König zu erscheinen pflegte, um mit seinen Lieblingen von der Bühne mit großväterlicher Vertraulichkeit zwanglos zu plaudern, laden ließ, enttäuschte die Hoffnung der Bittstellerin nicht, und befahl am 5. April dem Minister des Innern von Schuckmann, „Saphir aufs ernstlichste in die Schranken zu verweisen" und gleichzeitig den Zensor wegen zu großer Nachsicht zu tadeln. Saphir kam dies von höchster Stelle ihm bezeigte Mißfallen ersichtlich sehr ungelegen, und er verfehlte nicht, in einer umfänglichen Eingabe seine Unschuld zu beteuern und sich zu beklagen, daß er ungehört auf eine bloße Beschwerde hin verurteilt worden sei. Die eigene Mutter der Klägerin habe die häuslichen Verhältnisse in den Zeitungen öffentlich preisgestellt, nicht er habe sie aus Licht gezogen. „Ich habe", versicherte er, „nie irgend eine feindliche Absicht gegen Mademoiselle Sontag gehabt; ich habe vielmehr jeder Lobrede eifriger Bewunderer, jedem Widerspruch, jeder entgegengesetzten Meinung die Aufnahme in meiner Zeitschrift nicht nur vergönnt, sondern diese Vielseitigkeit gern gesehen und hervorgerufen." Als kluger Geschäftsmann merkte der Witzbold, daß er, sollten nicht seine weiteren Berliner Pläne scheitern, dem Liebling der Majestät vorläufig keinen Grund zu neuen Beschwerden geben dürfe, und so hatte Henriette für eine Weile nicht nur vor Saphirs Sticheleien Ruhe, sondern sich sogar wiederholter sehr schmeichelhafter Beurteilung zu erfreuen.

Während die Affäre Saphir sich innerhalb des Kreises der beteiligten und von ihnen hineingezogenen fürstlichen und amtlichen Persönlichkeiten abspielte, erregte eine zweite cause célèbre, in deren Mittelpunkt wiederum Henriette und ein Berliner Journalist standen, das Interesse der weitesten Öffentlichkeit.

Im März 1826 erschien im Verlage Herbig in Leipzig ein Roman: „Henriette oder die schöne Sängerin. Eine Geschichte unserer Tage von Freimund Zuschauer", dessen Titel schon keinen Zweifel übrig ließ, wer damit gemeint sei. Und in der Tat entpuppte sich das ganze als ein Schlüsselroman, der eine lange Reihe bekannter und vielgenannter Persönlichkeiten der Hof-, Theater- und Gesellschaftskreise in durchsichtiger Verhüllung vorführte und mehr oder weniger persiflierte.[4] Je nach der persönlichen Stellung zu den Betroffenen wurde das Büchlein mit echter oder geheuchelter Entrüstung oder schmunzelndem Behagen von Hand zu Hand gereicht und bildete im königlichen Schlosse, in den Tabagien, Weinstuben und literarischen Kränzchen für eine Weile das Tagesgespräch. Um die Wette riet alles auf den Verfasser, der ersichtlich ein eingeweihter und scharfer Beobachter war. Holtei schien anfänglich der Autorschaft verdächtig, da er von allen im Buch genannten Persönlichkeiten am besten weggekommen. Die entrüsteten Verehrer Henriettes, die nicht merkten oder nicht merken wollten, daß das Pamphlet sich nicht gegen die Künstlerin richtete, glaubten darauf in Saphir den Sündenbock entdeckt zu haben. Dieser jedoch unterzog das Buch in seiner „Schnellpost" sogleich einer Besprechung, nannte es einen Gassenjungenstreich und tadelte die Tendenz, „in der der unbekannte Verfasser weniger die Personen als die Sache hätte treffen sollen." Zum Schluß konnte der alte Witzbold das Geständnis freilich nicht unterdrücken, daß er wegen der Intimität der Schilderung und der enormen Personal= und Lokalkenntnis bedaure, nicht selber der Verfasser zu sein. Ob die Hauptbeteiligte wieder mündlich oder schriftlich irgendwelche Schritte zur Ermittelung des pseudonymen Freimund Zuschauer und zur Unterdrückung seines Werkes bei ihrem königlichen Gönner getan hat, läßt sich nicht erweisen. Aus den Akten geht nur hervor, daß der Minister des Innern die Sache sowohl politisch wie polizeilich wichtig nahm und sofort Maßregeln ergriff, den Verfasser festzustellen und die Verbreitung des Buches zu unterdrücken. Über Henriette enthielt der Roman nichts, was ihr eine Handhabe zur Anstrengung eines Prozesses wegen Verleumdung oder Beleidigung hätte bieten können. Sie mochte von der Indiskretion, die den ihrer Person geltenden Kultus geißelte und das Geheimnis ihres Herzensbundes mit dem Grafen Klamm=Gallas der Öffentlichkeit enthüllte, peinlich berührt werden, aber sie mußte aus der Lektüre ersehen, daß nicht ein gehässiger Gegner sie verkleinern wollte, sondern daß ein warmfühlender Mensch mit jugendlichem Übereifer Dinge aussprach, die sie in Stunden der Einkehr und ruhigen Betrachtung wohl schon selber sich gesagt hatte oder hätte sagen müssen. Nachdem der unbekannte Verfasser in den ersten drei Kapiteln das Entstehen des Sontagfiebers, die Verzückung der Theaterhabitués über die schöne Sängerin, den Neid der Kolleginnen und ihre Kabalen lebendig, aber nicht eben übertrieben geschildert, widmete er sich in dem vierten, mit dem Namen der Sängerin überschriebenen Kapitel dem

eigentlichen Gegenstand seiner Betrachtung, der „reizenden Henriette“:
„Ihrem jungen, rein und schuldlos fühlenden Herzen war eigentlich das
Aufsehen, welches sie erregte, zuwider. Sie empfand, daß etwas Un=
schickliches, jede zartere Weiblichkeit Verletzendes darin liege, so der
Öffentlichkeit sich preis zu geben. Doch die Verhältnisse, eine längere Ge=
wohnheit, und ein gewisser, unschuldiger Glaube, daß es nicht anders sein
könnte, halfen ihr diese Empfindung überwinden. Manches indes, was ihr
dennoch und immer lästig fiel, stand in so naher Beziehung zu ihren Ver=
hältnissen, daß es sie täglich aufs Neue unangenehm daran erinnerte, daß
ihr Los mehr den Schein eines neidenswerten habe, als es in der Tat sei.
Dahin gehörten vorzüglich zweierlei Dinge. Erstlich die lästigen, oft un=
verschämt lobpreisenden Kritiken, die nie bei der Sache stehen blieben,
sondern (weil die Rezensenten davon am wenigsten zu verstehen pflegen)
sich meist an zufällige Nebendinge hielten, und oft in einem unschicklichen
Grade ihre eigene Persönlichkeit berührten. Denn nicht allein, daß ihr Haar,
ihre Augen, Wangen, Zähne, Hände gelobt oder bekritelt wurden; nein,
man ging noch weiter und stellte förmliche Untersuchungen über ihre
Schönheit an, die eine so spezielle Richtung nahmen, daß das reine und
sittlich fühlende Mädchen darüber erröten mußte. Das Zweite waren die
zahllosen überlästigen Besuche, die sie täglich erhielt und leider empfangen
mußte. Alle Zeit wurde ihr dadurch gewaltsam geraubt. Denn die jungen,
reichen, schamlosen Roués der Residenz hielten es nicht für nötig, sich bei
einer Sängerin an eine bestimmte schickliche Stunde zu binden, sondern
kamen ohne Unterschied zu jeder Tageszeit, wo sie sich eben gestimmt fühlten,
albern zu schwatzen. Ein Mann kann sich leichter mit Stolz gegen be=
leidigende Unverschämtheit mancher Personen aufrichten; einer Frau ist es
fast nur dann möglich, wo es ihr Pflicht wird, nämlich im Fall man ihrer
Ehre zu nahe tritt. So weit wagten jedoch selbst die Dreistesten dieses
Gelichters nicht zu gehen, denn die Gewalt der Unschuld hält selbst die
zügellosesten Wüstlinge eine Zeit lang im Zaum. So empfand also die
liebenswürdige Henriette mehr eine Unbequemlichkeit von diesen Herren, als
sie wirklich darunter gelitten hätte. Übrigens empfing sie alle freundlich
und gütig, weil es ihr Herz so mit sich brachte, offen und wohlwollend

gegen jeden zu sein, der sich dessen nicht bestimmt unwürdig gemacht hatte. Allein sie war es früher gewohnt gewesen, einen großen Teil der Zeit, den die eifrige Übung der Kunst ihr ließ, zur Beschäftigung mit sich selbst zu verwenden, und einsam in Genuß eines guten Buchs, oder in der stillen Behaglichkeit einer angenehmen häuslichen Tätigkeit sich glücklich zu fühlen. Dies war aber jetzt fast ganz vorüber, denn die Theaterproben, die Aufführungen, die sich drängenden Einladungen, welche sie erhielt, verbunden mit den unaufhörlichen Besuchen, die sie täglich belagerten, ließen ihr kaum einige wenige Morgenstunden, die sie dem Einüben ihrer Rollen widmen mußte. Anfangs hoffte sie, aus der Mannigfaltigkeit der Bekanntschaften, die sie machte, einigen Nutzen zu ziehen, indem sie durch die Verschiedenheit und Übereinstimmung, die sich in den Urteilen zeigte, auf das Richtige gewiesen zu werden hoffte. Allein es zeigte sich bald, wie sehr sie sich darin geirrt hatte. Ein Teil wollte in ihr garnicht die Künstlerin, sondern nur das schöne Mädchen bewundern. Die Mitglieder dieser Klasse wetteiferten miteinander in jeden Artigkeiten und oft unschicklichen Bemerkungen, durch die sie ihrer Bewunderung Luft zu machen suchten. Ja selbst die mancherlei Geschenke, die diese Leute ihr zu überreichen sich glücklich schätzten, waren ihr zuwider. Denn ihr feiner Blick entdeckte gar leicht die eigentlichen Quellen einer solchen scheinbaren Freigebigkeit und Güte. Ein Teil gab, um reicher wieder zu empfangen; gewissermaßen war dies der verächtlichste, denn er mutete ihr, streng genommen, ein gemeines Verkaufen ihrer Gunst und Zuneigung zu. Ein anderer Teil schenkte ihr aus Eitelkeit, teils um sich als reich oder freigebig zu zeigen, teils um mit beiläufig scheinender Gleichgültigkeit am dritten Orte zu äußern: heute habe ich der kleinen Sängerin ein Cadeau gemacht, worüber das Kind entzückt war. Ich kann von dieser Gewohnheit garnicht lassen. Haben Sie schon die Zeitung gelesen? Ein dritter Teil glaubte durch Geschenke die Erlaubnis des Zutritts zu ihr bezahlen zu müssen. Ein vierter gar meinte die Künstlerin damit belohnen zu dürfen, wenn sie aus gütiger Gefälligkeit vielleicht in seinem Hause gesungen hatte. Aber nicht ein einziger fand sich, der aus wirklichem Wohlwollen gegen das Bessere in Henrietten ihr seine Zuneigung zu erkennen gegeben hätte. Dies zeigte sich auch an der gedankenlosen Wahl

der Geschenke. Alle beschränkten sie sich darauf, den Putztisch der schönen
Sängerin durch tausend einfältige, gänzlich unnötige Kleinigkeiten zu
möblieren, die leider heutzutage so in der Mode sind, daß die ganze Raffinerie
eines Mannes von Ton sich darauf beschränkt, etwas neues Unsinniges in
diesem Gebiete zu entdecken."

In den ferneren Kapiteln des Buches wird das Thema von dem
Übereifer und der Geschmacklosigkeit der Verehrer an einzelnen Beispielen
gezeigt und Henriettes Herzensroman mit dem jungen Grafen Klammheim
von dem die Vorsehung spielenden Dichter zu jenem guten Ende geführt,
das empfindsamen Leserinnen Freudenthränen zu entlocken pflegt. Während
in dem ersten Teile des Buches sich einige ganz witzige und satirische
Stellen finden, ist die zweite Hälfte recht salzlos, die Persiflage plump,
die Erfindungsgabe dürftig und der Ausgang der Liebesgeschichte von alt-
backener romantischer Sentimentalität. Die boshaft witzige Erzählung des
Dramaturgen Karl von * * * (Holtei), wie er der Glückliche war, dem es
gelang, das Palladium in die Mauern der guten Stadt Berlin zu ent-
führen und seine Mitbewerber zu schlagen, liest man dagegen noch heute
mit Vergnügen: „Als ich einen Paß nach Sachsen forderte, wurde er mir
verweigert, denn es waren in diesen Tagen so viele unserer bedeutendsten
Bankiers und Geschäftsmänner nach L. gereist, daß die Regierung, aufmerksam dadurch gemacht, eine staatgefährliche Verbindung fürchtete, und
bis auf weiteres das Erteilen der Pässe nach L. untersagt hatte. Nur
mit Mühe gelang es mir endlich, die Nützlichkeit meines Reisezwecks für
den Staat zu erweisen." In Leipzig entdeckt der Dramaturg einen der
tätigsten Patrone des Königstädtischen Theaters im Haftlokal der Tor-
wache, dringt in den Kerker und läßt sich den Unfall erzählen: „Sie wissen,
daß viele unserer Kaufgenossen hochtönende Namen, entlehnt von den
Tieren des Waldes, führen. Diese alle sind als Bewerber um die göttliche
Sängerin vor mir einpassiert. Der Torwächter notierte zuerst lächelnd den
Namen Gans, logiert im Hotel de Baviere; dann folgte Hirsch mit
gleicher Wohnung, worauf der Pförtner abermals lächelte und sprach:
„Die Tafel im Hotel de Baviere wird gut besetzt!" Darauf kam dieser
edle Wolf an, und der Wächter zog ein bedenkliches Gesicht, ließ ihn jedoch

frei gleichfalls ins Hotel de Baviere laufen. Jetzt fuhr unser großer Bär vor. Den schnaubte aber der Torwart grimmig an und rief: „Was? wieviel Tiere wollen denn die holde Sängerin zerreißen? Fort in den Käfig mit Dir!" Doch der Bär, vermöge seiner Stärke, riß sich los. Als nun aber ich, der Eber, herannahe, faßt mich der Wächter roh und kalt, und bändigt mich durch Kerkergewalt!"

Da rief ich, wie Sie sich vorstellen können, meine Herren, begeistert aus:

„Aus diesen Fesseln macht Dich Gold frei.

So wahr ich heiße Karl von * * *, gab dem Stadtsoldaten einen Species und befreite den gefangenen Müden."

Auch das Duell der beiden Leutnants, die aus Busenfreunden Todfeinde werden und sich um das letzte noch vorhandene Billett zu Henriettes Auftreten in einer neuen Rolle streiten, gehört zu den gelungenen Partien des Buchs. In allen anderen führt ein den Eindruck persönlicher Gehässigkeit erweckender Publizist die Feder. Von den Verehrern der schönen Sängerin hatte der Anonymus besonders zwei aufs Korn genommen, deren Urbilder jeder Leser des Buches sofort mit Fingern zeigte. Lord Monday recte Lord Clamwilliam, der englische Gesandte in Berlin, und Rat Wicke recte Kammergerichtsrat Wilcke. Rellstabs edler Brite besitzt im höchsten Grade die sprichwörtlich gewordene Ungeniertheit und Rüpelhaftigkeit des auf dem Kontinent reisenden John Bull, stampft und flucht, lümmelt sich auf Henriettes Sofa mit den Stiefeln, zerschlägt Porzellan, bindet sich bei seinen Besuchen nicht an die passenden Stunden, galoppiert rücksichtslos auf der Chaussee in eine fahrende Batterie hinein, so daß er von den Kanonieren mit den Pferdepeitschen verprügelt wird und wischt auf einer Kahnfahrt in Stralau, als er von den triefenden Rudern bespritzt wird, die Wassertropfen ganz ungeniert einfach mit dem Federhute seines Nebenmannes, eines Obersten, ab, der natürlich energisch protestiert. Bei dem sich darauf entspinnenden Skandal schlägt das Boot um und Henriette und ihre sämtlichen Verehrer fallen ins Wasser. — Nicht minder täppisch bewirbt sich der Gerichtsrat um die Gunst der Schönen. Er zieht übrigens auch an dem Triumphwagen einer anderen Huldin, bei der er sich für Henriettes Körbe zu trösten sucht. Bei dem auf der Wiese inszenierten Katze- und Mausspiel macht er die unfreiwillig komische Figur und vergißt völlig seine Würde. Das Urbild dieses lustigen Rats verfehlte denn auch nicht, nach der Lektüre des Pamphlets wutschnaubend sich bei der Zensurbehörde und dem Polizeipräsidium über den ihm angetanen Schimpf zu beschweren. Was den englischen Gesandten anlangte, so wartete der Minister des Auswärtigen nicht erst einen offiziellen Schritt des Beleidigten ab, sondern forderte den Kollegen im Ministerium des Innern auf, gegen das Buch und seinen ungenannten Verfasser einzuschreiten, „da durch dieses Pasquill nicht blos Privatpersonen beleidigt, sondern auch das Völkerrecht in der Person des Gesandten verletzt und gegen das Zensurgesetz gehandelt worden sei", und Minister von Schuckmann gab seinerseits dem Polizeipräsidium Ordre, „alles mögliche anzuwenden, um die Teilnehmer an diesem Frevel auszumitteln." Um die Verbreitung der Schmähschrift zu verhindern, wollte das Ministerium sämtliche aus Leipzig ankommende Bücherpakete visitieren lassen, doch bedauerte das Generalpostamt, zu einem derartigen ungesetzlichen Verfahren nicht die Hand bieten zu können. Man begnügte sich daher, sämtlichen Berliner Buchhändlern den Verkauf des Buches bei 50 Talern Strafe zu untersagen und die vorgefundenen Exemplare, insgesamt 84, zu konfiszieren. Auf eine Eingabe der Berliner Sortimenter wurde ihnen jedoch gestattet, um nicht Unschuldige einen pekuniären Verlust erleiden zu lassen, in Gegenwart der Postbeamten die konfiszierten Exemplare zu verpacken und nach Leipzig zurückzusenden, eine Maßregel, die jedenfalls der Komik nicht entbehrt und ganz dazu angetan war, die Verbreitung des Werkes auf Schleichwegen zu fördern. Inzwischen war als Verfasser der inkriminierten Schrift am 5. April der bekannte Journalist und frühere Artillerieleutnant Friedrich Ludwig Rellstab ermittelt worden. Ohne sich aufs Leugnen zu legen, gab Rellstab zu, die Schrift verfaßt und durch Vermittelung des Berliner Buchhändlers Laue nach Leipzig gesandt zu haben, da der preußische Zensor Langbein nach seiner Aussage „sich durch die im Buch enthaltenen Persönlichkeiten veranlaßt gefunden, das Imprimatur zu verweigern". Dagegen leugnete Rellstab, bei Lord Monday an den englischen Gesandten und das unliebsame Renkontre, das dieser mit preußischen Artilleristen gehabt haben sollte, gedacht zu haben. Bereits am 6. April richtete der Minister des Innern an das Kammergericht die Aufforderung, ex officio wider den Pasquillanten einzuschreiten. Das Kammergericht trug jedoch Bedenken, ohne direkten Antrag des englischen Gesandten vorzugehen und eine wahrscheinlich mit Aufsehen verbundene Untersuchung einzuleiten, da man nicht wisse, ob dieser die beleidigenden Anspielungen auf sich zu beziehen Anlaß finde. In einem gemeinschaftlichen Schreiben der Minister des Innern und Äußern wurde darauf der Strafantrag wiederholt mit der Motivierung, daß der englische Gesandte in einer Gesellschaft zu dem Minister Grafen Bernstorff mit großer Erbitterung die Erwartung geäußert habe, daß das Kammergericht ihm Genugtuung für die empfangene Beleidigung verschaffen werde. Der höchste preußische Gerichtshof zeigte indessen wieder einmal jene aus dem Prozesse des Krebsmüllers bekannte schöne Steifnackigkeit und verharrte in seiner trefflich motivierten Antwort vom 20. April auf seinem Standpunkt, daß ohne direkten Antrag des englischen Gesandten kein Prozeß eingeleitet werden könne. Es entbehrt nicht der Komik, daß der Minister des Innern in seiner Zuschrift dem Kammergericht ferner einschärfte, gegen den Delinquenten auch wegen Vergehens gegen das Lotteriegesetz einzu- schreiten, da man bei einer Haussuchung in Rellstabs Wohnung ein ver- botenes Wiener Los gefunden hatte. Graf Bernstorff beruhigte sich auch bei der erneuten Ablehnung nicht, sondern replizierte, daß eine mündliche Klage vorliege und versuchte in bandwurmartiger juristischer Ausführung das Delikt des Landesverrats aus dem Fall Rellstab zu konstruieren. Im übrigen schlug er vor, dem Justizminister die endgiltige Entscheidung zu überlassen. Dieser, Graf Danckelmann, stellte sich auf Seiten seines Kollegen vom Departement des Äußern und forderte am 22. Mai das widerspänstige Kammergericht zur Einleitung und Untersuchung gegen Rellstab auf. Mochte nun der hohe Gerichtshof glauben, daß er durch sein bisheriges Verhalten den Verdacht, im Interesse des gekränkten Kollegen Wilcke pro domo zu handeln, genügend entkräftet habe oder wollte er es auf einen offenen Konflikt mit dem Ministerium nicht an- kommen lassen, genug, am 29. Mai erfolgte eine die drei Minister völlig befriedigende Erklärung, die freilich mit den früheren Ausführungen des Kammergerichts nicht im besten Einklang stand. Die Versicherung, daß der Lord mündlich dem Minister den Wunsch nach einer Klage geäußert habe, wurde plötzlich für genügend befunden. „Hätten wir diese Erklärung schon früher erhalten, so hätten wir gleich so entschieden." Da Rellstab und Laue die beleidigende Absicht leugneten, so wünschte das Kammergericht sie durch außergerichtliche Geständnisse über die Tendenz des Buches dritten gegenüber oder durch ihre Briefe an den Leipziger Verleger Herbig zu überführen. Der Versuch, die letzteren durch eine Haussuchung in Leipzig bei Herbig zu beschlagnahmen, wurde der diplomatischen Schwierigkeiten halber garnicht erst unternommen und bezüglich mündlicher Äußerungen der Angeklagten machte am 12. Januar 1827 das Polizeipräsidium die Meldung, daß sämtliche Polizeireviere nichts in Erfahrung hätten bringen können. Da Lord Clanwilliam kurz vor oder nach dem Erscheinen des Buches sich ins Ausland begeben und irgendwelche schriftliche Wünsche auf privatem oder diplomatischem Wege nach Bestrafung des Beleidigers nicht geäußert hatte, so wäre es sicherlich das Klügste gewesen, nicht katholischer zu sein als der Papst und die Sache auf sich beruhen zu lassen. In einem mir bekannt gewordenen Briefe des Lords läßt sich mindestens zwischen den Zeilen lesen, daß der ganze Prozeß ihm herzlich unangenehm gewesen ist. Clanwilliam, der für Henriette Sontag eine aufrichtige tiefe Neigung hegte, mochte einsehen, daß er durch gar zu häufige Besuche und ausdrucksvolle Galanterien der Welt Stoff zum Gerede gegeben und die schöne Freundin etwas kompromittiert habe, und der Gedanke, sie in einen Prozeß etwa als Zeugin hineingezogen zu sehen, mußte ihm fatal sein. Henriettes Briefe und Lord Clanwilliams eigene mir bekannt gewordenen schriftlichen Äußerungen unterstützen Rellstabs Schilderung der Persönlichkeit des Engländers übrigens durchaus nicht; im Gegenteil, seine Briefe und sein Benehmen gegenüber Henriettes alter Prager Freundin, Madame Andree, erweisen ihn als einen Mann von Takt und Herz. In der delikatesten Weise, als ob er nur Überbringer von Geldern Henriettes sei, unterstützte er mehrere Jahre hindurch die in dürftigen Verhältnissen lebende alte Dame, auch nachdem

Henriette längst einem glücklicheren Nebenbuhler ihre Hand geschenkt hatte. In besagten in recht leidlichem Deutsch geschriebenen Briefen gibt er sich mit vollendeter Artigkeit und weltmännischer Höflichkeit, die auch mit der einfachen bürgerlichen Frau nie anders als mit dem Hute in der Hand spricht. In Lord Mondays Falle hatte also wieder einmal das Individuum für eine dem ganzen Typus und der Nation entgegengebrachte Abneigung büßen müssen.[5]

Rellstab übertrug seine Verteidigung vor dem Kammergericht seinem Freunde Karl Simrock, dem damaligen Referendar und späteren berühmten Germanisten und Übersetzer. In seiner Defensionsschrift, die das Kammergericht in der Urteilsbegründung als sorgfältig gearbeitet lobte, bemühte sich Simrock zu beweisen: 1. daß die fiskalische Untersuchung gegen den Denunzianten zu eröffnen keine Veranlassung gewesen, 2. daß die darnach eingeleitete Untersuchung die ehrenrührige und beleidigende Tendenz der Schrift namentlich in der Richtung derselben gegen den Baron Clanwilliam nicht erwiesen habe, 3. daß aber selbst auch unter der Voraussetzung einer solchen beleidigenden Tendenz des Buches doch nur eine sehr geringe Strafe gegen den Verfasser desselben zur Anwendung gebracht werden könnte. Obgleich Simrocks sehr eingehende und scharfsinnige juristische Beweisführung ihren Eindruck auf die Richter nicht verfehlte, so gelang es ihm doch nicht, eine Freisprechung seines Klienten zu erzielen. Rellstab wurde vielmehr zu 6 Monaten Festung verurteilt, welche Strafe auch die Appell-Instanz bestätigte. Rellstab hat in späteren Jahren seine Schrift selbst als eine Jugendsünde bezeichnet und auch damals in seinen Kritiken über Henriettes Gesangsleistungen keine Spur von Ärger oder Verstimmung darüber verraten, daß die Sängerin die indirekte Ursache seiner Haft gewesen. Auch Simrock huldigte der Sontag zum 25. August 1827 in einem gut gemeinten Gedicht auf ihren Abschied nach Paris:

So rufen wir mit Franken um die Wette:
Das Losungswort: Auf immer Henriette!

Als ob es an den Fällen Saphir und Rellstab noch nicht genug gewesen wäre, lieferte die Primadonna des Königstädtischen Theaters noch durch eine dritte Affäre in ihr unliebsamer Weise den Berlinern Gesprächsstoff. Die von dem entlassenen Direktor Bethmann angeführte seit langem heimlich wühlende Partei der unzufriedenen Mitglieder und mißvergnügten Aktionäre raffte sich endlich zu einem offenen Schlage gegen die Verwaltung Kunowkys auf. Ihr Sprecher war das einflußreichste Mitglied der zur Sanierung des Königstädtischen Theaters gewählten Kommission, ein Freund Bethmanns, Henoch, der im März 1826 und im Januar 1827 zwei Broschüren veröffentlichte: „Sachgemäße Erörterungen des König-städtischen Theaters" und „Schreiben an den Syndikus des Königsstädter Theater Herrn Justiz=Kommissions=Rat Kunowsky, Wohlgeboren, hier selbst." Auf den Standpunkt des bedächtigen Geschäftsmannes sich stellend, unterzog Henoch mit pedantischer Gründlichkeit und richterlicher Strenge den Ausgabeetat der Bühne am Alexanderplatz Punkt für Punkt einer Revision, die die Kassenführung des Herrn Kommissionsrats als eine recht unbesorgte und verschwenderische erwies. Insbesondere glaubte Henoch das Konto der Familie Sontag beanstanden zu müssen. Außer der Gage von 8000 Talern und dem Vorschuß von 3608 Talern hatte der Revisor unterm 23. Juni 1825, also noch ehe Henriette aufgetreten war, im Konto „Generalunkosten" folgende „Geschenke an Dlle. Sontag" gebucht gefunden:

1 Schal . . . . 539 Taler, 6 Silbergroschen

1 Kleid . . . . 62 „ 20 „

1 braune Barege Robe 15 „

11 Ellen Stoff . . . . . . 15 „

in Summa: 631 Taler, 26 Silbergroschen.

„Diese Ausgaben", meinte der gestrenge Revisor, „sind auf keinen Fall zu rechtfertigen." Als „ganz überflüssig" erklärte er auch das im Ankleidezimmer der Sängerin im Theater aufgestellte, 26 Reichstaler kostende Sofa, da kein anderes Mitglied sich dieser Bequemlichkeit zu er=freuen hatte. Auch die recht erheblichen Spesen, die das Engagement der Familie Sontag verursacht hatte, wurden ans Licht gezogen. Der Agent Röckel hatte 111 Taler und später noch einmal 125 Gulden erhalten. Kunowsky hatte an Reisekosten nach Wien und Leipzig gar 818 Reichs=taler liquidiert und für eine zweite „wegen der Familie Sontag nach Teplitz" unternommene Fahrt 200 Taler. Aber der Herr Kommissionsrat, der anscheinend also selber auf größtem Fuße zu leben verstand, hatte sich nicht nur der Sontag gegenüber splendid erwiesen, sondern auch anderen hervorragenden Mitgliedern des Königstädtischen Theaters auf Kosten der Aktionäre Geschenke gemacht. Henochs Broschüre schlug natürlich in den beteiligten Kreisen wie eine Bombe ein. Die Mitglieder fühlten sich über die Indiskretion des Revisors tief gekränkt. Henriette schickte den Kaschmirschal mit der schnippischen Bitte zurück, „denselben zum Vorteil der angeblich zu Grunde gerichteten Theateraktionäre verkaufen zu lassen." Die anderen im Verzeichnis Henochs aufgeführten Kleidungsstücke wollte sie dagegen nie erhalten haben. Der Komiker Schmelka folgte dem Beispiel seiner Kollegin und übersandte der Theaterkasse 70 Reichstaler als Gegenwert für eine ihm geschenkte Jagdflinte. Spitzeder, der mit silbernen Leuchtern von Kunowsky beglückt worden war, stellte dieselben gleichfalls zur Verfügung und Angely forderte die Direktion auf, als Gegenwert der ihm einst geschenkten, inzwischen längst ausgetrunkenen 12 Flaschen Champagner ihm 24 Reichstaler vom nächsten Honorar abzuziehen, obgleich er den Wein durch 7 Inszenierungen neuer französischer Operetten und Vaudevilles und die Darstellung 7 neuer Rollen innerhalb 14 Tagen wohl reichlich verdient hätte. Saphir erklärte in der „Schnellpost", „diesem Schritt der Schauspieler seine vollständige Beistimmung nicht versagen zu können." Im Hinblick auf die von höchster Stelle ihm soeben zugegangene Warnung ließ er die Gelegenheit, seine loyale Gesinnung zu bekunden, natürlich nicht vorübergehen und tadelte Henochs Indiskretion: „Wahrhaftig, Mlle. Sontag hätte mehr Delikatesse verdient." Die alte und junge Garde der Sontag-Verehrer war diesmal mit dem „bocksfüßigen Satyr" einverstanden.

VI. Kapitel.

Henriette nahm mit dem glücklichen Leichtmut der Jugend und in dem Bewußtsein ihrer Beliebtheit weder Rellstabs Satire noch Henochs ziffernmäßige Polemik tragisch. Immerhin mögen diese Vorgänge sie mit bestimmt haben, Berlin für eine Weile Valet zu sagen und ihren lieben Berlinern nur aus der Ferne Gesprächsstoff zu liefern. Aus ihrem Briefe an die Czejka vom 13. Dezember 1825 wissen wir, daß kein Geringerer als Rossini selbst, der Henriettes Talent von Wien her kannte, ihr einen schmeichelhaften Engagementsantrag an die Italienische Oper in Paris gemacht hatte. Da sie nach ihrer Aussage gleichzeitig Anträge aus Wien, Neapel und London empfangen, also die Qual der Wahl hatte, und das Königstädtische Theater bereit war, einen neuen noch vorteilhafteren Kontrakt mit ihr abzuschließen, auch Graf Eduard ihr riet, in Berlin zu bleiben, so hatte sie damals kein bindendes Versprechen gegeben. Als jetzt, im Mai 1826, der Gastspielantrag in bestimmter Form auf zwei Monate und zwölf Rollen mit 12000 Franks Honorar von der Leitung der Italienischen Oper in Paris wiederholt wurde, sagte Henriette zu. In einem auf rosafarbenem Papier und, wie sie selbst bekennt, in rosenfarbener Laune geschriebenen Briefchen an die Andree vom 10. Mai gibt sie von ihren Zukunftsplänen Kunde: „Ich werde mir ein unmenschliches Geld zusammenschlagen, denn in Zeit von zwei Jahren bin ich in London, wo der Künstler unmenschlich geachtet und gezahlt wird. Mein hiesiger Kontrakt geht bis August 1827 zu Ende, nach demselben versorge ich Mutter und Schwester an ein solides Hoftheater, und ich gehe nach Paris, London und dann?? Vielleicht wieder nach Böhmen zurück, um dort noch weit süßere Pflichten zu erfüllen — — —" In demselben Briefe erzählt sie von ihrem Schmuck, den sie der Gunst des Königs und anderer Verehrer verdankte, und läßt uns einen hübschen Einblick in ihr Gemüt tun: „Ich kann mich jetzt schon ganz in Brillanten stecken, jetzt habe ich alles, was zu einer Künstlerin gehört, um brillant aufzutreten. Ich habe von den hiesigen Sängerinnen den schönsten Schmuck, und das will viel sagen, denn die suchen ihresgleichen. Ich danke aber auch täglich dem lieben Gott dafür, bitte ihn auch zugleich, mich in meinem Glücke nicht übermütig werden zu lassen, sondern mir meinen heiteren Sinn zu bewahren und meine Fehler einsehen zu lernen." Am 29. Mai verabschiedete sich Henriette in einer ihrer besten Rollen, als „Aschenbrödel", von dem Berliner Publikum, um die Reise nach Paris anzutreten. Die Sontag-Enthusiasten benutzten die Gelegenheit, ihren Liebling noch einmal durch zahllose Hervorrufe und Blumenspenden in schier überschwenglicher Weise zu feiern. Holtei ließ auf buntfarbiges Seidenpapier gedruckte Huldigungsgedichte hoch vom Olymp herunterflattern, und nach beendeter Vorstellung gab die jubelnde Menge der Sängerin das Geleit bis zu ihrer nahen Wohnung. Am nächsten Morgen eskortierte eine stattliche Schaar berittener Verehrer die Schöne nach Potsdam, wo in einem Konzert die Verabschiedung von der Hofgesellschaft erfolgte. Die gar zu drastische und stürmische Art der Äußerung des Beifalls am Vorabend lockte selbst dem gutmütigen nichts weniger als satirisch veranlagten König eine leise Mißbilligung und ein Gefühl des Bedauerns für den Gegenstand dieser übertriebenen Huldigung ab. Doch Henriette erklärte wohlgemut, daß sie nicht so zart besaitete Nerven habe und die Ovationen ihr viel Spaß gemacht hätten.

Nicht ohne Bedenken sahen die aufrichtigen Freunde der Sängerin sie ihr Glück auf dem heißen Pariser Pflaster erproben. Der „Corsaire" hatte freilich schon 1825 geschrieben: „Wir hoffen, Dlle. Sontag in Paris zu sehen, wo die größten Talente stets mit dem größten Enthusiasmus empfangen werden und versprechen ihr im voraus einen vollständigen Erfolg." Aber diese einzelne, vielleicht direkt von Rossini und seinem Kreise veranlaßte liebenswürdige Begrüßung bot noch keine Bürgschaft für das Verhalten der Pariser Kunstfreunde und der übrigen Presse. Paris galt als die Musikhauptstadt der Welt, in der jede Sangesgröße ihre endgiltige Weihe empfangen mußte. Das Publikum war durch die ersten Meister und Meisterinnen der italienischen Oper verwöhnt. Die Glanzrollen einer Catalani, Cinti und Pasta an der Pariser italienischen Oper von einer jungen Deutschen in italienischer Sprache singen zu lassen, mußte als ein großes Wagnis erscheinen. Kein Wunder, daß die Berliner Theaterfreunde und die Verehrer Henriettes im besonderen mit größter Spannung auf die ersten Zeitungsnachrichten über das Debüt der deutschen Sängerin in Paris warteten. Bei den Zusammenkünften der Habitués wurden Wetten abgeschlossen, manche sagten ein vollständiges Fiasko voraus: Henriette würde aus Befangenheit schlechter singen als sonst, durch Kabalen der französischen Kolleginnen erschreckt und behindert werden. Die anderen bauten fest auf Henriettes stets bewiesenen Wagemut, den Zauber ihrer Persönlichkeit, dem sich gerade die galanten Franzosen am wenigsten würden entziehen können, sowie auf die mächtige Protektion Rossinis und der Direktion, die schon die nötige Stimmungsmache besorgen würde. Der Erfolg gab den Optimisten Recht. Schon Henriettes erstes Auftreten am 15. Juni 1826 als Rosine im „Barbier von Sevilla" gestaltete sich zu einem vollen Triumph der deutschen Sängerin. Wilhelm Hauff, der diesem Ereignis beiwohnte, hat uns den Verlauf der Vorstellung in seinem Bericht für die Dresdener Abendzeitung ebenso anmutig wie lebendig geschildert: „Das Haus war schon nach 6 Uhr gedrängt voll, obgleich die Oper erst nach sieben beginnt und ein herrlicher Abend und die nahen Boulevards noch länger ins Freie lockten." Die Wahl der Antrittsrolle erschien sehr gewagt, weil die Rosine eine Glanzleistung der berühmten Cinti war, und die Oper in 5 Wochen 4 Aufführungen erlebt hatte, was manchen Musikfreunden schon zu viel erschien. „Man hörte", erzählt Hauff weiter, „im Parterre und in den Logen sehr viel deutsch sprechen, und es schien, als habe sich alles, was über dem Rhein zu Hause ist, eingefunden, die schöne Landsmännin zu begrüßen. Noch schienen die Franzosen sich nicht sehr viel versprechen zu wollen. Sie soll hübsch sein, sie soll artig singen; aber eine Deutsche italienisch und nach der Cinti! so hörte ich meine Nachbarn links und rechts, vorn und hinten sprechen." Bei Henriettes erstem, flüchtigen Er= scheinen auf dem Balkon regte sich kurzer Applaus, weit stärkerer, als in der zweiten Szene die anmutige Erscheinung der neuen Rosine sich in vollem Lichte zeigte . . . Totenstille herrschte jedoch, als die Sängerin die be= rühmte Cavatine begann: „Wie hat sich die Sitte dieses Hauses geändert! Es schien sonst zum Genusse des Abends zu gehören, selbst bei den schönsten Stellen, ein Ohr der Bühne, das andere der schönen Nachbarin zuzuwenden, das Flüstern, das Murmeln in den Logen störte oft den Genuß. Jetzt schien es, als scheue man sich, tiefer Atem zu holen, denn so zart, so leise hauchte oft Rosina ihre Töne hervor, daß jeder fremde Laut sie verwischen mußte. Sie hat geendet, sie tritt an den Tisch, um zu schreiben, und nun scheint man sich für das lange Schweigen durch einen Tumult entschädigen zu wollen, den man nur bei einem so beweglichen, lebhaften Volk so leb= haft und rauschend sich denken kann. Bravo! Bravo Felicissimo, riefen die Italiener, welche Augen, welche schönen Augen! welches Spiel! riefen

die Franzofen, und die Deutfchen fah man vergnügt fich die Hände drücken,
fie fchienen fich in dem Beifall der Dlle. Sontag geehrt, gehoben zu fühlen.“
In der Briefßzene mit Figaro wurde, wie Hauff weiter berichtet, die un=
fchuldige Naivität der jungen Deutfchen bewundert. In der Gefangßstunde
kokettierte fie mit dem Publikum mit der Sprache ihrer fchönen Augen
ftatt mit dem verkleideten Grafen, doch nahm ihr das Publikum diefe Ab=
weichung durchaus nicht übel. „Man wird es erleben,“ fchloß Hauff feinen
Bericht, „daß man nach Dlle. Sontag eine neue Mode tauft.“

Der Erfolg blieb Henriette auch an den folgenden Abenden treu,
außer als Rofine trat fie als Elena in „La Donna del Lago“ und, ein
befonderes Wagniß, als Donna Anna im „Don Juan“ auf. Die Parifer
Kritik urteilte, von einigen Roffini im Prinzip feindlichen Blättern ab=
gefehen, durchweg günftig. So fchrieb L'Echo du soir über ihre
Donna Anna: „C'est une actrice qui trouve dans ses inspirations
tout le talent de changer, selon le personnage et la situation. Vive
et gaie dans Rosine, gracieuse et pathétique dans la Donna del Lago,
elle a su prendre dans Donna Anna le caractère de douleur et de
mélancolie qui convient à la fille du commandeur. C'était le con-
traste le plus frappant avec Rosine et c'est par là qu'elle a prouvé
la souplesse de son talent.“

Auch Henriettes Aufnahme in den tonangebenden Parifer Gefell=
fchaftskreifen übertraf ihre kühnften Erwartungen. Ihre anmutige Er=
fcheinung und ihr befcheidenes Auftreten entzückte eine der vornehmften
Damen, die Herzogin von Lorraine, derart, daß man als ihr Urteil über
die deutfche Sängerin den Satz kolportierte: „Je ne voudrais pas pour
tout au monde, que ma fille fût autrement.“

Die Reifeftrapazen, die überwältigende Fülle der neuen Eindrücke
und Zerftreuungen machten natürlich in den erften Parifer Tagen in
Henriettes Befinden fich etwas geltend, aber die Freude über den Erfolg
auf der Bühne und in der Gefellfchaft und das Intereffe überwog doch
und willig gab fie fich, wie ihr nachftehender Brief an die Mutter vom
1. Juli 1826 bezeugt, dem Zauber der alten Lutetia gefangen:

Paris, den 1. Juli 1826.

Meine liebe, gute Mutter!

Endlich bin ich imstande, mich von den vielen Zerstreuungen los
zu reißen, die mich von dem ersten Augenblick meiner Ankunft umgeben.
Gestern war ein großes Diner bei der Herzogin Dalberg, eine höchst
liebenswürdige Familie, er ist ein Deutscher und ein Landsmann von
Dir. Ich mußte wie gewöhnlich singen, alles war entzückt. Heute ruhe
ich etwas aus, denn meine Gesundheit ist leider nicht die beste, meine
Nerven sind sehr irritiert, doch hoffe ich, die täglichen Bäder machen
alles wieder gut. Paris ist eine himmlische Stadt, ich ziehe sie Wien
weit vor, Sachen gibt es hier, nein, sowas Schönes lebt nicht mehr,
ich habe auch mehrere Kleinigkeiten gekauft, ich sende sie mit einer
anderen Gelegenheit. Soeben schickt der Graf de la Rochefoucauld zu
mir, ich soll ihm meine Propositionen aufsetzen, um einen Kontrakt zu
schließen, dieses werde ich denn auch treulich tun, ob ich ihn dann
unterschreibe, werde ich ja sehen. Madame Pasta hat sich in Zeit von
drei Monaten eben 100 000 Franks verdient in London. Ein solcher
séjour kann auch mir mein ganzes Glück gründen. Meine Bedingungen
sind die der Madame Pasta und sollte ich meinen Kontrakt abschließen,
hoffe ich, er hat Deinen Beifall. Das Einzige, was mich noch davon
zurückhält, ist, daß ich Euch verlassen müßte, ausgenommen Du gehst mit
mir und verläßt die Bühne ganz; die Nina will ich dann zu einer tüchtigen
Sängerin bilden, meine lieben Buben kommen in ein Institut bis dahin.
Auf diese Art habe ich es mir wohl tausendmal ausgedacht, aber leider
zweifle ich an der Ausführung. In Deinem nächsten Brief, hoffe ich,
wirst Du mir Deinen mütterlichen Rat nicht versagen. Für eine
Künstlerin ist Italien — Frankreich — England — der einzige Aufenthalt, um sich für ewige Zeiten, Ruhm, Lorbeeren und Geld zu
sammeln, besonders für mich ist jetzt eine Periode gekommen, die zu
glänzend ist, um sie nicht zu benutzen. Ich glaube, Du würdest mich
in Hinsicht meiner Kunst verändert finden, es ist fast derselbe Fall wie
vor drei Jahren in Wien, wie mir der zweite Knoten aufging — er-
innerst Du Dich noch — so ging es mir jetzt in Paris. Mich dünkt

der dritte hat sich schon sehr entwickelt. So hoffe ich mit meinen Ge=
sinnungen und mit der Hülfe Gottes immer höher zu steigen, aber doch
nie so hoch, daß ich schwindlich werden könnte, davor soll mich mein
Genius bewahren . . . Mit dem Französischen geht es recht gut, ver=
kaufen kann man mich nicht mehr, denn ich verstehe alles. Wenn ich zurück=
komme, geht es wie Wasser auf der Wiese, — wie die Andree sagt."

In Berlin wurde die Künstlerin, nicht in letzter Linie von ihren
Direktoren, schon schmerzlich erwartet. Die Oper bewährte ohne Henriette
nur geringe Anziehungskraft. Um Kasse zu machen, schreckten die Leiter
des Königstädtischen Theaters vor keiner Konzession an den Geschmack
der ungebildeten oder sensationslüsternen Menge zurück und ließen das nach
dem Französischen bearbeitete Drama „Joko" mit einem damals vielge=
priesenen Affendarsteller über die Bretter gehen. Die Berliner strömten
wieder in hellen Schaaren zum Alexanderplatz, um das neue Wunder zu
sehen. „Dieser Affe", spöttelte Saphir in seiner Rezension, „wird der
Königstädter Bühne nützlicher sein, als manche ihrer Helden und Komiker."
Vor der Ausübung einer anderen Geschmacklosigkeit schreckten die verant=
wortlichen Leiter in letzter Stunde noch glücklich zurück. Karl von Holtei
hatte, als die ersten Nachrichten von Henriettes Pariser Erfolgen ein=
getroffen, den Pegasus gesattelt und ein einaktiges Schauspiel: „Die deutsche
Sängerin in Paris" verfertigt, dessen Heldin, obgleich sie nicht auftritt,
natürlich seine schöne Freundin war. Es war ursprünglich zur Aufführung
im Königstädtischen Theater bestimmt, aber Holtei war doch verständig
genug einzusehen, daß, wie er in der Widmung der Buchausgabe an
Henriette Sontag erklärte, die Aufführung auf denselben Brettern, die die
Heldin betreten, unschicklich erschienen sei. Als ad hoc entstandene Ge=
legenheitsdichtung mochte das Werkchen hingehen. Es spiegelt die damalige
Stimmung der Berliner Theaterfreunde wieder: der Hofrat Leser, über
den Sontag=Rummel aufgebracht, hofft auf Henriettes Durchfall in Paris,
sein Freund Hügel, der waschechte Sontag=Enthusiast, soll die Hand seiner
Tochter Wina erhalten, wenn er, Leser, unrecht hat. Hügel, der das
Mädchen aufrichtig liebt, hat einen Nebenbuhler in dem pietistischen
Kandidaten Timpel, der vom Theater nichts wissen will. Seinem Sontag=

Enthusiasmus macht Hügel in einem langen komischen Monolog auf die Göttliche Luft. Auch der Diener des Hofrats ist in die Sängerin verliebt. Als Hügel die Zeitungsnachricht von Henriettes Erfolg erhalten hat, heuchelt er gleichwohl einen Durchfall, um seine Braut nicht mit seiner Freude zu kränken. Zum Schluß löst sich natürlich alles in Wohlgefallen auf. Der Hofrat, der auf das Kunstverständnis der Pariser schwört, bekennt sich nach Henriettens Triumph geschlagen und geht ins Lager der Sontag=verehrer über.

Das erste Wiederauftreten der Sängerin in Berlin war ursprünglich für die Festvorstellung am 3. August, dem Geburtstage ihres königlichen Gönners, in Aussicht genommen. Indessen spürte Henriette das Bedürf=nis, nach den Anstrengungen des Pariser Gastspiels sich durch einen kurzen Badeaufenthalt in Boulogne=sur=Mer zu erfrischen, und ihre Rückkehr verzögerte sich um mehr als einen Monat. Die Ungeduld der Berliner Musikfreunde und der Sontag=Verehrer im besonderen stieg aufs höchste. War man doch nicht nur auf ihren mündlichen Bericht über ihre Pariser Erlebnisse, sondern auch über ihre Begegnung mit dem greisen Olympier in Weimar gespannt. Goethe, der von seinen Studententagen bis ins höchste Greisenalter schönen Sängerinnen, einer Mara, Schröter, Catalani, Schröder=Devrient, Milder=Hauptmann, gerne in Vers und Prosa gehuldigt hatte, brachte auch dem jüngsten Stern am europäischen Gesangshimmel freundliche Teilnahme entgegen. Von Leipziger, Berliner und Wiener Freunden war ihm manch begeisterte Schilderung zu Ohren gekommen, und in den Pariser Journalen hatte er mit Interesse die Berichte über das Auftreten der deutschen Künstlerin verfolgt. Vermutlich hatte Henriette schon von Berlin aus mit der Hoftheaterleitung wegen eines Gastspiels gelegentlich ihrer Durchreise durch Weimar verhandelt und auch dem greisen Dichter sich schriftlich oder durch den Kapellmeister Hummel empfohlen. Von ihren, ihm im Bilde bekannt gewordenen, ihn anscheinend an seine stille Jugendneigung, die Herzogin Luise, erinnernden lieblichen Zügen aufs angenehmste berührt, hatte der greise Dichter, noch ehe sein schöner Gast in Weimar eintraf, eine poetische Begrüßung verfaßt, wie sie, zumal aus solchem Munde, Henriette sich nicht schmeichelhafter wünschen konnte:

Ging zum Pindus, dich zu schildern;
Doch geschah's zu meiner Qual.
Unter neun Geschwisterbildern
Wogte zweifelnd Wahl um Wahl.
Phöbus mahnt mich ab vom Streben:
„Sie gehört zu unserm Reich,
Mag sie sich hieher begeben,
Findet wohl sich der Vergleich!"

Aber es sollte sich noch eine Komödie der Irrungen abspielen, ehe dies Geschenk in die Hände der Beglückten gelangte. Am 1. August bat Zelter den Weimarer Freund: „Laß doch ein Wort vernehmen über Mlle. Sontag, sie muß morgen hier sein, weil sie den 3. zu singen hat. Der König ist gestern von Töplitz zurück gekommen." Durch diese Zeilen wurde Goethe in den Glauben versetzt, daß die Schöne ihrer Absicht untreu geworden wäre. In dem prächtigen Plauderbrief an den Kanzler von Müller vom 3. August schreibt er mit einem Anflug humorvollen Ärgers: „Dlle. Sontag, auf die ich niemals viel gerechnet habe, zu lange in Paris aufgehalten, hat sich nur durchgeschlichen, um in Berlin zur rechten Zeit anzukommen. Mir ist es nach meiner Weise wirklich angenehm; denn was man nicht immer haben kann, soll man lieber ganz entbehren. Überhaupt bin ich dazu gelangt, am liebsten ein vernünftiges Wort zu hören!" Und auf das Geschenk anspielend, fährt er fort: „Sie aber hat doch etwas versäumt, denn ihr war zugedacht, was sie hätte aufweisen können. Und dann wissen Sie doch auch, daß der Dichter nicht sehr gern sieht, wenn sein Licht unter dem Scheffel erlischt und er einen guten Einfall sekretieren muß." Zwei Tage später erfuhr er, daß das Gerücht, Henriette habe bereits heimlich Weimar passiert, auf Unwahrheit beruhe und teilte Zelter mit, daß sie für den 10. August in Weimar angemeldet sei. „Das wollen wir denn", schloß er skeptisch, „abwarten, oder Nachricht, daß sie bei euch schon wieder bewundert worden." Am 8. August wußte er nur das allgemein Bekannte, daß Henriette mit der „heimlichen Heirat" unter höchstem Beifall ihr Pariser Gastspiel beschlossen habe, zu melden. Zelter antwortete ihm am 10.: „Von Mlle. Sontag wissen wir soviel wie du; sie ist noch nicht wieder hier, und die alten Herren, die mit nach Paris ge-

laufen sind, vermißt das Gericht ebenso gut, indem ihre Prozesse stocken."
Am 12. August hatte man in Weimar bestimmtere Kunde: „Eure
Nachtigall flattert noch immer umher, sie ist, sagt man, an die See ge=
zogen und wird erst Ende des Monats bei uns durchkommen, da wir denn
hoffen dürfen, sie gleichfalls zu bewundern." Am 4. September endlich
traf die Langersehnte ein und absolvierte den versprochenen Besuch in der
Santa Casa am Frauenplan und die Gastvorstellung als Rosine im
Hoftheater. „Dlle. Sontag mit Begleiterin", steht unter diesem Datum
in Goethes Tagebuch und weiter: „Um 6 Uhr mit den Enkeln ins Schau=
spielhaus, Dlle. Sontag sang unvergleichlich." Nach dem Theater fand
bei Goethe eine Gesellschaft statt, die Henriette erst um Mitternacht verließ.
Voll Befriedigung, das Gedicht an die Schöne gebracht und ihre Nachti=
gallenstimme gehört zu haben, aber doch mit jener abgeklärten Resignation,
die bei dem Olympier in seinem letzten Jahrzehnt immer stärker bei der
Beurteilung von Menschen und Dingen sich geltend machte, berichtet er
am 9. September an Freund Zelter:

„Daß Demoiselle Sontag nun auch klang= und tonspendend bei uns
vorübergegangen, macht auf jeden Fall Epoche. Jedermann sagt freilich,
dergleichen müsse man oft hören: und der größte Teil säße heute schon
wieder im Königsstädter Theater. Und ich auch. Denn eigentlich sollte
man sie doch erst als Individuum fassen und begreifen, sie im Elemente
der Zeit erkennen, sich ihr assimilieren, sich an sie gewöhnen, dann müßt es
ein lieblicher Genuß bleiben. So aus dem Stegreife hat mich das Talent
mehr verwirrt als ergötzt. Das Gute, das ohne Wiederkehr vorübergeht,
hinterläßt einen Eindruck, der sich der Leere vergleicht, sich wie ein Mangel
empfindet."

Bei ihrem ersten Wiederauftreten am Königsstädtischen Theater sollte
Henriette zum erstenmal die Schattenseiten einer allzugroßen Popularität
kennen lernen. Rasch hatte sich in Berlin die Kunde verbreitet, daß die
Sängerin den Lockungen der Pariser Opernleiter erlegen sei und vom Jahre
1827 ab einen neuen Kontrakt, der sie dauernd Berlin entzöge, abgeschlossen
habe. Solche vermeintliche Undankbarkeit des verhätschelten Lieblings ver=
diente Strafe. Auch die eigenmächtige Verlängerung des Urlaubs bis in

den September hinein hatte bei den Opernenthusiasten böses Blut gemacht. „Montags", schrieb am 9. September 1826 der damals in Berlin weilende Grillparzer an Kathi Fröhlich, „wird die Sontag zum erstenmal wieder auftreten, ich habe durch Protektion einen Platz erhalten. Alles ist gespannt, man fürchtet zwei Parteien, da viele ihr das angenommene Engagement in Paris übelnehmen." Wirklich kam es am 11. September, als Henriette wieder vor die Berliner in der Rolle trat, in der sie im Jahre zuvor ihren ersten Sieg errungen hatte, als „Italienerin in Algier", zu einem Theaterskandal. In den Applaus mischte sich Pfeifen, Zischen und vorwurfsvolle Rufe. Die Mehrheit des Publikums war indessen verständig genug, das Törichte und Geschmacklose einer derartigen Demonstration zumal in Gegenwart des Hofes einzusehen, und so konnte die Vorstellung ohne Zwischenfälle zu Ende geführt werden und Henriette sich am Schluß mit dem Bewußtsein verabschieden, ihren alten Platz wieder zu haben. Sie gestattete sich jetzt gelegentlich einmal auch den Luxus einer Primadonnen-Laune. Als der ihr schon von Wien her befreundete Moscheles am 21. November ein Konzert im Schauspielhause veranstaltete, half Henriette, die des Konkurrenzverbotes wegen nicht mitwirken durfte, dem Freunde indirekt, indem sie sich heiser meldete und dadurch die für den Abend angesetzte Aufführung der Oper „Sargines" im Königsstädtischen Theater vereitelte. Sie selbst wohnte dem Konzert wohlgemut in einer Loge bei und wehrte den Dank des beglückten Komponisten mit den scherzenden Worten ab: „Aber, lieber Moscheles, sollte denn eine alte Wiener Freundin nicht die Kabalen eines Theaterdirektors vereiteln helfen? 's Zettel is immer noch 's Zettel."

Das folgende Jahr (1827), dessen Andenken in der Musikgeschichte Berlins nach Rellstabs treffenden Ausdruck als „das Jubeljahr des Gesanges" weiter lebt, war in vollstem Maße geeignet, Henriettes Künstlerschaft und ihre Beliebtheit beim Publikum auf die Probe zu stellen. Als gefährlichste aller Konkurrentinnen erschien im April die große Angelica Catalani, die selbst ausgesprochenen Verehrern der Sontag durch den Umfang und die Schulung ihrer Stimmittel der deutschen Sängerin überlegen schien. In ihrem ersten Konzerte am 13. April entzückte die berühmte

Italienerin vornehmlich durch den vollendeten Vortrag der Nationalhymne: „God save the King". „Hoch wie ein Adler über dem Gebirg'", schrieb Rellstab in dichterischer Verzückung, „schwebte ihre Stimme über dem strömenden, brausenden Meer der Töne des Orchesters". Nicht minder gefiel ihr Vortrag der ursprünglich für die Violine komponierten schwierigen Variationen von Rhode, die auch Henriette in der Gesangsstundenszene im „Barbier" als Einlage vorzutragen liebte. Rellstab konnte nicht umhin, die Leistung der Catalani in einem für diese äußerst schmeichelhaften Vergleich über die Henriettes zu stellen:

„Dlle. Sontag hat sich damit einen großen Namen im Publikum erworben. Bei einer Vergleichung fällt unser Urteil dahin aus, daß in der leichten Handhabung, die bei einer Stimme, wie die der Dlle. Sontag, möglich ist, ihr allerdings einige Kleinigkeiten präziser gelingen mußten, daß aber sowohl im Vortrag der Melodie, wie durch die allgemeine, bis zur Kühnheit gehende Geläufigkeit, die Mde. Catalani zeigte, diese bei weitem den Sieg erringt; nicht zu gedenken der liebenswürdigen Weise, mit der die Sängerin sich mit einer Art von Unschuld jeder noch so verschiedenen Leistung ganz hingibt, daß selbst diejenigen Gattungen des Gesanges, die im allgemeinen dem höheren Geschmack nicht zusagen können, bei ihr eine Natürlichkeit gewinnen, die ihnen ein bestimmtes Recht zur Existenz gibt, während sie bei anderen Sängerinnen selten mehr als bloße Duldung erlangen. Das Verhältnis stände also zwischen beiden Sängerinnen etwa so: wie eine Miniatur-Kopie zu einem Original-Gemälde in natürlichen Dimensionen. . . . ."

Am 9. Juni zeigte die Catalani ihr Können auch auf der Opernbühne als Rossinis „Semiramis", und machte nicht nur durch ihre Gesangfertigkeit, sondern auch durch die großzügige Auffassung und temperamentvolle Durchführung der Rolle tiefen Eindruck. Zwei deutsche Rivalinnen der Sontag absolvierten rasch hintereinander gleichfalls beifällig aufgenommene Gastspiele im Königlichen Opernhause; Nannette Schechner trat im April als Agathe und im Juni als Fidelio auf und fand namentlich in letzter Rolle den uneingeschränkten Beifall der Musikkritik, sodaß ihr Gastspiel bis in den September verlängert wurde. Am 14. Juni sang ferner Sabine Heinefetter,

am 5. Juli die gleichfalls reichbegabte Marianne Seffi. Henriette ließ
sich indessen wegen der Erfolge der Konkurrenz keine grauen Haare wachsen.
Sie wohnte seit dem Frühjahr 1827 bei ihren Freunden, dem Ehepaar
Ludolff in der Tiergartenstraße und genoß ihr Leben in vollen Zügen. „Ich
reite“, berichtet sie der Andree am 1. Mai 1827, „jetzt fast alle Tage aus,
ein Bekannter gibt mir sein Pferd, und man will behaupten, ich sei unter
den Damen die beste Reiterin. Nun, an Kourage fehlt es mir nicht.“
Sogar Equipage hatte sie sich angeschafft, einen gelben Wiener Wagen mit
zwei schönen Mecklenburger Schimmeln davor und einem Bedienten und
einem „prächtigen“ Kutscher auf dem Bock. „Ganz herrlich sitzt die Jette
in dem Wagen und fährt als Primadonna aus Krähwinkel durch Krähwinkel.“ „Berlin“, schreibt sie dann in übermütiger Laune weiter, „ist ein
Krähwinkel; nun, schadet nicht, ist überall so. Ob ich die Pferde nach
Paris mitnehme, weiß ich nicht; wahrscheinlich aber ja — um den Franzosen
einen Begriff von einer deutschen Sängerin zu machen.“ Der Gedanke an
ihren Eduard stimmt freilich ihre fröhliche Laune herab. Wie sie der
alten Vertrauten berichtet, hatten die bei seiner Familie wegen der Heirats-
erlaubnis getanen Schritte schlechten Erfolg gehabt. „Ich fürchte, ich fürchte!
Seine Briefe sind wie immer, doch ich glaube, ich opfere meine Jahre und
habe keinen Lohn — nun, ich habe Zeit, der liebe Gott wird mich auch
weiterhin geleiten. Wie oft habe ich Gott im Stillen gedankt, daß er mich
bis hierher rein und tadellos geführt hat, und mit Zuversicht sehe ich auch
der Zukunft entgegen. Noch einige Jahre, liebe Freundin, will ich mir
die Welt mit allen Freuden des jugendlichen Herzens ansehen, dann aber
ruhig und glücklich im Schoße der Häuslichkeit mit einem lieben Mann
leben, den mir der liebe Gott ja hoffentlich zuführen wird! Dies wäre
mein letzter Wunsch, und ich bin ganz glücklich.“

Einige Sorge bereitete ihr eine neue Herzensneigung der rasch ent-
zündlichen Mutter zu dem gleichfalls am Königstädtischen Theater tätigen
Schauspieler Wegener, dessen Charakter und Leistungen Henriette in einem
Brief an die Andree äußerst ungünstig beurteilt: „Von Cristelli weiß ich
nicht ein Wort, der Briefwechsel mit Mutter geht langsam, sie hat jetzt
einen anderen aufs Korn genommen. Aber stille, nichts merken lassen, sonst

Henriette Sontag
Schattenriß mit eigenhändigem Namenszug, ca. 1826

Freundschaft und Liebe gehen über diese Kugel
mit verschloßenen Lippen, und Der innere Werth
hat keine Züge.

Berlin den 8: Nov: 1827.

Am Tage meiner Abreise!

Ihre Freundin,

Henriette Sontag.

Stammbuchblatt von Henriette Sontag

komme ich in Teufels Küche. Es ist nämlich ein elender Komödiant, ein
Kollege, keinen Schuß Pulver wert. Vorläufig läßt sie sich nur die Kur
machen', wir wollen hoffen, daß nichts anderes daraus entsteht." Insbesondere um die Mutter aus der Nähe dieses Mannes zu entfernen, hätte
Henriette es gern gesehen, wenn Frau Franziskas Hoffnung, am Dresdener
Hoftheater eine Anstellung zu erhalten, sich verwirklicht hätte. An der
Königstädter Bühne war sie nur die Mutter der „göttlichen Henriette",
und hatte jedenfalls in keiner einzigen Rolle besondere Aufmerksamkeit
erregt. Wenn sie als Sprecherin der obligaten Festprologe zu Königs
Geburtstag usw. herausgestellt wurde, so geschah dies wohl weniger wegen
ihres deklamatorischen Talents, als wegen der Popularität des Namens
Sontag. Im Frühjahr 1827 eröffnete sie als Lady Milford in „Kabale und
Liebe" ein Gastspiel auf Engagement am Dresdener Hoftheater und gefiel
der Königin wegen ihres noch immer jugendlichen Aussehens. Aber der
plötzliche Tod des alten Königs vereitelte eine Fortsetzung des Gastspiels
und die daran geknüpften Hoffnungen. Die Periode äußerlichen Glanzes
am Königstädtischen Theater näherte sich unterdessen mit Riesenschritten
ihrem Ende. Trotz allen Bemühungen der Sanierungskommission war es
nicht gelungen, das Gleichgewicht zwischen Einnahmen und Ausgaben im
Theaterhaushalt herzustellen, und man entschloß sich nach dem Fortgang
der bisherigen Primadonna, auf eine Fortsetzung des Experiments mit einer
ähnlichen kostspieligen Kraft zu verzichten. Allerdings ließ sich der ganze
Opernapparat nicht von heute auf morgen abschaffen, und so wurde, sobald
dem Königstädtischen Theater mit der Sontag zwar die Hauptausgabe,
aber auch eine Hauptzugkraft genommen war, die finanzielle Lage nicht
besser. Die leitenden Männer der Bühne am Alexanderplatz konnten sich
jetzt von der Wahrheit des alten Spruchs überzeugen, daß, wer den Schaden
hat, für den Spott nicht zu sorgen braucht;

> „Du liehst ein Sonntagskleid, Dich selber auszustechen,
> Und forderst Dich heraus, Dir selbst den Hals zu brechen"

pfiff ein Spottvogel im „Journal des Luxus und der Moden". „Die
Farce, das Grelle und das Gemeine hat den Sieg davon getragen, vor
allem aber die unglückselige Oper, die unser deutsches Schauspiel überall

in den Grund gesegelt hat und doch von diesem gehalten und genährt werden muß", lautete das strenge Urteil Ludwig Tiecks, dem das „Literarische Konversationsblatt" voll beipflichtete: „Daß die Oper bei allem Glück und Glanz, statt das Theater zu stützen, es bis auf die Wurzel untergraben, daran ist jetzt bei den Unterrichteten kein Zweifel mehr."

Der endgiltige Abschied der Sontag vom Königstädtischen Theater vollzog sich nicht unter so stürmischer Teilnahme des Publikums wie seiner Zeit der Abschied vor der Pariser Reise, da man wußte, daß man die Künstlerin in Bälde an anderer Stätte, auf der Bühne des Königlichen Opernhauses, würde begrüßen können. Holtei hatte es sich gleichwohl nicht nehmen lassen, der Scheidenden wieder eine poetische Huldigung zu bereiten und 17 Gedichtchen auf die 17 Rollen, in denen Henriette am König- städtischen Theater in den Jahren 1825—27 aufgetreten war, zur Ver- teilung zu bringen.

Am 29. September begann Henriette ihr Gastspiel auf der Königlichen Bühne und gleichsam um anzudeuten, daß sie mit ihren höheren Zwecken gewachsen sei, hatte sie als Antrittsrolle die Donna Anna im „Don Juan" gewählt. Wieder einmal regten sich selbst unter ihren Bewunderern Zweifel, ob sie dieser ihrer Individualität scheinbar fern liegenden Aufgabe würde gerecht werden. Wenn sie in der Rolle von Mozarts ernster Heldin auch nicht die Beifallstürme entfesselte wie mit den Bravour-Arien und Kehlkunststückchen in den Opern Rossinis, so durfte ihr das bedächtig ab- gewogene Lob der wahrhaft Kunstverständigen desto höher gelten. Sehr eingehend und liebevoll beurteilte Rellstab ihre Leistung:

„Die höchste Auffassung der Anna, in dem Sinne, wie Mozart sie musikalisch, Hoffmann poetisch entwickelt hat, möchte den Mitteln der trefflichen Künstlerin wohl nicht zusagen. Dazu ist eine grandiose Stimme und Persönlichkeit erforderlich. Soweit aber die Rolle in dem Gebiet der sanfteren Schönheit und des innigen Gefühls dargestellt werden kann, hat wohl niemand mehr als Dlle. Sontag Ansprüche darauf, für eine voll- endete Darstellerin derselben zu gelten, und in der Tat hat sie sich als eine solche bewährt. Ihr erstes Auftreten war plastisch und musikalisch von der größten Wirkung. Sie sang die höchst leidenschaftliche Introduktion mit großer Kraft und edlem Feuer, vielleicht verleitete sie dasselbe aber, (ein schöner Fehler) ihrer Stimme etwas zu viel zuzumuten, denn in dem darauf folgenden Duett in D-moll war, trotz des schönen Vortrags desselben, eine gewisse körperliche Erschöpfung bemerkbar, die uns besorgt für die Folge machte. Wenn wir die Individualität der Künstlerin betrachten, so können wir es nur loben, daß sie uns in dieser Szene vielmehr die vom Schmerz gebeugte Tochter, als die stolze Rache fordernde Spanierin gab. So gelangen denn auch die rührenden Momente, z. B. das hinsterbende in Ohnmachtsinken, und die spätere so tief schmerzliche Frage: „Wo ist mein Vater hin?" am meisterhaftesten. Einige kleine Abänderungen der Melodie und einige Verzierungen hätten wir, so schön sie gemacht wurden und, obwohl man sie auch nicht geschmacklos nennen durfte, doch lieber nicht gehört, da Mozart ganz unverletzt uns immer am liebsten ist. In dem Quartett klang die Stimme der Gastdarstellerin wieder ganz vortrefflich, und man darf behaupten, daß sie es war, die hierin, sowie in mehreren anderen Stücken, durch ihre musikalische Sicherheit dem Ganzen einen festen Halt gab, ohne den vielleicht manches mißglückt wäre. Die jetzt folgende Arie sang sie vortrefflich. Das Rezitativ trug sie mit einem so wahrhaften Schmerz und Schauer, mit so echt weiblicher Zartheit und, was viel wert ist, zugleich so deutlich vor, daß dem aufmerksamen Hörer keine Silbe verloren ging. In dem Allegro hätten wir einige Läufe, obwohl sie ganz in dem großartigen Stil der Arie selbst vorgetragen wurden, doch lieber nicht gehört, besonders da dadurch die Nachahmung der Melodie durch die Bässe unrichtig wurde. Besonders schön trug die Sängerin das sogenannte Masken-Terzett vor, worin sie (möge dies ein Beispiel der Nachahmung werden) keine Note veränderte und namentlich das hohe B überaus schön und rein austönen und im schmelzenden Decrescendo verklingen ließ, woran sich die Tonleiter abwärts ungemein schön anschloß; aufwärts machte sie dieselbe nach unserem Gefühl etwas zu gewaltsam, und indem sie sich auf dem ersten Ton länger verweilte, auch zu rasch. Während des ganzen übrigen Finale war Spiel und Gesang der Gastdarstellerin der ganzen Auffassung der Rolle und der Situation angemessen. Für die großen Passagen-Eintritte des Sextetts im zweiten Akt hätten wir eine mächtigere Stimme

gewünscht; doch entschädigte der feurige Vortrag und die treffliche Ausführung dieser schwierigen Stelle. Die Bravour-Arie sang Dlle. Sontag
mit einer vollendeten Meisterschaft; ein glockenreiner, chromatischer Lauf
und ein überaus geschicktes, selbst bei großer Aufmerksamkeit kaum vernehm-
bares Atemnehmen, waren Züge, durch die sich die Künstlerin als erste
Meisterin in der Gesangsschule bewährte. Ein rauschender Beifall erkannte
die Trefflichkeit der Leistung an. Wenn wir über das Ganze der Ge-
sangsweise eine Bemerkung machen dürfen, so ist es die, daß die Künstlerin
bisweilen ihre Wirkung in der Stärke des Tones suchte, wie sie dieselbe
angemessener durch ein volles Klingen desselben (ein großer Unterschied)
im höheren Maße erreichen dürfte, da einige Töne (es, e, f) ihr trotz ihrer
erstaunlichen Kunstfertigkeit bei zu starkem Angreifen nicht ganz gehorchen,
wodurch ein unmerkliches Detonieren entsteht. Möge sie in dieser Ausstellung nur die genaue Aufmerksamkeit des Hörers und den Wunsch erkennen, daß auch die letzte Spur eines Fehlers verschwinden möge."

Im weiteren Verlauf des Gastspiels trat sie als Agathe, Myrrha,
Susanne, Rosine, Euryanthe, Prinzessin von Navarra, Desdemona und
Amenaide auf. Als Desdemona fesselte sie insbesondere durch ihre vor-
treffliche schauspielerische Ausgestaltung der Rolle. Schon früher hatte
Zelter in einem Brief an Goethe Henriettes vorzügliches Mienenspiel gerühmt, daß sie im Gegensatz zu der Schauspielerin Sophie Müller, die als
Shakespeares Julia gar kein einer Julia ähnliches Gesicht gehabt habe,
„jedesmal so aussehe, wie sie solle und das ohne Gewalt". Jetzt gab er
dem Freunde noch „eine Enukleation des allgemeinen Eindrucks", den die
Künstlerin in ihrem neuen Wirkungskreise gemacht hatte und rühmte wieder,
daß sie nicht als seelenlose Puppe sänge:

„Mlle. Sontag habe ich nun auf dem Königlichen Theater zweimal
mit Freuden gesehen, als Myrrha im Opferfest und als Susanne in
Mozarts Figaro. Wenn ich keine einzelne besondere Eigenschaft an ihr
herauszuheben wüßte, so ist ihr ganzes Wesen eine erfreuliche Erscheinung
auf den Brettern. Sie weiß ihre niedliche Person als dritte, vierte und
fünfte usw. unter so vielem Ungewohnten auf einem größern Theater immer
glücklich aufzustellen, und da sie vollkommen vokalisiert und artikuliert,

leuchtet ihre Stimme auch unter den viel stärkern wie ein klares Gestirn herab. Ihr Gesicht geht gleichsam parallel mit der Melodie und so auch Arme und Hände, und das alles wiederholt sich nicht, es bleibt das Nämliche und ist doch neu. Ein Duett ward da Capo gefordert, die Beiden kamen zurück wie sie abgegangen waren; vorher hatte sie auf der rechten Seite gestanden, jetzt stand sie auf der linken und das ganze Duett schien ein neues Stück zu sein, das ich allenfalls zum drittenmal gehört hätte, auch riefen einige Stimmen wieder da Capo."

In derselben Richtung bewegte sich Holteis Lob über ihre Desdemona: „Man kann von niemand mehr verlangen, als daß er seine offenherzige Meinung sage und vertrete. Und so gestehe ich, daß die Desdemona der Dlle. Sontag mir unbeschreiblich hoch über Allem zu stehen scheint, was bisher in Berlin von Sängerinnen in der Darstellungskunst und im er-greifenden Vereine: die Virtuosität und Technik der Stimme, mit der Auf-fassung der Situation geleistet worden ist. Ja ich behaupte sogar, daß außer den Damen Crelinger, Müller, Lindner, Neumann, (weiß ich doch kaum, wen ich weiter nennen soll?) keine junge Schauspielerin in Deutsch-land lebt, die das zu leisten vermöchte." Und auch der nüchterne Rellstab stimmte diesmal, trotz seiner Abneigung gegen Rossinis Oper voll in den Chor der Enthusiasten ein:

„Je mehr aber die Musik in Rossinis Oper der dramatischen Dar-stellung entgegen ist, um so mehr müssen wir die Leistung einer Künstlerin bewundern, die es durch einen unwiderstehlichen Zauber des Gesangs und des Spiels zu bewirken vermag, daß selbst der besonnenste Hörer allen Unwillen gegen das Werk vergessen und durch ihre begeisternde Darstellung hingerissen werden muß. Und dieses Wunder, in der Tat ist es so zu nennen, hat Dlle. Sontag bewirkt. Von ihrem ersten Auftreten an bis zum letzten wüßten wir nichts anzuführen, was nicht vortrefflich gewesen wäre; einige Momente aber übertrafen weit alle Erwartung."

Den Abend ihres letzten Auftretens als Amenaide in „Tancred" erbat die Sängerin als Benefizvorstellung. Der König, der Henriette schon bald nach ihrer Rückkehr aus Paris durch die Verleihung des Titels einer königlichen Kammersängerin ausgezeichnet hatte, und wie Varnhagen in

seinem Tagebuch berichtet, sie fast täglich im Schloß sah, wo sie Friedrich
Wilhelms zweiter Gemahlin, der Fürstin von Liegnitz, Unterricht im Klavier-
spiel erteilte, entsprach dem Wunsch in huldvollster Weise, indem er der
Benefiziantin die gesamte Einnahme der Vorstellung bewilligte und der
Theaterkasse den Ausfall der Tageskosten mit 502 Talern aus dem Kron-
fideikommißfond anweisen ließ. In einem sehr verbindlichen Schreiben
vom 4. November 1827 setzte Graf Brühl die Künstlerin von der Entscheidung des Monarchen in Kenntnis: „Mit wahrem Vergnügen über-
sende ich ihnen, werte Dlle. Sontag, einliegend die Abschrift eines Allerhöchsten Kabinettschreibens vom 2. d. Mts. in betreff des ihnen von seiner
Majestät dem König bewilligten Benefizes und freue mich der auch hier
gegen sie an den Tag gelegten Huld und Gnade, deren Grund in dem
Anerkenntnis ihrer seltenen Verdienste liegt. Jeder Freund des Guten
und Schönen muß ihnen, werte Dlle. Sontag, alles Gute wünschen, und
es gereicht mir zu wahrhafter Beruhigung, ihnen hier auch schriftlich meine
innigste Teilnahme, Hochachtung und freundlichste Ergebenheit an den Tag
legen zu können. Möchten sie doch nur bald zu uns zurückkehren und sich
ganz dem Königlichen Theater anschließen." Außer dem auf 400 Friedrichsdor
sich belaufenden Ertrage der Vorstellung erhielt die glückliche Benefiziantin
von dem König noch einen kostbaren Schmuck und zwei goldene Teller, von
der Fürstin von Liegnitz eine goldene Kette, und die Kronprinzessin bezeugte
bei dem Empfange in der Loge der Sängerin ihre Sympathie durch einen
schwesterlichen Kuß. Die Musikenthusiasten, von denen eine ganze Anzahl
für eine Weile ins Lager der Schechner abgeschwenkt war, der man an
ihrem Abschiedsabend, am 16. September 1827, gleichfalls mit donnernden
Applaussalven, Blumenspenden, Gedichten, Ehrengeleit und Serenade vor
ihrer Wohnung in der Krausenstraße gehuldigt hatte, segelten wieder im
Fahrwasser der Sontag:

> „Schechner is tot, Schechner is tot,
> Sontag schwimmt in Kanten.
> Wo hat denn die die Kanten her? —
> Vom ****schen Gesandten."

variierte der Volkswitz den Text des bekannten Schusterbubenliedes, das
in dieser Form selbst in den Briefwechsel zwischen Goethe und Zelter sich

einschleichen durfte. Auch andere humoristisch-parodistische Produkte in Versform knüpften an den Kultus, der mit der Diva in unveränderter Stärke getrieben wurde, an. Dem Lager der Pietisten und eingeschworenen Theatergegner, zu deren Sprecher sich zur Zeit der Eröffnung des Königstädtischen Theaters der Prediger Tholuck mit seiner eifernden „Stimme wider die Theaterlust" gemacht hatte, entstammte der Seufzer:

> „Wie preißt man sie nicht als der Oper Zierde,
> Und sie vergöttert mancher gute Christ.
> O, daß der Sonntag so gefeiert würde,
> Wie es die Sontag ist."

Und ein anonymer „Karl von dem Dreiblatt" stammelte in Knittelversen:

> Reiß' ich nicht täglich von ein Uhr bis drei,
> Die Linden durchlaufend zwei Sohlen entzwei?
> Dem Blicke vorbei schweifen Mädchen und Frauen,
> Einzig die Einz'ge mein Auge will schauen.
> Und käme der Großsultan selber herbei,
> Mir ist er nicht mehr als der Holden Jockei.
> Doch nimmer, nimmer will es mir glücken,
> Den Erzengel auch nur von fern zu erblicken.

In lakonischem Telegrammstil veröffentlichte Saphir ein humoristisches Bulletin über den Zustand des Königstädtischen Theaters nach dem Abgang der Sontag: „Sargines, Madame Braun — Sophie, gut. Haus leer, Enthusiasten nicht närrisch; Glatzköpfe vakant; keine Gedichte." Ernsthafter wollten Stimmen genommen werden wie die von Ludwig Robert, Rahels Bruder, der in zwei Gedichten seiner Abneigung gegen die italienische Musik Luft machte und ihre Hauptträgerin im besonderen weit unter ihre Berliner Kolleginnen vom Königlichen Opernhause stellte:

> „Daß Alles sich zur Oper modelt,
> Elisabeth voll Herrschgier jodelt,
> Und Triller schlägt Venedigs Mohr,
> Das kann um Kunst besorgt mich machen,
> Das kommt wie Parodie mir vor."

Und die vier Sängerinnen charakterisierte er:

Milder-Hauptmann:

„So tönt berührt von klarer Morgenröte,
Memnon's erhabenes Heroenbild,

Schulz-Kilitschky:

So klagt, so jubelt, kraftvoll, feurig wild,
Des Waldgotts kühne Flöte.

Seidler:

So wieget sich auf schwankem Zweig der Rose
Die Nachtigall, bei holder Melodie. —

Henriette Sontag:

So perlt ein künstlich-kleiner Kolibri,
Ein Spieluhr-Virtuose."

Ungefähr auf dieselbe Tonart stimmte Friedrich von Raumer sein Urteil über die Sontag in einem Briefe an Tieck:

„Sie besitzt die höchste Leichtigkeit, Beweglichkeit, Lieblichkeit und Süßigkeit, welche, auf anderes verwandt, als was gerade die Mode des Tages verlangt, aus vollendeter Miniaturmalerei wohl zu Größerem hätte führen können. Sehr zu bedauern bleibt es also, daß äußere Verhältnisse sie zwangen, seit Jahren fast nur geist- und charakterlose Musik zu singen, welcher sie, nicht unnatürlich, durch Überladung mit Zieraten einen Inhalt, oder doch immer höheren Reiz zu geben suchte. Jene stets ähnlich wiederkehrenden übersüßen Zieraten sind aber selbst von Übel und das häufige Umspringen der Stimme in ein anderes Register (was an das Verschieben der Klaviatur eines Fortepianos erinnert), kann auf die Dauer weder den echten Kenner befriedigen, noch die ohnehin nicht große Stimme erhalten. Es ist nicht das Höchste: zu singen wie eine Nachtigall oder wie eine Flöte: die Menschenstimme biegt über all diese Vergleichungen hinaus, und die Art und Weise, wie Mad. Sontag in der „Schöpfung" und einigen besseren Opern, z. B. „Cosi fan tutte", gesungen hat, begründet in meinen Augen weit mehr ihren Ruf als Sängerin, wie die den musikalischen Magen verderbenden Bonbons und Baisers, die sie ununterbrochen in Rossinischen Opern den Schmachtenden austeilt."

Von besonderem Interesse, weil von einem ersichtlich ganz unvoreingenommenen, kritischen Beurteiler stammend und den geschulten Blick des berufsmäßigen Beobachters verratend, ist die Charakteristik Henriette Sontags in den Memoiren des englischen Leibarztes Dr. Granville, eines kunstliebenden und vielgereisten Mannes, der auf der Fahrt nach Petersburg 1827 die Sängerin auf der Bühne des Königlichen Opernhauses sah und hörte. Granvilles Bericht lautet in deutscher Übertragung:

„Aller Augen und Augengläser richteten sich nach der Bühne, mit Ungeduld die Erscheinung dieses Sterns erwartend. Sie war dieser Stern, dieser Komet mit seiner zauberischen Anziehungskraft, Henriette Sontag, die königliche Kammersängerin, die schon vor uns so vielen Reisenden, wie Poeten und Prosaisten, Sonnettisten und Journalisten die Köpfe verdreht hatte. Ihre Schönheit bezauberte mich. Ihr Gesang aber gefiel mir wohl, doch erfüllte er nicht meine Erwartungen. Ich weiß ihr Wesen nicht besser als durch den Ausdruck: „petite mignonne" zu bezeichnen. Ihre Gestalt gleicht der einer Nymphe von Canova und alle ihre Bewegungen sind so reich an himmlischer Anmut und Grazie, daß sie mehr ein schönes Ideal, als ein wirklich körperliches Wesen zu sein scheint. Ihre Füße, Hände, die Lieblichkeit ihres Gesichtes, ihr unaussprechlich reizender Mund, ihre Perlen gleichen Zähne, ihr holdes Lächeln, die Fülle ihres dunkelblonden Haares, sind von einer Schönheit, wie sie die höchste Phantasie sich nicht herrlicher denken kann. Ihre Stimme ist ungemein anmutig, und sie singt mit einer ganz außerordentlichen Leichtigkeit, aber mit allen diesen Vorzügen ist sie doch keine eigentlich große Sängerin. In ihren Verzierungen besonders zeigt sie, daß es ihr an der wahren Methode und Schule fehlt. Den Ausdruck des Erhabenen hat ihr die Natur in ihrer Stimme wie in ihrer Persönlichkeit versagt. Des grandiosen Stils wird Fräulein Sontag sich niemals bemächtigen können. Sie ist ein reizendes Wesen, eine reizende Sängerin, ein reizendes Bijou, aber nichts mehr. Mad. Catalani hat sie auf das treffendste beurteilt, indem sie von ihr sagte: „Elle est la première dans son genre, mais son genre n'est pas le premier." Ich hatte in

ihr eine Cantatrice di primo cartello erwartet und ich fand nur eine anmutige Sängerin."

Urteile wie die von Raumer und Granville müssen dem Theater-
historiker besonders wertvoll sein, weil sie die Kritiker auf einer höheren
Warte als der einer jeweiligen Mode und nicht geblendet von Äußerlichkeiten erweisen. Gegenüber solcher Objektivität, die den Vorzügen gerecht
wird, ohne die Talentgrenzen zu verkennen, vermag eine mürrische Beschreibung der Künstlerin, wie sie der General von Natzmer in einem Briefe
an seine Frau gibt, keinen Wert zu beanspruchen: „Heute soll ich das
Wunder, die Sontag kennen lernen. Ganz unbegreiflich ist es mir, wie
sie so Furore machen kann: klein, kurz, strumplig, mit einem hübschen nichts-
sagenden Gesicht, ohne alle Grazie, aber anspruchslos." Sollte am Ende
dem Briefschreiber die Rücksicht auf eine leicht zur Eifersucht neigende
Gattin — man denke an Schillers für Frau Minna berechnete abfällige
Schilderung der Corona Schröter in dem Briefe an Körner — bei dieser
Beschreibung die Feder geführt haben? [1]

Die Generalintendanz der Hoftheater stand nicht auf der Seite der
Robert und Natzmer, sondern bemühte sich, die Primadonna durch einen
ungewöhnlich glänzenden Kontrakt dauernd an die Königliche Oper zu
fesseln. Man bot ihr jährlich 6000 Taler Gehalt und volle 6 Monate
Urlaub, während die Milder-Hauptmann und die Schulz für die ganze
Spielzeit nur die Hälfte bezogen, ferner eine lebenslängliche Pension von
2500 Talern und ein jährliches Benefiz ohne Abzug der Kosten. Bei
Fahrten zu Hofkonzerten in Potsdam eine vierspännige Equipage und
Zimmer im ersten Hotel, ferner allabendlich zwei Freiplätze im ersten Rang
des Opernhauses. Auch sollte die Künstlerin wöchentlich nur zweimal zum
Auftreten verpflichtet und, ein wichtiger Punkt, die Wahl der Opern
Spontinis, in denen sie singen wollte, ihr überlassen sein. Die Partien
in den Opern des Königlichen Generalmusikdirektors waren nicht mit Unrecht von den Sängerinnen gefürchtet; die Seidler hatte, weil sie den Anstrengungen dieser Rollen, zumal unter der Leitung des Komponisten, sich
nicht gewachsen fühlte, 1826 ihre Entlassung erbeten, die Schechner ein
Engagement aus eben dem Grunde abgelehnt und die Schulz machte, er-

bittert über die Schwierigkeiten, dem Musikgewaltigen auf den Proben mehr als eine heftige Szene. Die Sontag, die ihr erstes und einziges Auftreten in einer Tonschöpfung Spontinis von Wien her nicht in bester Erinnerung behalten, hatte sich seitdem diesem Rollengebiet klüglich fern gehalten und zum großen Ärger Spontinis die Einfügung der oben erwähnten Klausel in dem Kontrakt zur Bedingung gemacht. Auch für die Mutter und Schwester Nina sollte gesorgt sein, indem ersterer ein 5jähriger Kontrakt mit 1900 Talern, eine lebenslängliche Pension von 600 Talern und Nina ein Engagement zunächst probeweise auf ein Jahr zugesichert wurde. Trotz dieser gewiß ungewöhnlich günstigen Bedingungen hat es den Anschein, als ob die Künstlerin niemals ernstlich daran gedacht hat, sich dauernd dem Berliner Opernhause zu verpflichten, sondern daß sie nur, um dem guten alten König nicht als eine Undankbare zu erscheinen und ihren Berliner Verehrern ein Fünkchen Hoffnung auf ein Wiedersehen zu lassen und die nächste künstlerische Zukunft von Mutter und Schwester zu sichern, sich in Verhandlungen eingelassen hat. Vor einem sofortigen Antritt des Engagements schützten sie die bereits in Paris und London eingegangenen Verpflichtungen, denen nachzukommen ihr die Berliner Intendanz natürlich nicht verwehren konnte, und so hatte die Künstlerin mit diesem Vertragsentwurf alle Trümpfe in der Hand, falls sich ihre auf die ausländischen Gastspiele gebauten weitschweifenden Hoffnungen wider Erwarten nicht erfüllen sollten. — Mit der erwähnten Benefizvorstellung am 5. November beendete Henriette ihr Gastspiel am Opernhause.

> „Denn schöner als das schönste deiner Lieder,
> Erklinge uns das Wort: Ich kehre wieder.“

rief Rellstab in seinem Poem der Scheidenden zu. Am Abend ihrer Abreise wurden die Musikkorps sämtlicher Garderegimenter mit Erlaubnis des Monarchen für die Serenade zu Ehren der Sängerin mobil gemacht, und ein Handschreiben Friedrich Wilhelms sowie ein Empfehlungsschreiben an seine Schwester, die Königin der Niederlande, bezeugte dem Liebling noch einmal die volle höfische Gunst. Die alte und junge Sontag-Garde ließ betrübt die Köpfe hängen und schwelgte in Erinnerungen: sie würden niemals ihresgleichen sehen. Natürlich forderte der zur Schau getragene Abschiedsschmerz auch wieder den Satiriker heraus. In den Kaffeehäusern und in den Theaterfoyers ging ein fliegendes Blatt von Hand zu Hand mit einer von dem pseudonymen „Freimund Ohnesorge im Namen der zerknirschten Enthusiasten" frei nach Schiller gereimten „Elegie von den Ufern der Spree 1827":

Düst're Harmonien hör' ich klingen,
Schmerzenslieder hallen an mein Ohr,
Lippen beben, aus dem Auge dringen
Zitternd heiße Tränenströme vor.
Seufzer stöhnen, wunde Hände ringen
Und um Kränze weht der Trauerflor,
Heil'ge Fieberschauer sah ich walten
Unter bleichen, irrenden Gestalten.

Deutsches Volk! Vergebens war dein
Streben,
Es erlosch dein helles Morgenrot,
Stolze Residenz, dein banges Beben
Zeigt Verzweiflung, die im Schmerz dir
droht.
Ach, Berlin, wie dir im Freudenleben
Einen bittern Kelch das Schicksal bot.
Furchtbar dunkelten die hellen Tage,
Ha, gerecht, gerecht ist deine Klage.

Treuer Genius, du tauchtest nieder
Mit der Fackel unser Erdenglück.
Heil'ger Seraph, bringe, bringe wieder
Trost dem wunden Herzen einst zurück.
Tönt noch einmal, tönet süße Lieder,
Lächle, lächle, holder Zauberblick.
Dämmert wieder auf aus grauer Ferne,
Dämmert auf, ihr großen Hoffnungs-
sterne.

Frag' nicht, Fremdling, der zum Glück
erkoren,
Was der Tränen werten Freud' vergällt,
Frag' nicht, ob der Feind an ihren Toren,
Ob des Krieges ehr'ner Würfel fällt,
Nicht, ob Stadt und Vaterland verloren,
Dem geringen Untergang der Welt;
Frage nicht, woher die Schauertöne
Und die Angst der Vaterlandes-Söhne.

Schweigt, o schweigt, o könntet ihr es wähnen,
Wie so heilig diese Zeichen glühn.
Nichts Geringem gilt dies heiße Sehnen,
Diese Flammen, die Verzweiflung sprühn.
Hört, o hört! — laßt fließen eure Tränen,
Eurer Brust der Seufzer letzte fliehn.
Ach es ist — ich sags voll Graus und Bangen —
Sontags Jette jestern abjejanjen.

VII. Kapitel.

Freundschaft und Liebe gehen über diese
Kugel mit verschlossenen Lippen und der innere
Mensch hat keine Zunge.

Berlin, den 8. November 1827.
Am Tage meiner Abreise.   Henriette Sontag.

Die erste Etappe auf der neuen Künstlerfahrt in die Ferne hieß
Weimar. Am 6. November hatte der Olympier dem Berliner Freunde
gedankt, „daß er ihm durch anmutige Relation die Anmut der zierlichen
Sängerin habe vergegenwärtigen wollen." „Mein Ohr ist dessen längst ent=
wöhnt, der Geist aber bleibt für sie empfänglich." Wenige Tage später
wurde Goethe von der Anmeldung seiner wandernden Nachtigall überrascht,
traf, wie sein Tagebuch unterm 12. November vermeldet, Vorbereitung
dazu und durfte in den Nachmittagsstunden an einigen sehr anmutigen
Gesängen Henriettes sein Ohr erfreuen. Sie gab einige Musterstückchen
ihres außerordentlichen Talents, so daß der Meister den Begriff, den er
von der Sängerin hegte, wieder an= und aufgefrischt empfand. Zur
öffentlichen Erscheinung kam die Sontag, wie Goethe an Zelter unterm
21. November vermeldet, diesmal nicht, „durch ein nicht zu entzifferndes
Broulliamini, das aus Versehen, Versäumnis, Unwillen und Intrige ent=
standen". Sie sang jedoch außer in Goethes Hause auch in einer von der
Erbgroßherzogin veranstalteten Matinee unter größtem Beifall. Daß der
greise Dichter der anmutigen Eintagsgästin dauernd eine freundliche Er=
innerung bewahrte, beweist nächst den verschiedentlichen Erwähnungen in
der Korrespondenz mit Zelter sein Wunsch, ein plastisches Andenken an sie
zu besitzen. Der Berliner Bildhauer Professor Ludwig Wilhelm Wichmann,
der zwei äußerst porträtähnlich geratene Büsten von Hegel und der Sontag
im Jahre 1828 verfertigt hatte, erfuhr durch die Gebrüder Tieck von
Goethes Interesse für diese Werke und sandte sie dem Dichter als Geschenk.
Goethe dankte unterm 20. November 1828 für die willkommene Gabe und
räumte beiden Büsten auf seinem Schreibtische eine Stelle ein. Auch eine
andere von Meisterhand geschaffene Büste Henriettes fand sich im folgenden

Jahr im Goethehause ein, die der Dichter wohlgefällig mit den Worten: „Rauch hat mir diese kleine Schönheit zum Geschenk gemacht" einem Besucher vorwies. [1])

Auf der weiteren Fahrt der Primadonna zeigte es sich, daß die Provinz an Begeisterungsfähigkeit hinter der Hauptstadt nicht zurückstand und der Enthusiasmus für die Berliner Nachtigall stellenweise zu ebenso komischen wie strafbaren Ausschreitungen verführte. [2]) So warfen die Göttinger Studenten nach einem Konzert Henriettes den von ihr benutzten Postwagen in die Leine, da nach der Diva niemand mehr würdig schien, ihn zu benutzen. Das Sontagfieber, das die Gefeierte in Frankfurt a./M. erregte, hat in Ludwig Börne seinen klassischen Diagnostiker und Schilderer gefunden. Der für musikalische Genüsse nicht sonderlich empfängliche Publizist stand dem Wundermädchen sehr skeptisch gegenüber und wollte mit seiner scharfen Feder wie mit dem Blitz eines reinigenden Gewitters in das allzu dicht aufsteigende Weihrauchgewölk fahren. Er verspottete denn auch in seinem ursprünglich im Stuttgarter Morgenblatt erschienenen, später in alle Ausgaben von Börnes Werken aufgenommenen Artikel: „Henriette Sontag in Frankfurt" die Exzentrizitäten und Auswüchse der Neugier und Begeisterung, zu denen Henriettes Erscheinen in der Mainstadt und Auftreten im Theater Anlaß gab, ebenso gründlich wie boshaft und witzig, aber nicht nur zwischen den Zeilen liest man, daß die Zauberin auch ihn bezaubert hatte und daß er gegen andere streng und spöttisch wurde, um sich dadurch gegen die eigene Schwäche zu wappnen. Alle bekommen ihr Teil ab, die Redaktion des Fremdenblatts, das die Ankunft der „Königlich Preußischen Kammersängerin mit Gefolge und Dienerschaft" ankündigt, der Wirt des Gasthauses, der bei Henriettes Abreise jede Bezahlung ausgeschlagen, der verrückte Engländer, der das ganze Parterre mieten wollte, der junge Enthusiast, der den achtstündigen Weg von Wiesbaden zu Fuß gemacht und im Stehparterre während der Vorstellung ohnmächtig geworden, das Gros der Theaterbesucher, das stundenlang Spalier gebildet, um den Eintritt gerauft und den Kampfplatz mit verlorenen Schmucksachen, Schleiern, Stöcken und Schirmen besät hatte, endlich die Dichter, die den ganzen Olymp geplündert und alle schmückenden Beiworte

Henriette Sontag

Porträtbüste von Christian Daniel Rauch — Goethe-National-Museum in Weimar

in ihren Huldigungen in Vers und Prosa erschöpft hatten. Aber wie urteilte Börne selber? Er muß zugeben, „daß Fräulein Sontag nicht nur die hochgespannten Erwartungen befriedigt, sondern jede Überwartung übertroffen habe". Er rühmt „die unbeschreiblich bezaubernde Anmut aller ihrer Bewegungen, ihre weibliche Schicklichkeit in scherzhaften Rollen und ihre zugleich gebietende und rührende Hoheit in ernsthaften". Er findet das bekannte Urteil der Catalani, daß Henriette einzig in ihrem Genre, aber ihr Genre klein sei, ungerecht, nachdem er sie als Desdemona gehört hat. „Man vergaß ganz den abgeschmackten Text des Rossinischen Othello, man sah und hörte Shakespeares Desdemona. Sie ist ebenso bewunderungswürdig im einfachen Gesange, der zu dem Herzen spricht, als im verzierten, der nur mit dem Ohre plaudert." Und dann geht voll Begeisterung die Feder mit Börne durch. „Man sah alte Männer weinen" usw., aber schnell klammert er sich an den Felsen der Besonnenheit und macht sich über die Begeisterung der Frankfurter und Darmstädter Kollegen lustig. — Der Artikel erregte insbesondere in Berlin das größte Aufsehen. Kamen bei der Lektüre doch beide Parteien, die Enthusiasten wie die Gegner der Sontag, auf ihre Kosten. Börne hat selbst in seinem „Heringssalat" betitelten 74. Pariser Brief später den Eindruck, den jener Sontag-Artikel in Berlin hervorgerufen, mit humoristischer Übertreibung geschildert. „Ich wohnte in der Stadt Rom. Am zweiten Tage nach meiner Ankunft, morgens zwischen zehn und zwölf Uhr, und 22. bis 24. Grade kamen Robert und Häring zu mir, schwarz gekleidet, in seidenen Strümpfen und überhaupt sehr festlich zubereitet. Ich saß gerade beim Kaffee. Börne! sagte Robert, trinken denn die Geister Kaffee? Darauf sah er Häring an und wartete auf eine günstige Rezension seines Einfalls. Häring aber, der seinen Beifall für sich selbst aufsparen wollte, sprach: „Warum nicht? Im Kaffee ist Geist, schöne Geister begegnen sich, darum trinkt Börne Kaffee." Darauf sagte er: O Börne! Sontag! Göttlich! und fiel mir laut schluchzend um den Hals. Robert aber sprach mit bewegter, doch fester Stimme: Ermannen Sie sich, Referendar: wir wollen gehen, das Volk harrt Ihrer, Börne. Wir gingen. Vor dem Hause begegnete uns ein Mann, wir blieben stehen. Häring sprach: Hofrat! Börne! Der

Hofrat war erstarrt und rief: Börne? Sontag — göttlich! Dann ging er. Nach zehn Schritten kam wieder ein Mann. Robert sprach: Hofrat! Börne! Der Hofrat war erstarrt und rief: Börne? Sontag — göttlich! Etwas weiter begegnete uns wieder einer. Häring sprach: Hofrat! Börne! Der Hofrat war erstarrt und rief: Börne? Sontag — göttlich! So wurde ich unter den Linden vierunddreißig Personen vorgestellt, die alle Hofräte waren."

Seiner Freundin Jeanette Wohl berichtete Börne brieflich schon am 18. Februar 1828: „Mein Aufsatz über die Sontag hat hier Furore gemacht. Wer mich spricht, erzählt mir davon und wer ihn noch nicht gelesen, gibt sich Mühe, ihn herbeizuschaffen."

Während Henriette in Frankfurt alle Huldigungen wohlgefällig aufnahm, weigerte sie sich trotz aller Bitten und Deputationen in Mainz, wo sie im Vorjahre auf der Durchreise von Paris mit der Großmutter gerührtes Wiedersehen gefeiert und den greisen Matthisson durch ihre Stimme entzückt hatte, zu singen. Wie es scheint war sie, weil das Dampfschiff auf dem Main eine Havarie erlitten und übermäßig langen Aufenthalt gehabt hatte, durchfroren und schlechter Laune. Ihre ungnädige Stimmung wurde in den Zeitungen lebhaft erörtert und beklagt. Tante Voß fühlte sich verpflichtet, der Primadonna ein tadelndes: „Mlle. Jettchen, das war unartig" zuzurufen, wogegen die Spenersche Zeitung die Primadonna in Schutz nahm: „Gegen solche Sängerin, die stets artig gewesen war, sollte man doch gelernt haben, artig zu sein."

Während die guten Mainzer sich wohl oder übel mit Henriettes Ungnade abfinden mußten, trug sie der Darmstädter Hofbühne es nicht nach, daß sie einst dem Kinde das Abschiedsbenefiz verweigert hatte und richtete an den Großherzog Ludwig I. unterm 15. November 1827 folgendes Schreiben:

Allerdurchlauchtigster Großherzog, gnädigster Herr!

Bei dem zwar nur kurzem durch meine Eile sehr beschränkten Aufenthalt wage ich es doch, Euerer Königlichen Hoheit meinen Wunsch auszusprechen, der mir bei meiner Durchreise im vorigen Jahre gewordenen gnädigen Aufforderung zu einer Gastrolle, nun Genüge zu leisten, und dessen

Erfüllung sowohl durch die persönliche Verehrung Eurer Königlichen Hoheit, als durch die Anhänglichkeit an den Ort, wo ich meine Kinderjahre verlebt habe, von großem Wert für mich ist, und mir einen Genuß gewähren wird, dem zu entsagen mir im verflossenen Jahre höchst schmerzlich war.

Ehrfurchtsvoll erwarte ich Allerhöchst dero Entschließung, sowie auch Bestimmung der Rolle, und erlaube mir nur den 18. November als den Tag der Aufführung vorzuschlagen, an welchem ich mich glücklich schätzen werde, die tiefe Devotion zu bezeichnen, mit welcher ich die Ehre habe, zu sein

Euerer Königlichen Hoheit

untertänige

Henriette Sontag.

Dem Wunsche wurde sofort entsprochen und am 18. November trat Henriette als Donna Anna auf. Am 27. November kam sie noch einmal von Frankfurt nach Darmstadt herüber und sang die Desdemona in Rossinis Oper. Trotz des ansehnlichen Honorars von 200 Louisdor für die beiden Gastvorstellungen hatte der liberale Großherzog das Abonnement an den beiden Abenden nicht aufgehoben und die wohlfeilen Kassenpreise — der teuerste Platz 1 Gulden — nicht erhöht. Der Andrang der Zuschauer war denn auch ein außerordentlicher. „Nicht nur der große Ruf, sondern, wie es in zeitgenössischen Kritiken heißt, auch die Erinnerung an ihre in Darmstadt verlebten Kinderjahre trug dazu bei, das hiesige Publikum in Enthusiasmus zu versetzen; war sie doch dieselbe Henriette Sontag, die man im Personalstand des Jahres 1811 unter den darstellenden Kindern und bis zum Jahre 1815 in kleinen Rollen auf dem Theaterzettel verzeichnet findet. Das im Verhältnis zu Darmstadts Bevölkerung sonst übermäßig große Opernhaus hatte wenigstens bei der Vorstellung der Oper „Othello" nicht Raum genug, die Zahl der Zuschauer zu fassen." Auch Großherzog Ludwig war von den Leistungen der Künstlerin so entzückt, daß er sie für sein Hoftheater auch um den Preis ungewöhnlicher Geldopfer dauernd zu gewinnen wünschte. Aus Diplomatie und Gefälligkeit für den kunstsinnigen Fürsten hatte die Sängerin bei ihrer Abreise wohl die Möglichkeit eines Engagements nicht ganz in Abrede gestellt, und so sandte denn der Großherzog nach ihrer Ankunft in Paris einen Bevoll-mächtigten in der Person des angesehenen Kaufmanns Louis Cavalli, in dessen Hause sie während ihrer Anwesenheit in Darmstadt Quartier ge-nommen hatte, um den Kontrakt abzuschließen und Henriettes Ver-pflichtungen bei der italienischen Oper zu lösen. Allein in einem ehrfurchts-vollen Schreiben bedauerte die Sängerin, dem Wunsche nicht entsprechen zu können und berief sich „auf die Gründe früher eingegangener Ver-pflichtungen und Dankbarkeit gegen Seine Majestät von Preußen“: „Bei ganz gleicher Verehrung und unbegrenzter Ehrfurcht gestatten meine Ver-hältnisse keine andere Wahl, als meinen in Berlin eingegangenen Ver-pflichtungen Genüge zu leisten.“

Von der Weiterfahrt von Köln aus das Rheinufer entlang zeigte sich die Sängerin in einem humoristischen Briefe an die Freundin Ludolf nicht eben entzückt. „Sehr, sehr oft rief ich zwischen Köln und Nimwegen aus, sah mich aber bescheiden um, ob auch kein Berliner mich hören könnte: „O Sand, Sand, willst Du mich denn ewig verfolgen?“. In Nimwegen wurde das Dampfboot nach Rotterdam bestiegen: „Wasser und wieder Wasser, Brücken, Schiffe, hat mich nicht besonders angesprochen. Im Haag war es anders — man empfing mich mit unendlicher Freundlichkeit, bei den Holländern sonst nicht sehr üblich. Die Briefe vom König ver-fehlten ihre Wirkung nicht. Ich fand in der Königin eine höchst liebens-würdige Dame. Ich mußte gleich den zweiten Tag bei ihr singen, am dritten und vierten bei den Prinzessinnen. Meine Feder ist zu schwach, die unbeschreibliche Huld und Achtung, mit welcher ich aufgenommen wurde, zu schildern, der ganze Hof schwamm in Entzücken.“ Auch von ihrem Besuch in Brüssel durfte Henriette melden: Ich kam, sah und siegte. In Paris wurde sie als Helferin in der Not von der Direktion der Italienischen Oper schon mit Ungeduld erwartet. „Man nennt mich“, scherzt Henriette in der Fortsetzung ihres Reiseberichts, „den neuen Messias“. Fast glaube ich auch, daß ich der Helfershelfer in der Not bin, denn die guten Leute stecken in Schulden und Fatalitäten bis über die Ohren. Ich habe mein liebes Paris noch so gefunden, wie ich es verlassen. Von Unruhen und

dergleichen ist gar keine Rede, alles amüsiert sich und ist guter Dinge.
Von der berühmten Sängerin Madame Pisaroni, von der man so viel
sprach, kann man das Sprichwort anbringen: Viel Geschrei und wenig
Wolle. Sie kommt mir vor wie ein altes Schlachtpferd, das viele Schlachten
mitgemacht hat und sich allenfalls noch dann und wann im Feuer bewegen
kann. Vier gute, sehr tiefe alte Töne, die höheren klingen gequetscht.
Man sagt, sie hätte eine gute Schule. Schule mag sie wohl haben, aber
eine Manier von Anno eins — kurz hat mich nicht angesprochen und
wird mich vielleicht auch nicht ansprechen. Von den übrigen Dulzineen
schweige ich. Mit welcher Sehnsucht habe ich am heiligen Abend Ihrer
gedacht, meine gute Ludolf, und wie traurig habe ich ihn zugebracht. Aus
Verzweiflung bin ich ins Theater Français gegangen, um mich an dem
guten Spiel der Mars zu ergötzen und darin meine Genesung zu suchen,
was mir aber nur halb gelungen ist. Wäre etwas imstande, mich zu er-
heitern, so wäre es das Spiel dieser vortrefflichen Künstlerin gewesen, leider
aber waren meine Gedanken weit, weit von Paris und begegneten sich
immer in den lieben heimlichen Zimmern des lieben, lieben Ehepaares, wo
ich so viele herrliche Stunden verlebt habe, mit den besten Menschen, die
es am redlichsten mit mir gemeint haben. Nehmen Sie, werte Frau, nochmals meinen innigsten Dank für die unaussprechliche Güte und glauben
Sie nur stets, daß Sie sie nicht an eine Unwürdige verschwendet haben.
Nein, nein, mein Herz, das gewiß ohne Arglist oder Haß ist, ist tief durch-
drungen von all dem Lieben und Guten, was ich in Ihrem Hause genossen
habe. . . . Ich lebe seit drei Tagen sehr in Ruhe und Stille, wie ich es
in Berlin mir vorgenommen, alle Woche eine Gesellschaft und zwei Stunden
zum Visitenannehmen, so ist es bereits eingeführt und bleibt auch so.
Meine Gesundheit ist sehr gut und ich hoffe, Gott wird mir seinen Schutz
nicht versagen, denn wo die Not am größten, ist Gott am nächsten. Ach,
wäre ich nur schon aufgetreten, dann wollte ich die ganze Welt auslachen."
Am Neujahrsabend 1828 fand das sehnlich erwartete zweite Pariser Debüt
Henriettes in Rossinis „Othello" statt. „Die Direktion der Italienischen
Oper", schrieb die Theaterzeitschrift Pandora, „konnte ihren Stammgästen
kein angenehmeres Neujahrsgeschenk machen, als indem sie Mlle. Sontag

am erften Tag des Jahres auftreten ließ. Diefe Höflichkeit wurde mit
folcher Begeifterung aufgenommen, daß fünf Minuten nach Kaffenöffnung
man vergebens noch nach einem freien Platz gefucht hätte." Die Wahl
der Rolle der Desdemona (le plus tragique du répertoire italien) für
das erfte Wiederauftreten erfchien übrigens als eine befondere Kühnheit,
da fie den Vergleich mit der Glanzleiftung der Madame Pafta heraus=
forderte. Andere Kritiker zogen Vergleiche zwifchen der deutfchen Sängerin
und der Pifaroni: „Großer Gott, welch Unterfchied zwifchen der Geftalt
und der Stimme der Madame Pifaroni und dem Anmut und dem Gefang
der Mademoifelle Sontag", fchrieb der für Henriette fchwärmende Rezenfent
des „Conftitutionell". Der Vertreter der Partei der Pifaroni im
„Moniteur" dagegen meinte: „Machen wir die Beifallsbezeugungen nicht
zum Maßftab des Talents, denn dasfelbe Parkett, das foeben Madame
Pifaroni zugejubelt hat, weil fie die Zuhörer ergriffen, gerührt und er=
fchüttert hatte, empfing Demoifelle Sontag mit dreimal ftärkerem Applaus
und warum? weil fie kokett ein fanftes Gezwitfcher hören ließ, das man
mit Mühe und Not verftehen konnte, vielleicht auch weil fie hübfch ift."
Das Berliner Konverfationsblatt knüpfte an diefe Kritik mit naivem
Egoismus den frommen Wunfch: „Möchte doch ganz Paris fo urteilen,
möchte fich Dlle. Sontag diefes Urteil zu Herzen nehmen, dann würde
die Sehnfucht nach Berlin fchon wieder laut werden."

Anfang Februar 1828 berichtete die Sängerin fehr zufrieden über
ihre Erfolge den Berliner Freunden: „Unfere frühere Beforgnis wegen
des vielen Singens hat fich nicht beftätigt. Ich finge, wenn ich will. Es
ift wirklich bewunderungswürdig, wie mich das Publikum anbetet. Alle
diefe abgedrofchenen Opern, die fonft nur vor leeren Bänken gefungen
wurden, find jetzt zum Brechen voll. Das ift für mich eigentlich der größte
Triumph. Ich habe nun fchon alle alten Opern heruntergeleiert. Der
„Barbier" ift zu meinem Ärger, denn ich kann die Oper nicht leiden, mein
Triumph. „Afchenbrödel" ift der kleine Liebling des Publikums, „Donna
del Lago" mein Steckenpferd, denn in einem Akt fingt mich die Pifaroni
tot, im anderen ich fie. Wir lieben uns übrigens fehr, denn fie ift eine
vortreffliche Frau und ein fehr großes Talent, vor dem ich allen Refpekt

habe und von dem ich noch viel profitieren will und werde. . . . . Die
Pariser kommen mir in der jetzigen Saison wie Verrückte vor. Alle Tage
3—400 Bälle, Konzerte, Soireen, mich rührt das nicht, ich singe doch
immer in Gedanken, wenn sie mich so quälen, doch teil an all dem Firlefanz
zu nehmen: Bei mir ist Spiel und Tanz vorbei! Das Schlafen ist mir
lieber, ich bin am liebsten allein und halte es meinem Worte getreu: jede
Woche nur eine Einladung." Um die Freundin zu beruhigen, versichert
sie, sehr gut auszusehen und sich sehr wohl zu befinden, aber an einer Stelle
bricht doch das wahre Gefühl durch: „So unendlich angenehm Paris in
so mancher Beziehung für mich ist, so unerträglich ist es mir, diese Leere
nicht ausfüllen zu können, die sich vom ersten Augenblick an meiner be=
mächtigt hat und bis jetzt noch durch nichts, was mein Herz und mein
Gemüt angesprochen, ausgefüllt ist." Trotz aller Huldigungen und Triumphe
und obgleich sie selbst sich einzureden suchte, daß es so am besten sei, kam
das rebellische Herz nicht so leicht darüber hinweg, daß es seine erste Liebes=
hoffnung hatte zu Grabe tragen müssen. Die zweite Abreise nach Paris
hatte Henriettes endgiltige Trennung von dem Grafen Klamm=Galas be=
deutet. Das Liebeskapitel hatte nicht wie in dem Roman Rellstabs mit
dem Segen des gräflichen Vaters und der glücklichen Vereinigung der Ver=
lobten geschlossen. Der wirkliche Eduard wagte nicht, wie sein Abbild im
Roman, Fluch und Enterbung des Vaters zu trotzen. Bei Rellstab er=
scheint der alte Graf Klammheim, als sein Sohn unerschütterlich auf dem
Vorsatz beharrt, die Geliebte als Gattin heimzuführen, incognito zu ihrem
Abschiedskonzert in Berlin und wird von Henriettes Stimme und Anmut
tief gerührt, stellt das Mädchen aber, bevor er seine Einwilligung zur
Heirat gibt, noch auf eine Probe. Ein regierender junger Fürst, berichtet
er ihr, sei bereit, Henriette zu seiner Maitresse zu machen und ihr allen
denkbaren Glanz und Wohlleben zu bieten. Als die Sängerin das An=
gebot entrüstet ausschlägt, verrät der alte Graf, der Fürst sei sogar bereit,
sie zu heiraten und um ihretwillen dem Thron zu entsagen. Henriette
weist auch diese Ehre standhaft zurück. Der Graf schickt darauf ein altes
Faktotum in der Maske eines Pfarrers, der für einen im Schuldturm sitzenden
armen Familienvater die Unterstützung der Sängerin · erbittet. Gerührt

schenkt ihm Henriette einen großen Teil der Einnahme aus ihrem Abschiedskonzert. Durch diese Proben von Standhaftigkeit und Edelmut überwunden, schließt Klammheim das Mädchen als würdige Schwiegertochter
in die Arme. — Einen noch romantischeren Ausgang der Liebesaffäre
zwischen Henriette und ihrem Grafen tischte ein Pariser Blatt seinen
Lesern auf. Hier erklärt der alte Graf, dessen Adelsstolz den Gedanken
an eine bürgerliche Schwiegertochter und Sängerin nicht ertragen kann, auf
die Drohung seines Sohnes, er werde lieber in den Tod gehen als die
Geliebte aufgeben, er, der Vater, würde ihm den Platz räumen und freiwillig aus dem Leben scheiden. Der König von Preußen, Henriettes
Gönner, dem diese Geschichte zu Ohren gekommen sei, habe aber den Vater,
einen seiner treuesten Diener, zu sich rufen lassen und ihm vorgestellt, er,
der König, könne, wenn die Aufführung von Fräulein Sontag untadelhaft
und sogar exemplarisch sei, nichts Entehrendes in einer Ehe des jungen
Grafen mit der Sängerin erblicken, zumal dessen Leidenschaft so gewaltig,
und es auch nicht das erste Mal sei, daß der Erbe eines großen Namens
eine Schauspielerin zu sich erhebe. Doch müsse man beide Liebenden einer
Prüfung unterwerfen, indem man sie trenne und das Mädchen durch allerlei
Verführungskünste auf die Probe stelle. Daraufhin sei das Pariser
Gastspiel Henriettes beschlossen worden, wo es ihr an Anbetern gewiß
nicht gefehlt habe. Bezahlte Spione hätten jeden ihrer Schritte bei Tag
und bei Nacht bewacht, aber sie hätte sich auch nicht die geringste Un-
klugheit und Leichtfertigkeit zuschulden kommen lassen, und deshalb würde
sie voraussichtlich den Lorbeerkranz der Sängerin mit einer Grafenkrone
vertauschen dürfen. — Die Liebhaber eines glücklichen Ausgangs von
Herzensaffären kamen diesmal zwar bei der Lektüre, aber nicht in der Wirklichkeit auf ihre Rechnung. Die aussichtslose Verlobung wurde in aller Stille
gelöst. Aber bald sollte die Sängerin einen Roman in Wirklichkeit erleben, der allen Ansprüchen auf Spannungsreiz und geheimnisvolle Ver-
wickelungen genügte, wie eine Tragödie sich anließ und wie ein Lustspiel
schloß: Ende gut, alles gut!

* * *

In einem Briefe Henriettes an den Juſtizrat Ludolf im März 1828 heißt es u. a.: „Bald ſoll ich nun das berühmte London ſehen. Wäre ich nur ſchon drüben. Es iſt mir doch ganz kurios zu Mute, wenn ich an das Meer denke. Iſt das nicht kindiſch? Allein der Jude ſagt: Das Waſſer hat keine Balken und er hat wirklich recht. Um recht viel Ge= winn zu haben, muß ich in dieſen ſauren Apfel beißen und das andere Gott überlaſſen, ob er mich als eine reiche Perſon wird zurückkehren laſſen.“ Henriette war im Gegenſatz zu ihrer Mutter von jeher eine gute Wirt= ſchafterin geweſen, und ihr bei der Seehandlung in Berlin deponiertes Kapital belief ſich ſchon bei ihrer zweiten Abreiſe nach Paris auf etwa zweimal hunderttauſend Mark. „Ich habe“, heißt es in dem Briefe an Ludolf weiter, „die Direktion der Seehandlung davon avertiert, daß ich die Intereſſen immer zu dem Kapital ſchlagen will, ſo wächſt es ohne mein Wiſſen und es macht ſtets eine gleiche Rechnung. Was meine Verwandten nötig haben, wird ſehr wenig ausmachen, da meine Schweſter Gott ſei Dank ſchon ſehr gut verſorgt iſt und es mit der Mutter gewiß auch eine andere Wendung nehmen wird.“ Mit dem liebenden Auge der Schweſter hatte Henriette die Entfaltung der jugendlichen Mädchenknoſpe verfolgt und zu einer Überſchätzung ihres zarten Talents ſich ſtets geneigt gezeigt. In einem Briefe an die Prager Freundin heißt es einmal: „Schweſter Anna (Nina) iſt wie eine Tanne gewachſen und bildhübſch, ſie ſchnappt mir einen Anbeter nach dem anderen ab, beſonders die Alten, die habens darauf angelegt. Sie iſt erſtaunlich ernſt und geſetzt, für ihr Alter ſehr auffallend. Auch heißt ſie nie anders als Herr Profeſſor, faſt in halb Berlin bekommt ſie den Namen. Auch viel Talent zum Singen hat ſie, ich gebe ihr jetzt Unterricht im Singen. Die Zerline, Ännchen im Freiſchütz, Pagen im Figaro ſingt ſie ſchon recht artig, ich hoffe, es ſoll einmal etwas werden.“ Von Intereſſe iſt als das Urteil eines erfahrenen Theaterdirektors die Notiz Klingemanns in ſeinem handſchriftlich erhaltenen Tagebuch vom Oktober 1825: „Die jüngere Sontag (Nina) ſpielte eine Liebhaberin, iſt aber noch nicht reif und ſteht zwiſchen Kind und Jungfrau, gerade auf dem Indifferenzpunkte. Das Mädchen verſpricht jedoch recht viel.“ Warum die junge Künſtlerin während ihrer Tätigkeit neben der berühmten Schweſter am Königstädtischen Theater nicht recht zur Geltung kam, hat Rellstab richtig erkannt und treffend geschildert:

„Dlle. Nina Sontag hat zum hauptsächlichsten Gegner ihren Namen, da das Publikum sich gewöhnt hat, daran den Gedanken einer außerordentlichen Erscheinung zu knüpfen und sich daher mit einem angenehmen Talent nicht genügen lassen will."

Vermutlich hätte Nina gut daran getan, jedem Vergleich mit der Schwester auszuweichen und nur nach den Lorbeeren der Schauspielerin zu streben. Ihre ganze Erscheinung und ihr Charakter scheint sie für naiv-sentimentale Rollen prädestiniert zu haben. Der Erstaufführung von Goethes „Geschwistern" im Königstädtischen Theater verhalf sie als „Marianne" in erster Linie zu dem erfreulichen Erfolg, den Zelter dem Weimarer Freunde melden durfte. Zelter hatte sich „gleich sehr an dem gefälligen Stoff als an dem allerliebsten Spiel der artigen Nina Sontag von Herzen ergötzt".

Ninas Engagement war am 19. Februar 1828 auf 5 Jahre mit einem Gehalt von 500 Reichstalern, vom zweiten Jahr ab jährlich um 50 Taler steigend, perfekt geworden. Der Intendant selber erklärte schriftlich, daß er den besten Willen für das junge artige Talent habe und ihm förderlich sein wolle, wo es die Umstände irgend gestatten. Indessen brachte schon der erste Schritt auf dem neuen Boden dem jungen, harmlosen Mädchen, das eine sozusagen instinktive Scheu hegte, in der Öffentlichkeit besonders beachtet zu werden, eine bittere Kränkung, deren Urheber wieder der alte Gegner der Familie Sontag, Saphir, war. Aus Geschäftspolitik hatte er, wie wir sahen, nach seinem ersten mißglückten Vorstoß gegen Henriette, 1826, pater peccavi gesagt und sich nicht nur aller Angriffe enthalten, sondern nach der Rückkehr der Sängerin aus Paris sogar verkündet: „Sie hat an Kraft und Tiefe gewonnen und singt die Bertha im „Schnee" jetzt mit einer Innigkeit und Zartheit, die jeder Beschreibung spottet." Auch über ihre Mitwirkung in einem Kirchenkonzert in Haydns Schöpfung urteilte die „Schnellpost": „Man kann seine Aufgabe nicht besser lösen als Demoiselle Sontag", und ihr Vortrag einer Arie aus der „Donna del Lago" in einem Konzert im Dezember 1826 wurde als eine

Leistung bezeichnet, „die unstreitig den Preis des Abends verdiente". Es kam auch zu einer gesellschaftlichen Annäherung zwischen Kritiker und Primadonna und der Friede schien völlig hergestellt, als Henriette in einem Konzert ihres Kollegen Spitzeder Gedichte Saphirs zum Vortrag brachte. Der geriebene Journalist verfolgte mit diesem plötzlichen Frontwechsel weit- schauende Pläne. Indem er in der „Schnellpost" die Lieblingssängerin des Monarchen lobte, wollte er einem neuen Unternehmen günstigen Boden bereiten. Am 18. November 1826 richtete Saphir nämlich an den König die Bitte, ihm für 15 Jahre das Privileg für ein neues Tageblatt nach Pariser Muster „die Journaliere" zu erteilen, wurde indessen abschlägig beschieden, da es für den literarischen Teil eines solchen Blattes kein Monopol gebe, die Aufnahme von Inseraten aber ein Privilegium der alten Intelligenzblätter sei und im übrigen gar kein Grund vorliege, einem fremden Staatsangehörigen ein ausschließliches so gewinnbringendes Recht einzuräumen. Ohne sich um diesen abschlägigen Bescheid, den der Ver- fasser vielleicht garnicht anders erwartet hatte, zu bekümmern, ließ Saphir frohgemut die Ankündigung seines neuen Zeitungsunternehmens unter dem Titel „Berliner Courier" in die Welt gehen. Den Inhalt des jeden Morgen mit Ausnahme des Sonntags in der Stärke von ein viertel Bogen erscheinenden Blattes sollten an erster Stelle „Notizen über die am Vor- abend stattgefundenen Darstellungen aller Theater, wie der „Courier des theatres" in Paris" bilden. Kurios erscheint uns heute die siebente Nummer seines Programms: „Meldung der seiner Zeit im Botanischen Garten in Blüte stehenden merkwürdigen Pflanzen." Der findige Spekulant hatte sich in seiner Erwartung, daß das theaterliebende Berlin das neue Unternehmen, das von der Schwerfälligkeit und Gründlichkeit der Bericht- erstattung der alten Intelligenzblätter sich vorteilhaft zu unterscheiden ver- sprach, unterstützen würde, nicht getäuscht. In seiner Eingabe an den Minister des Innern vom 14. Dezember 1826 konnte Saphir bereits darauf hinweisen, daß hohe und höchste Personen zu den Pränumeranten des neuen Blattes zählten, das der „Berliner Courier, ein Morgenblatt für Theater, Mode, Eleganz, Stadtleben und Lokalität" heißen solle. Die Genehmigung zur Herausgabe wurde indessen verweigert. Prompt legte

Saphir acht Tage später ein neues Programm mit völligem Ausschluß alles Politischen und Religiösen vor und betonte seine unerschütterliche Loyalität. Der Minister hatte bei der Vorlage des ursprünglichen Programms insbesondere an der geplanten „Chronik der Privat- und Familienverhältnisse" und der Rubrik „Lügenecke" Anstand genommen, „da in einer Zeitschrift von Lügen die Rede nicht sein könne." Da der Hinweis auf die höchsten Pränumeranten vermutlich unter der Hand von einflußreicher Seite unterstützt wurde, so ließ die Behörde durch die beweglichen Klagen des Journalisten, er habe bereits kostspielige Vorbereitungen für das neue Unternehmen getroffen, die im Falle der Versagung der Publikationserlaubnis seinen wirtschaftlichen Ruin herbeiführen würden, sich endlich erweichen und Berlin war Anfang 1827 um ein neues Blatt reicher. Gewissermaßen um die Existenzberechtigung desselben zu erweisen und die Sensationslüsternen zu ködern, schlug der Berliner Courier schon im ersten Monat eine weit schärfere Tonart als die Schnellpost an.

Mit besonders gemischten Empfindungen sah der Zensor Friedrich Ernst August Langbein, dessen Schmerzenskind die „Schnellpost" seit einem Jahre war, dem neuen Unternehmen Saphirs entgegen. Der siebzigjährige greise Schriftsteller, der längst nichts mehr von den derben Schwänken und pikanten Erzählungen seiner literarischen Frühzeit wissen wollte, hatte, seitdem das Sontagfieber die Gemüter erhitzte, einen schweren Stand. Zuletzt hatte er am 4. Januar 1827 im Instanzenwege einen Rüffel bekommen, weil er einen für die schöne Sängerin beleidigenden Aufsatz in der Zeitschrift „Der Freimütige" hatte durchgehen lassen. „Des Königs Majestät", wurde ihm vom Minister Schuckmann bedeutet, „habe doch bereits im vorigen Jahre befohlen, daß die Kammersängerin Sontag in den hiesigen Zeitschriften nicht angegriffen werden solle." Angesichts der vom Berliner Courier ihm drohenden verstärkten Gefahr richtete der alte Mann an den Präsidenten des Ober-Zensur-Kollegiums Geheimrat von Raumer die nachstehende bewegliche Bitte:

Ew. Exzellenz kennen den scharfen und oft bitteren Ton, der unter M. G. Saphirs Redaktion erscheinenden Schnellpost für Literatur, Theater und Geselligkeit. Beinahe jedes Stück enthält Stellen oder ganze Aufsätze, bei welchen der Zensor in Verlegenheit ist, ob er sein Imprimatur erteilen oder versagen soll.

In dieser ängstlichen Lage befand ich mich seit dem Anfange des vorigen Jahres, und es war längst mein Wunsch, mich daraus befreit zu sehen. Die für mich aus der Zensur der Schnellpost schon mehrmals entsprungenen und täglich drohenden Unannehmlichkeiten stehen in keinem Verhältnis mit der geringen, kaum 10 Taler im ganzen Jahre betragenden Vergütung eines so schwierigen und mit beständiger Unruhe verbundenen Geschäfts.

Da sich nun überdies die Zeitschriften, deren Zensur mir obliegt, seit dem 1. Januar dieses Jahres mit vier neuen vermehrten, und bisweilen in dem kurzen Zeitraum einer Stunde die Hälfte der gesamten Blätter zur Zensur kommt und schnell, weil die Pressen darauf warten, abgefertigt sein will: so wird es mir fast unmöglich, die Schnellpost, die mit so vieler Aufmerksamkeit gelesen werden muß, länger unter meiner Aufsicht zu haben. Dieser Umstand nötigt mich besonders zu dem gehorsamen Gesuch:

daß Ew. Exzellenz die Gnade haben, mich von der Zensur der Schnellpost frei zu machen und auch für den „Berliner Courier", den Saphir nächstens herausgeben will, einen anderen Zensor zu bestimmen.

Im vollen Vertrauen auf gnädige Gewährung unterzeichne ich mich mit tiefster Ehrerbietung

Berlin, Unter den Linden Nr. 49,
        am 11. Januar 1827.

                    August Friedrich Ernst Langbein.

Dem Ersuchen wurde stattgegeben und der „Schnellpost" und dem „Courier" ein neuer Zensor in der Person des Regierungsrats Grano, der sich früher in den Tagen der Demagogenverfolgung durch besondere Strenge und Eifer hervorgetan hatte, bestellt, aber auch jetzt hörten die Beschwerden nicht auf. Am 11. März reichten die Leiter des Königstädtischen Theaters ein umfangreiches Schutzgesuch gegen Saphir direkt beim König ein. Dem Angreifer wurden darin die niedrigsten gewinn-

süchtigen Motive unterschoben. Wenn man, erklärten die Beschwerde=
führer, dem Saphir 5—600 Reichstaler Sold jährlich anböte, würde er
sie verschonen, doch halte die Direktion eine derartige Bestechung unter ihrer
Würde. Beschwerden beim Zensurkollegium hätten nicht genützt, der
Pamphletist sei nur immer dreister geworden. Friedrich Wilhelm resolvierte
kurz, „die Eingabe durch Abstellung der Ausfälle des Journalisten Saphir
zu erledigen und den Zensor zu verstärkter Strenge anzuhalten". Auf
diesen Bescheid replizierte der Herausgeber des „Courier" am 13. März
in einem Beschwerdebrief an das Oberzensurkollegium: „Als Redakteur
zweier auf Scherz und harmloser Laune gegründeten Blätter müßte ich
in die peinlichste Lage geraten, ja am Ende der Gefahr ausgesetzt sein,
brotlos zu werden, wenn eine zu weit getriebene Ängstlichkeit mit einer ins
Unendliche gehenden Grübelei den Flug des Spaßes hemmte und in der
beziehungslosesten Satyre ein Verbrechen suchte." Der federgewandte
Witzbold, der nie um eine Antwort und Ausrede verlegen war, wurde
einem hohen Kollegium ersichtlich unbequemer als alle anderen Berliner
Zeitungsschreiber, und so machte Präsident von Raumer am 31. März 1827
einen Versuch von nicht mißzuverstehender Deutlichkeit, den rastlosen
Störenfried aus seinem Amtsbereich zu entfernen:

„Der Oberzensor an den Königlichen Oberpräsidenten
von Brandenburg!

Des Saphir Persönlichkeit und Lebensgeschichte ist weder mir
noch dem Kollegio bekannt. Ist er ein von irgend einer Seite
achtbarer Gelehrter, der nebenher diese Blätter schreibt, so stellt sich
die Sache ihm günstiger. Ist er aber wegen ähnlichen Mutwillens als
der, welcher er jetzo gerügt wird, aus seinem Vaterlande vertrieben und
treibt er hier zu seines Lebens Unterhalt einen großen Detailhandel
mit mutwilligen, hämischen, frechen, beleidigenden Witzen zur Ver=
klagung der Ehre von Privatpersonen und zum verderbenden Unter=
gang jenes Theaters, das doch immer dem Publikum mehr Freude
und Nutzen bringt als sein Geschreibe, so scheint mir die Sache ganz
aus dem Zensur=Ressort und also ganz aus des Königlichen Oberzensur=
Kollegii und meinem Bereich auszuscheiden und sich als eine Frage

der hochlöblichen Polizei zu gestalten. In diesem Falle scheint mir ein solcher aus dem Auslande vertriebener, dem preußischen Staate fremder Mann nicht etwa ein achtbarer Gelehrter, sondern eine mit Witz Handel treibende Person, ein Analogon eines Vagabunden oder bei der Härte des Ausdrucks doch ein solcher Fremdling zu sein, welchen die Regierung das Recht hat zu befragen, womit er sich redlich zu ernähren gedenke und welchem sie in Ermangelung eines Ausweises hierüber die Befugnis hat, das Consilium abeundi zu geben und auf die Befolgung eines guten Rates zu wachen und zu halten."

Die Anregung wurde, wie es scheint, an die höchste Stelle weitergegeben, denn in einer umfangreichen, sehr charakteristischen Immediateingabe setzte der Minister des Innern dem Monarchen am 3. Juni 1827 auseinander, warum die Anwendung von Gewaltmaßregeln gegen das journalistische enfant terrible ein zweischneidiges Schwert sein würde:

"An des Königs Majestät.

In Gemäßheit des Allerhöchsten Kabinettsbefehls vom 17. v. M. habe ich das Ober-Zensur-Kollegium gemessenst angewiesen, den Zensor der von dem Journalisten Saphir herausgegebenen Zeitschriften zu verstärkter Aufmerksamkeit und Strenge anzuhalten, damit der Petulanz, womit dieser Journalist fortfährt, die Ehre und den guten Namen anderer zu kränken und wodurch insbesondere der Direktion des Königstädtischen Theater-Aktien-Vereins zu begründeten Beschwerden Anlaß gegeben worden ist, endlich Einhalt geschehe.

Seit dem Empfange E. K. M. Ordre vom 5. April v. J., wegen der der Sängerin Henriette Sontag von dem Saphir in seinen Flugschriften vielfach zugefügten persönlichen Ehrenkränkungen, habe ich mich aller derjenigen Maßregeln bedient, welche mir wirksam geschienen, das unverkennbare Bestreben dieses Journalisten, durch seinen Witz anderen wehe zu tun und ihren guten Namen zu verletzen, nach Gebühr zu zügeln. Es sind zu diesem Ende nicht allein an das Ober-Zensur-Kollegium, sondern auch an den Saphir geschärfte, ihn mit dem Verbot der Herausgabe seiner Zeitschriften bedrohende Verfügungen erlassen, und damit nicht Unaufmerksamkeit oder unzeitige Nachsicht die Er-

reichung des Zweckes vereiteln möchten, ist für seine Flugschriften ein
anderer Zensor bestellt, dem mehr Vorsicht und Strenge zugetraut
werden darf. Alle Bemühungen, diesen mutwilligen und verfolgungs=
süchtigen Journalisten dadurch in den Schranken der Diskretion und
Anständigkeit zu erhalten, sind aber, wie die tägliche Erfahrung lehrt,
bis jetzt vergebens gewesen, und ich glaube mir von den neuesten
Verfügungen keinen befriedigenderen Erfolg versprechen zu dürfen, als
von den früher erlassenen. Denn der Saphir fühlt gar wohl, daß bei
der Gehaltlosigkeit der öffentlichen Blätter, welche er herausgibt,
eigentlich nur die Persönlichkeiten, welche mit beißendem Witz und
höhnischer Satyre eingemischt werden, diesen Blättern einen gewissen
Reiz für das Publikum beilegen können. Durch stete Erneuerung
dieses Reizes muß er, in Ermangelung anderer Befriedigungsmittel,
seinen Schreibereien die Abnahme zu sichern suchen. Da er nur um
des Gewinnes willen schreibt, so ist ihm nichts heilig, sobald es darauf
ankommt, den Ertrag seiner journalistischen Unternehmung, wovon er
— völlig vermögenslos — den Unterhalt genießt, zu steigern. Seine
große Schlauheit setzt ihn dabei in den Stand, die giftigen Ausfälle
auf die Ehre und den Ruf derer, die sein frecher Witz zur Zielscheibe
erwählt, für den von manchen individuellen Verhältnissen nicht Unter=
richteten zu verlarven. Wieviel Sorgfalt also auch immer von dem
Zensor angewendet werden mag, so ist doch in der Tat nicht zu er=
warten, daß derselbe allen Unziemlichkeiten, die der Saphir einmischt,
auf die Spur komme und nicht vielmehr gar vieles übersehen sollte,
was von dem Zensor unerkannt, für andere kränkend ist. Wer dürfte
sich auch einen so hohen Grad von Umsicht und Aufmerksamkeit zu=
trauen, daß die Verschlagenheit eines rücksichtslos nach verletzenden
Spöttereien jagenden, in diesem seinen Gewerbe seit Jahren routinierten
Zeitschriftstellers ihn nicht häufig zu täuschen vermöchte?

Von anderen Beweggründen abgesehen, habe ich die seitherigen
wiederholten Bewerbungen des Saphir, dem als ausländischen Juden
bis jetzt nur der temporäre Aufenthalt hier verstattet wird, um die Er=
teilung staatsbürgerlicher Rechte, damit er festen Fuß fassen könne,

hauptsächlich auch deshalb unberücksichtigt gelassen, weil es mir not=
wendig scheint, diesen ebenso ränkevollen als dreisten Journalisten stets
in der Hand zu behalten, denn mit der Aufnahme in den Untertanen=
verband würde man sich des einzigen Mittels, wodurch seiner Zügel=
losigkeit am Ende Schranken zu setzen sein dürfte, nämlich der Befugnis,
ihm die Erlaubnis zum längeren Aufenthalt zu versagen, begeben.

Eure Königliche Majestät bitte ich ehrfurchtsvoll, mich allergnädigst
in dieser Befugnis gegen den Saphir im voraus zu sichern, wenn er
zu begründeten Beschwerden über mutwillige oder boshafte Ver=
unglimpfung von Individuen oder Anstalten, der jetzt neuerdings ge=
troffenen Vorkehrungen ungeachtet, noch ferner Anlaß geben möchte.

Ihn mit dieser äußersten Maßregel zu bedrohen habe ich An=
stand genommen, weil er sich dadurch bewogen finden würde, sich des
Übertritts zum Christentum als einer Schutzwehr gegen die Austreibung
aus Eurer Königlichen Majestät Staaten zu bedienen. Wie sich bisher
sein Charakter gezeigt hat, dürfte er der Blasphemie, die in einer
solchen erheuchelten Bekehrung liegt, wohl nicht scheuen. Bei dem über=
aus schlechten Ruf, welcher diesem Journalisten aus den österreichischen
Staaten hierher nachgefolgt ist und den er auch bereits hier hinlänglich
bewährt hat, würde aber der christlichen Kirche ebenso wenig daran
liegen können, an ihm ein neues Mitglied zu erwerben, als dem
preußischen Staate ihn als Untertanen zu besitzen. Im Gegenteil
scheint mir die Ehre des Staates zu erfordern, daß dieser eingedrungene
Fremde, welcher auf eine so freche Weise die Ruhe und Zufriedenheit
unbescholtener Leute zu trüben strebt, fortgeschafft werde, sobald seine
Besserung nicht weiter zu hoffen ist.

von Schuckmann.“

Inzwischen hatte sich dem Chor der Beschwerdeführer auch Karl
von Holtei zugesellt, der wegen einer angeblichen „Verschwörung Saphirs
gegen die königlichen Bühnen“ und wegen schwerer Ehrbeleidigung den
Staatsanwalt ex officio gegen den alten Gegner mobil machen wollte, aber
auf den Weg der Privatklage verwiesen wurde. Der König entschied im

Einverständnis mit den Darlegungen seines Ministers am 15. Juni, daß Saphir, falls erneut Beschwerden über ihn einliefen, die Erlaubnis längeren Aufenthalts versagt werden solle. Erneute Verteidigung und unterwürfige Bitte des Journalisten: man könne ihn unmöglich bestrafen, denn jeder seiner Sätze habe ja die Zensur passiert. Im übrigen sei er die Stütze seiner alten hilflosen Eltern, die mit ihm brotlos würden. Die Logik des ersten Einwandes ließ sich nicht abstreiten und auch das Argumentum ad hominem mochte zutreffend sein. So versuchte man denn, den Hecht im journalistischen Karpfenteich auf einem Umwege zu fangen und grub zu diesem Zwecke eine alte Verfügung vom 28. Oktober 1819 aus, laut welcher die Kritik in den Zeitungen vor der dritten Aufführung eines Stückes verboten sein sollte, ein ebenso naives wie brutales Mittel, durch das Intendant Graf Brühl unbequemen Journalisten einen Maulkorb anlegen und auch der wertlosesten Novität der Königlichen Bühnen eine gewisse Lebensdauer sichern wollte. Saphirs Erfolg beruhte nun hauptsächlich auf der Schnelligkeit seiner Berichterstattung bereits am Morgen nach der Aufführung. Er fühlte sich also durch die Neubelebung dieses Verbots in seinem vitalsten Interesse verletzt und fand diesmal in der Person des Prinzen Karl von Preußen, der ein eifriger Leser seiner Zeitschriften war, einen hohen Fürsprecher für seine am 7. Dezember bei der Majestät eingereichte Klage über Bedrückung. Die Zensur behandle ihn übermäßig streng, die harmlosesten Sätze, Anekdoten und Notizen würden ihm von Grano gestrichen, während Langbein beispielsweise dem „Freimütigen" scharfe ehrbeleidigende Angriffe gegen ihn (der Kaperadmiral Moses Saphir sei nach Leipzig in See gestochen, um sich taufen zu lassen), durchgelassen habe. Auch brächten die „Estafette" und andere Blätter gleichfalls Besprechungen von Erstaufführungen, die von Angriffen auf den Hofkapellmeister Spontini und die Schauspieler wimmelten. Der Gerechtigkeitssinn des Königs konnte sich der Berechtigung dieser geschickt angebrachten Klage nicht entziehen und in einer Kabinetsorder vom 12. Dezember an Minister Schuckmann gab der Monarch seinem Tadel Ausdruck, daß in der Zensur der Blätter des Suplikanten und der seiner Gegner keineswegs diejenige Gleichförmigkeit beobachtet werde, welche die Unparteilichkeit fordert und

daß die Zensur der „Estafette" und dem „Freimütigen" manches aufzu=
nehmen erlaubt habe, was unstreitig nicht hätte durchgehen sollen. Was
das dem Saphir erteilte Verbot der Beurteilung der Premieren anlange,
so stelle es der Monarch dem Minister anheim, dasselbe zu belassen oder
abzuändern, jedenfalls dürfe aber auch hierin eine Zeitschrift vor der anderen
nichts voraus haben. Saphir wurde in diesem Sinne beschieden, erlebte
aber die Genugtuung, daß sein Quälgeist Grano auch zum Zensor der
„Estafette" und des „Freimütigen" bestimmt wurde. Kein Wunder bei
Saphirs Charakter, daß er durch den halben Erfolg immer wieder dreister
wurde und nicht nur das Verbot der Besprechung von Erstaufführungen
in einer Bekanntmachung in der „Schnellpost" vom 25. Februar 1828 zu
glossieren wagte („Dieses Gesetz schließt lobende Rezensionen nicht mit ein;
daher kommt es, daß manche Blätter, bloß um es gleich zu besprechen, es
lobend erwähnen. Ich erkläre aber hiermit, daß ich von einem solchen
Privilegium laudandi keinen Gebrauch zu machen gesonnen bin und daher
die erste Vorstellung nur sehr selten werde besprechen können."), sondern auch
der Versuchung nicht länger widerstand, sich neuerdings mit Henriette Sontag
oder richtiger mit dem Kultus, der auch in der Provinz mit ihr getrieben
wurde, satirisch auseinanderzusetzen. Daß Saphir eine von ihm gegründete
literarische Vereinigung „Der Sonntagsgesellschaft" taufte, um jeden Ver=
dacht einer Patenschaft Henriettes zu vermeiden, wurde als des Witzbolds
würdige Geschmacklosigkeit belächelt. Auch seine Glossen über den kunst=
begeisterten Konditor in Aschaffenburg, der die Göttliche in halber Lebens=
größe in Marzipan gegossen, und über den Geistergruß an Henriette, den
ein verzückter rheinischer Eremit gesandt, nahm man nicht tragisch, zumal
Saphir nach seiner bekannten Methode dann und wann auch Schmeichel=
haftes, angebliche Bonmots Henriettes und Proben von schlagfertiger
Konversation, die sie in den Pariser Salons abgelegt, mitteilte. Anfang 1828
wagte er sich weiter hervor mit der Erklärung: „Erlauben Sie, ich bin
nicht nur kein Enthusiast für Dlle. Sontag, sondern gar kein Enthusiast",
und mit einem Angriff auf die Berliner Journale, die den Pariser
Blättern lediglich die Lobeshymnen auf die deutsche Sängerin, aber nicht
die kritischen Einwendungen entnähmen, und am 3. März 1828 führte er den

boshaften Streich gegen die harmlose jüngere Schwester und überraschte die Leser des „Courier" durch folgendes Gedicht:

Um daß die Anmut sich der Muse paare,
Nahst du dich mit dem Reize der Chariten.
Gewinnst die Seelen mit der Schönheit Blüten,
Erringend zu der Anmut auch das Wahre.
Holdselig zeigst du uns das ewig Klare
Ein schönes Bild verbunden uns zu bieten
Und vor Gemeinem stets uns zu behüten
Reichst du die Kunst uns dar, die wunderbare.

Im schönen Hause ist es schön verklungen,
Ringsum verbreitest du dein göttlich Walten.
O, mög es tief aus deiner Brust gedrungen,
Nur zu dem Hohen, Höchsten sich gestalten;
In einem Kranze schwesterlich gehalten,
Ein Künstlerleben stets sich Dir entfalten! . . . .

Bedeutete diese überraschende, überschwengliche Huldigung für die sonst kaum beachtete oder nur getadelte junge Künstlerin eine plötzliche Bekehrung des gefürchteten Kritikers oder einen für die höchste Stelle berechneten Loyalitätsbeweis? Oder steckte irgend eine Teufelei dahinter? Die Theaterenthusiasten brauchten sich nicht lange die Köpfe zu zerbrechen, der boshafte Witzbold half ihnen selber auf die Sprünge, und das Lobgedicht entpuppte sich als eine arge Persiflage, denn seine Anfangsbuchstaben ergaben das Akrostichon: Ungeheure Ironie. Fast gleichzeitig hatte Saphir sein Sündenregister noch um einen zweiten Posten bereichert, in Form eines hanebüchenen Angriffs auf ein Mitglied des französischen Schauspiels, Mr. Francisque, weil dieser seinen Namen in einem Extempore abfällig genannt hatte. In wenigen Zeilen jagten sich die Injurien wie „Unverschämtheit eines fahrenden Komödianten, Frechheit, Lumpigkeit, unflätiges Gesindel, Schmutz und Kot solcher Kerle, von denen die Direktion die Bretter reinigen müsse."

Kein Geringerer als der König selber nahm sich der beleidigten Künstler an und richtete am 31. März an das Polizeipräsidium den Befehl, Saphir auf einige Tage in Arrest in die Hausvogtei wegen polizeiwidrigen

Unfugs abzuführen. Als strafbare Handlung wurde der Angriff gegen den französischen Schauspieler bezeichnet, gegen das Akrostichon ließ sich polizeilicherseits nichts machen. Aber Saphir fühlte selber sehr gut, daß die Verspottung der Nina Sontag die eigentliche Ursache der allerhöchsten Ungnade und seiner Bestrafung bildete. Alle Bitten und Hinweise, daß er von dem Schauspieler schwer gereizt worden sei und sich nur seiner Haut gewehrt habe, und daß das Gedicht auf Nina als ein harmloser Scherz aufgefaßt werden müsse, halfen nichts. Er mußte viermal 24 Stunden in der Stadtvogtei absitzen. Eine gewisse Genugtuung bereitete ihm dabei freilich der Umstand, daß auch sein Gegner Francisque sein beleidigendes Extempore mit Arrest büßen mußte. Der Schlaukopf sah ein, daß er diesmal zu weit gegangen, und daß der Name Sontag für ihn Tabu bleiben müsse, wollte er anders es mit Friedrich Wilhelm dem Gerechten nicht völlig verderben. Er richtete daher nach seiner Entlassung an den König ein de- und wehmütiges Schreiben:

Allerdurchlauchtigster großmächtigster König!
Allergnädigster König und Herr!

Die Strafe, welche Eure Majestät über mich zu verhängen geruheten und von welcher ich sie nur allzuwohl verdient zu haben, das quälende Bewußtsein habe, hat wenn auch schmerzlich doch wohltätig und heilsam auf mich gewirkt.

Tief habe ich das vernichtende Gefühl empfunden, den allerhöchsten Unwillen Eurer Majestät auf mich gezogen zu haben und mehr als die Strafe hat mich dieser tötliche Gedanke zerstört und gemartert.

Mit demütigem und reuevollem Herzen flehe ich Euer Majestät unerschöpfliche Quelle von Milde und Großmut an.

Daß Eure Majestät huldreichst geruhen mögen:

Nach der verhängten Bestrafung meines Vergehens auch das Andenken daran und den aus demselben hervorgegangenen allerhöchsten Unwillen allergnädigst erlöschen zu lassen. So wie die ewige allwaltende und barmherzige Vorsehung nach der Bestrafung der Verirrten dieselben wieder aufnimmt in das Reich der himmlischen Gnade, so schöpfe ich aus dem erhabenen, großmütigen und frommgerechten

Herrscherfinn Euer Majestät den belebenden Troft, daß Euer Majestät mir für die Zukunft wieder allerhöchst Dero beglückende Gnade angedeihen zu laffen geruhen werden, da ich nur in dem glorreichen Schutze Euer Majestät und in dem fegensreichen Lichte allerhöchst Dero milden und hochherzigen Gerechtigkeit hier lebe, wirke und gedeihe.

> In tieffter Submiffion erfterbe ich
> Euer Königlichen Majestät
> alleruntertänigfter
>
> M. G. Saphir,
> Redakteur der Berliner Schnellpost
> und des Berliner Courier.

Berlin, den 12. April 1828.

Trotz diefer dem Monarchen gegenüber zur Schau getragenen Reue war Saphir auf fein Sonett geradezu ftolz und der Ausdruck „Ungeheure Ironie" blieb in den nächften Jahren fein Lieblings- und Lofungswort, das er bei jeder paffenden und unpaffenden Gelegenheit zitierte, gleichfam um die Erinnerung an feinen Streich nicht einfchlafen zu laffen. Hatte ihm doch diefer zwar die Unannehmlichkeit der Haftftrafe, aber auch eine ganz unfchätzbare Reklame und die Gelegenheit verfchafft, mit feinen literarifchen Gegnern im damaligen Berlin in ausgiebigfter Weife in Brofchürenform abzurechnen. Die dem Königftädtifchen Theater mehr oder weniger nahestehenden Literaten, Herausgeber und Mitarbeiter der von Saphir oft angegriffenen Konkurrenzblätter „Eftafette", „Gefellfchafter" und „Literarifches Konverfationsblatt" glaubten nach dem Sontag-Francisque-Standal es ihrer Ehre fchuldig zu fein, in Form einer Kollektiverklärung in der Preffe öffentlich von Saphir abzurücken, nachdem man unter der Hand fchon feit einer guten Weile fich bemüht hatte, ihn zu ifolieren, wie eine Stelle aus Ludwig Börnes Brief an feine Freundin Frau Wohl vom 24. Februar 1828 beweift: „Den Saphir habe ich befucht, ganz im Geheimen. Diefer Menfch ift hier fo allgemein verhaßt und verachtet, daß man mich gewarnt hat, mich öffentlich mit ihm fehen zu laffen. Ich habe ihn aber nicht vorübergehen wollen, weil er mich in Frankfurt auch befucht hat."

In einem Pamphlet in Broschürenform, das Saphir, um die Berliner Zensur zu umgehen, in Hamburg erscheinen ließ: „Der eiserne Abschiedsbrief oder Abdikationsakte eines gepeinigten und geprällten Rezensenten und Märtyrers der Wahrheit; nebst einem Generalpardon an alle Schauspieler und Künstler, Sänger und Sängerinnen, an Hunde, Affen, Wölfe und an alle vier- und zweibeinigen Künstler aller Hof-, National- und Provinzialbühnen Deutschlands", hatte er die Kollegen und die Leute des Königstädtischen Theaters noch ausgiebiger gereizt als mit den fortwährenden Nadelstichen in seinen Zeitschriften. Sein Maß war jetzt voll. Im April rückte das literarische Rütli Angely, Cosmar, Dielitz, Friedrich Förster, Baron Fouqué, Gubitz, Alexis-Häring, Baron Lichtenstein, Rellstab, Ludwig Robert, Tietz und Adalbert vom Thale mit drei Erklärungen im „Bemerker" zu Gubitz „Gesellschafter" heraus, um das Tischtuch zwischen sich und dem unbequemen ausländischen Kollegen vor aller Welt zu zerschneiden. Der umfangreichste Artikel, der „M. G. Saphir und Berlin" betitelt (30. April) und nur von Gubitz, Fouqué und Alexis unterzeichnet ist, bildet durch seinen programmatischen Charakter einen noch heute beachtenswerten Beitrag zur Geschichte der literarischen Kritik und ihrer angeblichen Verrohung, so daß er in seinen hauptsächlichsten Teilen die Wiedergabe verdient:

„Als der nachherige Redakteur der Schnellpost M. G. Saphir nach Berlin kam, war sein literarischer Ruf völlig unbekannt. Das Gerücht, daß er eines Wortspieles wegen aus Wien verbannt worden, erregte das Mitleid. Er wollte das Opfer von Theater-Kabalen, ein Märtyrer der Wahrheit sein. Auch seine Klage, daß die Verhältnisse der österreichischen Staaten zu denen Norddeutschlands den Verkehr so erschwerten, daß er zu seiner Verwunderung nicht einmal seinen Namen hier bekannt finde, konnte nur dazu beitragen, die gastfreundliche Teilnahme der Literaturfreunde Berlins für ihn zu erregen. Dazu kam noch ein brillantes Talent für Wortwitz, welches er anfangs in unschuldigen Kreisen spielen ließ. Man suchte ihn zu unterstützen; man zeigte sich teilnehmend für ihn, als er seine Existenz durch ein neues Journal zu sichern versuchte. Er kann Beiträge und freundschaftliche Versicherungen angesehener Literatoren aufweisen. Andere lehnten von Anfang an jede Teilnahme an diesem Journale ab, indem sie aus einzelnen Aufsätzen des Redakteurs ersahen, daß die literarische Bildung durch die Kräfte dieses witzigen Mannes nicht weiter gefördert werden könnte. Diese Verweigerung wurde von ihm nicht vergessen. Indessen verfolgte man von vielen Seiten mit Vergnügen die Fortschritte des Journals, indem auch die, welche unmittelbare Unterstützung abgelehnt, darin eine muntere Lebenskraft erblickten. Privatverbindungen, gesellige Rücksichten hatten hie und da die Kritik eingelullt. Es trat jemand auf, der keck heraussagte, was man allgemein dachte, aber Scheu trug, drucken zu lassen. Es ließ sich verteidigen, daß in einer großen Stadt die Dinge einmal lediglich aus dem Standpunkte des Witzes und Scherzes betrachtet würden. — Die Leidenschaftlichkeit, mit der Hr. Saphir den Schauspieler Hrn. Angely verfolgte, machte zuerst über seine Gesinnung stutzig. Das persönliche Motiv wurde bekannt, ist aber so, daß man selbst Anstand nimmt, es in öffentlichen Blättern zu drucken. Persönliche Angriffe derart waren bis dahin fremd in Berlin. Er fuhr, als er sah, daß dies die Aufmerksamkeit reizte, darin fort und ließ sich bestimmen, zur nächsten Zielscheibe seines alles Gute an ihm vernichtenden Witzes das Königstädtische Theater zu wählen. Darauf kam seine bekannte Verfolgung der gefeierten Henriette Sontag. Die Angriffe auf Schauspieler und Dichter wechselten mit denen auf die Direktoren. . . . . Kann ihm gleich kein schlimmeres Motiv vorgeworfen werden, als vielen englischen Journalisten: durch beißenden Tadel seiner Zeitschrift Leser und Käufer zu verschaffen, so ließ ihn doch eine wunderbarer Weise damit verbundene Leidenschaftlichkeit nicht einmal das Maß der Klugheit finden. Er lobt nicht einmal mitunter, um seinem Tadel Glauben zu verschaffen. Er verfolgt seine Gegner sprüchwörtlich bis aufs Blut. . . . . Empörend ist es, daß diese gehässigen Verfolgungen bis ins Heiligtum der Familien dringen, wie er denn neulich die Feindschaft gegen die Sängerin Sontag so weit getrieben, daß die harmlose Schwester derselben bei ihrem Debüt mit einem Spottgedicht von ihm begrüßt wurde. Selbst Familienfeste wurden der Gegenstand der öffentlichen Satire. Man braucht nur wenige Nummern seiner Zeitschriften hintereinander zu lesen, um eine bis dahin unerhörte

Art, mit der Wahrheit umzugehen, kennen zu lernen. In der Kunst durch Herausreißung einzelner Stellen aus dem Zusammenhang das Gediegenste sinnlos und lächerlich darzustellen, ist ihm eine eigene Fertigkeit nicht abzusprechen. Was man, weil die Unwahrheit zu sehr in die Augen fällt, in Berlin nicht aussprechen mag, wird in auswärtige Blätter als Korrespondenz gesandt. . . . . Die Tageskritik ist in die Hände solcher gefallen, die nichts zu verlieren haben. Es gibt keine Waffen für diesen Streit; es gibt keine Kampfbahn; es gibt keine Gegner, die man treffen kann. So gilt selbst die Verteidigung für nicht ehrbar. Es ist eine literarische Ochlokratie, ärger als je die politische in Athen, Florenz und und Paris. . . . . Das Unwesen wird sein Ende nehmen; das ist gewiß. Die Zeiten der zügellosesten Preßfrechheit in Paris und London haben keinen ähnlichen literarischen Schmutz aufgerührt. Wie aber wird ein Sittengemälde von Berlin einst diese Periode bezeichnen, wie urteilt der unterrichtete Ausländer von der Hauptstadt des intellektuell gebildeten Deutschlands? Schon jetzt lächelt der Wiener über uns. Schon jetzt fragen uns Ausländer: wie ist es möglich, daß jemand bei Ihnen ungefährdet eine Art Ton angeben darf, jemand, der außer einem beißenden Wortwitz keine Eigenschaft besitzt, welche ihn literarisch so aufzutreten berechtigte? Wie dulden Berlins Literatoren jemand unter sich, dessen Kritik nur zu deutlich eine Tendenz verrät, welcher persönliche Ehre und Achtung unterliegen; wie Jemanden, dessen Existenz darauf begründet ist, daß er immer neue Opfer finden muß; einen Kritiker, der nur durch die bittere Satire lebt; wie endlich jemanden, der, wiewohl selbst dieses Glaubens, wiewohl er ihre Tempel besucht, keine Gelegenheit vorüberläßt, seine jüdischen Glaubensgenossen zum beliebten Gegenstand seines Spottes und seiner Satire zu wählen?"

Die schlechtverhehlte Absicht der Denunziation, die in den letzten Sätzen hervortritt, mochte schon damals auch diejenigen verstimmen, die mit dem übrigen Inhalt der Erklärung des Literatenbundes einverstanden waren. Andererseits sind die Menschen aus einem tiefeingewurzelten Gefühl heraus in der Regel gern geneigt, für den von einer Übermacht angegriffenen Einzelnen Partei zu nehmen. Von angesehenen Berliner Blättern trat denn auch der „Freimütige" in diesem Handel offen auf die Seite Saphirs: „Glaubten die Verbündeten durch ihre Anzahl zu der Überzeugung zu führen, daß sie Organe des Publikums seien, so irrten sie. Das Publikum ist stets für Herrn Saphir gewesen, die ungewöhnliche Menge seiner Pränumeranden beweiset dies unwiderleglich." Im übrigen wußte der Angegriffene auch ohne Sukkurs sich seiner Haut zu wehren. In zwei weiteren, rasch aufeinanderfolgenden Broschüren parierte er nicht nur die Hiebe, sondern übergoß die Gubitz und Genossen mit der Lauge der Ironie und des boshaftesten Spottes, indem er ihre literarischen Qualitäten als höchst fadenscheinig und fragwürdig hinstellte, ihre Legitimation, im Namen der Gesamtheit der Schriftsteller zu sprechen, bestritt und es auch nicht verschmähte, nach antikem Muster Dolche und Schwerter unter sie zu werfen, d. h. durch Enthüllungen und Anspielungen Mißtrauen zwischen den Verbündeten zu erwecken. Die vier Auflagen, die die bemerkenswerteste dieser Streitschriften: „Der getötete und dennoch lebende Saphir oder 13 Bühnendichter und ein Taschenspieler gegen einen einzelnen Redakteur. Ein Schwank voll Wahrheiten in phlegmatischer Laune erzählt", (Berlin 1828) erlebte, bewiesen, daß der Witzbold die Lacher auf seine Seite zu bringen wußte.[3]) Die Behörden mischten sich diesmal in das Literatengezänk nicht ein; weder die Akten des Polizeipräsidiums noch die des Ministeriums wurden um neue Blätter pro und contra Saphir bereichert. Dagegen fühlte sich der Syndikus des Königstädtischen Theaters bemüßigt, den Kritiker vor die Schranken zu fordern. Saphir hatte den Herrn Justizkommissionsrat in Form eines fingierten Inserats im Berliner Courier neuerdings angezapft und unliebsam an seine kostspielige Sontagexpedition erinnert:

„Reiseangelegenheit.

Jemand, der eine Reise macht, um Sängerinnen zu engagieren, sucht einen Koch, einen Sekretär, einen Kammerdiener und sonst lebenslustige Menschen. Geld ist genug da! Die Reise geht von Berlin über Turin, Mailand und Prag nach Leipzig und Dresden." Die Handhabe zur gerichtlichen Verfolgung bot Kunowsky indessen Saphirs Beschäftigung mit seiner Person in einer Kritik der zweiten Broschüre Henochs, der inzwischen mit seinem Busenfreunde Bethmann zerfallen war und ihn wegen 925 Taler Schulden, die aus einer Kursdifferenz in Königstädter Theater-aktien entstanden waren, in Leipzig ohne Gnade in Wechselarrest hatte sperren lassen. Kunowsky verlangte wie früher Holtei ein amtliches Ein-schreiten des Staatsanwalts gegen den Beleidiger, wurde aber abgewiesen und erzielte nun vor dem Zivilgericht die Verurteilung seines Gegners zu drei Monaten Gefängnis. Das war ein Schlag, der Saphirs schlimmste Befürchtungen übertraf: drei Monate Haft des Redakteurs, auf dessen zwei Augen das Schicksal der beiden Blätter allein ruhte, mußte den Ruin bedeuten. Auch spürte der an heitere Geselligkeit, häuslichen Komfort und Tafelgenüsse gewöhnte Lebemann Zeit seines Lebens für die Tätigkeit eines Sitzredakteurs und noch dazu in dem schmutzigen Stadtvogtei-Ge-fängnis, nichts weniger als Neigung. Er setzte denn auch alle Hebel in Bewegung, um Nachlaß oder wenigstens Milderung der Strafe zu er-zielen. Besonders nach dem letzten Sontag-Skandal hatte er keine Ge-legenheit vorübergehen lassen, dem Monarchen seine Loyalität zu bezeugen, zur Geburt eines Enkels gratuliert, schwulstige Lobgedichte auf die Porträt-büste der Fürstin von Liegnitz und die glückliche Entbindung der Gemahlin seines Gönners, die Prinzessin Karl veröffentlicht, und als aus später zu schilderndem peinlichen Anlaß Henriettes Name wieder einmal in aller Munde und in allen Zeitungsspalten war, die Zurückhaltung und den Takt, den er im Gegensatz zu anderen Blättern betätigte, im „Courier“ in bengalischer Beleuchtung gezeigt: „Die Vossische Zeitung hat, solange Mlle. Sontag in Berlin war, dieselbe mit Weihrauch und Lobhudelei summa cum laude überschüttet und ihren förmlichen Champion gemacht. Bloß der „Courier“ und die „Schnellpost“ haben sich dem lächerlichen Enthusiasmus derb entgegengestemmt, dafür waren aber auch „Courier“ und „Schnellpost“ zwei Stockbösewichter, wie es keine mehr gab. Aber:

Verwandlung!

Die Szene spielt in Paris! — Ein Jahr später! — Die Vossische Zeitung sucht aus allen Pariser Blättern die nachteiligsten, die zwei-deutigsten, die ihre persönliche Ehre am meisten verletzenden heraus, um sie ihren Lesern mitzuteilen. Der „Courier“ und die „Schnellpost“

schweigen aber gänzlich, ohne die günstige Gelegenheit zu benutzen; und glaube mir, lieber Leser, sie verschlucken manchen Witz, und das will viel sagen. Nun frag ich mit Goethe:

„Ihr sagt ich? Wie? Was? Wer?

Grad heraus, meine Herren, wer ist der Bär?“

Saphir glaubte daher wohl nicht mit Unrecht, bei Friedrich Wilhelm einen Stein im Brett zu haben und richtete am 4. April 1829 an den Monarchen ein im blumigsten orientalischen Stil abgefaßtes, von Ergebenheitsbeteuerungen und faustdicken Lügen triefendes Gesuch, „um einen Tropfen Gnade aus dem großen überschwenglichen Gnadenmeere, welches den Thron heilbringend umflutet.“ Seine Existenz sei auf der Existenz seiner Zeitschriften basiert, die durch monatelange Haft des Redakteurs zugrunde gerichtet würden. Seine Gesundheit erfordere tägliche Bewegung, er stehe überdies auf dem Wendepunkte seines ewigen und zeitlichen Heils, seines inneren und äußeren Ichs, seines irdischen und himmlischen Seins. „Seit beinahe einem Jahre genieße ich den Unterricht der geistlichen Lehre bei dem Herrn Oberkonsistorialrat Theremin und bald sehe ich meinem Übertritt in den Schoß der christlichen Kirche entgegen. Die hierzu erforderliche Gemütsruhe und Gemütsläuterung, sowie der klare Seelenfrieden, den eine so heilige Vorbereitung bedarf, würde durch ein solches Dazwischenkommen getrübt und zerstört werden.

Nach diesen ersten und wichtigsten Seelengeschäften bin ich eben jetzt im Begriffe, ein heiliges Band zu knüpfen und durch das Glück der Ehe mein sonst farbloses Leben zu schmücken. Auch diesen heißen Wunsch würde die Vollstreckung eines solchen allgemein auffallenden beispiellos harten Strafurteils unwiederbringlich zerstören.“

In Wahrheit trat er erst nach mehreren Jahren in München zum Christentum über und in Hymens Bande ließ er sich zeit seines Lebens nicht schlagen, wenn er auch seiner natürlichen Tochter ein zärtlicher Vater war. — Der skrupellose Bittsteller erreichte gleichwohl seinen Zweck; nicht nur der König, sondern auch der Justizminister ließen sich durch die Bitten und Versprechungen erweichen: Die drei Monate Gefängnis wurden in eine Geldstrafe von 20 Reichstalern oder 14 Tagen Haft umgewandelt.

Saphir bezahlte mit tausend Freuden, aber er mochte doch fühlen, daß er die Langmut und Gnade des Monarchen nicht nochmals auf die Probe stellen dürfe und daß seines Bleibens in Berlin nicht länger mehr sei. So ließ er die ältere von seinen beiden Zeitschriften mit einer schwungvollen wortreichen Erklärung, die Schnellpost habe ihren Dienst getan und dürfe in die Remise geschoben werden, eingehen und vertraute den Courier seinem in boshaften Witzen erfolgreich mit ihm wetteifernden „Generaladjutanten" Eduard Öttinger an, der das Blatt bis Ende Januar 1830 redigierte. Saphir selbst begab sich schon im Hochsommer 1829 auf Reisen ins südliche Deutschland und knüpfte in Stuttgart und München erfolgreich neue redaktionelle Verbindungen an. Seinem etwaigen Bedürfnis nach einem guten Abgang von Berlin kam der Zufall zu Hilfe; er konnte sich im Juli 1829 durch eine „heroische" Tat auszeichnen, indem er bei einem Ausflug nach der Pfaueninsel eine in die Havel gefallene Dienstmagd angeblich mit eigener Lebensgefahr vom Tode des Ertrinkens rettete. Den von seinem Verleger im Berliner Courier angeblich hinter seinem Rücken im Namen der Zeugen gewesenen Ausflügler veröffentlichten Dank wies er mit gut gespielter Bescheidenheit in der nächsten Nummer zurück.⁴)

VIII. Kapitel.

Tu fais l'homme, o douleur!
Oui, l'homme tout entier.

Lamartine.

Henriette hatte, als das Akrostichon die Gemüter ihrer Berliner Freunde erregte, das Klügste getan, was sie tun konnte, nämlich geschwiegen, und Saphir mit Verachtung gestraft. Gleichwohl sah sie ein, daß das Berliner Hoftheater nicht der rechte Wirkungskreis für ihre Schwester sei, und bewirkte am 20. Oktober 1828 durch ein direktes Gesuch beim König Nina einen Urlaub auf unbestimmte Zeit mit Fortzahlung der Gage, vorläufig bis zum 1. Januar 1830. „Nina", schreibt sie der Ludolf, die den Verlust der anmutigen Hausgenossin lebhaft bedauerte, „wäre in Berlin nie vorwärts gekommen. Sie ist zu schüchtern und hat zu wenig Selbstvertrauen, um aus sich herauszutreten. Ihre Stimme sowohl wie ihre musikalischen Anlagen habe ich genau prüfen lassen, und ich hoffe, mit der Zeit sollen sie ihr noch goldene Früchte tragen." Von Berlin reiste das junge Mädchen zu seiner Mutter nach Aachen, wo Heinrich Levin Beth- mann seit November 1827 das Direktionsszepter führte und die von ihm geschätzte Künstlerin sofort für das Fach der Heldinnen, tragischen Lieb- haberinnen und Anstandsdamen verpflichtet hatte.

Henriette weilte seit Anfang April 1828 in London. „Wie un- endlich weit", schreibt sie der mütterlichen Vertrauten in Berlin, „hat mich mein Schicksal meinen Freunden schon entrückt, über Länder und Meere — mein letzter Wunsch ist nun auch vom lieben Gott erfüllt worden, ich habe London gesehen, gebe er mir nur noch ferner Kraft, mein angefangenes Unternehmen siegreich zu vollenden, damit ich bald wieder in die Arme meiner innig geliebten Freunde zurückkehren kann . . . Denke ich an das Wiedersehen, so treten mir unwillkürlich die Tränen in die Augen. Ich selbst bereitete mir mit der höchsten Wonne mein jetziges Schicksal, und nun denke ich immerwährend an ein noch besseres. Eigentlich bin ich un- dankbar, denn es geht mir doch sehr gut, alles trägt mich auf den Händen. Nicht mein Talent allein — nein, meine Persönlichkeit achten die guten Engländer so hoch, und darin, liebe Ludolf, kennen Sie meine Gesinnung zu genau, um nicht zu wissen, daß mir das über alles in der Welt geht. Ich habe nun schon 5 mal den abgedroschenen Barbier vor immer über- fülltem Hause gesungen und 2 mal die Donna Anna, das gab der Sache den Ausschlag, denn Mozart wird hier vergöttert. Ungeheurer Beifall ward mir zuteil. Eine Üppigkeit, ein Reichtum herrscht hier bis auf die kleinsten Kleinigkeiten. Die Pracht der Equipagen, der himmlischen Pferde, die Eleganz der Dienerschaft, von all dem haben wir auf dem Kontinent gar keinen Begriff. Alles haben die guten Engländer, nur keine Sonne, d. h. die Sonne scheint wohl zuweilen, aber es ist nicht der helle schöne Strahl, die angenehme Wärme, sondern z. B. heute eine so drückende un- angenehme Schwüle, die alle Nerven krampfhaft abspannt. Ich begreife, da ich jetzt das Klima kenne, sehr gut, daß so viele Engländer an dem sogenannten Spleen leiden. Fast muß ich fürchten, daß ich ihn auch be- komme, denn ich leide jetzt oft an übler Laune und verdrießlichen Gedanken —

alles das abscheuliche Klima." Daß die Schreiberin in der Schilderung ihres gesellschaftlichen und künstlerischen Erfolges nicht übertreibt, ist uns durch mehr als ein Zeugnis bewiesen. Vor allem durch den Bericht eines ungenannten Korrespondenten an Goethe, den dieser am 2. Mai 1828 an Zelter „für den Freund der Dlle. Sontag" weitersandte: „Von der Mlle. Sontag spricht alt und jung. Man kann sie weder in Berlin noch Paris besser aufgenommen haben, als in London. Sicherlich nimmt sie von hier eine gute Börse mit. Eine solche Fertigkeit und Geläufigkeit im Singen hat man hier noch nicht gehört. Ich sah sie auftreten und werde es nie bereuen. Doch da alle Blätter von dem Gesange der Sontag reden, setze ich nur etwas hinzu. Es war der französische Gesandte Fürst Polignac, welcher sie beim Herzog von Devonshire einführte, wo (Königl. Personen ausgenommen) die hiesige große Welt sie zuerst kennen lernte. Zu einem Balle desselben Herzogs wurde auch die Sontag eingeladen, und sie tanzte dort mit besonderer Grazie; alle Personen schienen sich glücklich zu schätzen, welche mit ihr einige Worte sprechen konnten. Dies ist eine Distinktion in London ohne Beispiel. Morgen ist großer Zirkel (oder drawingroom) bei Hofe: man glaubt, daß die ganze hohe glänzende Versammlung abends in die Oper gehen wird, um die Sontag als Susanne abermals im „Barbiere di Seviglia" zu hören. Wenn der König, wie nicht zu be- zweifeln ist, sie auch einen Abend in der Oper hören will, so wird es wegen des unermeßlichen Gedränges nicht ohne Gefahr ablaufen." Ein- gehend beschäftigt sich auch Moscheles in seinem Londoner Tagebuch mit Henriettes Aufenthalt. „Durch sie wurde vom 3. April, dem Tage ihrer Ankunft an, unendlich viel Schönes und Liebes genossen. Das reizende junge Mädchen war, abgesehen von ihrem Talent, die freundlichste, liebens- würdigste Erscheinung. Frei von Anmaßung oder Laune kam und ging sie ein und aus. Ja, wenn sie so an unserem häuslichen Tische sitzt, so vergessen wir es ganz, daß London in größter Spannung ihrem Debut entgegensieht. Nie fiel ein Schatten über eine ihrer Londoner Vorstellungen. Der Andrang im Parterre der Oper, wo das Billett nur eine halbe Guinee kostet, war so groß, daß Herren ohne Rockschöße, Damen ohne Coiffüre zu ihren Sitzen gelangten. Daß der Herzog von Devonshire

Fräulein Sontag zu seinem Balle lud und sogar mit ihr tanzte, machte damals großes Aufsehen. Das reizende junge Mädchen trug an diesem Abend ein sehr durchsichtiges weißes Kreppkleid, dem der Besatz echter Goldborten ein klassisches Ansehen verlieh. Gehoben wurde ihre anmutige Erscheinung noch durch das reiche Goldgeschmeide in den Haaren und um den feinmodellierten Hals und die vollkommen schönen Arme und Hände." Unterm 19. Juli berichtet Moscheles von der durch ihn vermittelten Bekanntschaft Henriettes mit Walter Scott. Der berühmte Schriftsteller war entzückt, die Sängerin zu treffen, und sie, die eben in der Donna del Lago*) auftreten sollte, hielt es für ein Glück, mit dem jugendlichen Greise bekannt zu werden. Er war ganz Ohr und ganz Auge, als sie ihn über ihr Kostüm als Schottin befragte. Er beschrieb ihr jede Falte des Plaids mit der ihm eigenen Genauigkeit. Scott war auch der Spender von Henriettes englischem Stammbuch, in das sich der Dichter unter dem Motto: „Forget me not" als erster eintrug, und das sich dann bald mit den schmeichelhaftesten poetischen und prosaischen Huldigungen von 2 Herzögen, 4 Herzoginnen, 87 Baronen, 23 Lords, 43 englischen Musikgrößen und zahlreichen anderen Vertretern der Aristokratie des Geistes und der Geburt füllte. Von den damals über die Sontag erschienenen Artikeln in der Londoner Presse ist der in „Le Furet de Londres" veröffentlichte und von der Spenerschen Zeitung am 6. Mai 1828 übernommene beachtenswert, weil als sein Verfasser Rossini genannt wird, was wegen der ins Einzelne gehende sachverständigen exakten Schilderung in der Tat nicht unwahrscheinlich ist. Der Maestro rühmt Henriettes schöne Mundbewegung beim Singen und ihr 2½ Oktaven umfassendes, vom tiefen a bis zum zweigestrichenen d reichendes Register. „In den Variationen am Schluß des „Aschenbrödel" geht sie gerade in chromatischem Gange die Tonleiter hinauf und hinunter, hält dann mehrere Takte lang eine Note aus und alles dieses, ohne dazwischen Atem zu nehmen. Welche gewaltige Stimmkraft!" Freilich kann auch dieser so günstige Kritiker nicht verhehlen, daß die Kopfstimme auf Kosten des Brusttons gepflegt erscheine, ein Mangel, der andere Sach-

---

*) Dem Libretto liegt bekanntlich Scotts gleichnamige epische Dichtung zugrunde.

verständige sogar zu einem sehr absprechenden Urteil über Henriettes Gesamt-
leistung kommen ließ. „Als Mlle. Sontag“, heißt es im „Globe“ im
Juni 1828, „vor anderthalb Jahren unter dem Beifallstosen eines galanten
und schmeichlerischen Parterres von Paris schied, hätten wir gewünscht,
daß sie, statt unter dem bewölkten Himmel ihres Vaterlandes den Wiederhall
des Pariser Triumphgeschreis zu suchen, bescheiden ihre Schritte nach Italien
gelenkt hätte. Dort würde sie noch, sei es in Mailand, sei es in Neapel,
einige von den alten Inhabern der reinen Lehre, Musiker wie Crescenti
gefunden haben. Dort würde sie Musikliebhaber gefunden haben, wie
Herrn Perruchini aus Venedig, durch deren Ratschläge belehrt, sie bald
eingesehen hätte, daß ihr Talent sich auf die gebrechlichste Grundlage stützt:
auf die Nachahmung; daß sie ihre Studien mit dem angefangen habe,
womit sie dieselben hätte beendigen sollen, mit den Schwierigkeiten, während
ihr die Elemente fast unbekannt waren.“ Und der Kritiker kommt zu dem
Schluß: Ein Erfordernis wird Dlle. Sontag immer fehlen, um sich mit
Erfolg in der opera seria zu zeigen, selbst wenn durch Studium ihr Talent
entschiedener und besser ausgebildet werden sollte. Das ist die Mittel-
stimme. Die Töne ihrer ersten Oktave sind durchaus klanglos und ohne
Metall.“ Der ungenannte Rezensent, in dessen Tadel ein zweifellos be-
rechtigter Kern steckt, scheint zu den fanatischen Anhängern des Dogmas
von der allein seligmachenden Schule im Lande des bel canto selbst gehört
zu haben. Vielleicht steckte auch die Pasta dahinter, die am 29. Mai den
von Henriette als absurd empfundenen Versuch machte, neben Desdemona-
Sontag den Othello zu singen. Bei Henriettes letztem Auftreten als
Amenaide am 24. Juni erschien die Italienerin gleichfalls in der Titelrolle
als Tancred. Erwähnenswert ist, daß Henriette gelegentlich des Benefizes
des Sängers Velutti am 17. Juli ihr Repertoire um eine Neuheit be-
reicherte, Meyerbeers Oper Il crociato in Egitto. Ihre Haupttriumphe feierte
sie indessen in ihren bekannten alten Rollen: Rosine, Aschenbrödel, Helena.
Die englische Gesellschaft nicht nur, sondern auch Musikkenner wie Moscheles
und der alte Clementi sahen nur das Lichtvolle in den Leistungen der
schönen Sängerin, die auch, was den materiellen Erfolg ihres Londoner
Aufenthalts anbetraf, mit voller Befriedigung aus der Themsestadt hätte

scheiden dürfen. Äußerlich bot sie auch in der Tat nicht nur auf der Bühne, sondern selbst den Augen ihrer Freunde und Bekannten, wie des Berliner Ehepaars Marchand, das sie in London besuchte, ein Bild des Glückes und der Zufriedenheit, aber in Wahrheit lasteten düstere Sorgen auf ihrem Gemüt, und in einem Briefe vom 11. Juli 1828, den Henriettes alter Anbeter Lord Clamwilliam der Andree nach Prag überbrachte, ertönt der Qualschrei eines gepreßten Herzens: „Ihre Freundin, meine gute Andree, ist nicht glücklich, mein Stern hat mich auf einige Zeit verlassen, vielleicht — geht er mir nie wieder auf. Man hat mich hier mit der größten Auszeichnung aufgenommen, ich habe meinen jahrelang gehegten Wunsch völlig befriedigt gefunden, denn der größte success wurde mir als Künstlerin in London zu teil. Wie wäre es aber möglich, daß Lorbeeren einen Herzenskummer überwiegen, und das ist es, meine gute Andree, was mich stumpf und kalt gegen jedes andere Gefühl macht. Sollte die rächende Nemesis jetzt an mir ihr Schärflein (so!) kühlen wollen, daß ich stets kalt gegen jedes Gefühl war und kein Mitleid für alle die Herzen empfand, will sie die Pfeilspitze gegen mich wenden, einen Gegenstand zu lieben, zu verehren — wo das grausame Schicksal dazwischen tritt — und mir einen anderen Platz anweist, mit der Bemerkung „Du stehst zu tief unter ihm — und vermagst Dich niemals zu ihm zu erheben". Wie hart ist doch der Unterschied der Stände, liebe Andree, in meinem Leben fühlte ich es nie so tief als gerade jetzt. — Wäre ich nicht die, die ich bin, um die mich viele Menschen oft schon beneidet haben, dann könnte ich Ihnen in Jahren vielleicht einmal schreiben: „Andree ich bin die — glücklichste — meines Geschlechts, — so aber — verzichte ich von heute an auf mein künftiges Glück."

Henriette wußte, daß ihr Geheimnis bei der Adressatin gut aufgehoben war, daß die mütterliche Freundin taktvoll den Schleier nicht eher zu heben versuchen würde, als bis es der Briefschreiberin gefallen würde, ihn selber zu lüften. Die Gerüchte, daß das Herz der Sängerin von mehr als einer Seite während ihres Pariser und Londoner Aufenthalts bestürmt worden, waren vermutlich auch bis nach Prag gedrungen, und der Überbringer dieses Briefes war persönlich aus bester Quelle unterrichtet. Er wußte, daß Charles Beriot, der Pariser Geigenkönig, von der Erscheinung und Stimme der jungen Deutschen bezaubert, ihr Herz und Hand geboten hatte, und daß auch der eine oder andere der jungen Aristokraten, die im Gefolge der Sängerin erschienen, sich glücklich geschätzt hätte, mit ihr vor den Altar treten zu dürfen. Ja man munkelte sogar, daß eine Herzogs= und eine Fürstenkrone, deren Träger der Herzog von Devonshire und der Globe= trotter Fürst Hermann von Pückler=Muskau waren, bereit seien, sich auf die blonden Flechten herunterzulassen. Die Wahrheit freilich erriet niemand. Man wußte nur, daß die spröde Schöne auch ernsthaft gemeinte Anträge freundlich, aber bestimmt mit dem Bemerken, daß sie vorläufig nur ihrer Kunst leben wolle, abgewiesen hatte. Wie Henriette in dem schon erwähnten Briefe berichtet, hatte ihre Gesundheit unter den Gemütsbewegungen und den Anstrengungen der Londoner Saison sehr gelitten. Sie begab sich deshalb am 27. Juli zum Gebrauch der Seebäder in das ihr bereits vertraute Boulogne. Wie sie ihrer Vertrauten verriet, hatte sie sich bislang so viel ersungen, daß sie „anständig leben könne, wenn Gott ihr die Stimme nehmen würde“. Aus Boulogne berichtete sie der Ludolf über ihr letztes Auftreten in London: „Mein Abschied war wirklich rührend. Kronen, Kränze, Rosen und Ge= dichte flogen in Fülle zu meinen Füßen, ein Ereignis, das noch nie in London stattfand, weder Catalani und Pasta, Fodor, Mars konnten sich eines solchen Beifalls erfreuen, nur eine Deutsche konnte die Palme des Sieges erringen. Freuen sich denn meine Landsleute ein wenig?“ Die Überfahrt nach Calais war recht stürmisch und von den üblichen un= angenehmen Folgen begleitet gewesen. Trotzdem plaudert Henriette gleich nach der Ankunft in schalkhafter Laune: „Wie freue ich mich im voraus auf mein französisches Souper, denn ich habe ziemlich die neun Monate in England gehungert. Die englische Küche soll mir gestohlen werden, da lob’ ich mir Paris oder den Tiergarten, er liegt dicht daneben. Im Tier= garten z. B. habe ich Rotkraut gegessen, wonach ich schon die ganze Zeit schmachte. Lassen Sie doch mal welches kochen, liebe Ludolf, vielleicht ahne ich es — essen Sie es auf meine Gesundheit. Ludolf spendet wohl auch einen gewissen Champagner. Ach Gott, wenn ich mich so an alles recht lebhaft erinnere, möchte ich gleich mit einer Dampfmaschine durch die Lüfte fahren, um einen heiteren Mittag im blauen neuangestrichenen Saale zu verbringen, unter dem gewissen Kronleuchter, der jetzt gewiß schon mit weißen oder gelben Mousselin überzogen ist. Ich bleibe bis zum 15. August hier, um dann nach Paris zu fliegen und dort wieder einige Triller und Raketen los zu lassen, und dann im Triumph meine lieben Freunde zu empfangen. Meine gute Ludolf kommt doch, nicht wahr? Gott, wird das eine Freude sein!"

In Paris hatte sich inzwischen eine Konkurrentin eingestellt, die weit gefährlicher war als die alte Catalani oder Pasta: Marie Felicitas Malibran, die älteste Tochter Manuel Garcias (1775—1832) des Begründers der berühmten Sängerdynastie, der als Theoretiker wie als ausübender Künstler einen berechtigten Ruf genoß. Einer jener Kunstspartaner alten Schlages, an denen, man denke an den Vater von Raphael Mengs, das Zeitalter der Aufklärung und des kategorischen Imperativs besonders reich war, suchte Garcia das Talent der kleinen Marie Felicitas mit ebenso viel Eifer wie Strenge zu fördern. Schon als Fünfjährige entzückte sie Paër, der das Wunderkind auf den Knien schaukelte, in der Rolle seiner Agnese. Unter der Aufsicht Herolds, des Komponisten der „Zampa", durfte sie die kleinen Finger über die Klaviertasten gleiten lassen. Aber während die anderen sie verhätschelten und den Launen des temperamentvollen Kindes sich fügten, ließ der Vater sie die eiserne Faust spüren. „Der Blick von Papa" — bekannte das junge Mädchen — „hat solchen Einfluß auf mich, daß ich unter seinem Bann vom fünften Stock auf die Straße springen würde, ohne mir wehe zu tun." Sie wußte, daß es der Alte nicht bei Drohungen bewenden ließ, sondern Ungehorsam und mangelhafte Leistungen durch Tätlichkeiten strafte. Aber solche Strenge hatte das Resultat, daß die Stimme der jungen Sängerin einen vielleicht niemals wieder erreichten Umfang erhielt! Die spätere Marie Malibran verfügte über einen pastosen, strahlenden Alt und eine perlende Koloratur. Und die Mittellage, diese Crux so vieler großer Sängerinnen, hatte der Vater unter Schonung der hohen Töne sorgfältig herausgearbeitet. Nach einem erfolgreichen Debut 1823 in einer Privatsoiree im Hause Rossinis in Paris hatte Marie Felicitas neben ihrem Vater in London und anderen englischen

Städten sowie in New-York, wohin sich Garcia als einer der ersten Vertreter deutscher Gesangeskunst im Dollarlande begeben hatte, Triumphe gefeiert, dort mit einem als sehr reich geltenden, aber bald nach der Hochzeit fallit gewordenen ältlichen französischen Großkaufmann eine übereilte Heirat geschlossen und sich, während Vater Garcia mit der übrigen Familie in Mexiko nach Silberdollars haschte, 1827 von Heimweh getrieben mit Einwilligung ihres Gatten, der das Gold in der Kehle seiner Nachtigall in der alten Heimat besser auszumünzen hoffte, wieder nach Europa eingeschifft. Im Januar 1828 debütierte sie in der Pariser Großen Oper als Semiramis, trotz starken Lampenfiebers mit solchem Erfolge, daß der Direktor der Italienischen Oper sich entschloß, den neuen Stern der Konkurrenz wegzukapern. Wohl nicht in letzter Linie durch den Gedanken verlockt, mit der Sontag auf denselben Brettern wettzueifern, entschloß sich Marie Felicitas in den Saal Favart überzusiedeln, auf dessen Bühne sie im Februar zum erstenmal als Desdemona erschien. Das Resultat war ein Sieg auf der ganzen Linie. Die „Pandora", die früher die Sontag allen Konkurrentinnen vorgezogen hatte, urteilte jetzt: „Madame Malibran hat sich einer schwierigen Prüfung unterzogen und ist als Siegerin daraus hervorgegangen. Die Art, wie sie die Rolle der Desdemona gesungen, sichert ihr den ersten Platz unter den Sängerinnen unserer Zeit und eine hervorragende Stellung als Schauspielerin. Sie hat in dieser Rolle eine entschiedene Überlegenheit über Dlle. Sontag errungen und selbst das Andenken an die Pasta ist ihr nicht gefährlich gewesen." Auch die Jugend und Anmut der neuen Sängerin wurde in vollen Tönen gepriesen. Die Theater- und Musikzeitschrift „Diogenes" stieß in dasselbe Horn und erklärte, daß die Malibran der Sontag vorgezogen werden müsse, weil die erstere die guten Traditionen der Pasta fortsetze, während ihre Rivalin eine veraltete Gesangsrichtung vertrete, deren Hauptprinzip die Pflege unendlicher Fioriruren sei. Immerhin versicherte der Kritiker galant, weit davon entfernt zu sein, das „große und bewunderungswürdige Talent und die prächtige Stimme der Dlle. Sontag zu verkennen." Mit Recht durfte die Malibran sich vollends auf das schmeichelhafte Urteil des durch Strenge und Unparteilichkeit hervorragenden Musikhistorikers Fétis etwas einbilden, der die Novize mit den schmeichelhaften Worten begrüßte: „Ich kann ihr eine glänzende Zukunft voraussagen, wenn ihre Gesundheit sich festigt, denn die Natur hat ihr alles verliehen, was ein großes Talent ausmacht." Henriette hätte nicht die verwöhnte Frau und ehrgeizige Künstlerin sein müssen, wenn sie hinter der Tochter Garcias hätte willig zurücktreten sollen. Wenn Zahlen beweisen, so erschien die Malibran auch den Leitern der italienischen Oper als die primadonna assoluta, denn man hatte ihr angeblich ein jährliches Honorar von 70000 Franks bewilligt, während Henriette, allerdings für nur 10 Monate, 35000 erhielt; die auf die beiden restlichen Monate des Jahres entfallenden 7000 Franks hatte man der Pisaroni zu ihrer gleichfalls 35000 Franks betragenden Gage zugelegt, so daß die ältliche, unschöne und von der deutschen Kollegin stets in den Schatten gestellte Sängerin Henriettes Londoner Gastspiel schon aus pekuniären Rücksichten wahrhaftig nicht ungern gesehen hatte. Es schien, als sollte sich im Hochsommer 1828 der richtige Primadonnenkrieg entwickeln. Die Kulissenschnüffler und Klatschbasen rieben sich vergnügt die Hände, wenn sie berichten konnten, die Malibran würde streiken, falls sie in der Aufführung von „Don Juan" nicht die Rolle der Zerline erhalte, auf die jedoch die Sontag als eine in ihr Fach schlagende Partie nicht verzichten wolle. Auch die Susanne im „Figaro" beanspruchte die Malibran für sich. Henriette war indessen die Klügere und gab nach und sang im „Don Juan" die ihr ja bereits seit Jahren vertraute Partie der Donna Anna. Ernsthafte Musikfreunde, die voraussahen, welchen Genuß ein einträchtiges Zusammenwirken der beiden Künstlerinnen bereiten müsse, suchten eine Verständigung zwischen den Rivalinnen zu vermitteln. Die Komtesse de Merlin, eine reiche Kubanerin, war die Glückliche, der es gelang, in ihrem Salon, der einen damaligen Sammelpunkt der Pariser Musikfreunde bildete, eine Versöhnung zwischen den Sängerinnen zustande zu bringen und ihre herrlichen Stimmen im friedlichen Wettstreite eines Duetts zu vereinen. In ihrer zweibändigen Biographie der Malibran hat Madame de Merlin das Zusammentreffen anschaulich geschildert: „Eines Abends trafen sich die beiden Nachtigallen bei mir in einem Konzert. Hinter ihrem Rücken war eine Art Komplott geschmiedet worden und gegen Mitte des Konzerts schlug man ihnen vor, das Duett aus „Tancred" zu singen. Einige Augenblicke zögerten und schwankten sie, endlich gaben sie nach und gruppierten sich unter lebhaftem Beifall der Zuhörer am Klavier. Beide schienen bewegt, verwirrt und beobachteten sich gegenseitig, aber bald lenkte das Ende des Ritornells ihre Aufmerksamkeit ab, und das Duett begann. Die Begeisterung, die sie erregten, war so lebhaft und allseitig, daß am Schluß des Duetts die beiden Sängerinnen unter rauschendem Beifall erstaunt und entzückt, daß sie nichts von einander zu fürchten hatten, sich ansahen und in plötzlicher Bewegung gleichsam unwillkürlich ihre Hände sich suchten, ihre Lippen sich näherten und der Versöhnungskuß mit der ganzen Lebhaftigkeit der Jugend gegeben und empfangen wurde. Die Szene war entzückend und ist allen, die Zeuge davon waren, unvergeßlich geblieben."[1] Es blieb nicht bei dieser ersten freundschaftlichen Annäherung, vielmehr strebten beide Künstlerinnen beim gemeinsamen Wirken auch in der Oper fortan nicht mehr danach, einander auszustechen und sich die Pointen zu entreißen, sondern sich gegenseitig anfeuernd den vollen musikalischen Gehalt der gemeinsamen Szenen zu erschöpfen. In Zingarellis „Romeo und Julia" sang die Tochter Garcias nach dem Geschmack der Zeit den jugendlichen Liebhaber und Henriette die Tochter Capulets, das Publikum in schier südländische Glut der Begeisterung versetzend. Eine Aufführung des „Don Juan", in der als dritte im Bunde die Heinefetter die Elvira sang, wurde zum musikalischen Ereignis der Sommerspielzeit, was auch durch die gleichzeitige Anwesenheit der fünf berühmtesten der damals in Paris lebenden Komponisten, Rossini, Cherubini, Paër, Meyerbeer und Auber bekundet wurde. Ein so feiner Beobachter wie Fétis wollte freilich an der Stimme der Sontag neuerlich eine Veränderung nicht zu ihrem Vorteil bemerken. „Mlle. Sontag, — schrieb er — singt nicht mehr so gut wie früher. Ich weiß nicht, ob die Nebel der Themse irgend welchen ungünstigen Einfluß auf ihre Stimme ausgeübt haben, ob ihr Geschmack unter einem den schönen Künsten nicht eben glücklichen Himmel gelitten hat oder ob, wie man sagt, ihre Gesundheit zu wünschen übrig läßt. Sicher ist auf jeden Fall, daß man bei ihr nicht mehr dieselbe Sicherheit des Ansatzes, dieselbe Leichtigkeit in den Fiorituren und dieselbe Feinheit des

Ausdrucks findet. Sie forziert jetzt die Stimme, obgleich sie genügend stark ist, während sie ehemals das Gegenteil tat." Nach Henriettes Auftreten als Ninetta erklärte der berühmte Kritiker: „Die Stimme der jungen Dame hat entschieden während ihrer englischen Reise einen Stoß erlitten", und dann folgte die Schilderung eines angeblichen Unfalles, den die Künstlerin durch einen Sturz auf der Treppe erlitten habe. In der Tat hatte sich Mitte September 1828 die Schreckenskunde verbreitet, daß die Sontag durch einen anscheinend harmlosen, aber in Wahrheit von ernsten Folgen begleiteten Unfall für längere Zeit dem Bühnenberuf würde entzogen bleiben. Auch nach Berlin drang nicht nur die Nachricht, sondern auch der Commentar, den einzelne Blätter mit echt gallischer Vorliebe für witzige Anzüglichkeiten geliefert hatten, und erregte nicht wenig die Gemüter. Die erste genaue Kunde erhielten die Freunde im Tiergarten Ende September durch einen Brief Ninas, die nach dem raschen unglücklichen Ende der Direktion Bethmann im August 1828 zusammen mit der Mutter Aachen verlassen hatte: „Was sagen Sie, liebe Frau Justizrätin zu dem Unglück, das mir meinen so schönen und nützlichen Aufenthalt verbittern mußte? Sie sind wohl alle nicht weniger erschrocken als ich selbst es war. Ich wäre auch gleich den öffentlichen Nachrichten zuvorgekommen, wenn ich nicht die Überzeugung gehabt hätte, daß dies ohne alle Bedeutung wäre; die Zeitung hat alles umständlich und wahr berichtet. Henriette ist über einen unglückseligen Pfirsichkern ausgeglitten, ich ging hinter ihr auf der Treppe und erschrak anfangs garnicht so sehr, da es nicht gefährlich aussah, indem sie sich grade auf die Treppe hinsetzte. Unglücklicherweise kam das Knie gerade zwischen das Geländer, und es war so schmerzhaft, daß wir sie herauftragen mußten. Als der Doktor kam, ergab sich, daß das Übel in großer Ausdehnung bestände. Sie ist, Gott sei Dank, sonst recht gesund, nur mit dem Fuße etwas langwierig, weil sie immer in einer Lage und im Bette bleiben muß, was ihr entsetzlich unangenehm ist." Henriette fügte von ihrem Schmerzenslager ein eigenhändiges mühsam gekritzeltes Postskriptum bei, in dem sie ihren Unfall humoristisch zu betrachten versucht, um die Freundin zu beruhigen. „Was die guten Pariser schon über den Pfirsichkern geschwatzt haben, geht über alle Begriffe. Nun, in Gottes

Namen, ich kann ihnen die Mäuler nicht zuhalten. Direktor Laurent hat einen Salto mortale vom Theater bis zu mir gemacht, wie er diese für seine Kasse so einträgliche Nachricht vernommen hatte." Ein zweites Post=skriptum enthielt eine Beschwerde und ein bedeutsames Geständnis! „Ist es denn wahr, daß Krahmer (ein gemeinschaftlicher Bekannter) Leib und Leben verschwört, ich sei nicht verheiratet? I, da soll ihn doch der . . . . . Ich selbst habe ihm mein ganzes Vertrauen geschenkt, wie er hier war, und jetzt wäre er so dumm, den Diplomaten zu spielen und mir mehr Schaden zu tun, denn hier werde ich ja allenthalben als Madame la Comtesse behandelt. Bitte, teure Freundin, schenken Sie mir reinen Wein ein, damit ich ihm tüchtig die Wahrheit sagen kann. Auf diese Art be=greife ich, daß die Berliner die Sache schief nehmen, wenn meine Freunde solchen Streich machen." Einen Monat später meldet sie, daß es mit dem Fuß langsam besser gehe, doch müsse sie noch auf einem Rollstuhl von einem Zimmer ins andere gefahren werden. „Daß man in Berlin den wärmsten Anteil nimmt, bin ich überzeugt. Was sollen aber die Gerüchte bedeuten, von denen Sie mir schreiben, liebe Ludolf? Sollte der Neid und die Kabale sich so weit verbreiten können und Dinge erfinden, die mich fast erröten machen? Mein reines Gewissen und die Zukunft sollen meine Verteidiger sein. Also kein Wort mehr von Dingen, die mich auf einige Augenblicke verstimmen könnten." Der Justizrat glaubte es der Freundin schuldig zu sein, sich persönlich zu überzeugen, wie die Dinge stünden und fuhr mit Extrapost nach Paris. Das Wiedersehen mit dem alten Vertrauten beglückte die Kranke um so mehr, als die häßlichen Kommentare über die wahre Ursache ihres Leidens nicht verstummen wollten. Die Witzblätter und die Karikaturenzeichner wurden immer deutlicher, die Direktion der Oper, deren geschäftliche Pläne durch Henriettes Fernbleiben aufs empfindlichste durchkreuzt wurden, immer dringlicher mit Fragen, warum die Kranke von einem deutschen unbekannten Äskulapjünger sich behandeln lasse und nicht eine Leuchte der Pariser medizinischen Fakultät zur Begutachtung dieses so ungewöhnlich langwierigen angeblichen Fuß=übels herbeiziehe. Ein Brief Henriettes an die Berliner Freundin vom 29. November 1828 schließt wieder mit der Beteuerung: „Ich baue auf

Gott, er wird alles wieder gut machen. Er wird die gekränkte Ehre eines
Mädchens retten, die keinen Schutz hat, als ihr reines Bewußtsein. Mit
diesem festen Vertrauen mag die ganze Welt in Trümmer gehen."
Die Mitte Dezember kurz hintereinander erfolgte Abreise der Mutter und
des Justizrates ließ in ihrem jetzt recht eintönigen Dasein eine empfindliche
Lücke zurück, aber sie tröstete sich immer wieder, daß „Gott der so viel
Verwöhnten wohl absichtlich einige bittere Tropfen in den Freudenbecher
geträufelt hätte, und sie den bitteren, aber heilsamen Trank mit heiterem
Gesicht herunterschlucken müsse." Am 27. Januar 1829 verkündeten die
Zeitungen und die Theaterzettel endlich die frohe Neuigkeit des ersten
Wiederauftretens der Sängerin in ihrer alten Glanzrolle als Rosine. Selbst
der amtliche, ernste Moniteur, der von allen Pariser Blättern am seltensten
über theatralische Ereignisse berichtete, gestattete sich bei dieser Gelegenheit
eine kleine Galanterie und nahm von Henriettes Wiederauftreten Notiz:
„Alle Plätze waren schon im Vorverkauf vergriffen, man wollte sich überzeugen, ob die Sängerin ihren reinen, frischen Metallton, die leichte, biegsame Stimme, die sie vor ihrer Reise über das Meer besaß, sich erhalten
hatte, und ob die Wolke, welche späterhin jenes Gestirn verdunkelte, verschwunden war." Natürlich gab das Wiedererscheinen der Sängerin vor
der Öffentlichkeit gewissen Blättern zu einer Erneuerung und Verstärkung
ihrer pikanten Anspielungen und Wortspiele Anlaß, die zum Teil ihr Echo
auch in der deutschen Presse fanden. Die Spenersche Zeitung fühlte sich
bemüßigt, einen anscheinend von der Sontag nahestehender Seite inspirirten
oder verfaßten großen biographischen Artikel am 25. Februar zu veröffentlichen. Die Sängerin hätte allen Grund gehabt, bei seiner Lektüre
auszurufen: „Gott schütze mich vor meinen Freunden!", denn der gespreizte
und wichtigtuerische Ton, mit dem der Anonymus auf die im Umlauf befindlichen Gerüchte einging, war nur geeignet, noch mehr Verwirrung zu
stiften. „Man ist", heißt es in dieser elend stilisierten Apologie, „nur zu
geschäftig gewesen, um Dlle. Sontags persönliche Ehre durch Verbreitung
eines erdichteten Vorfalls zu verletzen, bei welchem die überlegende Vernunft selbst die Möglichkeit in Fesseln schlägt, indem sie die Wahrscheinlichkeit durchaus gänzlich vernichtet, wenn man absichtlich die Beweise

des Gegenteils verschmäht." Mit wünschenswerter Klarheit, aber ohne jede Animosität gegen die Betroffene schrieb dagegen das Berliner Konversationsblatt (1829 Nr. 44): „Eine junge, schöne Sängerin können sich die Pariser durchaus nicht tugendhaft denken. Die bösen Zungen der Nebenbuhlerinnen versäumten nicht, das Boshafteste sich zuzuzischeln und ein unglücklicher Fehltritt auf der Treppe, bei welchem so viele Zeugen gegenwärtig waren, wurde ihr als ein Fehltritt ganz anderer Art ausgelegt. Nun wurde nicht mehr das zarte Bild auf Neujahrswünschen und Bonbons verschenkt, nein, alle jene boshaften Gerüchte wurden in Paris und London in vielfältigen Karikaturen dargestellt und öffentlich ausgeboten." Trotz Saphirs Spöttelei, ob die Konkurrentin etwa ein Heiratsbureau begründen wolle und einen Mann für Dlle. Sontag in petto habe, traf das Konversationsblatt mit seinem Schlußsatz den Nagel auf den Kopf: „Haben wir sie nur erst wieder in Berlin, so wird ihr alles Ungemach vergolten werden; allein ihren Ruf vollkommen herzustellen, gibt es nur ein Mittel, und dieses letzte Mittel ist — ein Mann." Der Retter brauchte nicht erst gesucht zu werden, der neue Lohengrin war längst da und brannte darauf, aus der Verborgenheit hervorzutreten und für die Unschuld seiner Elsa zu zeugen.

IX. Kapitel.

Ach, teurer Gatte! Das Geheimnis unserer Ehe
Lastet schwer auf mir — Wie soll das enden?
(Rezitativ 1. Akt, Carolina in Cimarosas
komischer Oper „Die heimliche Ehe.")

In seiner schon erwähnten Kritik bemerkte Rossini: In „Il matrimonio segreto" bringt Henriette als Carolina die Schwierigkeit der Lage, die Unruhe des Geistes, die Beklemmung des Herzens sehr gut zum Ausdruck." Kein Wunder, denn wenn je eine Sängerin die Stimmung ihrer Heldin nachfühlen konnte, so war es Henriette in dieser Rolle, nur daß die Situation für sie vorläufig nichts weniger als komisch war. Zwischen ihrem Herzensbedürfnis, sich wenigstens intimsten Vertrauten völlig zu offenbaren, und ihrer vernünftigen Überlegung, nicht durch einen voreiligen Schritt alles zu verderben, gab es einen fortwährenden Kampf, wie ihre Briefe aus den Sommermonaten 1829 verraten. „Ich hätte Ihnen so vieles mitzuteilen, liebe, gute Mama, schrieb sie im Juli an die Ludolf, „mein Herz ist mir so voll und oft mache ich mir im Stillen Vorwürfe, Ihnen noch nicht die geheimsten Falten meines Herzens entdeckt zu haben. Schriftlich läßt sich dergleichen auch sehr schwer tun, nur eine kleine Viertelstunde möchte ich Ihnen gegenübersitzen, um meinem Herzen Luft zu machen. Was mein Herz geduldet und ertragen hat, vermag meine Feder nicht zu beschreiben, und bei alledem verlange ich nichts Besseres. Mit gutem Gewissen kann ich mir sagen, ich bin reichlich dafür belohnt worden. Mein Geheimnis hat die böse Welt, die Umstände leider verraten. Ich habe mir nichts vorzuwerfen. Das Schmerzlichste von Allen war mir der falsche Verdacht der Welt — man beurteilte mich wie so manche leichte Dame, konnte nicht begreifen, warum ich der Sache so viel Geheimes beilegte. Für die reine Anbetung meines Gatten opferte ich eine zeitlang mein Höchstes, meinen Ruf, auf. Da ich Niemandem Rechenschaft über mein Tun und Lassen schuldig bin, so will ich der bösen Welt nicht mehr die Freude machen, mein besseres Ich zu verkennen. Lange, lange schon, meine gute Ludolf, bin ich die glückliche Gattin eines braven Mannes — unbekannt kann es Ihnen nicht geblieben sein, denn zu grausam ist man mit meinem ehrlichen Namen verfahren, aber auch fest bin ich von der edlen Verteidigung meiner Freunde überzeugt. Die Verhältnisse meines Mannes sind von der Art gewesen, daß der kleinste Verdacht seiner Familie unser künftiges Glück leicht hätte zerstören können. Aus Liebe zu meinem guten Manne habe ich geduldet und getragen, wie nur irgend ein Weib es konnte. Lange habe ich die niedrigsten Schmähungen hören müssen. Leichtfertige Franzosen haben mich oft scherzweise verblümt kränken lassen. Über meinen wirklichen Fall auf der Treppe hat man gespottet — ich Ärmste mußte acht Wochen das Bett hüten, ohne mich zu rühren und war dabei schon sieben Monate in anderen Umständen. Wie Ludolf bei mir war, hatte ich es wohl tausendmal auf den Lippen. Ich durfte aber nicht, Ludolf reiste also ab, mit tiefem Bedauern meines Fußes, der mir noch viel zu schaffen machte.

Meine Entbindung blieb im Hotel gänzlich verschwiegen, durch die Güte meiner Wirtin. Die Geburt meines Kindes gab mir wieder neues Leben. Ich mußte den Engel aus dem Hause geben, konnte aber mein Mutter= gefühl nicht bezwingen und besuchte ihn fast schon mit 10 Tagen. Mein Direktor drang in mich, bald aufzutreten, und um jeden ferneren Skandal zu vermeiden, tat ich es bereits mit 5 und einer halben Woche. Der Kummer, den ich vom Anbeginn meiner Vermählung gehabt, hat mächtig auf mich gewirkt. Meine Kräfte sind erschöpft, und ich will deshalb wieder in ein Seebad gehen. Ende Dezember hoffe ich, Sie in meine Arme schließen zu können — bis dahin hoffe ich in meinem Glücke um Vieles vorgerückt zu sein. Die unbeschreibliche Güte und Anbetung meines Mannes lassen mich oft das Herbe meiner Lage vergessen." Ihrem königlichen Gönner Friedrich Wilhelm hatte sie im Mai 1829 ihre „Ver= bindung mit einem ebenso edlen Mann von Charakter" offiziell angezeigt, ohne jedoch Rossis Namen zu nennen. Im Dezember enthüllt sie in zwei fast gleichzeitigen Briefen an die Ludolf und die Andree ihr Geheimnis endlich ganz und verrät auch den Namen ihres Auserwählten. „Zürnen Sie mir nicht", bittet sie die Prager Freundin, „daß ich vielleicht nicht ganz offen gegen Sie gehandelt habe, aber die Umstände zwangen mich dazu, über meine Verhältnisse ein Dunkel zu werfen und selbst meine besten Freunde zu hintergehen, da jeder meiner Briefe aufgefangen wurde. Haben Sie, gute Andree, denn nie zweideutige Gerüchte über mich in Ihrer Ein= samkeit gehört? — es sollte mich sehr wundern, wenn die fama skanda= leuse nicht bis zu Ihnen gedrungen wäre. Da sich nun bald der Schleier meiner Verhältnisse lüften wird, will ich Ihnen kein Geheimnis vorent= halten. Ihre Jette ist schon seit zwei Jahren eine glückliche Gattin. Meine Stunde hat auch einmal geschlagen. Mein guter, lieber Mann, der mich fast wie eine Heilige liebt und verehrt, hängt ganz von der Gnade eines stolzen Hofes ab, deshalb mußten wir unsere Verbindung auch ge= heim halten. Sie kennen meinen Mann schon von Wien her. Es ist Graf Rossi, ein blonder, großer, hübscher Mann."[1]) Wie aus diesen Mitteilungen hervorgeht, handelte es sich um eine schon viele Jahre zurückliegende Jugend= bekanntschaft. Der einer alten piemontesischen Adelsfamilie entstammende,

zur Zeit seiner Heirat mit Henriette 26jährige Legationssekretär hatte ver=
mutlich schon in Wien Eindruck auf das junge Mädchen gemacht, indessen,
solange ihr Herz dem Grafen Klamm=Gallas gehörte, so wenig wie einer
der anderen Kavaliere sich einer Gunstbezeugung erfreuen dürfen. Als er ihr
nach der Aufhebung des Verlöbnisses mit Eduard nun in Paris als Mitglied
der dortigen Gesandtschaft wieder begegnete, genoß er als alter Bekannter
eine natürliche Bevorzugung, und sein jugendlicher Mut, der keine Bedenken
kannte, als es galt, die Geliebte zu erobern, und sich nicht hinter der
Furcht vor väterlichen Drohungen mit Fluch und Enterbung verschanzte,
führte ihn rasch zu dem ersehnten Ziel. Henriette durfte dem Herzensdieb,
der sofort bereit war, ihren Finger mit dem ersehnten goldenen Reif zu
schmücken, trauen. Erwägt man die beiderseitige Situation, so läßt sich
darüber streiten, wer die bessere Partie machte. Der junge Diplomat brachte
zwar den Grafentitel und die Anwartschaft auf eine an äußeren Ehren ver=
mutlich reiche Karriere mit, war aber mit Glücksgütern von Hause aus nicht
gesegnet. Die Braut verfügte schon damals über ein sicher angelegtes Ver=
mögen von etwa 200 000 Talern, wertvollen Schmuck und einen scheinbar
unerschöpflichen Goldschatz in der Kehle. Dazu kam ihre internationale
Berühmtheit und die Protektion gekrönter Häupter. Sie brauchte unter
den glänzenden Engagementsanerbietungen und Gastspielanträgen nur zu
wählen. Nicht unzutreffend hatte ein Anonymus gedichtet, als ein falsches
Gerücht Henriettes alten Verehrer Lord Clamwilliam als Gatten bezeichnete:

> Da heißt es nun in Deutschland weit und breit:
> Welch glänzend Band hat Hymen ihr gewoben!
> Der Lord erhebt sie zwar zu Seiner Herrlichkeit,
> Allein zur Herrlichen hat sie sich selbst erhoben.

Daß man den Schritt des Grafen Rossi, insbesondere im Kreise seiner
Standesgenossen, gewagt fand und eine Zeit lang an die Heirat nicht recht
glauben wollte, beweist eine Beschwerde Henriettes in einem Briefe vom
Dezember 1829 an die Ludolf: „Man schrieb mir vor Kurzem, Graf Alopeus
(der damalige russische Gesandte in Berlin und gleich seinem englischen
Kollegen ein warmer Verehrer Henriettes) hätte sich geäußert, er sei sehr
besorgt über meine Lage, denn er zweifle an meiner Heirat. Ich muß
Ihnen gestehen, daß diese Nachricht eine der unangenehmsten war, welche

ich je in meinem Leben bekommen habe. Ich kann und will es nicht glauben, aber schmerzlich ist es, von seinen liebsten Freunden so verkannt zu werden." Der Mutter Henriettes hatte Graf Rossi in einem ebenso galanten wie diplomatischen Schreiben sich als Schwiegersohn vorgestellt:

Liverpool, den 7. August 1829.

Verehrte Mutter!

Obwohl ich schon längstens den stillen Wunsch gehegt hatte, Sie um die Erlaubnis anzusprechen, mir eine Benennung zu vergönnen, zu welcher mich die unauflöslichen Bande, die mich nun an meine Jette knüpfen, vollkommen berechtigen, so wollten dennoch die gerechten Besorgnisse eines verdienten Unwillens Ihrerseits mir nicht gestatten, die Feder zu ergreifen, bis mir ein Brief von Nina die freudige Hoffnung gab, ein Schreiben Ihres neu angeworbenen Sohnes würde von Ihnen gütig aufgenommen werden.

Im Bewußtsein dieser Versicherung, eile ich heute, eine Pflicht zu erfüllen, die meinem Herzen um so teurer wird, je mehr sie mich an die Urheberin meines gegenwärtigen Glückes, nämlich an Sie, beste Mutter, nähert. Unendlich schmerzlich wird es mir, den nun einmal geschehenen Schritt fortwährend unter dem Siegel einer drückenden Verschwiegenheit bewahren zu müssen, doch bald hoffe ich, werden die Hindernisse, die sich meinem Glück entgegenstellen, schwinden und mein gutes Weib ihren gebührenden Rang in der Welt wie in meinem Herzen behaupten dürfen. —

Ihrer Sorgfalt und Ihrer mütterlichen Aufsicht verdanke ich, beste Mutter, den Besitz eines Engels, dessen Zartgefühl und weibliche Sittlichkeit das Glück meines Lebens ausmacht.

Mögen Sie doch fortwährend mit Ihrem liebevollen Rat die Schritte meiner guten Frau lenken und sich auf diese Art meine unendliche Achtung und unbegrenzte Dankbarkeit versichern.

In der Hoffnung, daß ein glücklicher Umstand mich bald selbst in die Lage setzen dürfte, Ihnen mündlich das zu sagen, bin ich

Ihr gehorsamer Sohn

Carlo Rossi.

Unter demselben Datum mußte Henriette der Mutter die Trauer-
kunde von dem Tode ihres ersten Enkelkindes melden:

Liverpool, den 7. August 1829.
Meine liebe gute Mutter!

Ich bin noch so angegriffen von dem Verlust meines lieben
Kindes, daß ich jedes Schreiben von einem Tage auf den andern ver-
schob, um die Wunde nicht aufs neue aufzureißen. Von Nina wirst
Du bereits alles erfahren haben, in drei Tagen war es um den Engel
getan. Oft fallen mir Deine Worte ein, die Sorge der Großmutter
hat ihm vielleicht gefehlt. Grausam finde ich es aber vom lieben Gott,
mir ein so liebes Wesen zu schenken, welches seiner Mutter so namenlose
Tränen gekostet hat, und es dann aus ihren Armen zu reißen. Zum
Glück war mein lieber Mann bei mir, der mir mit Liebe und Zärtlichkeit
meine Tränen trocknete. Ich lege Dir hier seinen Brief bei, aus dem
Du die Güte seines Herzens entnehmen kannst."

Näheres meldet ein späterer Brief an die Andree: „Mein Jettchen,
das Ebenbild seines Vaters, sollte das Ziel meines Kummers sein. Ich
mußte im Frühjahr nach London, wagte meinen lieben Engel von 4 Monaten
nicht übers stürmische Meer mitzunehmen; ich ließ ihn also unter tausend-
fältiger Aufsicht und Liebe hier zurück. Gott hat es aber anders beschlossen.
Ein Scharlach, der gerade auf dem Lande wütete, entriß uns den lieben
Engel. Ich übergehe den Schmerz einer Mutter, auch Ihrem Herzen ist
er leider nicht fremd geblieben." Um ihren Kummer zu betäuben, hatte
Henriette nach ihrer zweiten Ankunft in London Anfang Mai 1829, sich
gegen ihre frühere Gewohnheit in den Strudel des gesellschaftlichen Lebens
gestürzt. Die englische Aristokratie ließ ihren Liebling die ungünstigen
Gerüchte, die aus Paris auch über den Kanal gedrungen waren, nicht entgelten. Vielleicht unterrichtete Henriette auch an der Hand unanfechtbarer
Dokumente den einen oder anderen ihrer hochgestellten Gönner und
Gönnerinnen von der Tatsache ihrer Vermählung, um die letzten Zweifel
zu bannen.[2]) Nach ihrer eigenen Aussage führte sie während der Season
ein elegantes Zigeunerleben, kehrte öfters erst um 7 Uhr morgens von

Bällen und Festlichkeiten nach Hause, blieb bis Mittags in den Federn und erfrischte sich Nachmittags durch ausgedehnte Reit= und Segeltouren, an denen nach ihrer Aussage oft 70 bis 80 Damen teilnahmen. „Fast fürchte ich", schreibt sie, „ein ruhiges Leben könnte mich langweilen".

In ihren Mußestunden ließ sie es sich besonders angelegen sein, durch ihren Unterricht die Schwester zu fördern, der sie sich für die treue Pflege während ihrer Krankheit jetzt doppelt verbunden fühlte. Wohl hauptsächlich um Nina den Boden an einem deutschen Theater zu bereiten, hatte sie sich im April 1829 zu einem ausgedehnten Gastspiel in Aachen entschlossen, wo Friedrich August Röckel, der Henriette von Wien her wohlbekannte Ge= sangsmeister und Regisseur, als Nachfolger Bethmanns die Oper auf eine Achtung gebietende Höhe zu bringen erfolgreich bestrebt war. Am 9. April stellte sie sich den Aachenern in einem Theaterkonzert in ihren Bravourarien aus Opern Rossinis und Mozarts und in den Violinvariationen von Rhode vor, am 11. sang sie die Desdemona, am 13. die Donna Anna, während Schwester Nina als Zerline debütierte, am 14. die Myrrha im „Unter= brochenen Opferfest" und nach einem Abstecher nach Köln und Düsseldorf am 20. April die Rosine im Barbier. Die Aachener zeigten sich der Aus= zeichnung, die ihrem Theater durch dieses ausgedehnte Gastspiel der Primadonna widerfuhr, würdig, indem sie trotz der dreifach erhöhten Preise das Theater allabendlich bis auf den letzten Platz beifallsfreudig füllten. Auch in den Zeitungen tummelten die Lokaldichter wacker den Pegasus:

Hört's — denn Philomele selbst klagt im Hain:
Henriette kann nur Euterpe sein.

Auch das Gastspiel in Düsseldorf brachte eine Wiederholung der von Börne so anschaulich und witzig geschilderten Vorgänge in Frankfurt. Auch in Düsseldorf gab es, wie ein Reisender im Rheinisch = westfälischen Korrespondenzblatt erzählt, vor dem ersten Hotel der Stadt einen Auflauf, als ob ein regierender Herr erwartet würde:

„Ich wendete mich an jemand, der es wohl wissen mußte, was eigentlich vor sei, denn er war schon bei Jahren und sah, auf den Fußspitzen stehend, unverrückt nach einigen hell erleuchteten Fenstern hinauf. Aber, seine Stellung beibehaltend, antwortete er mit starrem Blicke gegen die Fenster:

Die Schauspielerin Henriette Sontag ist angekommen! Nun wußte ich, woran ich war und schlich nach meinem Gasthofe zurück.

Wie soll ich Ihnen aber das Entzücken, die Wonne der folgenden beiden Ostertage würdig schildern? Konzerte, Soupers, Diners, Opern, Serenaden folgten aufeinander, und jede Festlichkeit erhöhte den Ruhm und die Preiswürdigkeit von Fräulein Sontag. Die Zeitungen flossen über vom Lobe, Sonnete strahlten und Gedichte wurden teils überreicht, teils regneten sie im Theater, das Parterre und die Sperrsitze befruchtend, herab. Mehrere Hunderte von Menschen harrten vor dem Anfange des Konzerts auf dem Markte, um die Gefeierte ihren Einzug in das Schauspielhaus halten zu sehen und ließen ein Hurrah erschallen."

Angesichts solches Übermaßes der Huldigung schüttelte unser Gewährsmann und mancher andere Verständige den Kopf, aber man begreift, daß nach den Enttäuschungen und Entbehrungen der letzten Monate der Künstlerin ein solch unverminderter Enthusiasmus der Hörer gerade in ihrer engeren rheinischen Heimat besondere Genugtuung bereitete.

Nina war von der Aachener Kritik als ein zwar noch kleines, aber entwickelungsfähiges Talent freundlich begrüßt worden. Auch in Paris hatte sie nach ihrem Auftreten im Konzert des deutschen Violinisten Wörlitzer, in welchem sie u. a. ein Duett aus Corradino mit Henriette singen durfte, wohlwollende Beurteilung in dem einflußreichen „Figaro" erfahren. Jetzt in London erschien sie in der Aufführung der „Heimlichen Ehe" zum erstenmal auch auf englischem Boden und sang nach dem milden Urteil der Schwester ihre kleine Rolle ganz allerliebst. Auch in Henriettes großem Benefizkonzert im Drury lane Theater und als Papageno in der „Zauberflöte" durfte sie neben der berühmten Schwester erscheinen. Henriette hatte ihr Londoner Gastspiel am 5. Mai in Rossinis „Aschenbrödel" begonnen. Von berühmten Kolleginnen fand sie die Pisaroni und die Malibran vor. Nach französischen Quellen soll Henriette die letztere zur einzigen Vertrauten des Geheimnisses ihrer Ehe gemacht haben und nie ein Geheimnis besser gewahrt worden sein. Man braucht diese Behauptung nicht ernsthaft zu widerlegen, wenn man Henriettes Briefe an ihre wirklichen Vertrauten gelesen hat. Richtig ist, daß das Verhältnis der beiden

Nina Sontag

Nach einer anonymen Bleiftiftzeichnung

Sängerinnen, weil auf gegenseitiger Achtung beruhend, einen gewissen freundschaftlichen Anstrich gewonnen hatte und der Rollenneid verstummt war, zumal Henriette der Malibran auch in London z. B. die eigentlich in ihr Fach schlagende Partie der Susanne in „Figaros Hochzeit" willig überließ. Am 16. Juli hatte sie Gelegenheit, ihr Talent in den Dienst der Wohltätigkeit zu stellen. Felix Mendelssohn, der damals in London weilte, gab die Anregung, gemeinschaftlich mit ihm ein Konzert zum Besten der durch eine große Überschwemmung heimgesuchten Schlesier zu veranstalten. Wie der junge Komponist seinem Onkel Nathan in Berlin klagte, wurde es ihm nicht leicht, die durch die Anstrengungen des Gastspiels und gesellschaftlichen Verpflichtungen ermüdete Künstlerin für seinen Zweck zu gewinnen. „Die Sontag ist ordentlich von einem kleinen Hofstaat umgeben, man wird selten vorgelassen." Als die Überrumpelung indessen glücklich gelungen war und Mendelssohn ihr Jawort erhalten hatte, war sie mit gewohntem Eifer bei der Sache und sang unter ungeheurem Beifall in dem von schönem materiellen Erfolge begleiteten Wohltätigkeitskonzert nicht weniger als sechsmal. Nach Schluß der Londoner Season im August 1829 folgten Konzerte in Manchester und Liverpool, wo sie die Nachricht vom Tode ihres Töchterchens erreichte, dann ging es zur Kur nach Dieppe über den Kanal. Der Aufenthalt am Strande verfehlte bei der diesmal doppelt der Erholung Bedürftigen seine wohltuende Wirkung nicht, und nach längerem Gebrauch der Bäder kehrte sie im Herbst frisch und hoffnungsvoll nach Paris zurück. „Ich schweige von unserem stillen Glück", schreibt sie in dieser Zeit der Andree, „nun sind es zwei Jahre und wir lieben und lieben uns wie ein Ehepaar in den Flitterwochen. Man weiß allgemein, daß ich heimlich verheiratet bin, auch mit wem, hat aber genug Diskretion, wegen dem steifen Hof in Sardaigne noch nichts laut werden zu lassen. Mein Mann ist in diesem Augenblick Chargé d'affaire in Brüssel und kommt nur dann und wann zu seinem Frauchen herübergeflitzt." Die Handschrift ihrer Briefe aus dieser Zeit weist eine merkliche Verschiedenheit gegen früher auf. „Sie werden sich wundern", bemerkt sie zu der Ludolf, „eine ganz andere Handschrift von Ihrem Jettchen zu lesen. Ich fand von jeher meine Hand ganz abscheulich, so daß ich mich entschloß, nach der

berühmten Methode von Jacquetot noch in meinen alten Tagen Schreib-
unterricht zu nehmen. Bis jetzt sind die Fortschritte freilich nicht bedeutend,
aber mit der Zeit wird es schon werden; wenigstens ist der Unterschied von
der früheren ziemlich merklich, das ist alles, was ich verlange." Aber es
war nicht nur der Einfluß des berühmten Schreiblehrers, der die Züge der
einstigen ungelenken Kinderhand verändert hatte; das Leben, der große
Lehrmeister, hatte sie in die Schule genommen, unter den Erfahrungen
und Leiden der letzten Monate war sie gereift, und auch der erzieherische
Einfluß ihres vielseitig gebildeten Gatten machte sich naturgemäß geltend.
Mit dem Gedanken, ihrer Bühnentätigkeit in Paris zu entsagen, hatte sie
sich inzwischen vertraut gemacht. „Die Zeit meiner Ankunft in Berlin",
schreibt sie am 9. Dezember 1829 der Ludolf, „rückt nun mit Riesenschritten
heran; ob ich mich freuen soll, Berlin im allgemeinen wiederzusehen, will
ich mir selbst verschweigen. Fest bin ich aber überzeugt, daß mich eine
Umarmung meiner guten Justizrätin für alles andere entschädigen wird.
Ich verlasse Paris mit schwerem Herzen, denn man liebt mich hier mehr
als je. Die Damen wetteifern um meine Bekanntschaft und behandeln
mich mit ausgezeichneter Achtung. Mein Direktor geht als Schatten
herum', denn seine großen Einnahmen gehen mit mir zu Grabe. Er bot
mir gestern in seiner Verzweiflung für zwei Monate 40000 Franks an,
die ich nun leider nicht annehmen kann, da ich mein Versprechen für
Berlin nicht zurücknehmen will. Die Katastrophe unseres Schicksals kann
nicht mehr fern sein, denn die löblichen Verwandten fangen bereits an,
in der Ferne zu donnern und zu blitzen." Die Vorstellungen im Favart-
theater vor der Abreise der Sontag im ersten Monat des neuen Jahres
boten den Pariser Musikfreunden zum letztenmal den Genuß, die Sontag
und die Malibran zusammen zu hören. In der Aufführung der „heimlichen
Ehe" gesellte sich zu den beiden Primadonnen sogar noch ein dritter Stern
in Gestalt der Cinthie Damoreau.

Von Paris begab sich Henriette nach Brüssel zu ihrem Gatten, der
in einem „allerliebsten Häuschen" vor der Stadt sein Domizil aufgeschlagen
hatte. Für ihr erstes Wiederauftreten auf deutschem Boden hatte sie das
Stadttheater in Aachen in Aussicht genommen. Die Oper der berühmten

Bäderstadt war mit der Pariser Musikwelt unter Röckels kunstsinniger Leitung nicht nur durch Henriettes Besuch im Vorjahre, sondern auch durch ein eigenes kühnes aber glücklich verlaufenes Ensemble-Gastspiel, das den Franzosen im Favartsaal u. a. die erste Bekanntschaft mit Beethovens „Fidelio" vermittelte, in enge Beziehungen getreten, die Röckels Nachfolger, der frühere Schauspieler Karl Fischer, weiter zu pflegen gedachte. Seit Oktober 1829 gehörte auch Nina der Aachener Bühne wieder an und seit Weihnachten desselben Jahres war auch Franziska Sontag neuerdings in einer ganzen Reihe bedeutender klassischer Rollen, wie Lady Milford, Gräfin Orsina, Lady Macbeth, Isabella, insbesondere aber als Brünhilde in Müllners „König Yngurd" aufgetreten und hatte „durch imposante Erscheinung, gute Sprechweise und geschmackvolle Toiletten" Beifall gefunden, wenngleich die Kritik, in leidenschaftlichen Szenen poetischen Aufschwung und Kraft an der Künstlerin vermißte. Frau Franziska, die auf die weitere Bühnenkarrierre Henriettes große Hoffnungen setzte, mag nicht wenig betroffen gewesen sein, als sie von ihr den nachstehenden, aus Brüssel unterm 28. Februar 1830 datierten Brief erhielt, der die endgiltige Wendung des Geschickes der Tochter ankündigte:

„Ich habe Dir heute viel Unangenehmes mitzuteilen. Ich entsinne mich nicht mehr, ob ich Dich schon in Kenntnis gesetzt habe, daß meine Schwiegermutter die Sache von der besten Seite genommen hat — uns ihren Segen gegeben hat, und Carlo versprochen hat, einen Fußfall bei dem König zu machen und sich überhaupt ganz ihres Sohnes anzunehmen. Unsere Affären gehen nun auch so gut von statten, daß es uns fast ein bischen zu früh kommt. Sein Hof scheint keine Schwierigkeiten zu machen, mich als Gesandtin anzuerkennen, nur eine harte Bedingung erhielt mein Mann vor einigen Tagen von seinem Herrn und Vorgesetzten, nämlich, ich darf die Bühne nicht mehr betreten. Wie ein Donnerschlag aus heiterer Luft kam uns der Befehl. Aus besonderer Gnade will mir der Prinz erlauben, noch Konzerte zu geben, bis Carlo die Erlaubnis erhält, mich in 5—6 Monaten als seine Frau zu präsentieren. Berlin spielt nun in diesem Stück eine Hauptrolle. Da es scheint, als käme mein Mann als Gesandter nach

Berlin, will der Turiner Hof nicht, daß ich in derselben Stadt noch einmal die Bretter betrete. Mein Erstes ist nun, zum König zu gehen und ihm meine ganze Geschichte von A. bis Z. zu erzählen und ihn selbst zum Schiedsrichter zu machen. Er wird nicht so grausam sein, eine Ungerechtigkeit auszusprechen, welche auf mein ganzes Lebensglück vielleicht Einfluß haben könnte. Werden die in T. wild, dann ist alles vorbei. Ich habe nun den Plan, in Berlin Konzerte zu geben, bei Hof viel zu singen, mich ein bis zwei Monate dort aufzuhalten, um dann im Frühjahr eine Reise nach Petersburg zu machen. Vor der Hand darf aber kein Mensch etwas davon erfahren, bis ich nicht den Ausspruch des Königs erfahren habe. Der arme Fischer tut mir leid, denn ich kann in Aachen ebenso wenig als wo anders spielen — für Berlin ist es auch besser — so kann ich mich ausreden, daß ich an meinem Pariser Engagement nichts hätte ändern können. Es ist mir in vieler Hinsicht sehr unangenehm — allein Eure Existenz soll darunter nicht leiden, laßt mich nur machen. Berlin wird in Aufruhr geraten, nun werden sie doch nicht mehr zweifeln, daß es Ernst ist. In Aachen will ich einige Konzerte geben und werde Fischer mit ins interne ziehen, so verliert er doch nichts. Schmitz hat Befehle, so schnell als möglich nach A. zu gehen, um mit F. alles zu besprechen. Sprecht Euch über nichts bestimmt aus, sondern gebet immer zur Antwort — „Verhält= nisse gestatten es nicht anders" — voilà tout. Ich hätte nicht geglaubt, daß mir das Scheiden von der Bühne so wenig Überwindung kostete, wie ein Traum liegt die Vergangenheit vor mir. Meine letzte Vor= stellung in Paris war wohl die brillanteste von allen zu rechnen. — Ich hatte damals noch keine Ahnung von alledem — ein Tränchen hätte ich den Parisern wohl geweint."

Das angekündigte Auftreten Henriettes als Konzertsängerin auf der Aachener Bühne fand am 11. und 13. Februar 1830 statt. Das Programm wies mehrere Arien aus ihren Glanzrollen auf, so daß die Musikfreunde und die Sontag=Enthusiasten immerhin auf ihre Rechnung kamen. Auch auf der Weiterreise in Kassel trat sie am 27. Februar und am 8. März zwar im Kurfürstlichen Hoftheater, aber nur als Konzertsängerin auf.

Auch an den Intendanten der preußischen Hofbühne richtete sie nach ihrer
Ankunft in Berlin das offizielle Gesuch, „da die Unentschiedenheit ihrer
Lage das öffentliche Auftreten in Opernvorstellungen ihr nicht gestatte",
im Opernhause ein Konzert geben zu dürfen und zwar unter denselben Bedingungen, die dem Chevalier Paganini im Vorjahre bewilligt worden
seien (nämlich ein Drittel der Brutto-Einnahme als Honorar). Der Wunsch
wurde bewilligt und so begrüßten auch die Berliner die nunmehrige Gräfin
Rossi zuerst auf dem Konzertpodium. „Selten", schreibt Ludwig Rellstab
in seiner Kritik über Henriettes erstes Wiederauftreten, „ist wohl ein
Konzert mit einer gespannteren Erwartung und mit Empfindungen, die
einem unbefangenen Musikurteil störender sind, besucht worden, als das,
in welchem Dlle. Sontag sich nach ihrer Rückkehr aus Paris zum erstenmal
öffentlich hören ließ." Die Neugier, sich von dem Aussehen der neugebackenen Gräfin zu überzeugen, ob sie stolz oder befangen tun werde, war bei
der Mehrheit des Publikums die vorherrschende Triebfeder zum Besuch
dieses Ereignisses. Die Musikverständigen waren ihrerseits mit Recht gespannt, welche Fortschritte oder Rückschritte die Stimme der Sängerin aufweisen würde. In Rellstabs schon erwähnter eingehender und sachlicher
Kritik heißt es u. a.:

„Wie es dem Referenten scheint, so hätten sich die Eigenschaften der
Künstlerin folgendermaßen modifiziert. Die Stimme hat an Tiefe gewonnen,
dagegen an leichtem Ansprechen der Höhe, wie an Metall überhaupt, vielleicht ein wenig verloren; die Biegsamkeit derselben dürfte indeß noch größer
geworden sein, doch leistete die Künstlerin auch damals in dieser Beziehung
stets so außerordentliches, daß man jedesmal glaubte, sie habe sich selbst
übertroffen. Nur eine Eigenschaft vermißten wir, in der man Dlle. Sontag
sonst vielleicht als das höchste Muster empfehlen konnte, die Bestimmtheit
und Deutlichkeit der Aussprache. Die lange Entwöhnung von der Mutter-
sprache kann darauf einen Einfluß gehabt haben, den jedoch eine so große
Künstlerin nur zu bemerken braucht, um ihn gänzlich verschwinden zu lassen.
Möchte indeß die Sängerin gegen früher gewonnen oder verloren haben,
so bleibt immer gewiß, daß sie als die gebildetste Meisterin ihrer Kunst,
als diejenige dasteht, die das Maß ihrer Mittel durch das fleißigste

Studium zur höchst möglichen Wirksamkeit gesteigert hat. Die Behandlung ihrer durchaus nicht überall leicht ansprechenden Stimme hat sie zur höchsten Vollkommenheit gebracht und dabei die tiefere Charakteristik des Vortrages nicht vernachlässigt. Von dieser großen Vielseitigkeit, ich möchte fast sagen Allseitigkeit, gab schon die Wahl der Stücke, die sie vortrug, einen Beweis."

Seit Henriettes Ankunft in Berlin waren auch die letzten Zweifel über ihre Vermählung und die Person des Auserwählten behoben. Viele ehemalige Sontag-Enthusiasten empfanden den Gedanken, daß die Göttliche wie andere Durchschnittsfrauen geheiratet und sogar ein Kind gehabt hatte, wie ein Sakrileg, begangen wider den Geist der Kunst und wider ihre einstigen Verehrer. Gereimte und ungereimte Bonmots wanderten wieder durch die Blätter und von Mund zu Mund. Schon als die ersten Gerüchte auftauchten, daß der sardinische Gesandte Henriettens Auserwählter sei, hatte ein Anonymus wehmütig gesungen:

"Die Glut des Streits um Dich ist nun gedämpft,
Der Sieger prangt mit dem errungenen Kranze,
Indes der Franzmann um die Stimme kämpft,
Ersicht der Sarde sich das holde Ganze."

Ein anderer Anonymus legte der Sontag den Seufzer in den Mund: J' étais reine et je ne suis plus que comtesse.

Auch Saphir, der alte Spötter, nahm von der Vermählung mit den melancholischen Worten Notiz: "Das Schicksal hat die Sontag an Saphir und den Saphir an der Sontag gerächt; die Nemesis hat uns beide ergriffen! Sie war einst eine Künstlerin und ist nun nichts mehr als eine Gräfin und ich — — ich bin ein Redakteur in München!" Später fand er seinen Humor wieder und spöttelte 1834 über Willibald Alexis, den ungesalzenen Hering, und über Fouqué, den weithinschreibenden, die unter den Fenstern der Sontag den Pegasus mit den Strumpfbändern der Göttlichen aufzäumten. Lieber als alle die poetischen und prosaischen Klagen der deutschen Presse war dem Grafen Rossi jedenfalls die galante Wortspielerei, die Meister Scribe ihm ins Stammbuch geschrieben hatte:

C'est toi qui pouvait enchainer dans son vol
Ce Rossignol divin qui nous charme à l'entendre.
Car de tout temps Rossi, chacun doit le comprendre,
Fut la moitié de Rossignol.

Da sowohl der Berliner Intendanz wie der theaterfreundlichen königlichen Familie viel daran lag, daß die Sängerin der seinerzeit getroffenen
Vereinbarung als Opernsängerin wenigstens teilweise nachkomme, so wurde
durch private Verständigung zwischen den beiden Monarchen das Widerstreben des Turiner Hofes beseitigt und dem Grafen Rossi das notwendige
tolerari posse unter der Hand mitgeteilt. Henriette scheint herzlich froh
gewesen zu sein, daß sie sich ihren lieben Berlinern wieder auf der Opernbühne zeigen durfte. Die Wahl von Rossinis Desdemona als Antrittsrolle erwies sich als eine durchaus glückliche. Kritik und Publikum zeigten
sich in gleicher Weise befriedigt. Geradezu enthusiastisch berichtete Zelter
an Goethe unterm 12. April: Mlle. Sontag betrat vorige Woche zum
ersten Mal als Desdemona das große Operntheater. Habe ich Dir schon
früher manches Gute von ihr gesagt, so brauch' ich nichts zurückzunehmen;
was sie gut gemacht hat, habe ich nicht besser gehört, und Schlechtes ist
in ihrem Wesen nicht vorhanden, sie würde umsonst danach greifen. Was
ihr aber ganz besonders gelingt, ist wie sie ihre natürliche volubile Singart
mit den verschiedenen Graden der Leidenschaft so anmutig in dieser Rolle
und dem freiesten Spiele zu vereinen weiß, daß man zugleich erstaunt und
gerührt und ergötzt ist. — Und ich meine was ich sage. Wenn ihre
Stimme nicht die allerschönste ist, welche ich gekannt, so ist sie rein, ohne
Herz, ohne Phlegma, und daher so ihrem Wesen und Willen gehorsam,
daß sie stets das Rechte tut. Auch ihr Mund ist nicht der schönste, doch
hört man keine Zunge, sie spricht mit den Lippen so klar, daß man der
Worte nicht bedarf. In Summa alles an ihr ist vom Kopf bis zum
Fuße, selbst ihr Anzug ist Gesang."

Wie sehr den alten Musikkenner Henriettes Leistung interessierte,
beweist sein weiteres Schreiben vom 10. Mai an den Weimarer
Freund:

Mlle. Sontag habe ich nun dreimal im Othello vernommen. Mir
war darum zu tun, ob sie wohl ihrer Sache einmal wie immer ganz
Herr wäre? Sie hat sich dreimal wie drei verschiedene Wochentage
ausgesprochen und doch war sie stets Desdemona. Nur einmal konnte
sie ihrer Stimme alles bieten, doch immer blieb sie Meister ihrer Sache.

Was ich das letzte Mal mit Vergnügen beobachtet habe, war, wie sie selbst gar nicht sang. Ihr Gemahl Ehrn Othello, sang eine lange Arie, der es nicht an Längen fehlt; während dieser Arie stand sie fast auf einem Flecke, ohne sich zu bewegen, und ich habe nie ein schöneres stummes Spiel, was die Ruhe der Unschuld so wahr und anmutig darstellt, gefunden. Das holde Wesen ist leider zu schade, um eine Gräfin zu werden." — Ähnlich urteilte Rahel: „Mlle. Sontag habe ich dreimal gehört: und ich finde sie sehr Pasta und sehr gut in Othello, und freue mich, sie morgen in einer geputzten Gesellschaft, auf einem Balle zu sehen. Sie ist hier sehr fetiert, bei Hof, von den Diplomaten und von der Stadt; sie hat alle Damen für sich; sie verdient es wegen ihrer Gutmütigkeit und Bescheidenheit, die ihrem großen und geschmeidigen Talent noch erhöhten Glanz geben."

Rellstab war geneigt, der Rolle der Semiramis, in welcher die Sontag gleichfalls dreimal auftrat, den Vorzug vor ihrer Desdemona zu geben. Er meinte, daß sie in keiner Partie einen solchen Reichtum der schönsten Kunstmittel entfaltet habe. Insbesondere rühmte er die Darstellung der Szene, wo die frevelbeladene Mutter dem zum Richter bestellten Sohn gegenübersteht und ihn zur Bestrafung auffordert, sowie die schauerliche Gruftszene. In der Rolle der sagenhaften Assyrerkönigin verabschiedete sich Henriette am 22. Mai 1830, ihrer Meinung nach für immer, von der Bühne. Von dem Charakter des Abends, der zum Benefiz der scheidenden Künstlerin stattfand, und den ihr zuteil gewordenen Ehrungen gibt Rellstab ein anschauliches Bild:

„Die dritte Vorstellung der Oper „Semiramis" war die letzte, in welcher Mlle. Sontag, die jetzt bereits unsere Stadt verlassen hat, auftrat. Die größere Spannung und Erhebung, die jeder feierliche Augenblick unseren Kräften gibt, schien auch auf das reiche Talent der Künstlerin zu wirken und sie zu einer, selbst unter ihren ungewöhnlichen Leistungen ungewöhnlichen Darstellung zu begeistern. Die ganze Auffassung und Durchführung ihrer Rolle gleicht einem schönen Strom mit reichen Ufern, der uns von seinem Quell bis zur Mündung immer neue Reize entwickelt. Ein fortwährender, lauter Beifall, oder jener höhere, der sich in der ängstlichen Spannung der Brust, die alle Hörer beherrscht und die tiefste Grabesstille erzeugt, kundgibt, zeugte davon: mit welcher Macht die Kunst jedes Herz durchdrang. Mit einer Art von Zagen sah man dem Schluß entgegen, wo uns dieser ergreifende Gesang vielleicht für immer verstummen, die schöne Darstellerin für immer von dem Schauplatze ihres mächtigen Wirkens verschwinden sollte. Der Vorhang fiel. Man wollte ihr noch einmal die ganze Begeisterung zeigen, die ihr Talent entzündet hat. Ein unbeschreiblicher Beifall ertönte und begleitete den tausendfach gerufenen Namen der Sängerin. Der Vorhang erhob sich wieder. Sie stand vor uns; ein Regen von Blumen und Gedichten überschüttete sie. Erst nach langer Pause sprach sie einige dankende Worte, aus denen wir am liebsten die Andeutung auffaßten, daß es nicht das letzte Mal sein möchte, wo uns die Künstlerin sich zeigt. Sie wollte abtreten. Da erschien Herr Bader mit einem Kranz in der Hand und richtete im Namen der Muse des Gesanges einige Worte an sie, während zugleich von der anderen Seite Mad. Wolff auftrat und ihr mit bedeutungsvoller Kraft auch die Huldigungen der Musen darbrachte, welche die darstellende Kunst be-schirmen. Die ganze anwesende Menge mußte diese Anerkennung, sowie die Wünsche und Huldigungen teilen, die in den herabflatternden Gedichten ausgesprochen waren. Zwei davon kamen uns zu Gesicht: Ein Sonett von Karl Schall, dem eine Koda angefügt war, in dessen Schlußworte:

> „Drum reiht sich, Königin im weiten Reich der Lieder,
> Ans herbe Lebewohl ein flehend: kehre wieder!"

gewiß jede mit dem Dichter einstimmt, — — — und eins von unbekanntem Verfasser, dessen ausgesprochenen Wunsch wir aufrichtig teilen, indem wir mit ihm der Künstlerin auf ihrer Bahn die Worte nachrufen:

> „Mag die Vergangenheit Dich süß bewegen,
> Die Zukunft lächle holder Dir entgegen!"

Der freigebige König hatte, um den Ertrag des Abends für die Benefiziantin zu vermehren, seine Loge wieder mit 400 Friedrichsdors be-zahlt und verehrte ihr überdies einen kostbaren Schmuckgegenstand. Nach der Vorstellung erschien Henriette auf einem ihr zu Ehren gegebenen Ball beim russischen Gesandten und eröffnete mit dem Intendanten Grafen Redern den Tanz.

Daß der Kultus, der in diesen Abschiedstagen von den Berlinern mit der schönen Sängerin getrieben wurde, den Protest kühlerer Köpfe wieder einmal herausforderte, beweist eine Stelle in einem Briefe Felix Mendelssohns an seinen Freund Ferdinand David: „Willst Du nun von der Sontag hören? Sie langweilt mich gar zu sehr, sie mag Gräfin Rossi sein oder nicht. Der Berliner nennt das Hotel de Russie, in dem sie wohnt, Hotel de Rossi, meint, sie sänge Bassini und dergleichen mehr, empfängt sie einmal kalt, einmal enthusiastisch und ist, was er war: nicht bei Troste." Vielleicht mag bei Mendelssohn ein wenig gekränkte Künstler-eitelkeit von dem gemeinsamen Londoner Aufenthalt her mit im Spiele ge-wesen sein.

Zwei junge Literaten, die anscheinend die Lorbeeren, die vor vier Jahren Ludwig Börne im deutschen Zeitungswalde mit seinem satirischen Sontag-Panegyrikus gepflückt hatte, nicht schlafen ließen, fühlten sich be-müßigt, die romantische Geschichte der schönen Sängerin nochmals in Form eines Pamphlets und eines satirischen Märchens abzuhandeln. Die Ver-fasserschaft des ersteren „Die Primadonna in Hamburg", das in zwei Heftchen unter dem Pseudonym Tobias Sonnabend (Hamburg 1830) erschien, wurde Heinrich Heine zugeschrieben, der in dem 2. Kapitel seiner „Reisebilder" auf den Streit, wer größer sei, die Schechner oder die Sontag? scherzhaft angespielt hatte. In einem Briefe an Varnhagen von Ense (Hamburg, den 30. November 1830) protestierte der Dichter indessen entschieden gegen diese Unterstellung:

„Hamburg, den 30. November 1830.

Hier ist unlängst ein Gedicht gegen die Sontag erschienen, das bis auf diese Stunde für meine Arbeit gilt; meine Manier ist bis aufs absichtlichste nachgeahmt, man hat diese Täuschung bis aufs ge-flissentlichste verbreitet, und viele Menschen sind wütend gegen mich — der ich stumm wie ein Fisch verharre. — Sie haben sich seitdem gegen die Autorschaft der verstorbenen Briefe*) verwahrt — ich habe herzlich gelacht über Ihre Not. Aber ich bitte Sie, lachen Sie nicht über die meinige, sie ist bedenklicher, und ich bedarf der Vorsorge, und bald."

Als Verfasser bekannte sich einige Jahre später August Lewald, der Heine damals nahe stand und sich mit seinen literarischen Produkten Heines Gunst und Befürwortung erfreute. In den „Aquarellen aus dem Leben" berichtet Lewald über die Entstehung des Pamphlets und des Gerüchts von Heines Autorschaft folgendes:

„Als die Sontag nach Hamburg kam, schrieb ich eine kleine Broschüre „die Primadonna in Hamburg". Die Art und Weise ihres Auftretens, zwei Ehrenkavaliere von der Berliner Garde, die sie begleiteten und sich wie närrisch gebärdeten, ein Hamburger Enthusiast, der sich vor seinen Mitbürgern lächerlich machte, alles dies gab Stoff zur Satire. Bald darauf verbreitete sich das Gerücht, Heine hätte eine Broschüre gegen die Sontag herausgegeben. Obgleich ich nicht daran gedacht hatte, das Publikum auf diese Vermutung hinzulenken, so wollten einige doch eine Ähnlichkeit mit der Heineschen Manier gefunden haben, und es ist sehr möglich, daß die Buchhandlung (Campe) selbst diese Meinung sehr bereitwillig unter- hielt. Heine war es nicht angenehm, wie man sich leicht denken kann; er tat aber nichts, den Wahn zu zerstören."

Wenn Heine in der Tat von einer öffentlichen Erklärung absah und sich auf die erwähnte briefliche Klage an Varnhagen und eine fast gleich= lautende zweite im folgenden Jahre beschränkte, so geschah es wohl nicht nur aus Rücksicht auf den ihm befreundeten anonymen Verfasser, sondern weil dem ungezogenen Liebling der Grazien die dreiste Parodie selber heim- lich Spaß machte und er Fleisch von seinem Fleisch und Blut von seinem Blut nicht nur in der äußeren Form erkannte. Die Dreistigkeit in der Verwendung Heinescher Versanfänge (z. B. „Sie saßen und tranken am Teetisch") ließ in der Tat nichts zu wünschen übrig. Einiges wirkt frei- lich recht flau und weit hergeholt. Anderes darf, wenigstens auf seinem Gebiete, als recht gelungen gelten. Als Probe möge die witzige Travestie

---

*) Das bekannte Werk des Fürsten Pückler-Muskau.

von Tells großem Monolog, „Durch diese hohle Gasse muß er kommen",
Platz finden:

Hier von der Drehbahn muß ihr Wagen kommen,
Es führt kein andrer Weg zum Jungfernstieg. —
Hier vollend' ich's. — Die Gelegenheit ist günstig.
Dort der Laternenpfahl verbirgt mich ihr,
Von dorten her soll das Gedicht sie treffen,
Das Kutschenfenster selbst schlag' ich ihr ein. —
Es muß schon längst halb zehn geschlagen haben. —
Nicht weiß ich's; meine Uhr ist abgelaufen.

Ich lebte still und harmlos — mein Talent
War auf der Bühne Menschen nur gerichtet,
Meine Gedanken waren rein wie Wasser —
Du hast aus meinem Frieden mich heraus
Geschreckt, in gärende Begeist'rung hast du
Die Milch der stillen Einfalt mir verwandelt,
Zum Ungeheuern hast du mich gebracht,
Denn wer sechs Mark für ein Billett einsetzte,
Der zittert auch für nichts mehr in der Welt.

Die armen Kindlein, die unschuldigen,
Das treue Weib, sie hungern nun daheim;
Indes ich, Sängerin! — den Beutel öffne —
Sechs Mark — als mir die Hand erzitterte —
Als mich der Stimme Silberton umfing,
Mich zwang, die baren Drittel hinzulegen —
Als ich mit Baumwoll' mir die Ohren stopfte. —
Damals gelobt' ich mir in meinem Innern
Mit hohem Eidschwur, den nur Gott gehört,
Daß meiner nächsten Verse erstes Ziel,
Du selber solltest sein — was ich gelobt
In jenes Augenblickes schweren Qualen,
Ist's eine heil'ge Schuld, ich will sie zahlen.

Du bist des Königs Kammersängerin,
Doch nicht der König hätte sich erlaubt,
Was du — er sandte dich in diese Lande,
Konzert zu geben — gleichviel wo und wie,
Doch nicht um des Gewinnes schnöde Lust,
Mit der Theaterdirektion zu brechen,
Es lebt ein Gott, zu strafen und zu rächen.

Auf diesen Eckstein hier will ich mich setzen —
Zu manchem Rendezvous schon oft erwählt. —
Denn hier ist's lebhaft — jeder treibt
Sich an dem andern rasch und schnell vorüber,
Und fragt nicht, ob er im Konzerte war.
Hier geht der Kaufmann und die Pilgerin,
Bald ein Ulan und bald ein Leiermann,
Der muntere Doktor und der reiche Jude,
Der Musikant mit seinem Saitenspiel,
Der ferne herkommt von den Tanzlokalen,
Denn diese Straße führt zu Dorgerloh. —
Sie alle ziehen fort zur süßen Ruh —
Zu ihrem Ziel — doch meines bist nur du! —

Ich laure auf ein edles Wild — Sechs Mark
Sind schon der Mühe wert, zu singen — Kinder!
Wie viele sangen dies und sangen jenes,
Und baueten Sonette und Terzinen,
Und machten manchen kühnen Wagesprung,
Wie viele hungerten dabei und sangen
Ein kleines Lied auf ein paar schöne Augen.
Hier gilt es einen köstlicheren Preis,
Die Sängerin, die alles übertroffen! —

Mein ganzes Leben hab' ich manchen Bogen,
Mit Versen vollgesudelt ohne Regel,
Ich habe oft geschossen weit vom Ziel,
Und konnte keinen Hund vom Ofen locken,
Doch heute will ich es einmal versuchen,
Den Meisterschuß zu tun — die Kutsche naht —
Schnell durch das Fenster — gut gezielt, Poet!
Nimm meine Huldigungen, Sangeswunder!
Zu deinen Füßen liegt der ganze Plunder! ³)

Während Tobias Sonnabend unter der Tarnkappe des Pseudonyms seinem Herzen Luft machte, trat Karl Herloßsohn, der vielseitige und fruchtbare, heute völlig vergessene Prager Schriftsteller und Journalist mit offenem Visier als Verfasser von „Hahn und Henne, Liebesgeschichte zweier Tiere", (Leipzig 1830) auf. Auch Herloßsohn hat diesen komischen Roman, in dem nach berühmten Mustern das Verwandlungs- und Seelenwanderungsmotiv mit wenig Humor und mäßigem

Witz zu einer Satire auf das Ehepaar Rossi, auf Höfe und Diplomatie, spekulative Buchhändler, eitle Mimen und pedantische Schulmeister benutzt wird, später von der Aufnahme in seine gesammelten Werke weislich ausgeschlossen. Mit der Sontag beschäftigt sich in der Hauptsache nur das fünfte Kapitel, in dem „Henn'riette" ihrem geliebten Hahn Graf Hahnenstein, ihre Lebensgeschichte seit ihrer Verwandlung erzählt. Die Nachahmung Rellstabs und Börnes ist offensichtlich, wie die nachstehende Probe beweisen möge: „Mein Einzig Geliebter! Wirst Du mich erkennen in diesem Bilde, in dem Bilde, welches ich von mir entwerfen will; wirst Du in diesen Zügen, dieser Umgebung Deine Henne wiederfinden? Als ich verwandelt wurde und mit des Lebens schönstem, höchstem Lose meine Prüfungslaufbahn beginnen sollte, hoffte ich, eines Königs Tochter zu werden, und — wurde eine Sängerin. Base Schlange sagte: Törichtes Kind — das höchste Weib in der Welt ist jetzt eine Sängerin; ich nenne Dich Henn'riette und Du bist mehr als Prinzessinnen uralten legitimen Geblütes, selbst mehr als eine, die die eigene Krone trägt, selbst mehr als jene, welche die katholischen Christen als Heilige verehren.

Höre mich! Ich kam zu einem kleinen Theater, ohne Empfehlungen, ohne bedeutenden Ruf; ich hatte nur meine Stimme, Geliebter! die Du wohl von einsamen Morgengesängen her kennst, und meine Schönheit, die einst Gnade vor Deinen Blicken gefunden, deren Du vielleicht noch wie eines süßen Traumbildes gedenkst. Mit diesen Eigenschaften betrat ich die Bühne, welche mehrere Juden auf ihre Kosten, und als eine Bereicherungsanstalt, gegründet hatten. — Ich gefiel: — die Weise, wie ich als Henne mich gebe, nannten sie süße Koketterie, wundersamen Liebreiz, himmlische Naivetät; die Törichten, sie nahmen das Tierische bei mir für die Hauptsache, wie sie auch alles Unmenschliche für Liebenswürdigkeit halten. Mein Gefallen überging bald in Enthusiasmus, man vergötterte mich, man wand mir sterbliche und unsterbliche Kränze, die öffentliche Achtung steigerte sich, so daß selbst Fürsten mich auszeichneten, als es verlautbarte, daß auch mein Lebenswandel ein unbescholtener, reiner sei; daß ich Auszeichnungen entsagt, schnöde Anträge mit Verachtung zurückgewiesen hatte O. es war leicht, es war ja allein meine Liebe zu Dir! — Wie sich in den Herbstmonaten das Schnupfenfieber oder bei uns im Frühling der Pips einfindet, so packte der Henn'rietten=Taumel die ganze Stadt; man brachte mir Serenaden, Fackelzüge, Feuerwerke, Prozessionen; es gab mir zu Ehren begeisterte und illuminierte Menschen, ich war das üppige Bild ihrer Träume im Schlaf, das Sehnsuchtsideal ihres Strebens im Wachen. — Die bildende Kunst verewigte meine Züge in tausendfachen Formen, in allen Rollen war ich die Göttliche, erschien ich eine Über- irdische. Hier sende ich Dir eines der gelungenen Bilder — kaum wirst Du mich wieder erkennen in dem seltsamlichen Modeschmucke. So stand ich in meinem Benefizkonzerte, zu welchem Billets zu erhalten beinahe ein paar kleine Fürsten mit ihren Armeen erschienen und in Streit geraten wären: — so stand ich vor dem Orchester. Das süß=zauberische Lächeln — wie sie es nannten, ach! es ist ja nur der Ausdruck, den ich stets habe, wenn ich singe — dies Herabspielen mit den Augen riß alles zur Beifalls- raserei hin, Christen und Juden schwammen damals in krampfhaften Lust- erregungen, und schienen einander zu lieben, einander zu vertrauen; mehrern Musikern entfielen die Instrumente, und der Dirigent unten wußte nicht, wo ihm der Kopf stand, und rief begeistert aus: „O ich bin ein großer Esel!" Er fand nämlich in seinem Entzücken keinen bequemeren Ausdruck. Im Triumphzuge geleitete mich das Volk nach meiner Wohnung; als der Jubel so, der blendende Fackelzug, die begeisterten Hymnen durch die Straßen flogen, da wurden Blinde sehend und weinten Tränen der Rührung, Taube hörten, Frauen kamen frühzeitig doch ohne Schmerzen nieder, und die steinerne Bildsäule selbst auf dem Brunnen des Ochsenplatzes gab, trotz dem daß die Röhren seit lange vertrocknet waren, ihr Wasser von sich. —

Die Anbetung zu mir steigerte sich aber noch, als es einzelne wagten, in Opposition gegen sie zu treten, als der Tadel sich erkühnte, mein heiliges Talent anzutasten. Da rüstete sich das Volk in Massen, die ganze Nation bereitete einen Aufstand, einen heiligen Krieg, um die Ehre ihrer Jungfrau zu retten. — Daß ich Anstand nahm, meinen Geburtsort anzugeben, kannst Du dir leicht denken, ich nannte bald diese, bald jene Stadt und ließ die Frage in Ungewißheit. Sieben große Städte usurpierten nun die Ehre, mein Geburtsort zu sein. Alle hatten gleichviel Beweise dafür, denn sie fanden ähnliche Namen in den Kirchenbüchern, keine wollte ihre Ansprüche aufgeben und so überzogen sie einander mit Krieg. Mein Herz blutete — die Menschen, deren Wahnsinn mich belustigt hatte, fingen nun an, mich zu dauern, wie uns das Taumeln eines Berauschten so lange belustigt, bis er nicht Schaden genommen, nicht mit dem Haupte gegen eine Wand gestürzt ist. Ein gelehrter Mann in M., der ebenso durch die Größe seines Kopfes und dessen verhältnismäßige Leerheit bekannt ist, fertigte sogar ein Stammregister an, wornach er meine Herkunft von der Königin Semiramis ableitete. — Ich lachte, mein geliebter Hahn! ich weiß am besten, von wem ich abstamme. —

Da, wie erwähnt, jener Nationalkrieg, an dem auch die Juden, die ihrerseits wieder behaupteten, ich stamme von Rahel ab und gehöre zu ihrer Nation, Teil nahmen, ausbrechen sollte, verließ ich mit Reichtümern beladen, das gute, gläubige Deutschland und eilte nach Paris. Mein Ruhm war mir vorausgeeilt, denn tausend Ruhmredner waren vor mir hingeflogen. Mir allein gelang es, die Ehre der deutschen Nation in den Augen der Franzosen zu retten, von diesem meinen Erscheinen an datiert die Achtung, welche die Gallier vor den Deutschen hegen; ich lieferte den Beweis, daß es auch in Deutschland Liebenswürdigkeit, Grazie, Koketterie, Begeisterung gebe. Die Franzosen ihrerseits wollten wieder, ich sollte die Ihrige sein; einige Franzosen behaupteten sogar keck, ich müsse durch einen Franzosen in das deutsche Ehebett meiner Mutter hineingepfuscht worden sein. —

Doch die Menschen sind oft dennoch schlechter, als ich sie mir vorstelle. Sie wagten es nun, da sie der Ruhm meiner Kunst, wenn sie ihm zu nahe traten, niederschmetterte, meine Ehre anzugreifen. Sie beschuldigten mich des Verlustes meiner Jungfräulichkeit, sie nannten mich Mutter. Zwar gab es noch einige wenige Gute, die da behaupteten, wenn es auch sei, so müsse es nur zum Heile der Welt geschehen; denn ich würde gewiß einen Halbgott, (die Juden meinten, den Messias) gebären. Doch war es ja nicht wahr, wie Du leicht begreifen wirst, mein Teurer — ich sollte einen Mann, sollte einen Menschen lieben — o schrecklicher Gedanke! Treu Dir bis zum Tode, ist mein Entschluß bis zum Tode. — Indessen gelang

Henriette Sontag
Nach einer anonymen Lithographie, London ca. 1828

es den wenigen Bösen nicht meine Tugend zu verdächtigen, denn eine neue
Nation rüstete sich, ihre Reinheit mit den Waffen zu vertreten. Meine
guten Deutschen, die ich verlassen, strömten herbei, rüsteten eine heilige
Schaar, ein Freikorps, Banner, kurz einen ganzen Befreiungskrieg aus
und schrien: „Nein! es ist nicht möglich, weil wir es nicht glauben wollen
— sie ist eine reine unbefleckte Jungfrau. In den Tod für Germanien und
Henn'riette." — Auch ein Kölnischer Karnevals-Almanach auf das Jahr
1830 stellte die gräfliche Sängerin in den Mittelpunkt seines „Narren-
theaters". „Die Szene verwandelt sich in einem gräflichen Saal auf dem
Schlosse Avenel, und Dlle. Sontag erscheint als Gräfin de Rossi in einem
weißen Kleide. Nach dem Duett verwandelt sie sich in ihre Lieblingsrolle
als Aschenbrödel und verschwindet schließlich unter Blitz und Donner.
Man hört ein dumpfes Gejammer von der Seine, Themse und Spree,
zahlreiche Sonette fliegen ihr als Schneeflocken nach, werden aber zu Wasser."

Daß die Gräfin Rossi diesen Anzapfungen irgendwelche Beachtung
geschenkt hat, ist uns, wenigstens durch ihre Briefe, nicht erwiesen. Sie
schwelgte vielmehr im Vollgefühl des doppelten Triumphes als Künstlerin
und Frau und trat, wenn ihr auch die längere Trennung von dem nach
Brüssel auf seinen Posten zurückkehrenden Gatten schwer fiel, im Vertrauen auf ihren guten Stern die große Konzertreise an, die sie bis ins
Herz des Zarenreiches führen sollte. Die von König Friedrich Wilhelm
dem Turiner Hofe bekannt gegebene Absicht, Henriette nachträglich in den
preußischen Adelsstand zu erheben, hatte, wie sie ihrem hohen Gönner dank-
erfüllt schrieb, die Auffassung der Dinge dort sehr zu ihren Gunsten gewendet. In Warschau sowie in den russischen Hauptstädten brauchte sie
sich über ihre Aufnahme nicht zu beklagen und fühlte sich für die Strapazen
der Fahrt reichlich entschädigt. Frohen Mutes schrieb sie der alten Prager
Freundin: „Daß ich unterdessen viel Gold und Lorbeeren eingeerntet habe,
versteht sich von selbst, denn umsonst macht man diese Reise nicht." Über
Königsberg und Hamburg kehrte sie aus Petersburg im Oktober 1830 zu
Rossi nach dem Haag zurück. Ihre Feinde am Turiner Hofe gedachten
jetzt den letzten Vorstoß gegen den unbequemen Eindringling zu unternehmen, um die in ihren Augen unverzeihliche Mesalliance vor den Augen

der Welt möglichst zu verbergen, oder aber den Grafen zu einer Scheidung seiner Ehe zu bestimmen. Carlo Alberto, der nach langjähriger Regentschaft 1830 den sardinischen Königsthron bestiegen hatte, schenkte den Einflüsterungen, daß eine ehemalige Theaterdame als die Gattin seines Vertreters in einer der europäischen Hauptstädte unmöglich sei, Gehör und unterzeichnete ein Dekret, durch welches Rossi als Geschäftsträger nach Rio de Janeiro versetzt wurde. Das bedeutete Ungnade und Verbannung in schlimmster Form. Schon wurde in von der gegnerischen Partei lanzierten Zeitungsnotizen der Tag der Einschiffung in Neapel bekannt gegeben,[2]) da gelang es dem verzweifelten jungen Ehemann, indem er die Jugenderinnerungen, die ihn mit Carlo Alberto verbanden, heraufbeschwor, und sich auf Henriettes königlichen Gönner in Berlin berief, das drohende Schicksal endgiltig abzuwenden. Unterm 22. August 1831 unterzeichnete Friedrich Wilhelm das versprochene Adelsdekret für Henriette. In den offiziellen Wortlaut: „Seine Majestät der König haben der Gertrude Wallpurga, Johanna Henriette Sontag, vermählten Gräfin Rossi, unter dem Namen von Lauenstein den Adelsstand zu erteilen geruht und die Ausfertigung des desfallsigen Diploms befohlen", hatte der Monarch den Zusatz: „Um derselben einen Beweis unseres gnädigsten Wohlwollens zu geben" eigenhändig hineinkorrigiert und außerdem die stempelfreie Ausfertigung und Niederschlagung der Kanzleigebühren bis auf die unerläßlichen angeordnet. Dankerfüllten Herzens unterschrieb sich die also Erhöhte in ihrem Immediatschreiben vom 7. November 1831 zum erstenmal als Henriette Rossi — von Lauenstein. Wohl oder übel mußten die adelsstolzen Verwandten am Turiner Hofe das ehemalige Theaterkind wenigstens vor der Welt als eine ebenbürtige fortan gelten lassen.[3])

X. Kapitel.

In seiner 1851 veröffentlichten Biographie der Gräfin Rossi schreibt Theophil Gautier: „Nur ein Balzac, der tiefe Analytiker und Meister der Nuance, könnte die diffizile Metamorphose der femme du théâtre in die

femme du monde schildern." Er selber charakterisiert indessen mit vieler Feinheit und namentlich wenn man die damaligen gesellschaftlichen Anschauungen
in Betracht zieht, wohl zutreffend die eigentümliche Lage einer gefeierten
Bühnengröße, die plötzlich infolge ihrer Heirat Anspruch darauf macht,
von den Damen der Gesellschaft als gleichberechtigte behandelt zu werden:

„Elle peut demander tout ce qu'elle voudra, en restant dans
son lyrique empire, assise sur son trône d'ivoire d'or; mais qu'elle
essaie de franchir la limite, d'aller prendre place dans la salle,
à côté d'une de ces femmes qui l'applaudissent jusqu' à briser leurs
gants blancs, et qui arrachent, pour les lui lancer, les bouquets de
leur sein, comme on changera! quelle mine hautaine et fière pren-
dront ces admiratrices de tout à l'heure! quelle réserve glacée,
quelle politesse insultante, quelle démarcation profonde, subitement
creusée! une bise polaire succède au souffle chaud de l'enthou-
siasme; les frimas remplacent les fleurs; l'idole n'est plus même une
femme, cest une e s p è c e."

„Une prima donna obtiendra tout sur la terre, hormis une chose:
pour un sourire, pour un clin d'oeil; pour une perle de son collier
de notes, pour une feuille de rose de son bouquet elle aura des
guinées, des roubles, des liasses de billets de banque, des palais
de marbre, des équipages à faire envie aux rois; les héritiers des
races antiques lui donneront les châteaux de leurs ancêtres et feront
marteler le blason de leurs pères pour y substituer son chiffre;
mais ce qu'elle n'aura pas, ce qu'elle n'aura jamais, c'est un quart
d'heure d'entretien au coin de la cheminée, sur un ton ni trop poli
ni trop familier, sur un pied d'égalité avec une grande dame, une
femme h o n n e t t e."

Der neugebackenen Gräfin Rossi gelang es, ihren brieflichen
Schilderungen zufolge, im Haag sehr rasch, diese trennenden Schranken zu
durchbrechen: „Ordnung und Ruhe und besonders Zufriedenheit", schreibt
sie unterm 17. Juli 1831 der Andree, „herrscht in meinem Hause. Man
hat sich hier sehr gewundert, in dem verwöhnten Kind der Musen eine
tüchtige Hausfrau zu finden und eben dieses Verfahren hat mir gleich die

Achtung aller Damen zugezogen." Im September desselben Jahres sah sie zum zweitenmal Mutterfreuden entgegen. „Jette", berichtet die bei der Schwester zu Besuch weilende Nina der Prager Freundin, „ist selig in dem Gedanken, ihre Familie bald vermehrt zu sehen. Ihr Mann teilt ihr Glück von ganzem Herzen, denn sie lieben beide die Kinder unmenschlich. Er ist auch eben so gut wie sie, also können Sie sich wohl vorstellen, daß sie glücklich sind." Im selben Sinne berichtete die treue Zofe Jette Macco der Andree über das Eheglück ihrer Herrin und bekannte, den alten Spruch, daß niemand vor seinem Kammerdiener ein großer Herr sei, Lügen strafend. „Man muß sie (Henriette) so beobachten können, wie ich, um sie so lieben und verehren zu können, nein, zu müssen, wie ich." Voll stolzer Mutter= freude schildert die Gräfin den Freunden im Berliner Tiergarten den am 17. September 1831 geborenen Stammhalter, der in der Taufe den Namen Alexander empfing: „Dieser kleine Engel fehlte mir noch. Er ist das Ebenbild des Vaters, der ihn anbetet und den ganzen Tag herumschleppt." Ihr einziger Kummer war, daß sie wegen nervöser Erschöpfung das Kind einer Amme anvertrauen mußte. Im Oktober 1832 schreibt sie voll reinsten Mutterglücks: „Mein Alexander, der am 17. September ein Jahr wurde, hat den Erwartungen ganz entsprochen. Er ist ein kleiner Herkules und ebenso schlimm als dick und groß. Er fängt schon an, recht hübsch zu laufen und macht uns tausend Spaß." Scherzend verriet sie, daß sie ihrem Schelm bald einen Spielkameraden zu geben hoffe: „Die Mädchen kommen immer noch früh genug" und in der Tat brachte sie am 11. Dezember wieder ein Söhnchen, Camillo, zur Welt. Im glücklichen Gefühl ihrer Geborgenheit bedeutete die Erinnerung an ihre ersten Herzensregungen ihr kein schmerzliches Aufreißen alter Wunden: „Sehen Sie meinen alten Jugendfreund Eduard bisweilen? Macht er recht viel dumme Streiche? fragt sie scherzend die Andree nach dem Grafen Klam=Gallas. Und Lord Clamwilliam muß auf ihren dringenden Wunsch der alten Dame gegen= über sich endlich als der Spender der regelmäßig gesandten Unterstützung bekennen. „Der Lord", schreibt sie, „ist von einem Zartgefühl, wie ich es selten bei Männern gefunden." Im November 1834 wurde die Familie um die erste Tochter, Marie, vermehrt. „Meine schönste Hoffnung", schreibt Rossi der Mutter Sontag, „ist, Ihnen vielleicht bald die Engelchen in die Arme zu legen und mich an Ihrem Entzücken zu weiden." Die Ernennung des Grafen zum Gesandten am Bundestage brachte 1835 die Übersiedelung in die Mainstadt mit sich. Henriette gefiel es in den Frankfurter diplomatischen Kreisen nicht sonderlich. „Die Bundestagsdamen", meinte sie, „können sich nicht recht vertragen." Besser behagte ihr der Verkehr in den gast= und kunstfreundlichen Salons der Baronin Rothschild, deren Neigung sie sich auf einem Wohltätigkeitskonzert, indem sie der einen Einsatz verfehlenden ehrgeizigen Dilettantin mit geschickter Deckung zu Hilfe kam, gewonnen hatte. Und besonders freute sie sich auf den Sommeraufenthalt in Baden=Baden, wo auch die ungarischen Verwandten Rossis, die ihr von vornherein wohlgesinnt gewesen, sich einstellten. Angesichts des eigenen Familienzuwachses empfand sie die noch immer auf ihr lastende Sorge für Mutter und Geschwister freilich drückend. Die auf die Adoption der beiden Stiefbrüder abzielenden Unterhandlungen mit Cristelli hatten zu keinem Ziele geführt, und Mutter und Schwester hielten in keinem Engagement aus. König Friedrich Wilhelm hatte, sein Wohlwollen auch auf die jüngere Schwester erstreckend, trotz des 1827 geschlossenen Kontraktes auch Nina während der Jahre 1828 bis Mitte 1830 Urlaub erteilt, der ihr die Reisen nach Paris und London ermöglichte. Im Oktober 1829 hatte sie auf der Aachener Bühne als Henriette in Aubers „Maurer und Schlosser" und in der recht ansehnlichen Rolle der Myrrha im „Unterbrochenen Opferfest" mit Beifall debütiert. „Man prophezeit mir", schreibt sie ihrer mütterlichen Frau Justizrätin, daß ich nach noch einer gelungenen Probe für den Liebling des Publikums gelten würde." In der Tat hatte man ihr in der Folge auch die Emma in Spontinis Oper Milton, das Röschen in Spohrs Faust und die Elvira in Aubers Stummen von Portici anvertraut, in welcher Rolle sie sich am 14. Februar 1830 von der Aachener Bühne verabschiedete, da ihre zarte Gesundheit sich den Anstrengungen eines regelmäßigen Auftretens nicht gewachsen zeigte. Sie folgte der Schwester nach Berlin, wo Henriette nochmals den Versuch machte, Nina an ihrer Seite beim Publikum einzuführen. Sie durfte in der Aufführung der Weißen Dame in der kleinen Rolle der Pächterin auftreten, aber Publikum und Kritik erwiesen sich der jüngeren Dlle. Sontag wiederum wenig günstig. Am gerechtesten urteilte noch Rellstab über die Gründe dieses Mißfallens und die Schwierigkeiten, mit denen die jüngere Sontag zu kämpfen hatte. „Dlle. Nina Sontag hat zum hauptsächlichsten Gegner ihren Namen, da das Publikum sich gewöhnt hat, daran den Gedanken einer außerordentlichen Erscheinung zu knüpfen, und sich daher mit einem angenehmen Talent nicht genügen lassen will. Indessen muß das billige Urteil der jungen Sängerin die Gerechtigkeit widerfahren lassen, daß sie auf die Ausbildung ihrer Mittel mehr verständigen Fleiß gewendet hat, als manche viel glücklicher begabte Sängerin, und daß, wenn die sehr natürliche Befangenheit derselben sich erst vermindert, gewiß auch Stärke und Klang ihrer Stimme gewinnen wird. Sie sang und spielte die kleine Partie mit Anmut und Fleiß und besonders verdient das Duett mit Georg einer lobenswerten Erwähnung: eine Meinung, die der Beifall des Publikums bestätigte. Wir zweifeln nicht, daß die junge Künstlerin sich für die Operette, der ein kleineres Haus zusagt, sehr angenehm ausbilden kann. Wie ungerecht erscheint aber die roh manifestierte Opposition, die sich bei einer anspruchslosen Rolle, die wir niemals besser besetzt gesehen, geltend macht, zumal da man ihr anmerkt, daß nicht der Kunsteifer sie veranlaßte!"

Henriette versuchte noch während ihrer Konzertreise durch einen Brief an Louis Spohr Mutter und Schwester zu einem Engagement am Kasseler Hoftheater zu verhelfen:

Lieber Spohr!

Da die fortgesetzte Ausbildung der wirklich glücklichen Anlagen meiner Schwester Nina mir so unendlich wichtig ist, und es so sehr mit ihren Wünschen übereinstimmt, unter Ihrer Leitung sich einige Zeit zu vervollkommnen, so würde es mich sehr glücklich machen, wenn sie während der Zeit ihres Urlaubs im Monat August und September mit meiner Mutter zugleich Gastrollen in Cassel geben könnte. Ihrer Verwendung empfehle ich diesen Lieblingswunsch von uns allen und rechne um so mehr auf dieselbe, da ich glaube, daß er dem Interesse der Direktion nicht entgegen ist, indem meine Mutter das Fach der

Mütter und Anstands-Damen gut ausfüllt und Nina die Rollen der Aschenbrödel, Myrrha, Zerline, des Pagen in Figaro usw. usw. einstudiert hat.

Mit der ausgezeichnetsten Achtung und dem unbedingtesten Vertrauen in Ihr Wohlwollen bin ich

Ihre

ganz ergebene

Henriette Sontag.

Warschau, den 21. Juni 1830.

Das gewünschte Gastspiel kam indessen nicht zustande. Franziska Sontag bot sich dafür Gelegenheit, im September im Stuttgarter Hoftheater aufzutreten, und sie richtete von dort aus an die Berliner Intendanz die Bitte um Verlängerung des Nina erteilten Urlaubs mit der Motivierung, daß die Tochter zur Kräftigung ihrer Stimmmittel nochmals bei einem tüchtigen Meister in die Lehre gehen solle. Graf Redern willigte nicht nur ein, sondern bemerkte wohlwollend, er werde sich freuen, wenn die junge Künstlerin Fortschritte mache. Als sich der Mutter ein Engagement in Breslau bot, siedelte Nina mit ihr herüber und richtete nach Ablauf der ihr bewilligten Frist aufs neue an die Berliner General-Intendanz die Bitte, „sich wegen der in Berlin herrschenden Cholera der Hauptstadt fern halten zu dürfen." Mit naiver Großmut erklärte sie, auf die durch des Königs Gnade ihr bislang gezahlte Gage ab Ende September 1831 verzichten zu wollen. Graf Redern, der mit der so wenig zuverlässigen Sängerin schon längst nicht mehr rechnete, antwortete, daß er sie gern völlig frei geben wolle, worauf Nina erwiderte, daß diese Lösung ganz ihren Wünschen entspreche, denn sie habe als Myrrha, Berta im „Schnee", Hannchen in Jokonde und anderen Rollen glücklich gastiert und wolle ab November ihr Engagement in Breslau antreten. Der König genehmigte darauf unterm 9. Oktober 1831 Ninas formelle Entlassung aus dem Verbande der Kgl. Theater. — Im Sommer des nächsten Jahres war sie wieder im Haag, wo Henriette die Schwester „erstaunt verändert fand." „Sie sah aus wie ein Schatten und ihre Nerven waren in einem furchtbaren Zustande."

Irgend eine Herzensaffäre, über die das verschlossene junge Mädchen auch der Schwester gegenüber Schweigen beobachtet zu haben scheint, hatte sich abgespielt. An ihrer künstlerischen Zukunft schien sie allmählich zu verzweifeln. Wie in Breslau, so vermochte sie sich auch in Kassel, wo sie 1833 in den Verband des neugegründeten Hoftheaters als dritte Sängerin aufgenommen wurde, und in Oldenburg und Leipzig nicht zu halten. Auch der Mutter Sontag wollte es nicht mehr gelingen, dauernd an einer Bühne festen Fuß zu fassen. Ihre Ansprüche steigerten sich, sie zeigte eine früher nicht gekannte Empfindlichkeit und glaubte, als Mutter einer Exzellenz auf besondere Rücksicht Anspruch zu haben. Es fehlte auch nicht an gelegentlichen mokanten Bemerkungen über die Schwiegermutter des Botschafters auf den Brettern. So hielt es das Ehepaar Rossi für das beste, durch freiwillige Erhöhung der bisher der Mutter gezahlten Unterstützung Frau Franziska zum endgiltigen Verzicht auf die Bühnentätigkeit zu bestimmen. Sie willigte ein, ihren Wohnsitz nach Dresden zu verlegen und sich ganz der Erziehung ihres jüngsten Sohnes Karl und dem Erteilen dramatischen Unterrichts zu widmen. — Im übrigen hatten diese infolge der Sorge um Mutter und Geschwister gelegentlich aufsteigenden Wolken den heiteren Ehehimmel des gräflichen Paares nicht trüben können. „Papa", schreibt Henriette scherzend aus Frankfurt 1836, „betet seine Kinder an, und da doch eines in der Menage der Wauwau sein muß, bin ich die strenge, d. h. die, die Kraft und Festigkeit besitzt, dem kleinen Völkchen zu widerstreben. Deshalb kann ich mir doch schmeicheln, daß mich die Kinder sehr lieben, mir aber auch auf's Wort gehorchen. Mein Mann ist die Perle aller Männer und täglich, ja stündlich danke ich der Vorsehung für so viel Segen."

Im März 1838 kündigte sich eine neue Wendung ihres Geschickes an. Statt, wie er wünschte und erwartete, von Frankfurt in den Haag zurückberufen zu werden, erhielt Graf Rossi das Patent seiner Ernennung zum sardinischen Botschafter in Petersburg. „Ich muß", schrieb Henriette einer Freundin, „meinen ganzen Mut zusammen nehmen, um die Angelegenheit von der günstigen Seite zu betrachten. In mancher Hinsicht ist diese Ernennung zweifelsohne sehr glänzend, hat aber auch ihre Schattenseite. Zunächst das Klima und dann die Kostspieligkeit des dortigen Auf-

enthalts. Die dortige Stellung hat den Vorzug, als ein Turiner Bot=
schafterposten zu gelten, obgleich die Bezüge nicht hinlänglich den in
Petersburg gestellten Anforderungen entsprechen. Die Russen meinen je=
doch, daß wir bei unserer Ordnung und Sparsamkeit auskommen werden.
Meine Kinder sind gottlob stark und gesund, und die Ärzte hoffen, daß
das Klima ihnen nicht schaden wird. Im Gegenteil. Wir sind geneigt
zu glauben, daß diese neue meinen Gatten betreffende Verfügung von
St. Petersburg ausgegangen ist, da von Seiten unserer Regierung ein
solcher Wechsel kaum anzunehmen ist. An meinem Teil weiß ich nicht, ob
ich mich freuen oder mich beklagen soll. Petersburg ist ein recht unruhiger
Ort, wo man in einem Wirbel lebt, und ich habe mich durch die vier
Jahre im Haag und die anschließenden drei Jahre in Frankfurt an ein
recht ruhiges, häusliches Leben gewöhnt. Mein Mann reist am 15. April
nach Turin, wo er sich einen Monat aufzuhalten gedenkt. Für Ende Juli
planen wir unsere Einschiffung in Lübeck nach Petersburg."

In Rußlands Eis,	Sanft aufzutauen:
Glühn ihre Töne,	In Nordens Nacht
Die seltne Schöne,	Strahlt Südens Glut;
Fürwahr, sie weiß	Das Alles tut
Auch kalte Auen	Der Liebe — und des Liedes Macht.

So hatte Holtei einst die Sontag als Kathinka in der Oper „Der Liebe
Macht" ansingen. Die russische Gesellschaft, der galante Zar Nikolaus
an der Spitze, war bemüht, den Dichtertraum wahr zu machen und
„Madame la Comtesse de Rossi-gnol" als Frau und Künstlerin aus=
zuzeichnen. Mit dem Gedanken, einen so erlesenen Singvogel an seinem
Hofe zu haben, aber ihn aus Gründen der Etikette nicht öffentlich hören
zu dürfen, war der Selbstherrscher aller Reussen durchaus nicht einver=
standen und gab in Turin deutlich zu verstehen, daß ein Auftreten der
Frau Botschafterin auf speziellen Wunsch des russischen Kaisers durchaus
nichts Entehrendes und mit der Stellung Unvereinbares sei. Und um dieser
Anschauung Nachdruck zu verleihen, zeichnete der Monarch die Künstlerin
ostentativ vor der ganzen Hofgesellschaft aus, indem er sie, nachdem sie in
einem Galakonzert zum Besten des Invalidenfonds, zu dem die Eintritts=

karte 25 Rubel koſtete, unter ungeheurem Beifall geſungen hatte, an ſeinem Arm in die kaiſerliche Loge führte. Auch als Lucia von Lammermoor und Somnambula trat ſie im Hoftheater auf. Die Paſta, die, ſchon eine völlige Ruine, in der Saiſon 1839/40 ſich nochmals in Petersburg hören ließ, diente Henriettes Leiſtungen nur als Folie. Im Sommer lebte das gräfliche Ehepaar nach Petersburger Gepflogenheit in einer Datſche, wo Henriette mit den Nachtigallen um die Wette ihren Gäſten vorſang. Noch von der Erinnerung an jene Petersburger Tage ganz begeiſtert, berichtete 1857 ein Anonymus im Stuttgarter Morgenblatt: „Schuberts Ave Maria, mit franzöſiſchem Texte, eigens von Lamartine dazu gedichtet, von der Gräfin Roſſi in ihrem Salon geſungen, nur von ihrer Familie und den älteſten Freunden umringt, das war ein Gebet, das den ehernen Himmel der Griechen ſprengen konnte.“ Mehr aber als durch alle Auszeichnungen, die ſie als Frau und Künſtlerin in der großen Welt erfuhr, fühlte ſie ſich durch ein ſtilles Glück im Familienkreiſe befriedigt. Zwei 1838 und 1839 geborene Kinder wurden der Mutter zwar ſchnell wieder entriſſen, dafür gediehen die drei älteren um ſo mehr zu der Mutter Freude. „Der Himmel,“ ſchreibt ſie 1840 dankbar der Andree „hat mich ſo reich geſegnet. Wodurch ich ſo viel Glück verdient habe, weiß ich ſelbſt nicht, all das herrliche, glänzende Leben, welches mich hier umgibt, gebe ich mit Freuden für ein einziges Buſſerl meiner lieben Kinderchen hin.“ Doppelt erheiternd wirken gegenüber ſolchen ungeſchminkten Bekenntniſſen die angeblichen Klagen und Bonmots, die damals in den Kreiſen der ehemaligen Ver= ehrer der Sängerin kolportiert und auch in der Preſſe verbreitet wurden. So ſollte Henriette ihrer Lehrerin Czejka, die ſie in Petersburg beſuchte, in Tränen gebadet auf ihre Frage, ob ſie ſich glücklich fühle, gebeichtet haben: „Ich bin eine entweihte Künſtlerin, die ihr Gelübde gebrochen! die Kunſt verſtößt mich, die ich verraten habe, und ihr zürnender Genius verfolgt mich wie ein Rachegeſpenſt.“ Wie die Dinge in Wahrheit lagen, beweiſt folgende Stelle aus einem Briefe der Czejka aus Petersburg an die Andree 1842: „Als Künſtlerin unerreicht, als Frau hochgeſtellt, geliebt von ihrem Carlo, hat Henriette das höchſte Erdenglück erreicht. Gott erhalte es ihr und ſchütze ſie, ſie verdient es!“

Schon längst hatte die Czejka den Wunsch gehabt, durch die Protektion ihrer einstigen Schülerin in London, Paris oder Berlin Gelegenheit zum Erteilen von Musikunterricht in reichen Familien zu erhalten,
aber Henriette hatte, da sie die Charakterfehler ihrer von Gläubigern und
Schulden und einem trotz ihrer Jahre liebebedürftigen Herzen in gleichem
Maße geplagten einstigen Lehrerin nur zu gut kannte, die Verantwortung
einer solchen Empfehlung trotz aller Dankbarkeit für die Czejka nicht übernehmen wollen. Jedoch jetzt in Petersburg, als sie in dortigen Adels-
kreisen häufig mit der Bitte um Empfehlung einer tüchtigen deutschen
Gesangsmeisterin angegangen wurde, und da die brieflichen Klagen der guten
Frau, daß sie mit ihrem Einkommen von 600 Talern jährlich unmöglich
auskommen könne, immer herzzerreissender klangen, sandte sie das Reisegeld
für die Fahrt von Lübeck an die Newa, die sich für die der Seefahrt ungewohnte Böhmin recht beschwerlich gestaltete. Aber alle Leiden wurden,
wie die Czejka der Andree schrieb, in der Freude des Wiedersehens vergessen: „Am Abend kommt mein Engel Rossi ins Hotel, wir weinten und
lachten, der Empfang war überschwenglich." Um ihre Güte voll zu machen,
hatte Henriette der alten Freundin nicht nur eine völlig eingerichtete
Wohnung von fünf Zimmern auf ihre Kosten besorgt, sondern auch dem
Sohne der Czejka eine Stellung als Buchhandlungsgehilfe verschafft und
Olga, die Tochter, als Gespielin für ihr eigenes Töchterchen ausersehen.
Dank der gewichtigen Empfehlung der Frau Botschafterin öffneten sich der
alten Gesangsmeisterin die kaiserlichen Gemächer, wo sie die Großfürstinnen
unterrichten durfte, und die Salons und Geldbörsen der reichen russischen
Aristokratie, so daß die vom Schicksal bislang nicht verwöhnte Künstlerin
bald über ein jährliches Einkommen von 10—12 000 Rubeln und dank
der Freigebigkeit der Gattin des sprichwörtlich reichen Grafen Scheremetjew
sogar über eine eigene Equipage verfügte. — Den Sommer 1841 brachte
die Gräfin Rossi auf Schloß Malatzka in Österreich im Kreise ihrer an-
geheirateten gräflichen Verwandten Palfy-Esterhazy zu. Der Sommer des
nächsten Jahres sah sie in Marienbad, wo ihr indes der Kuraufenthalt
durch die Erkrankung ihres ältesten Söhnchens an den Masern vergällt
wurde. Es stand damals fest, daß das Ehepaar nicht mehr nach Petersburg

zurückkehren würde. Henriette sah, wie sie der Prager Freundin anvertraute, dem Fortzug aus der russischen Hauptstadt mit gemischten Gefühlen entgegen. „Wäre es weniger kalt und teuer in Petersburg, möchte ich gern mein Leben dort beschließen, die Menschen tragen mich auf den Händen." Ende des Jahres fielen die Würfel der Entscheidung und kündigten, sehr wider der Gräfin Wunsch, die Versetzung Rossis als Gesandter des Turiner Hofes in Berlin an. Henriette ahnte nicht nur instinktiv, sondern wußte, daß man ihr in den Salons der dortigen vornehmen Welt das Leben nach Kräften sauer machen würde.

XI. Kapitel.

Die Gräfin Rossi sollte sich in ihrer Vermutung nicht getäuscht haben. Bald nach ihrer Ankunft bemerkte Varnhagen von Ense in seinem die Vorgänge im damaligen Berliner Gesellschaftsleben getreulich wiederspiegelnden Tagebuch (1843): „Die Sontag in Berlin kalt aufgenommen. Die stolzen Hofweiber wollen in der Gesandtin immer noch die Sängerin sehen. Man meint, sie würde schwer dagegen aufkommen, sie müßte denn ein großes Haus machen und ihren Gesang zu Hilfe nehmen." Die im Winter nach der Übersiedelung des gräflichen Ehepaares erfolgte Geburt des jüngsten Kindes, einer Tochter, legte der gesellschaftlichen Betätigung der Mutter freilich zunächst Schranken auf. Henriette hatte den Familienzuwachs diesmal mit geteilten Empfindungen begrüßt: „Kinder", schreibt sie der Mutter, „kosten viel Geld und Sorgen. Nun, wie Gott will und wenn ich das kleine Wesen nur erhalte. Es ist das siebente, wovon drei begraben sind".

Über die pädagogischen Interessen, die die Gräfin in jenen Jahren betätigte, besitzen wir ein interessantes Zeugnis in den Aufzeichnungen A. L. Luas, des Hauslehrers ihres jüngsten Sohnes. „Ihr Familienleben", schreibt Lua, „war ein Heiligtum, geschaffen durch die Tiefe und Reinheit ihres Gemütes und den hohen Adel ihrer Seele. Wem es vergönnt gewesen, dieses Heiligtum kennen zu lernen, dem wird es auch zum Bewußtsein gekommen sein, daß der Ruhm der Künstlerin, mit dem sie die beiden

Hemisphären erfüllt hat, in den höchsten weiblichen Tugenden des Geistes und Herzens wurzelte. Mir ist das Glück zu Teil geworden, fünf Jahre lang der Genosse des Familienlebens zu sein, welches in einer mit allen Reizen des irdischen Daseins geschmückten Umfriedung seine Weihe durch die sanfte Wärme und das Licht solcher Tugenden empfing."

Lua, der im Hause des Philosophen Michelet unterrichtete, scheint kein Orbilius plagosus, sondern einer jener seltenen Lehrer gewesen zu sein, die es mit angeborenem Geschick dahin bringen, daß ihre Schüler sozusagen spielend lernen und mit Lust und Liebe, nicht aus Furcht vor Strafe, bei der Sache sind. Die Gräfin Rossi wohnte dem Unterricht ihres jüngsten Sohnes Luigi und der Kinder befreundeter Familien, der abwechselnd bei Michelet und in anderen Privatwohnungen erteilt wurde, häufig bei und überzeugte sich von der glücklichen Methode des jungen Lehrers. „Eine Mutter", bemerkt sie einmal, „hat keine andere Pflicht, als für die Erziehung ihrer Kinder zu sorgen; diese Sorge würde aber nutzlos sein, wenn sie blind und ohne jegliche Kenntnis Zeit und Kräfte verzehrte. Die in der kleinen Wanderschule angewandte Unterrichtsmethode empfiehlt sich dadurch, daß sie nicht etwa nur Kenntnisse einzupfropfen sucht, sondern in sokratischer Weise die Entwicklung der Geisteskräfte und die freie Selbsttätigkeit der jungen Menschennatur bezweckt. Dadurch ist jede Langweiligkeit des Unterrichts verbannt. Der Schüler empfindet denselben als ein Amüsement, während es doch sonst nur zu häufig vorkommt, daß lebhaften Knaben der erste Unterricht ein wahrer Horreur ist. Mein Luigi wartet jeden Tag mit Begier auf die Stunde. Kein Spiel, kein ihm ge= botenes Vergnügen läßt ihn den Anfang derselben vergessen oder würde vermögend sein, ihn von derselben zurück zu halten. Seinen Papa unter= hält er in der Regel während der Erholungsstunden von dem, was er lernt, und bei Tische bringt er es nicht selten dahin, durch die Erzählungen über seine Erlebnisse die kleine Wanderschule zum Gegenstande der Unter= haltung zu machen." Daß ihr Interesse an diesen Unterrichtsstunden nicht bloß die Augenblickslaune einer nach neuen Anregungen haschenden Welt= dame war, beweist der Umstand, daß die Gräfin, als der Schulzirkel bei Michelet sich auflöste, an die Mütter der übrigen Schüler mit dem Vor=

schlag herantrat, in dem Hause der sardinischen Gesandtschaft, das sich an der Ecke der Dorotheen- und Georgenstraße (an der Stelle des heutigen Zentral-Hotels) befand, ein ständiges Schullokal einzurichten. . . . . . „Mein Hotel", sagte sie, „befindet sich in der Mitte der Stadt; dadurch ist für keinen der Knaben der Schulweg zu weit. Das Zimmer, welches ich zu diesem Zweck hergeben kann, liegt ruhig, ist hell und geräumig und zu einer Schulstube wie geschaffen. Dazu kommt, daß der Garten und Park hinter meinem Hause den Knaben während der schönen Jahreszeit in den Unter- richtspausen den schönsten Raum zum Spiel und zu körperlicher Be- wegung bieten."

„Die Damen", erzählt Lua weiter, gingen sämtlich auf den Vorschlag ein. Sie ließ nun auf ihre Kosten einen großen Schultisch, Bänke und eine große Tafel anfertigen, kaufte Landkarten, Globen, Bilder für den Anschauungsunterricht und was nur irgend an Lehr- und Lernapparaten nötig war. Unter diesen Verhältnissen konnte die Zahl der Schüler bis auf dreizehn erhöht werden.

Nachdem der Unterrichtsplan von dem gräflichen Ehepaar genehmigt worden war, trat die Privatschule ins Leben. Die Gräfin hatte sich den anderen Damen gegenüber verpflichtet, persönlich die Aufsicht zu führen, und kam diesem Versprechen mit großer Gewissenhaftigkeit nach. Fast täglich erschien sie in den Unterrichtsstunden, verschaffte sich von den Fort- schritten der einzelnen Schüler genaue Kenntnis und wußte bei den Eltern derselben, mit denen sie einen lebhaften Verkehr im Interesse der Schule unterhielt, die regste Teilnahme dafür zu erwecken und wach zu halten. Damit aber die Eltern aus eigener Anschauung ein Urteil über die Fort- schritte ihrer Kinder zu gewinnen imstande wären, so mußte alle zwei Monate in deren Gegenwart eine Prüfung stattfinden. Im Laufe der Zeit nahm diese den Charakter einer häuslichen Festlichkeit an. Die Prüfungen fanden in dem großen Saale des Gesandschafthotels statt und wurden nicht nur von den Eltern und Angehörigen der Schüler, sondern auch von sonstigen Freunden und Bekannten des Hauses sehr gern besucht; denn wenn alles gut ausgefallen war, pflegte sich die gräfliche Schul- vorsteherin auf des Lehrers Bitte an den Flügel zu setzen und das Schönste aus der Fülle ihrer Kunst zum Besten zu geben. Die Anwesenden wurden immer zum Entzücken hingerissen, und man wußte nicht, ob man die vornehme, gefeierte Künstlerin oder die einfache Frau, die schlichten Sinnes eine Schule leitete, höher stellen sollte."

Der mächtige Faktor, der ihr in ihrer Gesangskunst zu Gebote stand, hatte, wie Varnhagen von Ense es vorausgesagt, bald seine Schuldigkeit getan und ihren Salon zu einem Mittelpunkt der Berliner Gesellschaft gemacht. Man war natürlich nicht wenig gespannt gewesen, nach ihrer Ankunft in Berlin festzustellen, ob die göttliche Henriette noch das Gesangeswunder von ehemals sei. Zunächst ließ sie sich im kleinen Kreise alter Bekannter hören. „Vorige Woche", berichtete Fanny Mendelssohn unterm 9. Januar 1844 an ihre Base Rebekka, „haben wir Jettchen Sonntag gehört, die noch ganz bezaubernd singt." Und bald darauf hören wir aus derselben Quelle, daß „die Frau Gräfin Rossi, müde des Berliner Entzückens über Madame O. — eine schöne und kokette Weinhändlersgattin aus Bordeaux — beschlossen habe, sich endlich aus ihrer Zurückgezogenheit hervorzuziehen und den Hof zu beglücken und zu dem Ende wünschte, von der Königin eingeladen zu werden." Um Etiquetteschwierigkeiten zu umgehen, hatte man eine Privatsoiree bei Herrn von Massow veranstaltet, zu der die Majestäten erschienen. Die Sontag und die O. sangen beide, Felix Mendelssohn begleitete und „die Rossi war wirklich entzückend".

Aus jüngeren, musikbegabten Mitgliedern der Berliner Hofgesellschaft, die regelmäßig sich zu Übungen vereinigten, bildete sie eine kleine Singakademie, die sich mit der Zeit auch an größere Aufgaben, klassische Oratorien und Bruchstücke aus Opern wagen durfte. Auch der Graf beteiligte sich manchmal an diesen musikalischen Abenden und sang u. a. mit dem berühmten Tenoristen Tamburini, wie seine Frau berichtet, „mit schöner sonorer Stimme und mit vortrefflicher Aussprache ein Duett."

Ein anschauliches Bild dieser musikalischen Abende und der dominierenden Stellung der gräflichen Sängerin gibt Edmund Zoller in seiner Schilderung der Berliner Salons von 1845: „In den Soireen Sr. Majestät glänzte die berühmte Gräfin Rossi mit einem Diadem geschmückt, das einst auf ihrem Haupte befestigt, einen noch viel höheren Rang bezeichnete, als welchen sie heute einnimmt, und mit so vieler Würde bekleidet. Wir reden von dem reizenden, zauberhaften Wesen, welches so früh der musikalischen Welt entrückt wurde, und dessen biegsame, glänzende Kehle jetzt nur in ihren zu engen Sälen ihre unendlichen Fähigkeiten entwickelt. Himmel! welch' ein Glück genießen die, denen es vergönnt ist, sich in den engen Räumen umherzudrängen, wenn die kapriziöse Göttin des Orts sich herab= läßt, in all ihrem Glanze zu erscheinen; wenn sie von ihrem Gräfinnen= range sich zu dem Gipfel erhebt, den zu besteigen nur ihr gestattet ist! Man hat keinen Begriff von der Unzufriedenheit, welche die Gräfin Rossi jedesmal erzeugt, wenn sie eine musikalische Soiree gibt, denn ihr kleines Lokal gestattet ihr nicht, die Hälfte ihrer Bekannten einzuladen. Man sagt, daß diese Unzufriedenen ihr Kummer bereiten; uns scheint es, als müßten sie ihrem Künstlerherzen schmeicheln, denn das Herz lebt immer noch in ihr; man kann seine Pulsschläge zählen, wenn sie selbst von den verführerischen Reizen ihrer himmlischen Stimme fortgerissen wird. Sie selbst fortgerissen? Warum nicht? Sollte sie allein in der Welt dieser Ver= suchung widerstehen? — Der Botschafter, Herr Graf von Rossi, ist an= genehm und liebenswürdig! Doch welcher Mann könnte neben einer solchen Frau glänzen?"

Daß jedoch die Gräfin von der Einseitigkeit, nur selber glänzen zu wollen und bewundert zu werden, frei war, beweisen das lebhafte Interesse, das sie in jenen Jahren den Aufführungen des Königlichen Opernhauses entgegenbrachte und das rückhaltlose Lob, das sie insbesondere dem neuen Gesangesstern aus dem Norden, der amutigen Jenny Lind in ihren Briefen zuteil werden läßt.

„Unser Theater", schreibt sie im Januar 1845, „ist jetzt göttlich schön. Wir haben die schönste Loge gegenüber der Kgl. mit einem großen Salon, der ganz in Gold mit rotem Sammet möbliert ist. Wir soupieren und nehmen den Tee dort, wo gewöhnlich alle Bekannten in den Zwischenakten zu uns kommen. Wir haben uns mit M. d'A. und B. abonniert, eine jede Familie hat einen Tag in der Woche, auf diese Weise kostet uns das Abonnement jährlich nur 40 Taler. Das kann man schon für eine so schöne Loge und für die Jenny Lind spendieren. Die ist ganz prächtig, sie spielt mit Feuer und Anstand, hat eine helle klangvolle Stimme, viel Höhe und Leichtigkeit in derselben und eine reizende Koloratur und Triller. Ich bin ganz entzückt von ihr. Sie ist auf vier Monate im Winter engagiert, im Frühjahr geht sie nach London und Paris und daran bin ich schuld, ich riet ihr, ja kein festes Engagement anzunehmen. Sie hat eine große Zukunft vor sich und da sie einfach und sehr bescheiden ist, dabei sehr gut erzogen, wird sie es noch weit in der Welt bringen. Ohne sehr hübsch zu sein, gefällt sie allgemein. Gottlob, daß wir wieder einmal etwas comme il fautes (sic!) haben." Die neidlose, aufrichtige Bewunderung, die Henriette der jungen Schwedin entgegenbrachte, wird uns auch durch einen Brief, in dem die Lind ihrem Vormund am 2. Dezember 1844 über ein Hofkonzert berichtet, bezeugt. „Die Gräfin Rossi war auch dort und meine Bescheidenheit verbietet mir fast, zu sagen, was sie geäußert haben soll." Ein andermal rühmt Henriette der schwedischen Sängerin nach, daß ihre Norma die ganze Welt entzückte, und als Pauline Viardot-Garcia in Berlin gastierte und als Nachtwandlerin außerordentlichen Beifall fand, da klagte Henriette in ihrem Bericht, „daß die Berliner undankbar wie jedes Publikum, nicht einmal der lieblichen Lind erwähnten, die in vielen Momenten besser und reizender als die Viardot gewesen sei . ." Im übrigen brachte die Gräfin auch der Schwester der Malibran lebhafte Teilnahme entgegen, sang ihr auf ihren Wunsch Glucks Iphigenien-Arie vor und chaperonierte sie in den musikalischen Salons; während sie die brillante Technik der Französin rückhaltslos anerkannte, fand sie die Stimme infolge von Überanstrengung, namentlich in der hohen Lage scharf und schneidend. Wenig günstig lautet ihr Urteil über andere viel gefeierte Sängerinnen jener Zeit. So schreibt sie im August 1846: „Gestern hörte ich die berühmte Marra. Stimme à la Löwe, klapperich, tonlos, magnifique Taillen, und eine ungeheure Höhe. — Ist aber nicht meine Sängerin — mit der Lind gar nicht zu vergleichen." Und die Schröder-Devrient war ihr gar „mit ihren männlichen Geberden in den Tod zuwider". Angesichts dieses brief-lichen Bekenntnisses müssen wir an der Richtigkeit von Karoline Bauers Schilderung, daß die Sontag durch den Gesang der Schröder als Valentine zu Tränen gerührt worden sei, billig zweifeln, auch wenn es „brennende

Tränen der Sehnsucht und des Schmerzes", nicht selber auf den Brettern stehen zu können, gewesen sein sollten. — Den gesellschaftlichen Veranstaltungen zur Winter- und Sommerzeit brachte die Gräfin Rossi dieselbe ungeheuchelte Vorliebe entgegen, wie einst die junge Henriette. Als echtes Kind des Rheinlandes beteiligte sie sich lebhaft am Karneval und war stolz darauf, wenn ihre sorgfältig einstudierten Kostümquadrillen vorzüglich klappten und selbst der kritische, zu moquanten Bemerkungen neigende König Friedrich Wilhelm IV. auf den Hofbällen mit seinem Lob nicht zurück hielt. Die Tanzlustige entzückten namentlich die Strauß'schen Walzer. „Es ist unmöglich," schreibt sie einmal, „ruhig stehen zu bleiben, wenn dieser Tanzphönix seine himmlischen Walzer spielt." Ganz besondere Aufmerksamkeit erregte sie durch ihre eifrige Propaganda für den Schlittschuhsport, der trotz der einstigen Verherrlichung durch Klopstock und Goethe in der Zeit nach den Freiheitskriegen wieder aus der Mode gekommen war, wenigstens von der vornehmen Welt längst nur als ein Vergnügen des kleinen Mannes eingeschätzt wurde. Es erregte daher nicht geringes Aufsehen, als eines schönen Wintertages auf den eisbedeckten Gewässern des Tiergartens die Frau Botschafterin mit den blanken Stahlschuhen an den Füßen auftauchte. Ein Brief Henriettes vom Februar 1845 an die Andree enthält eine anschauliche Schilderung ihrer von Erfolg gekrönten Sportübung. „Die Bälle sind nun vorüber, dafür entschädigen wir uns auf dem Eis, wo täglich die elegante Welt, Damen und Herren, an der Spitze König, Königin, Prinzen, Prinzessinnen kommen, uns Schlittschuhlaufen zu sehen. Denke Dir, ich alter Esel habe es in diesem Winter gelernt und ich kann sagen — ohne Schmeichelei — daß ich es zu einiger Vollkommenheit bereits gebracht habe. Es sieht ganz allerliebst aus, und so sehr man es im Anfang bei uns tadelte, desto mehr findet man es jetzt graziös, so daß alle Damen und besonders Kinder unser Beispiel nachahmen. Ich habe mir ein eigenes Kostüm ausgedacht, welches allgemein gefiel und mir natürlich gleich nachgeahmt wurde. Ein langer, schwarzer Samtrock, darüber eine schwarzsamtene Jacke mit knappanliegender Taille mit Schößchen bis auf die halbe Hüfte — die Jacke mit einer Gimpe (Borte) besetzt. Der König fand, wir sähen aus wie die holländischen Gemälde." Das gefällige Beispiel fand denn auch bald Nachahmung. „Alle Prinzessinnen laufen, die Königin, der König, die Prinzen, alles ist täglich auf dem Eis“, heißt es in einem anderen Briefe. „Alle Kinder Berlins folgen jetzt meinem Beispiel. Manche Eltern haben sich besonders bei mir bedankt, die herrliche Exerzise für die Kinder eingeführt zu haben. Es ist das schönste Vergnügen, das ich kenne und ziehe es Tanzen und Reiten bei Weitem vor.“ Ihre Briefe aus den Sommermonaten berichten häufig von Einladungen in die königlichen Lustschlösser und über Ausflüge in Gesellschaft hervorragender Vertreter der Diplomatie und Kunst wie Alexander von Humboldt, Schleinitz, Rauch, Dorgerlow und Meyerbeer. In des letzteren Hause erneuerte sie am 25. September 1847 auch ihre Bekanntschaft mit Grillparzer, der mit seiner ihm längst zur Gewohnheit gewordenen Einsilbigkeit indessen keinen Eindruck auf sie gemacht zu haben scheint.

Viel Aufsehen erregte eine italienische Nacht, die Henriette im Sommer 1844 im Garten des Gesandschaftshotels veranstaltete. Angeblich hatte Berlin ein solches echt südländischen Charakter tragendes Fest noch nicht gesehen. „Im dunkeln Laub des Gartens,“ erzählt Carlos von Gagern in seinen Erinnerungen, „hingen zahllose farbige Lampen gleich phantastischen Früchten. In den Gebüschen waren Gruppen von Sängern und Musikanten versteckt, die von Zeit zu Zeit die süßesten Melodien erschallen ließen, bald in gedämpftem Quartettgesang, bald mit Geige und Flöte der Nachtigall Klagen nachahmend, bald mit vollerem Orchester in übermütigen Jubel ausbrechend.“

Obgleich ihr Leben anscheinend in den angenehmsten Formen dahin floß und ihr sowohl von Seiten des Hofes wie der tonangebenden Gesellschaftskreise äußerlich nicht nur nichts vorenthalten, sondern manche Aufmerksamkeit bezeugt wurde, so fühlte sich die Gräfin Rossi in allen diesen Berliner Jahren doch nicht recht wohl und heimisch. Ihre brieflichen Urteile über Berlin und die Berliner Gesellschaft lauten nichts weniger als schmeichelhaft, der Ausdruck „stupides Volk“ ist noch nicht der stärkste. Sie vermißte in den persönlichen Beziehungen den echten Takt, den nicht die Bildung, sondern das Herz verleiht und das auf wirklicher Kenntnis und Erkenntnis beruhende künstlerische Verständnis. Aber für das ihr in

Berlin versagte fand sie mehr als vollgültigen Ersatz an dem Hofe eines kunstsinnigen fürstlichen Gönners, dessen Einfluß es auch in erster Linie zuzuschreiben ist, daß die Gräfin später die Rückverwandlung in die Diva Henriette Sontag so leicht und glücklich vollziehen konnte. Der Ort, von dem Henriette in diesen Jahren mit Maria Stuart sagen durfte: „Mein Herz, ach, es war immer dort!", war das stille Strelitz, die anmutig gelegene kleine mecklenburgische Residenzstadt, und der Herrscher, der sie zum Eldorado und Tuskulum der gräflichen Sängerin machte, war der greise Großherzog Georg Friedrich Karl Josef. Die ein Jahrzehnt, von 1844 bis zu Henriettes Tode währenden, auf vollem gegenseitigem Vertrauen und schönstem menschlichen Verständnis gegründeten Beziehungen zwischen Fürst und Sängerin bilden ein Gegenstück zu dem beide Teile gleich ehrenden Freundschaftsverhältnis zwischen Ernst II. von Koburg-Gotha und Gustav Freytag, wie die Briefe Henriettes an den Großherzog, weitaus die wichtigste und interessanteste Quelle zur Kenntnis der letzten Periode ihres Lebens, auf jedem Blatte bezeugen. Die Schranken der höfischen Etikette sind zwar nicht niedergerissen, aber nicht im mindesten als trennend und hemmend fühlbar. Die üblichen formelhaften Ausdrücke der Ergebenheit fehlen nicht, aber neben sie und an ihre Stelle tritt der unverfälschte Herzenston, der Ausdruck rein menschlicher Zuneigung und dankbarer Ergebenheit, des kindlichen Vertrauens zu einem väterlichen Gönner und Berater, der niemals solches Vertrauen täuscht, der die Frau ebenso wie die Künstlerin zu schätzen weiß, der anscheinend das Kommende längst voraussieht und in der schwersten Stunde ihres Lebens, als die Würfel der Entscheidung fallen, und viele andere, die ihr nahe gestanden, zweifelnd, mißtrauisch oder spöttisch ihre Handlungsweise falsch auslegen und bekritteln, nicht einen Augenblick säumt, ihr sein volles Verständnis und seine Billigung ihres ungewöhnlichen Schrittes zu bekunden. Der 1779 geborene fürstliche Herr, ein Bruder der Königin Luise, der seit 1816 in Mecklenburg-Strelitz herrschte, hat während einer langen Regierungszeit — er starb erst 1860 — als Mensch und Herrscher sich ein gutes Andenken gesichert. Eine seiner ersten Regierungs-Taten war die Aufhebung der Leibeigenschaft. Seine Wohltätigkeit, urteilt einer seiner Biographien, war sprichwörtlich, seine

Frömmigkeit ernst und tief. Auf seinen religiösen Ansichten beruhte sein Konservativismus in politischen und volkswirtschaftlichen Dingen. Die hohe schlanke, durchs Waidwerk gestählte Gestalt hielt sich bis ins hohe Alter aufrecht. Seine etwas Ähnlichkeit mit dem alten Kaiser Wilhelm aufweisenden Züge zeugten von fürstlichem Selbstbewußtsein und jener Güte zugleich, die den Großherzog während seiner ganzen Regierung von der Bestätigung eines Todesurteils abhielt. Von jeher ein großer Freund der Musik und Dichtkunst, blieb er seiner Neigung für beide auch trotz zunehmender Schwerhörigkeit im Alter treu. Die Pflege der Oper war im mecklenburgischen Fürstenhause seit ungefähr einem Jahrhundert traditionell. Schon 1776 hatte Herzog Adolf Friedrich IV. bei Neubegründung des Strelitzer Hoftheaters eine italienische Truppe berufen und drei Jahre später eine Theaterakademie nach Wiener Muster gegründet. 1797 durften sich die Strelitzer schon an der „Zauberflöte" und 1822 am „Freischütz" erfreuen. Unter Großherzog Georg belief sich der Etat der Hofkapelle 1847 auf 12 000 Taler, und die Leistungen des Opernensembles wiesen eine künstlerische Höhe auf, daß König Friedrich Wilhelm IV. bei einem seiner Besuche in Strelitz seinem Oheim freimütig zugestand, daß trotz Spontini und Meyerbeer manche Aufführungen seiner Berliner Oper den Vergleich nicht aushalten könnten. Kein Wunder, daß unter solchen Umständen die musikalischen Neigungen der Gräfin Rossi im Strelitzer Schlosse nicht nur vollstem Verständnis begegneten, sondern immer aufs neue angefacht wurden. Wie früher Zar Nikolaus, stand auch der Großherzog nicht auf seiten des Turiner Hofes, der jede öffentliche künstlerische Betätigung der Frau Gesandtin als unpassend perhorreszierte. Er sah im Gegenteil nichts lieber, als wenn die Gräfin als rückfällige Sünderin nicht nur im Musiksalon des Residenzschlosses, sondern auch auf den Brettern des kleinen Hoftheaters vor geladenen Gästen Proben ihrer unverminderten gesanglichen Fähigkeit ablegte. Sein dem Klassischen zugewandter Geschmack übte auf die Sängerin den günstigsten Einfluß. Den Bravourstücken ihres alten Repertoires scheint der fürstliche Herr weniger Geschmack abgewonnen zu haben, als ihrem Vortrag von Arien aus Glucks „Iphigenie" und „Alceste" und nie wurde er des Zuhörens müde. So bildeten die Ausflüge nach Strelitz und andererseits die Besuche des Großherzogs in Rossis Berliner Heim Lichtpunkte in Henriettes Dasein. Sie zählt die Tage, bis ihr die Freude des Wiedersehens beschieden sein wird, ist unglücklich über jede gesellschaftliche Behinderung oder stimmliche Indisposition, die sie an der Reise und an der musikalischen Ausnutzung ihres Strelitzer Aufenthalts hindern. Es ist keine Phrase, wenn sie bekennt: „Ich bin im strengsten Sinne des Wortes das verwöhnte Kind von Strelitz. Und mit wahrer Angst denke ich daran, wie ich mich wieder in meine alten, steifen Verhältnisse hineinfinden werde." Fortwährend schwankt sie zwischen der eigenen Lust zu künstlerischer Betätigung und der Furcht, durch Übertretung des Turiner Verbotes ihrem Manne Unannehmlichkeiten zu bereiten und wohl gar seine Stellung zu erschüttern. Und so begrüßte sie die Pakete mit Noten, die ihr fürstlicher Freund ihr zur Vorbereitung übersendet, oft mit gemischten Gefühlen. U. a. schreibt sie im Dezember 1844:

„Bei Eröffnung Ihres lieben Schreibens und des Beischlusses erriet ich sogleich, um was es sich handle und ich gestehe — mit Entzücken dachte ich an die Ausführung Ihres Wunsches, mein gnädigster Herr! Aber helas! Hier walten wieder Verhältnisse, nach deren Gesetzen ich mich leider streng zu richten habe. Das strenge Verbot, meinen Namen der Öffentlichkeit nie mehr Preis zu geben, zwingt mich, Ew. Königlichen Hoheit so herrlich ausgedachten Plan zu vereiteln. Zürnen Sie mir nicht, sondern klagen Sie vielmehr mit mir über mein Geschick. So sehr ich auch überzeugt bin, daß in Strelitz selbst nicht öffentlich davon gesprochen wird, so bin ich doch überzeugt, daß irgend ein vorlauter Zeitungsschreiber es nicht unterlassen würde, meiner Erwähnung zu tun, um so mehr da des Königs Anwesenheit ihnen volles Recht dazu gibt. Die Furcht, meinem Manne irgend welche Unannehmlichkeit dadurch zu bereiten, würde mir gewiß allen Genuß stören. Meine Vernunft also zwingt mich, nicht nur für diesmal, sondern für immer darauf zu verzichten. Indem ich dies schreibe, kann ich doch eine kleine Wehmut nicht bemeistern, welche mich bei dem Gedanken ergreift, nun auf ewig der dramatischen Kunst entsagen zu müssen. Aber in Gottes Namen, mit Freuden bringe ich meinem häuslichen Glücke dies Opfer."

Und zwei Jahre später klagt sie:

„Die piemontesischen Argusaugen sind wieder stark auf mich gerichtet. Da mein Mann schon einmal meinethalben alles aufs Spiel setzte, wage ich nicht, ein zweitesmal seinen günstigen sejour in Turin zu verbittern. Ist er einmal dort und mein Sohn am gewünschten Ziele, dann können wir alle Minen springen lassen. Bitte daher, ein klein bischen Geduld zu haben. Im Frühjahr bringts die Nachtigall wieder ein."

Nachdem Henriette von ihrem erfolgreichen Auftreten in einer Faustaufführung im Palais Radziwill erzählt, wo sie das Gretchen gespielt und die Lieder in der Vertonung des fürstlichen Komponisten gesungen hatte, wünschte der Großherzog die Freundin in dieser Rolle auch auf seinem Hoftheater zu sehen, aber Henriette fürchtete, daß diese Vorstellung Aufsehen erregen und Berichte in der Berliner Presse veranlassen würde und ihr Gatte, der neuerdings beim König von Sardinien als persona gratissima galt, wieder in Ungnade fallen könnte. So schrieb sie schweren Herzens ab; nicht ohne ihren Gönner auf eine spätere, bessere Gelegenheit zu vertrösten:

Berlin, 29. November 1847.

„Es sind und bleiben immer dieselben Gründe. Früher war es Angst, seine sehr unsichere Stellung (meines Talentes wegen) noch unsicherer zu machen, jetzt ist es Angst, das sehr viel Gute und Ausgezeichnete, welches Rossi von seinem König in den sechs Monaten empfangen hat, wieder zu zerstören. Mein Mann ist mit den größten Ehren, mit der größten Auszeichnung behandelt worden. Meinem Sohne wurde eine schöne Zukunft bereitet. Soll ich nun dies alles wieder zerstören, mein teurer Herr? Freilich könnten Sie mir sagen, daß wir diesen Sommer der Öffentlichkeit glücklich entgangen sind. Inmitten des Winters aber ist es schwerer, den gesprächigen Zungen Zügel anzulegen. Ganz Berlin wird die Augen auf Strelitz gerichtet haben; daher, mein lieber, gnädiger Herr, sind Sie mir wohl nicht böse, wenn ich mein Versprechen erst im Sommer erfülle. Fragen Sie mich nicht, ob das Opfer für mein Herz groß ist?"

Auch zu Weihnachten 1847 vertröstet sie den ungeduldigen fürstlichen

Muſikfreund mit den ſcherzhaften, neckiſchen Worten: „Ich verſpreche auch recht viel und ſchön dafür zu ſingen, verſpreche ferner jeden koloſſalen Speiſezettel zu bewältigen, ohne ein Wörtchen Erwiderung.“ Und der greiſe Fürſt nahm nichts übel und erfreute als Zeichen ſeiner Freundſchaft ſeinen lieben Singvogel bald durch einen koſtbaren Blumenſtrauß, bald durch einen prächtigen indiſchen Shawl, verſorgte den gräflichen Haushalt als eifriger Nimrod mit manchem Stück Wildbret, und ſah auch Henriettes Gatten manchmal als Jagdgaſt in ſeinen Revieren. Bei winterlichen Be= ſuchen in Strelitz bot die weite Fläche des hinter dem Schloſſe ſich dehnen= den Zirker Sees erwünſchte Gelegenheit zum Schlittſchuhlauf und die elegante, graziös dahinſchwebende Frau erregte unter den dem Schlittſchuh= ſport huldigenden jungen Offizieren der Strelitzer Garniſon und der Schul= jugend als ſeltener Vogel nicht weniger Aufſehen wie auf den Gewäſſern des Berliner Tiergartens. Von den Kindern ihres fürſtlichen Gönners aus ſeiner Ehe mit der ſchon früh verſtorbenen Prinzeſſin Marie von Heſſen=Kaſſel ſtand ihr die jüngere Tochter, die 1821 geborene Prinzeſſin Karoline, die 1841 dem König Friedrich VII. von Dänemark vermählt, aber ſchon nach fünfjähriger Ehe wegen Verſchulden des Gatten geſchieden wurde, beſonders nahe. Die Briefe der Gräfin bezeugen, daß ſie dem Geſchick der jungen Fürſtin, deren ungewöhnlicher Schritt auch in der Berliner Hofgeſellſchaft viel beſprochen und kritiſiert wurde, volles Ver= ſtändnis entgegenbrachte. In Herzens= und Ehefragen, meinte ſie, könne kein dritter, der nicht alle Geheimniſſe kenne, entſcheiden.

XII. Kapitel.

„Ich ſehe mit Schmerz jedes alte Jahr ſchwinden, denn Gott allein weiß, was uns das neue bringen wird,“ ſchrieb die Gräfin am 30. De= zember 1847 von trüben Ahnungen erfüllt dem fürſtlichen Freunde. Schon längſt verfolgte ſie die Entwickelung der Dinge in Italien wie in Deutſch= land mit Aufmerkſamkeit. Als Frau eines Geſandten hörte ſie manche Quelle ſpringen, die anderen verborgen blieb. In der Politik huldigte die Gräfin Rossi konservativen Anschauungen, aber die kurzsichtigen Vertreter der Reaktion hatten nicht ihren Beifall. Mit dem Strelitzer Landesherrn begegnete sie sich in der Grundanschauung, daß in einem streng monarchisch geleiteten Staat, in der Hochschätzung des religiösen Elements das Heil der Nation liege. „Was sagen Sie denn, mein teurer Herr, zu Lola Montez?", schreibt sie erregt unter dem Eindruck der Münchener Skandalnachrichten am 23. Februar 1847 dem Großherzog: „Einer Dubarry gelang es kaum in einem Jahr einen Minister zu stürzen — jene verabschiedet vier Staatsminister in 24 Stunden! Ich bin überzeugt, sie wird übel und hoffentlich bald enden." Mit nicht geringem Interesse wird der fürstliche Adressat in Strelitz den ausführlichen Bericht empfangen haben, den seine treue Korrespondentin bereits am Tage nach dem denkwürdigen 18. März des Sturmjahres 1848, noch ganz unter dem Eindruck des Erlebten stehend, in fliegender Eile zu Papier brachte:

Berlin, den 19. März 1848.

Ew. Königliche Hoheit!

Das schon lange Gefürchtete ist denn gestern über unsere Stadt gekommen. Am 17. war es ganz still und öde in den Straßen und schon gaben wir uns den schönsten Hoffnungen hin. Am 18. hingegen war an der Universität und den Linden ein solcher Auflauf von Menschen, daß man genötigt war, das Militär zu holen. Alles schrie Preßfreiheit.

Nach zwei Uhr erscholl endlich die frohe Kunde, Se. Majestät hätten alles bewilligt. Ein Hurra (mehr Heulen) entstand nun vor den Schlosse. Der König trat selbst auf den Balkon und streute die Proklamation unter das toll jubelnde Volk — als auf einmal zu unser aller Unglück ein Schuß auf das Volk fiel. Dies war das Signal zum Auflauf. „Flieht, Bürger, flieht! holt Waffen, man will uns ermorden!" wütete auf einmal das Volk. — In alle Straßen kam die Masse hergewälzt und schrie — „Heraus Bürger, es gilt unser Leben, man will uns ermorden." Im Augenblick war die ganze Stadt wie umgewandelt. Barrikaden wuchsen aus der Erde. In meiner Straße schleppten die Kinder die Steine in die Häuser. Axen (Äxte?), Spieße

— Stöcke — Bouteillen wurden herbeigeschleppt. Ein armer Major,
der zu seinen Truppen ritt, wurde fast vor meinen Augen erschlagen.
Nun kamen die Truppen und stellten sich auf ihre Posten. Ein Regen
von Steinen empfing sie — unerschrocken aber wie die Mauern standen
sie und schossen in jedes Fenster. Dies sah ich selbst von meinem Hause.
In der Königstadt wurden die Barrikaden mit Kanonen weggeräumt.
Zwei volle Stunden brauchte unsere Infanterie, bis sie von der Kur-
fürstenbrücke zur Königsstädterbrücke vordringen konnten. Das Schießen
und Schreien dauerte bis diesen Morgen. Die Königliche Eisengießerei
brannte und beleuchtete diese Schreckensszenen. Die ganze Truppe hat
sich meisterhaft gehalten, fest und ruhig boten sie den schändlichen In-
sulten ihre Gewehre entgegen. Sie sehen alle blaß und ermattet aus
— erregen aber dadurch um so mehr unsere Bewunderung und unser
Mitleid. Heute morgen war es still. Die Bürger haben sich beraten
und den König gezwungen, die Truppen aus der Stadt zu entfernen.
Soeben zogen die prächtigen Leute durch unsere Straße, um sich in den
Umgegenden zu verteilen. Nun sind wir in den Händen der Bürger,
welche noch nicht einig sind, ob sie sich bewaffnen sollen oder nicht . .
Sie werden wohl das letztere tun müssen, denn die Horden von Ge-
sindel, die seit dem Abmarsch des Militärs wie aus der Erde wachsen,
um zu plündern und zu rauben, werden wohl kaum gute Worte der
Bürger beschwichtigen können. Die ganze Friedrichstraße ist mit roten
Fahnen geschmückt — Pferdeleichen läßt man dort mit Willen liegen,
um die Wut des Volkes anzueifern. Viele Leichen schleppte man ins
Schloß, damit die Königin und der König es sehen sollte. Man sagt
mir soeben, er sei auf den Balkon mit der Königin getreten, um das
Volk anzureden. Man schrie aber und heulte so durcheinander, daß
er wieder weggehen mußte. Alle Soldaten sind aus dem Schloß verschwunden — nur seine gewöhnliche Wache befindet sich in dem
Augenblick dort. Er vertraut auf sein teures Volk — Gott gebe,
daß er sich nicht täuschen möge. Prinzessin von Preußen will nach
Potsdam. Gegen Prinz von Preußen ist hier eine ungeheure Erbitterung. Der Hoflieferant Handschuhmacher Wernecke unter den

Linden ließ gestern zwei Polen festnehmen und übergab sie dem Militär. Heute wurde sein Laden geplündert — alle Handschuhe zerrissen — auf sein Schild wurde „Strafe für den Verräter" geschrieben. Jeder wohlgesinnte Bürger wird verdächtig gemacht. So lange uns die teuren Soldaten schützten, hatten wir noch Mut — jetzt, da dieser sichere Schutz uns genommen wird — müssen wir nur auf Gott allein vertrauen. Möge er nur die Königliche Familie in seinen Schutz nehmen! Der gute, vortreffliche König, der nur das Beste für sein Volk will — solche entsetzlichen Augenblicke der Prüfung zu schicken, ist mehr als hart!!! . . . . .

Berlin gleicht einer Einöde. Nur lumpiges Volk sieht man umher laufen. Kein Wagen, kein Geräusch — nur hie und da ein Karren mit zerlumpten Leichen. Der junge Zastrow (blauer Ulane) ist erschossen, sein Bruder schwer verwundet. Ebenso ein Herr von Stein. — Ein Major von Schulenburg soll auch gefährlich verwundet sein. Ich zittere bei jeder Nachricht, denn unsere ganze blühende Jugend war heute im Feuer. Welch' ein Glück, daß Ew. Königliche Hoheit nicht den gestrigen Tag auf dem Schlosse zugebracht haben. Denn nach unseren friedlichen Straßen zu schließen, muß es dort entsetzlich gewesen sein. Wenn es wirklich ein Zufall war, wie man allgemein behauptet, daß man geschossen hat, dann muß man Gottes Hand erkennen — denn in dem Augenblick der allgemeinen Freude eine solche Wendung miterleben zu müssen, geht ins Unglaubliche. Hier folgt die Liste des neuen Ministeriums. Was wird die Frau Großherzogin über Auerwald und Schwerin sagen? Seit dem 28. Februar sind wir alle um 50 Jahre älter an Erfahrungen geworden. Gott beschütze Ew. Königliche Hoheit. Ich bin matt an Leib und Seele. Heute nacht kampierten wir mit den Kindern in den Zimmern nach dem Garten. Die Fenster meiner Mansarden sind zerschossen, weil dicht dabei, bei meinem Nachbar, mit Steinen geworfen wurde. Das Haus wollten sie stürmen, als einer dazwischen schrie: „Nein, das Haus laßt ungeschoren, das ist der Gräfin Rossi ihr Haus und noch dazu ein Gesandtenhaus, das ist nix." — Sie baten nun, man möchte den Torweg auflassen —

damit sie sich retirieren könnten. Wenn es jetzt wieder anfängt — will mein Mann, daß ich nach Potsdam mit den Kindern gehen soll. — Ich habe aber die besten Hoffnungen, daß die Bürger die Ruhe herstellen werden — sie sind ja die allerbeteiligsten dabei.

Ew. Königlichen Hoheit
untertänigste
Henriette Rossi.

Die Post ist gestern nicht abgegangen, sonst hätte ich gestern schon geschrieben. Die Gefangenen von der Stadtvogtei sind gestern vom Volk befreit worden. Auch für die Polen wurden große Versuche gemacht. Es gelang aber nicht.

Den 19. 5 Uhr abends.

Soeben bewaffnet man die Bürger. An jeder Ecke stehen Bürgerwachen. Zu Minister Savigny sind 20 Mann beordert. Ebenso in die anderen Ministerien. Ein jeder hat einen Säbel und ein Gewehr. Alles Militär ist verschwunden. Die Stadt ist ruhig. Es strömt vom Himmel in Güssen. Möchte es doch recht lange anhalten. Viele Familien sind nach Potsdam. Der König entfernte die Truppen, setzte aber hinzu, bei der leisesten Störung würde er sie wieder zurückberufen. Gegen Prinz von Preußen ist alles in großer Erbitterung."

Ihre lebhafte Teilnahme an der politischen Katastrophe und ihre temperamentvolle Stellungnahme zu den Personen und Ereignissen bekundet ein weiterer Brief vom 19. Mai desselben Jahres:

„Die neuen, sehr unklugen Maßregeln wegen des Prinz v. Preußen Zurückberufung — sind durch die Ankunft des H. Albert Pourtalès aus London herbeigeführt worden, indem er in Potsdam das Feuer gewaltig anfachte. Auch behauptet man, daß der Prinz selbst das größte Verlangen trüge, zurückzukommen. Es scheint wirklich, daß weder er noch der König einen deutlichen Begriff von den hiesigen Zuständen haben. Die Stimmung zu seinen Gunsten hat sich seit 6 Wochen sichtlich gebessert — hätte der Prinz getan, als ob er das nichtswürdige Berliner Volk umgehen wollte — wäre er nach Stettin mit seiner Familie gegangen, um sich (was zu hoffen steht) an die Spitze seiner

Truppen später siegreich zu stellen — in Berlin wäre ihm Niemand entgegen gekommen. Es ist unter der Würde eines Prinzen von Preußen, sein ihm von Gott anerkanntes Recht von einigen Elenden erbitten zu wollen. Prinzeß, die ich in Potsdam sah, ist resigniert und trägt ihr Unglück mit vieler Würde. Sie war so freundlich, für mich eine Ausnahme zu machen, da sie unsichtbar für Jedermann bis jetzt blieb. Als ich nach 6 Wochen wieder einmal die herrlichen Soldaten an Tor und Wachen sah, konnte ich mich der Tränen nicht enthalten. Der Prinz von Preußen ist jetzt das Ideal der ganzen Armee. Vor kurzem war ein großes Abschiedsdiner bei einem Obristen, wo das sämtliche Offiziers Korps zugegen war. Man brachte verschiedene Gesundheiten aus, worunter die des Königs sehr lau aufgenommen wurde — als aber der Obrist eine Gesundheit proponierte „eines Abwesenden, dessen Name in jedem Soldatenherzen wiederklinge," erscholl ein solches Hurra, daß fast aus jedem Auge die dicken Tränen über die Wangen rollten. Gott beschütze den teuren Herrn und seine treuen Soldaten!! Man weiß wirklich nicht, ob der grenzenlose Schmerz über das Ganze oder die Angst und Sorge um das Einzelne, Eigne, die Oberhand im Herzen hat! Was noch vor wenigen Monaten unerschütterlich fest stand und auf festen Füßen zu ruhen schien, ist jetzt so schwankend geworden, die Stützen des ganzen sozialen Zustandes sind teils ganz weggenommen, teils so wankend geworden, daß man auf Nichts mehr zu rechnen wagt; und überall, wohin man den Blick auch wenden mag, ist gleiche Ver= wirrung, gleiche Schwäche auf der einen, gleiche Verblendung auf der anderen Seite; wo soll dies alles hinaus? Werden diese mit Macht erregten Leidenschaften, diese gewaltigen, für Menschen viel zu kolossalen Gewalten, jemals wieder in Ruhe kommen? Ich ängstige mich eigentlich für das Schicksal des Großen, Ganzen nicht; ich glaube, daß, wie die einzelnen Menschen durch Zeiten schwerer Prüfungen und harter Unglücks= fälle zu ihrer individuellen Reife gebracht werden, so auch die Völker, aber das stumpft mich durchaus nicht ab für all die bitteren Kränkungen und schmerzlichen Empfindungen, die jeder Tag, alles, was man liest und hört, mit sich bringt."

Natürlich weilten ihre Gedanken in diesen bewegten Tagen auch oft in Strelitz, das von den Wirren der Revolution gleichfalls nicht verschont geblieben war. „Wie muß Ihr Herz, Ihr biederer Sinn bei solchen Schändlichkeiten gelitten haben", heißt es in einem Kondolenz= brief an den Großherzog. — „Wenn man in solchen namenlosen Zeiten irgend einen Trost finden könnte, so wäre es der, daß Sie, mein teurer Herr, das allgemeine Loos unserer jetzt lebenden Souveräne teilen. Daß aber meine teuren, biederen Mecklenburger sich von einer Horde Nichts= würdiger verleiten lassen könnten, ihrem vielgeliebten, hochverehrten Großherzog eine solche Schmach anzutun, dies hätte mich keine Macht der Erde je glauben machen können."

Am 22. März 1848 hatte Großherzog Georg an Großherzog Friedrich Franz von Mecklenburg=Schwerin geschrieben, daß „er zur Abwehr einer konstitutionellen Verfassung mit ihm zusammen halten werde, solange dies möglich sei", aber schon vor Empfang dieses Briefes, am 23. März hatte der Schweriner Landesherr, dem Drängen seines Volkes nachgegeben und die Verfassung proklamiert. „Es galt," sagte er später, um dies Opfer seiner Überzeugung zu rechtfertigen, „die Einheit Deutschlands zu retten, auf die Ideen des Königs von Preußen einzugehen." Auf die Nachricht von der Proklamation erhielt er von seinem Strelitzer Nachbar die melan= cholische Antwort, daß ihn lange nichts so betrübt habe wie diese Kunde und daß er nun seinerseits auch wohl Ähnliches werde bewilligen müssen. Und in der Tat fügte sich Großherzog Georg bereits am 25. März dem aufgeregten Volkswillen, indem er eine ständische Repräsentation auf liberaler Grundlage proklamierte und Aufhebung der Zensur und Einführung der Preßfreiheit verfügte. Die neue Freiheit sich zunutze machend, über= schwemmten zugezogene Sendboten der radikalen Partei bald auch das platte Land der Obotriten mit den Elaboraten ihrer neugegründeten Pressen und veranlaßten angeblich aus Berlin herübergekommene Trupps von unter dem Eindruck des reichlich genossenen Alkohols johlenden und gestikulierenden Lärmmachern zu Demonstrationen vor dem Schlosse, Vorgänge, die den greisen Landesfürsten auf tiefste erregten. Kein Wunder, daß er im August des nächsten Jahre, nachdem er die Hoffnung auf eine Verständigung mit der

Abgeordnetenverſammlung aufgegeben und die konſervative Richtung in faſt allen deutſchen Staaten wieder Oberwaſſer bekommen, die Gelegenheit zur Auflöſung des Parlaments benützte und zur alten patriarchaliſchen mecklenburgiſchen Verfaſſung zurückkehrte. In ſeinem Briefwechſel mit der Berliner Freundin nimmt die Beſprechung der politiſchen Vorgänge fortgeſetzt einen breiten Raum ein. Anfang Juli 1848 hatte ſich die Familie Roſſi aus der bewegten Hauptſtadt in die faſt ländliche Ruhe Potsdams geflüchtet. In der Friedenskirche von Sansſouci durfte Henriette mit ihrer Geſangskunſt dem niedergebeugten König durch den Vortrag von Mozarts Magnificat und Pergoleſes Stabat Mater einen lang entbehrten Genuß bereiten. Mit Begeiſterung begrüßte ſie das Wiederaufleben des altpreußiſchen Patriotismus als Folge der Frankfurter Beſchlüſſe. „Die deutſchen Kokarden (ſchwarz-rot-gold), meldet ſie dem Großherzog, „werden den Vorübergehenden abgeriſſen. Schwarz und weiße Fahnen wehen überall. Die Bummler ſind von den Ecken verſchwunden. Berlin wie immer in den Sommermonaten ruhig. Preußen muß ſich von Frankfurt losſagen. Es kann und darf ſich nicht wie ein immediatiſiertes Land behandeln laſſen. Bayern, Sachſen, Hannover, Mecklenburg werden gewiß nicht ermangeln, dasſelbe zu tun. Dann, mein teurer Herr giebts, Krieg, denn die Rhein-provinzen fallen ab, und es wird nicht das erſte Mal ſein, daß Preußen ſie wieder erobert."

Nichts ſpricht beſſer dafür, daß wir in der Gräfin Roſſi kein Dutzend-geſchöpf vor uns haben als dieſes Intereſſe an den allgemeinen nationalen Vorgängen, das gerade bei Frauen und Familienmüttern ſo oft vermißt wird, ſelbſt wenn nicht perſönliche Sorgen und Bedrängniſſe ihren Sinn in Anſpruch nehmen. Sollte doch das Sturmjahr 1848, das ſo viele Leben und Hoffnungen vernichtete, auch in Henriette Sontags Daſein den größten und entſcheidenſten Abſchnitt bedeuten, ihre ganze Zukunft beeinfluſſen und indirekt die Urſache ihres frühen Todes werden. — Seit Jahren ſchon waren die finanziellen Verhältniſſe des gräflichen Ehepaares nicht die glänzendſten. Roſſi entſtammte keiner reichen Familie, ſondern war im weſentlichen auf ſeinen Gehalt angewieſen. Henriette Sontag hatte zwar beträchtliche Erſparniſſe in die Ehe mitgebracht, aber der koſtſpielige Aufenthält in Petersburg infolge der unvermeidlichen Repräsentation und der Aufwand für die Erziehung der Kinder hatten starke Lücken ins Kapital gerissen. Mit nicht mißzuverstehender Deutlichkeit hatte Henriette schon einige Jahre vorher der Mutter, als diese sie wieder einmal um Erhöhung des Zuschusses für die als Leutnants in der österreichischen Armee stehenden Stiefbrüder gebeten hatte, geantwortet:

„Ich bitte Dich um alles in der Welt, mache den Buben begreiflich, daß sie nichts von Carlo zu hoffen haben, er hat Verwandte, die ihm viel näher stehen und auch arm sind und für die er nichts tun kann. Der Ärmste hat ja ohnehin so viel zu tragen. Unsere vier Kinder, unser Haus kostet zu viel, ich kann es nicht mehr erschwingen. Wir sind die einzigen von den Diplomaten, die nur zwei Pferde haben. Wenn mein Mann auf die Parade reitet, ist er der einzige, der sich ein Pferd leiht. Manchmal bekommt er solche infame Tiere, daß er riskiert, ein Unglück zu haben. Du wirst nun zwar sagen, das ist Luxus, allein bei einem militärischen Gesandten ist kein Pferd eine große Entbehrung, und ich weiß, sein Herz hängt an einem Pferde, aus Ökonomie aber schafft er sich keins an.“

Das Revolutionsjahr brachte neue und stärkere Verluste. Rentenpapiere, die als sichere Kapitalsanlagen gegolten hatten, verringerten ihren Zinsfuß oder wurden gänzlich wertlos. Der Rest des einst so stattlichen Vermögens schmolz mehr und mehr zusammen. Kein Wunder, daß die Gräfin gelegentlich pessimistische Anwandlungen hatte, wie folgende bittere Bemerkung zu dem Hauslehrer ihres jüngsten Sohnes, Lua, beweist:

„Mit unserer Schule ist es vorbei. Daß Luigi noch studieren wird, glaube ich nicht; alle Aussichten dazu sind geschwunden. Wenn er in dieser traurigen Zeit ein Tischler oder ein anderer tüchtiger Handwerker wird, so kann man zufrieden sein und Gott danken. Wie glücklich wollte ich sein, wenn ich ein Stückchen Erde von der Größe dieses Saales hätte, auf welchem ich meine Kartoffeln selber bauen und in Frieden leben könnte.“

Auch in diesem Falle behielt das Sprüchwort, daß ein Unglück selten allein komme, recht. Nicht nur das Familienvermögen war so gut wie verloren, sondern auch die Sicherheit des Einkommens aus Graf Rossis

Stellung bedroht. Die Nachricht von der Pariser Februar-Revolution
hatte die gegen Österreichs Gewaltherrschaft schon lange bestehende Erregung der Piemontesen maßlos gesteigert. Alle Welt blickte auf
den König von Sardinien als den Mann, der den Tag der Befreiung
vom österreichischen Joche heraufführen würde, und ohne Kriegserklärung
rückte Karl Albert mit seinen Truppen, von zahlreichen Freischärlern
unterstützt, in die Lombardei ein, besetzte Mailand und errang im offenen
Felde kleine Erfolge, bis der greise Feldmarschall Radetzky durch seinen
glänzenden Sieg bei Custozza am 25. Juli 1848 den neugebackenen „König
von Oberitalien" aus seiner Hauptstadt trieb und zu einem demütigenden
Waffenstillstand zwang. „Die Piemontesen", meldete Henriette unterm
1. August 1848 dem Großherzog, „haben eine fürchterliche Niederlage
gegen die Österreicher erlitten" — und auf den Karl Albert von seinen
Schmeichlern verliehenen Beinamen „das Schwert Italiens" anspielend
fuhr sie fort: „O spada d'Italia — die Nemesis, die Nemesis rächt sich."
Da der geschlagene Monarch seine Stütze bei den Radikalen suchte und
Rossi dem neuen Ministerium als Reaktionär galt und als solcher verhaßt war, so wurde die quälende Ungewißheit der Lage für das gräfliche
Ehepaar noch verschärft. Jeden Tag konnte ein Kurier aus Turin mit
der Ordre von Rossis Abberufung eintreffen. In einem Briefe am ersten
Tage des neuen Jahres 1849 gewährte Henriette der alten Prager Vertrauten einen Einblick in ihre Sorgen und Nöte: „Gottlob, daß dies abscheuliche Jahr zu Ende ist. Möge uns das neue günstiger sein, — ich
möchte es fast bezweifeln, denn wir sind erst im Anfang unseres politischen
Fiebers. Wir haben viel durchgemacht und sind, was unsere eigenen Angelegenheiten betrifft, noch lange nicht am Ende. In Italien sieht es bunt
aus. Der Wahnsinn hat sie auch dort erfaßt. Rossis Stellung ist jetzt
wie bei allen Diplomaten sehr unsicher. Den größten Teil meines Vermögens haben wir in Staatspapieren den 18. März hier eingebüßt. Das
Wenige was uns bleibt an eigenem Vermögen ist unbedeutend und kaum
hinreichend, in einem schlechten italienischen Nest zu existieren. Verliert
also Rossi seinen Posten, so sehe ich einer sorgenvollen Zukunft entgegen.
Durch was (sic!) der Allmächtige uns so hart gestraft, weiß ich wahrlich

nicht. Ich habe, so lange ich lebe, nur anderen Gutes getan, und sollte irgend jemand in Schätzen schwelgen, müßte ich es sein, wenn man überhaupt an Vergeltung auf dieser Erde glauben soll!!! Dankbar aber bin ich dennoch im Innersten meiner Seele, daß mir Gott gesunde und liebe Kinder gab!"

Im März entschloß sich König Karl Albert, von den Radikalen gedrängt und in der Sorge um seinen Thron, nochmals das Kriegsglück zu versuchen, und rückte wieder in die Lombardei ein, wurde aber am 23. März 1849 von Radetzky bei Novara abermals aufs Haupt geschlagen, worauf er der Krone zu gunsten seines Sohnes Viktor Emanuel entsagte und nach Portugal floh. Wie ein Brief Henriettes aus jenen Tagen an den Großherzog von Strelitz bezeugt, hatte sie das Unglück der Piemontesen vorausgesehen:

„Unsere ungewisse Zukunft geht nun wohl bald ihrer Entscheidung entgegen. Carlo Alberto stürzt in sein Verderben und reißt sein Volk und Land in namenloses Elend. Der alte Feldherr Radetzki wird sein Wort wohl halten, und wer weiß, ob die verhaßten Deutschen nicht noch Ordnung bei ihren Feinden werden schaffen müssen. Es wäre eine entsetzliche Strafe für die Verblendeten, allein das einzige Mittel, sie wieder zur Besinnung zu bringen."

Und einen Monat später meldete sie:

„Mein Sohn Alexander, der wohlbehalten als Kurier hier ankam, brachte uns wenig Erfreuliches aus Turin mit. Die Finanzen sind erschöpft, der neue König jung und unerfahren, das Volk erbittert. Die leider zu übertriebenen Friedensbedingungen des Fürsten Schwarzenberg haben den glimmenden Ingrimm wieder aufs neue angefacht."

Anfang Juni trat das lang Erwartete und Befürchtete ein. Das durch die Militärlasten und die hohe an Österreich gezahlte Kriegsentschädigung erschöpfte Königreich Sardinien war für eine Weile aus der Reihe der damaligen Großstaaten gestrichen und zog die praktischen Konsequenzen daraus auch in Form der Einschränkung seines diplomatischen Dienstes. Mit dem geflüchteten und bald darauf in der Verbannung gestorbenen Karl Albert waren auch die letzten Gönner des Grafen Rossi am Turiner Hofe verschwunden oder zur Einflußlosigkeit verdammt und von den Liberalen, die den jungen Viktor Emanuel umgaben, hatte keiner ein Interesse, den Berliner Gesandten auf seinem Posten zu halten. Das gräfliche Ehepaar, das seit langem mit der Möglichkeit einer Katastrophe rechnete, hatte seinen Entschluß gefaßt. Der fürstliche Gönner in Strelitz sollte der erste sein, den Henriette ins Vertrauen zog und um die Billigung ihres ungewöhnlichen Schrittes ersuchte:

Berlin, den 13. Juni 1849.

Ew. Königl. Hoheit!

So ist es denn entschieden, was ich schon seit Monaten fürchtete. Mein Mann ist abberufen!! In diesen wenigen Worten liegt Alles, was ich Ihnen, mein teurer Herr, mit diesen Zeilen sagen will. Was ich aber nicht sagen kann, wird Prinz Georg Ew. Königl. Hoheit sagen. Mein Herz ist so voll! es überströmt von Schmerz und Wehmut, ich möchte so gerne alles, alles sagen, und dennoch hält mich ein eigentümliches Gefühl zurück, es heute nicht zu tun. Ihre Meinung, mein vielgeliebter Herr, geht mir ja über alles in der Welt; nachdem also Ew. Königl. Hoheit mit Herzog Georg gesprochen haben werden, bekomme ich wohl noch einige liebe Zeilen von Ihrer Hand, die meinem wunden Herzen Balsam sein werden!

Rossi hat nach langem, langen reiflichen Überlegen sich zu diesem Schritt entschließen müssen. Die Verhältnisse seines Landes sind trostlos, und unberechenbar die Folgen dieses unglückseligen Krieges. Er dient nun bald 30 Jahre — 11 Gesandte teilen mit ihm dasselbe Los d. h. — sie wurden mit einem Federstrich entlassen. Unsere Zukunft also wäre eine trostlose gewesen. Gott schickte uns einen Ausweg — mag mich auch die Welt vielleicht in dem ersten Augenblick verdammen — später wird man doch zur Erkenntnis kommen und das große Opfer zu schätzen wissen, welches ich meinen Kindern bringen will.

Von Ihnen, mein geliebter Herr, habe ich eine so große Meinung, daß ich mich in meinen Erwartungen gewiß nicht täuschen werde.

Ich küsse Ihre teure Hand und zähle die Stunden einer lieben
Antwort!

Ew. Königl. Hoheit

treu ergebene

Henriette Rossi.

Die Zauberformel, mit der die Gräfin den Weg zu einer neuen
glänzenden oder wenigstens gesicherten Existenz für sich und ihre Familie
erschließen konnte und zu erschließen gewillt war, lautete: Rückkehr zur Bühne.
Freilich, die Metamorphose von der Ambassadrice zur Sängerin, die sich
für Geld hören läßt, war nicht so leicht und mußte noch mehr Aufsehen
erregen wie vor 18 Jahren die erste von der Dlle. Sontag zur Frau Gräfin
Rossi Exzellenz. Immerhin bewiesen schon seit Jahren immer wieder auf=
tauchende Gerüchte, die nicht nur in der Tagespresse, sondern auch in dem
Theaterlexikon von Blum, Herloßsohn und Marggraf ihren Niederschlag
gefunden hatten, daß mit der Möglichkeit einer Rückkehr der Sontag zur
Theaterlaufbahn gerechnet werde. Die halb öffentlichen Aufführungen in
Strelitz und die enthusiastischen Schilderungen der Zeugen der Gesangs=
leistungen der Gräfin gaben solchen Gerüchten immer wieder neue Nahrung
und entschieden gewissermaßen die Frage, ob die 42jährige Exzellenz noch
hinlänglich von den Qualitäten besäße, die einst die Dlle. Sontag ausge=
zeichnet hatten. Das zu jener Zeit entstandene Bild der Gräfin Rossi
von Ed. Magnus, dem ausgezeichneten Porträtmaler, dessen Pinsel auch
Jenny Lind und manche andere damalige Kunstgröße verewigt hat, zeigt
uns eine noch immer anmutige, sympathische Frau. Die ein wenig zur Fülle
neigende Gestalt erscheint trotzdem biegsam, das Antlitz atmet ruhige Sicher=
heit, das Haar liegt nach der Mode jener Zeit in gewellten Scheiteln tief
um die Ohren herum. Die Porträtierte fand ihr Konterfei vollendet gut
und war überzeugt, daß der Großherzog „einen Schrei des Entzückens bei
seinem Anblick ausstoßen werde". Man sehe die begeisterte Künstlerin,
ohne daß das Bild dabei theatralisch wirke. Daß ihre Stimme trotz aller
Verpflichtungen der Gesellschaftsdame und Familienmutter nicht eingerostet
war, wußte sie selber am besten. „Freilich mußte ich manchmal", erzählte sie
später einem Freunde, die schöne Gewohnheit, täglich zu singen und zu

spielen und die Liebe zur Kunst den Pflichten der Mutter opfern. Dann habe ich wohl monatelang das Piano nicht geöffnet. Doch dauerte das höchstens ein Vierteljahr. Länger hielt ich die Entsagung nicht aus, und dann ging ich jedesmal mit einem Ernst daran, als müßte ich wieder von vorn anfangen; ich war dann so strenge gegen mich wie nur je und hatte eine Freude, die mich recht glücklich machte, wenn ich mir ganz allein im Zimmer wieder einigermaßen genügte."

Vielleicht hätten trotz alledem die Bedenken vor dem Ungewöhnlichen ihres Schrittes und die Zweifel an dem glücklichen Gelingen gesiegt, wenn nicht, wie schon öfter in ihrem Leben, ein gewandter Vogelfänger auf der Lauer gelegen hätte, der bereits mehr als eine Nachtigall in seinen goldenen Käfig gelockt hatte und zu diesem Zweck kein Opfer scheute. Der Mann, der das Schicksal der gräflichen Sängerin auf Jahre hinaus bestimmen sollte, hieß Benjamin Lumley alias Levy (1811—1875), in der an Originalen reichen Galerie der internationalen Impresarii eines der interessantesten. Ursprünglich Solizitor und Schriftsteller — er hat außer seinen Memoiren u. a. ein parlamentarisches Handbuch und einen phantastischen Marsroman verfaßt — hatte Lumley den ihm inne wohnenden Drange zum Theater als Dreißigjähriger Folge gegeben und war Manager an Her Majestys Theatre in London geworden, das er bis zum Jahre 1847, in welchem die Konkurrenzoper im Covent Garden einsetzte, leitete. Als Ersatz für zwei ihm untreu gewordene Sterne, die Sopranistin Grisi und den Tenor Mario, gelang es ihm damals, die gefeierte Jenny Lind auf zwei Jahre zu verpflichten, allerdings mit ungewöhnlichen Opfern, indem er ihr für die von April bis August währende Spielzeit 120000 Franken zahlen sowie ein möbliertes Haus und Equipage stellen mußte. Für eine einmonatliche Reise forderte und erhielt die schwedische Nachtigall gar 20000 Franken und die Kontraktklausel, nach ungünstigem Debut den Vertrag lösen zu dürfen. Da die Lind 1849 einem amerikanischen Wundermann, der seinem englischen Kollegen sowohl hinsichtlich des Geldbeutels wie der Reklamekünste überlegen war, dem bekannten Barnum, sich nach Newyork verpflichtet hatte, so galt es, nach Ersatz zu suchen, den künstlerischen Ruf mit einer Sensation zu vermählen. Dem gut bedienten Manager waren die Gerüchte von den finanziellen Schwierigkeiten der Sontag und ihrer Absicht zur Bühne zurückzukehren, nicht unbekannt geblieben. Sachkundige Beurteiler, wie der Pianist Thalberg, versicherten ihm, daß die Stimme gar keine oder wenigstens keine merkliche Einbuße erlitten habe und von strahlender Reinheit und Stärke sei. Lumleys Plan war also bald gefaßt: Eine Ex-Gesandtin, die früher Henriette Sontag geheißen, das hatten die Londoner auf der Bühne noch nicht gesehen: Barnum und Jenny Lind waren übertrumpft. Die erste Anknüpfung erfolgte durch keinen geringeren als den damaligen englischen Botschafter in Berlin, den Earl of Westmocreland. Er wurde abschlägig beschieden, aber in so delikaten Ausdrücken, daß Lumley die Hoffnung nicht aufzugeben brauchte, sondern durch seinen Freund Siegismund Thalberg sondieren ließ, ob die Gräfin, falls ihr Mann seinen Gesandtenposten verlöre, einem Engagements-Antrag Folge leisten würde. Gleichzeitig bot er ein Honorar von 120 000 Mark für eine Spielzeit von 6 Monaten. Die Gräfin erbat sich Bedenkzeit und gab dem Impresario schon jetzt die tröstliche Versicherung: „As soon a I shall be once more Mademoiselle Sontag, your interests shall be solely mine, with all my heart and soul." Am 9. Juni endlich traf ein Brief des Grafen Rossi ein, daß alle Bedenken beseitigt seien und dem Abschluß eines Vertrages und der öffentlichen Ankündigung des Wiederauftretens der Gräfin nichts im Wege stände. Zu ihrem Entschluß des Wiederauftretens bestimmte Henriette in erster Linie die Gewißheit, zum mindesten dasselbe verdienen zu können, was die Lind sich einst ersungen hatte. Sie dankte, wie sie schrieb, dem Schöpfer täglich für die Gnade, daß er ihr die Möglichkeit dazu durch die Erhaltung ihrer Stimmmittel gelassen hatte. „Sonst säße ich mit Mann und Kindern in einem italienischen Dorfe mit 7200 Franken Pension jährlich." Auch die Erinnerung an die Erfolge ihrer einstigen Rivalin, der Catalani, die gleichfalls in vorgerückten Jahren als Gattin eines adligen französischen Offiziers ihre Gesangstätigkeit wieder hatte aufnehmen müssen, wirkte tröstlich. Eine bittere Ironie mochte es sie allerdings bedünken, falls sie sich der Worte erinnerte, die August Lewald einst über das Wiederauftreten der Catalani und ihren eigenen Abschied von der Bühne geschrieben hatte. Er erzählte, daß die Italienerin ihm weinend gestanden habe, daß allein der Verlust eines großen Teils ihres Vermögens sie dazu vermocht hätte, ihre Reisen noch für eine Zeit fortzusetzen, um ihren Kindern einen Teil des Verlorenen wieder zu erringen, und knüpfte daran die Bemerkung: „Betrachtet man, wie schnell das Glück einer Sängerin schwindet, so muß man Dlle. Sontag nicht schelten, daß sie bald danach strebte, eine diplomatische Karriere zu ergreifen." Seitens des prüden sardinischen Hofes war dem Exgesandten der Vorschlag gemacht worden, sich von seiner Frau, wenigstens zum Schein scheiden zu lassen, da er als Gatte einer Sängerin unmöglich weiterhin Verwendung im diplomatischen oder Hofdienst finden könnte. Als guter Ehemann wies Rossi diesen Vorschlag kurzer Hand zurück und zog es vor, sich pensionieren zu lassen, wobei er sich allerdings die Möglichkeit eines Wiedereintritts in die sardinischen Dienste ausdrücklich offen hielt. Wie aus Henriettes Briefen hervorgeht, hatten ihre gekrönten Gönner auch in dieser Angelegenheit zu ihren Gunsten die Hände im Spiel. Insbesondere wurde sie in ihrer Zuversicht, daß Großherzog Georg ihren Schritt verstehen und billigen würde, nicht getäuscht. „Ich wußte es wohl", heißt es in einem Briefe vom 25. Juni 1849, in welchem sie zugleich nähere Einzelheiten über ihre Zukunftspläne mitteilt, „daß Sie, mein vielgeliebter Herr, es so auffassen würden. Ew. Königl. Hoheit gehören ja zu den seltenen Menschen, wo Herz und Verstand im höchsten Einklange zusammen gehen . . . . . . Ich will alle Ihre mir teuren Worte beherzigen und mit der Gnade Gottes meine schwere, schwere Lebensreise antreten. Das Geheimnis, welches ich hier hoffte, noch streng einige Tage zu beobachten, macht bereits die Runde in der Stadt. Man strömt von allen Seiten zu mir und überschüttet mich mit Liebe und Freundschaftsbezeigungen und träufelt mit jedem Worte Balsam auf die Wunde, denn es gibt mir die Überzeugung, daß man mein Opfer von der wahren Seite beurteilt. So lohnt mich heute schon die Vorsehung für das, was Rossi und ich kaum für möglich hielten. Auch beide Majestäten waren beim Abschied höchst liebenswürdig. Der König gab sogar Rossi zu verstehen, er hätte bereits nach Turin schreiben lassen. Wenn alles vorüber sei, hoffe er ihn wieder hier zu sehen. Der Himmel hat mich bis jetzt gesegnet, wer weiß, welche Freuden mir noch nach drei Jahren vorbehalten sind. Ich werde, wie wir es mit Westmooreland (dem damaligen englischen Gesandten in Berlin) reiflich beschlossen haben, als Gräfin Rossi in London erscheinen, nur wenn ich öffentlich auftrete, nehme ich meinen früheren Namen an. Wegen meines Debüts habe ich viel nachgedacht. Othello kann nicht benutzt werden. Die Semiramis bin ich nicht imstande das erste Mal zu singen: Ich muß erst die Emotion überwunden haben und Vertrauen zu meinen Mitteln gewinnen. Linda ist eine semiseria Opera, die Cavatine und das gleich darauf folgende Duett nichts weniger als komisch, im Gegenteil, ich muß der Cavatine eine melancholische Tinte geben, weil die Rolle in der zweiten Szene schon ganz tragisch wird. Im zweiten Akt wird Linda wahnsinnig und bleibt es bis zu Ende. Die Rolle ist interessant im Spiel und Gesang. Die zweite, das verspreche ich Ew. Königl. Hoheit, soll die brillante Semiramis sein. Lassen Sie mich nur erst mein altes Vertrauen wieder haben, dann will ich schon meine Mittel entwickeln. Nach allen Äußerungen von Westmooreland und Direktor Lumley wird der Empfang sein wie man es in London noch nicht erlebt hat. Gott gebe seinen Segen."

Die Öffentlichkeit wurde von der Gräfin noch eine ganze Weile in Ungewißheit gehalten. Die Berliner hatten wieder einmal ihr Vexierspiel, an dem sich übrigens die in= und ausländische Presse redlich beteiligte. Die Independence Belge behauptete zu wissen, daß die Gräfin nicht nach London zu einem Operngastspiel, sondern als Privatdame mit ihrem Gatten nach Brüssel reisen und dort ständigen Aufenthalt nehmen würde und wünschte der Gesellschaft der belgischen Hauptstadt zu dieser neuen Eroberung Glück. Die Frankfurter Zeitung gab diese Mitteilung unter allem Vorbehalt wieder und verriet ihren Lesern die pikante Neuigkeit, daß „die Gräfin Rossi das Geschäftslokal des Herrn Gerson besucht und für mehrere hundert Taler Einkäufe von hellfarbigen seidenen Stoffen gemacht habe, die sie sämtlich in dem maurisch dekorierten Zimmer in ihren Lichteffekten vorher reichlich prüfte. Ob dieses Studium der Brüsseler Sozietät oder dem Londoner Proszenium galt, wird die Zeit entscheiden."

Inzwischen traf Lumley zum Kontraktschluß in Berlin ein und war

Henriette Sontag, Gräfin Rossi 1849

Gemälde von Eduard Magnus — Lithographie von Feckert

von dem Äußern wie von der Stimme seiner neuen Klientin, wie er in seinen Memoiren erzählt, in gleicher Weise entzückt. Er fand sie „so frisch und jungmädchenhaft wie nur je, ihre Töne perlend wie die Diamanttropfen eines Springquells und ihre Leistungen auf noch größerer Kunsthöhe als die der Lind". Auch auf Henriette machte der unternehmungslustige, galante und freigebige Herr zunächst einen vortrefflichen Eindruck. „Lumley", schreibt sie scherzend, „ist als Direktor ein Phänomen. Es wäre garnicht übel, ihn zu pulvrisieren. Herr von Küstner (der damalige Berliner Intendant) müßte davon eine dreifache Dosis verschlucken." Wie schwer ihr jedoch in der Stunde der Entscheidung der Abschied von der Heimat wurde, bezeugt ein Brief an ihre Freundin Gräfin Bernstorff in Strelitz:

Meine liebe Auguste!

Ich muß Ihnen noch einige freundschaftliche Worte des Abschieds sagen, meine Gute, bevor ich meine Reise antrete! Mein Herz ist so bewegt, die Aufregung in meiner Seele so namenlos, daß ich eigentlich längst schon fort sein müßte, da ich in die Länge diesen Zustand kaum mehr ertragen könnte. In solchen Augenblicken möchte ich immer die herzlosen Menschen beneiden, an denen alles spurlos vorübergeht. Ich hätte es kaum geglaubt, wenn mich der jetzige Augenblick nicht davon überzeugt hätte, wie lieb man mich hier hat. Es ist ein schmerzlich wohltuendes Gefühl für mich — welches mir aber die letzten Tage hier unendlich erschwerte. Ich hätte es den kalten, berechnenden Berlinern kaum zugetraut.

Es wird mir schwer, recht schwer, mich hier so von allem loszumachen. Was soll ich aber erst von Strelitz sagen? Dort, wo ich sozusagen Wurzel geschlagen habe, dort, wo es Menschen gibt, die ich über alles stelle und die mir das Liebste sind, was ich von Freunden auf dieser Welt besitze!!

Wenn ich an meinen Großherzog denke, zittert mir das Herz vor Wehmut, ich habe ihn gar so unbeschreiblich lieb!! Meine teure Marie und Karolina! So viele, viele liebe gute Menschen, die ich treu in meinem Herzen tragen werde. Sagen Sie ihnen, meine liebe gute

Freundin, wie tief betrübt ich bin — Sie sollen mich nicht vergessen. Meine Empfindungen werden ewig dieselben bleiben. — Mein Leben war reich an Ereignissen; allein die Tage, die ich dort verlebte, werden meinem Herzen unvergeßlich bleiben! Bernstorff, Mama ihre ganze liebe Familie, meinen guten Oertzen meine ganz besonderen Grüße und Umarmungen.

Gott schütze und segne Sie meine teure Auguste. Mein Seelenschmerz ist unendlich.

Des Himmels Segen mit Ihnen

Ihre Henriette Rossi.

Meine Abreise ist für Montag Abend festgesetzt.
Wir gehen vor der Hand nach Brüssel.

XIII. Kapitel.

Am 7. Juli 1849 stand Henriette Sontag zum erstenmal wieder nach 20jähriger Pause auf den Brettern von Her Majestys Theatre in der Rolle der Linda von Chamounix. Mit dem alten Namen war ihr auch das alte Glück wieder zur Seite. Die Künstlerin selber, der Impresario, das Publikum und die Presse waren darüber einig, daß das Debüt der Frau Ex-Gesandtin einen vollen Erfolg bedeutete. Auch die Aufnahme in der vornehmen Londoner Gesellschaft ließ zur Genugtuung der Gräfin nichts zu wünschen übrig. „Der Allmächtige weiß allein," berichtete sie am 12. Juli dem Großherzog, „was ich empfand, als mein Ritornell der allbekannten Arie anging. Sie wissen ja, wie gewissenhaft ich von jeher die Kunst betrieben habe, und daß ich selbst in Strelitz, wo ich doch sicher auf gütige Zuhörer hoffen konnte, mir auch keine kleine Note je habe zuschulden kommen lassen wollen, die nicht schul- und regelrecht gewesen wäre. Das ist wohl auch die Ursache, daß ich nach so langer Zeit noch das zu leisten vermag, daß das verwöhnte Londoner Publikum mich wie einen alten Liebling behandelt. Der Applaus beim Empfang, der gewiß fünf Minuten dauerte, galt meiner Stellung — allein der immer steigende

Enthusiasmus, der mit fünfmaligem Hervorruf am Schluß der Oper endete, galt allgemein meinem Talent. Die Stimme war klar und stark, das Spiel hat besonders gefallen. Es war schön, und ich hatte den größten Kampf zu bestehen, Tränen der innigsten Rührung zu unterdrücken. Soviel Liebe, soviel Enthusiasmus hatte ich nicht erwartet. Das (große) Haus strengte mich nicht im geringsten an, und ich denke dieses große Opfer mit Ehren zu vollenden. Meine Stellung in der Welt ist dieselbe, nur mit dem Unterschied, daß allererste Damen von London mit Güte mich überhäufen und, fast möchte ich sagen, beschämen. Ich empfange alle Tage 6—8 Einladungen, die ich natürlich alle abweisen muß, da ich nur meinem Beruf leben will und mit meinen Kräften sparsam zu Werke gehen muß. Meine alten teuren Freunde brauchen sich also nicht meiner zu schämen."

Innerhalb vier Wochen sang sie außer der Linda die Rosine, Amine, Susanne und Desdemona. „Sie gelang", berichtet sie dem Großherzog, „in jeder Hinsicht vortrefflich, und obschon die 20 Jahre Zwischenraum mich nicht jünger gemacht haben, so haben sie mir doch an Erfahrung die ernste Seite des Lebens gezeigt, so daß ich glauben darf, mein Spiel sei mit einst nicht zu vergleichen." Wenngleich sich die Saison ihrem Ende zuneigte, war das Haus allabendlich bei ihrem Auftreten ausverkauft. Der Impresario rieb sich schmunzelnd die Hände, und auch die Sängerin war, wie ein Brief Henriettes an die Andree vom 18. September 1849 bezeugt, zufrieden und guten Mutes. „Endlich, meine gute alte Andree, finde ich einen Augenblick, Dir zu schreiben. Ich beauftragte Mutter, Dir die großartigen Begebenheiten der neuen unverhofften Wendung meines Schicksals mitzuteilen, denn seit dem Monat Juli bin ich à la lettre nicht zu mir selber gekommen. Aus den Zeitungen hast Du wohl meinen succès erfahren. Gottlob, das große Opfer, welches ich meinen Kindern gebracht habe, belohnt sich in jeder Hinsicht. Ich habe Kraft und Stimme, man liebt und vergöttert mich. Meine Stellung in der Welt ist dieselbe geblieben und gehöre ich als Mdme. Sontag der Öffentlichkeit, überschüttet man mich mit Liebe und Auszeichnung. Ich denke, in einigen Jahren mir so viel zu verdienen, daß ich mich sorgenfrei in irgendeinem Winkelchen, wo es still und ruhig ist, niederlassen kann."

Mit dem Schluß der Londoner Spielzeit und dem Beginn der großen Tournee durch die vereinigten Königreiche sollte die Gräfin die Schattenseiten ihres so glänzenden Engagements kennen lernen. Die „kleine Bande, die nacheinander Manchester, Birmingham, Southampton, Wight, Brighton, Liverpool, Edinburgh, Glasgow, York, Bristol, Exeter mit ihrer Kunst beglückte, bestand aus der Sontag, den beiden Lablaches, Belletti, Calzolari und dem Pianisten Thalberg. 27 Konzerte mit dem gleichen Programm wurden absolviert. Kein Wunder, daß die Gräfin über musikalische Indigestion infolge dieses Speisezettels klagte, zumal fast alles vom Publikum da capo verlangt wurde. Der Impresario, der die hohe Gage seiner Künstlerschar hereinbringen wollte und mußte, trieb sie förmlich mit der Peitsche an. Auf Unpäßlichkeit oder Verstimmungen wurde keine Rücksicht genommen. Selbst heiser und erkältet, klagte die Sontag, mußte sie in hohem Kleide mit einem Pflaster auf der Brust singen. „Lumley ist ein Impresario, c'est tout dit", heißt es in einem ihrer Briefe, in dem sie es bitter beklagt, daß ihr Brotherr sich unklugerweise häufig durch seine persönlichen Antipathien bestimmen lasse und seine besten Kräfte vor den Kopf stoße, weswegen ihm schon Mario und die Grisi entlaufen seien. Aber auch die Reisestrapazen stellten an die Ausdauer und Gesundheit der Künstlerin ungeheuerliche Anforderungen. Ja, einmal kam es auf einer Fahrt durch Schottland, wo zwischen Glasgow und Aberdeen ein Schneesturm den Zug überfiel, sogar zu unmittelbarer Lebensgefahr für die Teilnehmer der Tournee. Eine Entschädigung für solche Anstrengungen und Entbehrungen bot dann wieder die freilich nur karg bemessene Muße auf den Landsitzen einiger englischer Aristokraten, die mit wahrhaft fürstlicher Gastfreundschaft die Standesgenossin und Künstlerin zugleich ehrten. In einem langen Briefe an ihre Mutter hat Henriette von der Schneesturm-Episode und dem anschließenden Aufenthalt auf den Schlössern der Herzöge von Rutland und Cleveland eine anschauliche und, da die Erinnerung an überstandene Gefahren die Menschen oft heiter stimmt, auch humorgewürzte Schilderung geboten:

York, den 12. Januar 1850.

Liebe Mutter!

Heute an Deinem Geburtstage, liebe Mutter, will ich Dir aus York meine Glückwünsche schreiben. Ich könnte sagen, ich sitze wie eine verwünschte Prinzessin auf einer wüsten Insel, wo mich mein Schicksal hingeschleudert hat. Meinen Unfall in Schottland, den alle Zeitungen ausposaunt, hast Du wahrscheinlich schon gehört, ich will ihn Dir in aller Eile und Kürze mit diesem Schwefelholz mitteilen, um Dich einigermaßen zu beruhigen.

Vor allem danke ich Dir für Deinen Brief, den ich in Edinghburg erhielt. Am heiligen Abend kamen wir um neun Uhr dort müde und matt, als wir bereits neun Stunden fuhren, an. Wir waren beide recht traurig, wie Du Dir denken kannst. Den ersten Christabend ohne die lieben Kinderchen, die mit wahrem Herzenskummer unserer gedachten. Marie kam den 2. Jänner zu den Ferien nach Norwood und bleibt vierzehn Tage dort. Das arme Kind hatte sich so gefreut, mit uns diese Zeit zuzubringen.

Nun höre unseren Unfall im hohen Schottland bei Aberdeen, welches wir noch bei guter Zeit zu erreichen hofften. Um vier Uhr hörten wir mit einmal den Sturm und Wind von den hohen Gebirgen sich herabrollen. Ein Hochschotte, der im Coupé mit uns saß, sah ganz ängstlich zum Fenster hinaus und sagte: „O, ho, da gibts einen tüchtigen Sturm." — „Gibts öfter große Stürme hier?" — „O nein, sehr selten, alle vier bis fünf Jahre. Gott bewahre uns vor solchen, da könnte es uns allen schlimm ergehen."

Diese Einleitung war schon recht befriedigend für uns! Nun gings aber auch bald an. Dir eine Beschreibung von solch einem Tourmente zu machen, bin ich nicht imstande. Die Maschine konnte weder vor- noch rückwärts. Die eine Seite des Wagens war schon ganz verschneit, dort, wo der Wind von den Feldern den Schnee herantrieb. Der Ingenieur immer ratlos, die Passagiere verzweiflungsvoll. Nun beraten, was zu tun sei; vier englische Meilen waren wir von aller Hilfe entfernt. Ich schlug vor, allen Mut zusammen zu nehmen

und durchzuwandern, besser als sich einschneien zu lassen wie die Kar=
toffeln. Mein Vorschlag war zu kühn und wurde verworfen. Ein
Mr. Wood, Hochländer voll Mut und Kourage, sagte, er wolle es
mit einigen Passagieren wagen, in das nächste Dorf zu kommen, und
mir einen Wagen zu verschaffen. Mit Dank wurde dieser edle Menschen=
retter entlassen. Da blieben wir zweieinhalb Stunden in der größten
Spannung und Ungewißheit sitzen. Der Schnee war schon acht Fuß
hoch und wir sahen uns einer großen Angst und Hilflosigkeit entgegen=
gehen! Endlich kam der gute Mann, aber in welchem Zustand! Ein
gefrorener Schneemann, er konnte kaum sprechen, klapperte mit Mund
und Zähnen. Bei jedem Schritt, den er tat, fiel er bis unter die
Schultern in den Schnee.

Nun hieß es, Kourage haben, denn an einen Wagen war nicht
zu denken, der wäre jede Minute umgeflogen. Also zu Fuß aus dem
Eisgrab, wo es schon anfing, unerträglich zu werden. Nun war die
eine Seite, die mehr vor dem Winde geschützt war, leider verschlossen
und der Schlüssel in der Verwirrung nicht zu finden. Es mußte also
die andere Seitentür geöffnet werden, wo der Schnee schon in Massen
angehäuft lag.

Ich nahm meinen ganzen Mut zusammen und sprang in den
Schnee. Mit Mühe holte man mich heraus, und so durch die Mauer
glücklich durch — begann unsere Schneewanderschaft. Eine große
Schwierigkeit war, den steilen, senkrechten abgeschnittenen Berg zu
erklimmen, denn mit jedem Schritt gleitete man herunter. Nun bildeten
die sechs Eismänner eine Kette und zogen uns sämtlich hinauf. Oben
angelangt, waren Zäune, die übersprungen werden mußten, was auch
seine großen Schwierigkeiten hatte, indem auf der anderen Seite ein
tiefer Graben mit Schnee gefüllt war. Den Zaun hatte ich bald
erklettert — dank meiner kleinen Addi, die mir in Norwood es oft
in den Wiesen zeigte, wie man sie überspringen muß. Allein in diesen
Graben mußten wir alle sämtlich hineinfallen. Von diesem Schnee=
precipice herausgewudelt, gings nun durch die Felder quer einwärts,
bis unter die Schulter im Schnee, ungefähr dreiviertel Stunden im

gräßlichſten Sturm zum nächſten Pächterhaus, der uns gaſtfrei und ſo gut es ſein Häuschen geſtattete, aufnahm. Mein Geſicht und Haar hatten eine Schneekruſte, mein ſchwarzer Mantel war weiß; wir waren zehn Perſonen — wo keiner den anderen erkennen konnte. Nun waren wir wohl unter Obdach, allein keine Wäſche, nichts um uns zu changieren. Schwarzwollene Strümpfe und Schuhe gaben mir die Dienſtmädchen, meine Röcke mußte ich nach und nach am Kamin trocknen. Wir waren alle dabei ſo entſetzlich verhungert, denn ſeit acht Uhr morgens hatten wir nichts gegeſſen. Käſe, Butter, Milch, viel Schnaps und Tee wurde herangeholt; wenn auch nicht ganz befriedigend — doch etwas für unſere Mägen. Der dicke Lablache (nicht Vater), denn der war geſtorben — ſondern der Sohn, der auch ſchon recht beleibt iſt, wurde, als er ankam, ohnmächtig. Mein kleiner Groom ſchrie und weinte jämmerlich über Kälte und Erſtarren ſeiner Füße. Enfin, ich ſage Dir, es war eine entſetzliche Expedition. Nur meine engliſche Jungfer hielt ſich am tapferſten. Dies iſt ein echtes Glück für mich, eine ſolch prächtige Perſon bei mir zu haben; ſie pflegt mich in dieſem Augenblick, wo ich vieles bedarf.

Wir blieben nun, um auf meine Schneeexpedition zu kommen, zehn Perſonen in zwei Stuben mit drei Betten und einem Sopha die Nacht beim Pächter, Gott dankend, den noch immer heulenden Sturm draußen am warmen Kamin bewundernd. Am andern Morgen erſchien ein Wagen, in welchen ſich die Hälfte einpackte. Allein kaum nach zwanzig Schritten brach derſelbe, und ich mußte abermals im Schnee bis zu einer ſchottiſchen Dorfhütte wandern, wo ich endlich nach einer Stunde mit einem Karren mit Stroh bedeckt ins Dorf Laureukik — berühmt durch ſeine ſchönen ſchottiſchen Doſen — ins Hotel gerumpelt wurde. Von dort erreichten wir den Train, der in der Nacht eingeſchneit, aber glücklicherweiſe durch einen Regenguß flott wurde, um ſeine Talfahrt anzutreten, — denn Aberdeen mußte ganz aufgehoben werden. Alle Zeitungen ſind hier voll davon, und man betrachtet mich als kouragierte Heldin. Wir gingen wieder nach Edinbourgh zurück, wo ich mit dem größten Jubel empfangen wurde und meinen Geburtstag mit einem

Morgenkonzert feierte. Von da gings nach Lancaster und York, wo ich mir eine tüchtige Heiserkeit infolge aller dieser Schneevergnügungen holte.

Meine Entschädigung waren drei Tage beim Herzog von Cleveland in Raby Castle — eines der schönsten, ältesten Schlösser Englands. Ach, liebe Mutter, was sind das für Existenzen gegen unsere armseligen Deutschen! Fürst Lichtenstein — Esterhazy — Palfy, wie klein und unbedeutend scheinen diese Besitzungen gegen solche königl. Schlösser! Seine Revenue ist 120000 Pfd. Sterling jährlich! Zwanzig der schönsten Reitpferde und ebenso Wagenpferde. Hundert Hunde, prächtige Kerls. Man fährt in eine Halle des Schlosses, wo zwei Kamine brennen: Rüstungen, Waffen aller Art schmücken die Wände, von dem Wagen tritt man auf weiche Teppiche, — alle Türen sind mit den weichsten Stoffen behängt. Der Speisesaal strotzt von goldenen und silbernen Geschirren; Vasen und Kannen von Gold zieren den Tisch, wie man es in den Fabeln liest. Alle Bedienten sind gepudert und tragen seidene Strümpfe. Mein Schlafzimmer war einer regierenden Fürstin würdig, — reich an Teppichen und schönen Drapierungen. Die Salons strotzten von Kunstschätzen und den herrlichsten Gemälden. Schon die Bibliothek ist ein ganzes Vermögen! Fünf Pianoforte sind allein im unteren Geschosse. Hirsche, Jagd und Waldungen, Fischerei, ich sage Dir, es ist überraschend; so großartig hätte ich es mir nicht gedacht, obschon ich, aus allen Beschreibungen zu urteilen, viel erwarten durfte. Wir gehen nächste Woche zum Herzog von Rutland, wo man sagt, es sei noch anziehender. Bei dem Herzog von Cleveland war nur die Familie zu der Christzeit versammelt; sie bestand aus vierzig Mitgliedern. Die Herzogin ist eine liebe, charmante Frau, und ich glaube, wir haben ihnen recht gefallen, denn wir müssen durchaus unsern Besuch wiederholen. Ich hoffe Ende Februar in London mich endlich niederzulassen, denn es ist kalt und eklig herumzureisen.

P.S. Ich schreibe Dir im Bette, wo ich seit drei Tagen festgebannt bin, wegen eines starken Schnupfens und Hustens.

Ich schreibe Dir aus dem berühmten Belvoir Castle, welches dem Herzog von Rutland gehört und vielleicht noch schöner ist als jenes vom Herzog von Cleveland. Gott, welch ein Reichtum an Gemälden, Büsten und Statuen! Eine hl. Familie von Murillo hängt in der Kapelle, wo mir die Tränen in die Augen kamen. Göttlich, himmlisch! Ein Salon ist da, den er stückweise aus den Appartements der Maintenon in Trianon abnehmen ließ, ganz im reichsten edelsten Geschmack Ludwig XIV. Der Herzog ist ein magerer, alter charmanter Herr mit einer schwarzen, kleinen Perücke, Witwer von der schönsten Frau in England, hat zwei schöne Söhne und zwei unverheiratete häßliche Töchter. Er baute zwanzig Jahre an dem Schlosse, welches ganz geheizt ist; 5 Säle, 2 Galerien, Bibliothek und 130 Gastzimmer; 4 Köche, 4 Gehilfen, 12 Bediente, 4 Kammerdiener, — Jagd=, Bier= und Weinkeller: wie ich nie etwas sah! Das Appartement der Wirtschafterin wünschte ich jeder Hofrätin. Jeder Kammerdiener hat 50 Guineen jährlich Gehalt, alles frei, viermal des Tages essen, nein fressen tun die Kerls!

An dem Feuer in der Küche könnte man ganze Hammelherden braten! Kurz, ich sage Dir, wenn man solch einen Reichtum sieht, möchte man anfangen, kommunistische Ideen zu bekommen! klein und miserabel kommt man sich genug vor.

Ich gehe in drei Tagen nach London und denke, in wenigen Tagen dort meine Arrangements zu machen. Adieu, liebe, gute Mutter! Bist Du denn jetzt besser eingerichtet? Trinkst Du denn jetzt Wein? Fehlt es Dir an nichts? — Grüße alle!

Deine Tochter Henriette.

Auch in Edinburgh, der „göttlich schönen Stadt", gefiel es ihr. Über Mangel an Beifall hatte sie nirgends während ihrer Reise zu klagen. Selbst ganz fremde Leute boten ihr Gastfreundschaft an. Besonders stolz war sie auf eine Bemerkung der „Times": „Gräfin Rossi braucht die Presse nicht, wir behandeln sie als Lady und ihr Talent braucht keinen Zeitungspuff. Sie steht viel zu hoch für solchen Firlefanz." Noch während der schottischen Tournee rückte Lumley mit dem Plan, in Paris eine Reihe von Konzerten zu veranstalten, heraus. Im Falle des Mißlingens sollte Irland abgegrast werden. Graf Rossi wollte anfänglich nichts davon wissen, da Lumley in Paris eine starke Partei gegen sich hatte, die auf die Nachricht, daß der Engländer den großen Saal des Konservatoriums bedingungsweise gemietet habe, sofort mit einem Ränkespiel einsetzte. Mit Hilfe des Präsidenten Louis Napoleon, den er aus dessen englischem Exil her kannte, gelang es Lumley jedoch, seinen Willen durchzusetzen. „Napoleon habe," erzählt er in seinen Erinnerungen, „als der Direktor der schönen Künste Ausflüchte machte und die Überlassung des Saales verweigerte, gedroht, er würde, wenn nicht binnen 24 Stunden der Schlüssel ausgeliefert würde, die Entlassung des widerspenstigen Leiters verfügen." Henriette war der Gedanke, in Paris aufzutreten, durchaus sympathisch. „Nur in Paris", schrieb sie einmal dem Großherzog, „findet der wahre Künstler den Lohn seines Fleißes und seines Talentes, man liebt mich hier (in London) erstaunlich, allein in Paris on sait m'apprécier und das ist mir mehr wert als alles Klatschen und Hervorrufen." Und in einem anderen Briefe an einen alten Berliner Bekannten, den Hofrat Friedrich Förster, bemerkt sie scherzend: „Die flatternde Nachtigall wird in Paris treulich ihre Schuldigkeit tun. Ich denke, das Resultat wird recht befriedigend ausfallen, denn für den wahren Künstler gibt es nur ein Publikum und das ist jenes von Paris, wo Intelligenz und Geschmack Hand in Hand gehen." Ihre Erwartungen wurden auch diesmal nicht getäuscht. Das ganze Faubourg St. Germain gab sich in ihren Konzerten ein Stelldichein. Auch Napoleon ließ sich sehen. Gustav zu Putlitz, der dem damaligen Pariser Debüt der Sängerin beiwohnte, hat in seinen Erinnerungen seine Eindrücke anschaulich geschildert:

„Die Stimmung für Henriette Sontag war eine geteilte im Publikum, das damals in der italienischen Oper in Paris, dem einzigen Theater, das sich ganz frei hielt von der sonst schon übermäßig herrschenden Claque allein den Ausschlag des Erfolges gab. Die berühmte Sängerin trat auf, aber kein Zeichen des Beifalls, den schon ihr Name berechtigt hätte, empfing sie. Die Wohlgesinntesten verlangten, sie sollte sich ihren Pariser Ruhm selbst erringen. Ja, man fühlte ein stilles Widerstreben gegen die Anerkennung. Wir Freunde der Sängerin saßen da, in banger Spannung. Aber schon nach dem ersten Erscheinen, den ersten Tönen, ging es flüsternd durch die Ränge: „Ist das wirklich Henriette Sontag, die Mutter er-

wachſener Kinder, die Sängerin, die uns vor zwanzig Jahren auf dem
Höhepunkt ihres Ruhmes entzückte? In der Tat ſchien die Sontag, trotz
einer gewiſſen Fülle ihrer Geſtalt, ſo jugendlich in Erſcheinung und Anmut
der Bewegungen, ſo friſch im Klang der Stimme, daß die ſchnell erfundene
Fabel, es ſei nicht die Mutter, ſondern die Tochter Roſſi, die den Ruhm
Henriette Sontags erneue, nicht unwahrſcheinlich ſchien. Aber nun ent-
faltete die Sängerin die unvergleichliche Kunſt des Geſanges, für die keine
Schwierigkeit zu exiſtieren ſchien, und vernichtete damit nicht nur jene Fabel,
ſondern überwand auch im Sturm jedes Vorurteil und eroberte ſpielend,
lächelnd den vorenthaltenen Beifall, der ſchon nach dem erſten Finale
mächtig hervorbrach, und nun, immer geſteigerter, bis zum Schluß der
Oper vorhielt. Damit war das Schickſal der italieniſchen Saiſon ent-
ſchieden und Henriette Sontag in allem Glanz für Paris adoptiert.“

Durchaus zufrieden durfte die Sängerin mit der Beurteilung ſein,
die der Kritiker der maßgebenden Revue des deux Mondes veröffentlichte
„La voix de Mdme. Sontag est assez bien conservée. Si les
cordes inférieures ont perdu de leur plénitude et se sont alourdies
un peu sous la main du temps, comme cela arrive toujours aux voix
soprano, les notes supérieures sont encore pleines de rondeur e
de charme. Son talent est presque aussi exquis qu'il l'était il y a
vingt ans, sa vocalisation n'a rien pérdu de la merveilleuse flexi-
bilité qui la caractérisait autrefois, et sans beaucoup d'efforts d'imagi-
nation, on retrouve aujourd'hui dans Mdme. Sontag le fini, le charme,
l'expression temperée et sordine, qui la distinguaient parmi les
cantatrices éminentes qui ont émerveillé l'Europe depuis un demi-
siècle.“

Auch die von der Lumley feindlichen Partei beeinflußten Blätter
ließen die Künſtlerin ihre Abneigung gegen den Impreſario nicht entgelten.
Als Begleiter der Sontag wirkte in den Konzerten Karl Eckert mit, der
ſchon als 5jähriges Wunderkind die Auszeichnung genoſſen hatte, dem greiſen
Goethe eine eigene Kompoſition des Erlkönig vorſpielen zu dürfen. Die Gräfin
Roſſi, der er ſchon vor Jahren freundlich aufgenommene Lieder gewidmet
hatte, intereſſierte ſich lebhaft für die weitere Laufbahn des jungen Künſtlers,

insbesondere für seine Oper „Wilhelm von Oranien". Da Lumley auf
die dringenden Bitten Henriettes sich bereit erklärt hatte, das alte Rokoko-
Repertoire in der nächsten Saison beiseite zu schieben, so hegte sie die Hoffnung, das Werk ihres Schützlings in London anzubringen und ließ durch
Eckerts Erzieher Friedrich Förster den jungen Komponisten auffordern, sein
Glück in England zu versuchen. „Der Pianist Thalberg", schreibt sie,
„verdient in England in der Saison allein durch Klavierunterricht
25 000 Franken. In den vornehmen Familien werden für die Stunde
15 Schilling bis ein Pfund und mehr bezahlt." Zu einer Aufführung des
„Wilhelm von Oranien" in London kam es freilich nicht, da Lumley das
Wagnis der Erstaufführung des Werkes eines in England unbekannten deutschen
Komponisten scheute, doch wurde Eckert auf die warme Empfehlung seiner
Gönnerin von Lumley als Accompagnateur verpflichtet. „Ich habe",
schreibt die Gräfin im Januar 1850, „noch manchen stillen Plan, wo mir
sehr daran gelegen ist, Karl zu Rate zu ziehen, da es in seinem und meinem
Interesse liegt." In London gefiel der junge Künstler allgemein. Man
fand ihn nur, wie seine Gönnerin scherzend an Förster berichtet, „pour les
jeunes demoiselles trop jeune et trop beau garcon, er wird sich am
Ende eine reiche Engländerin als Ehegesponstin wählen müssen, um
respectable zu werden."

Der Lenzmond sah die gräfliche Sängerin wieder in London. Die
erste Opernneuheit der season war Donizettis komische Oper „Don
Pasquale". Henriette wirkte als Norina überraschend jugendlich, aber ihr
Spiel erschien, wie sie klagt, der großen Masse der englischen Theaterbesucher zu fein. „In Don Pasquale kommt die Stelle vor, wo sie ihm
eine Ohrfeige zu geben hat. Meine Vorgängerinnen Grisi — Dariani —
Gadalini — Alboni freuten sich jedesmal über diesen vulgären Spaß.
Gewöhnlich wurde sie so appliziert, daß das Theater davon ertönte. Ich
berührte seine Wange kaum mit meinem Fächer." Am 14. Juni gab es das
Ereignis der Uraufführung einer neuen Oper, die Scribe und Fromental Halevy
eigens für die Sontag gedichtet und vertont hatten, eine freie Bearbeitung
von Shakespeares „Sturm". Henriette hatte dem neuen Werk etwas
skeptisch entgegengesehen, da Halevy schon recht ausgeschrieben erschien.

Ihr Urteil lautete auch hinterher ziemlich kühl, wie auch die Aufnahme ihrer Leistung als Miranda im Vergleich zu der Siedehitze früherer Erfolge nur eine laue gewesen war. Da der Manager das neue Werk teuer bezahlt und für die Inszenierung große Summen geopfert hatte, so mußte er, allerdings mit Zuhilfenahme der Reklame, eine stattliche Reihe von Wiederholungen zu erzielen und einen Publikumserfolg vorzutäuschen. In Henriettes Briefen an den Großherzog Georg heißt es: „Die neue Oper „Tempesta“ ist im ganzen eine interessante Vorstellung, durch den Glanz der Ballette und Dekorationen. Lablache als Caliban ist die Vollendung selbst sowohl in Maske als Spiel und Gesang. Der alte dicke Mann kommt mir vor wie die strahlende untergehende Sonne, die in ihrem vollen Glanze in das Meer sinkt.“ Von der Miranda heißt es: „Meine Rolle ist im ganzen interessant, allein eigentlich undankbar. Sie tritt in nichts bedeutend hervor, hingegen auf Caliban alles Interesse gelenkt ist. Als Gegensatz zu ihm ist dieser einfache jungfräuliche Charakter recht hübsch, allein die Satisfaktion gesteht mir das englische Publikum zu, daß es mein Verdienst allein wäre, der Rolle solch ein großes Interesse zu geben. Heute ist ohne Unterbrechung die 8. Vorstellung, und wahrscheinlich werden wir noch einmal so viel und noch mehr davon haben, denn das Theater ist jedesmal zum Brechen voll. Scribe und Halevy, die beide die Proben leiteten, sind strahlend vergnügt von hier fortgereist, jeder hat 25 000 Franken pour sa part erhalten.“ Ihre Stimmung wechselte zwischen einem Gefühl der Befriedigung, die übernommenen Pflichten treulich zu erfüllen und dem ersehnten Ziele mit jedem Schritt näher zu kommen, und zwischen dem des Unmutes über die mehr oder minder unvermeidlichen Schattenseiten ihrer Tätigkeit und über die lieblosen Kommentare, die ihre Handlungsweise, namentlich in Berlin, wie es scheint, noch immer fand. So heißt es in einem Briefe an den Großherzog vom 25. Juni 1850:

„Heute ist es ein Jahr, daß ich Berlin verließ! Mit welcher zentnerschweren Angst sah ich damals der Zukunft entgegen! Heute sehe ich mit Zuversicht den wenigen Jahren entgegen, die ich mir zum Ziele gesteckt habe. — Meine Stimme wird immer besser, was ich oft selbst kaum begreife. Ich lebe einfach und sehr, sehr mäßig — schlafe viel, singe täglich (trotz Proben und Vorstellungen) meine Solfeggien und bin ebenso gewissenhaft in meinen kleinsten Leistungen, als ich es früher war. Meine jetzige Umgebung trägt mich wahrhaft auf den Händen. Trotz meiner sehr verschiedenen Stellung von der ihrigen, ist es oft rührend anzusehen, wenn ich in ihre Mitte komme, mit welcher touchanten Liebe und Aufmerksamkeit man mir entgegenkommt. Kein Zank, keine Kabalen, man nennt mich allgemein Notre bon Ange. Ist etwas zu schlichten, kommt man zu mir, bei mir Rat zu holen. Chöre, Orchester, alles liebt und ehrt mich. Ich arbeite viel, sehr viel, allein Gottes Segen ist mit mir und ich werde am Ende der Saison 14000 Pfund auf Interessen legen können. Wir leben sehr sparsam und versagen uns allen Luxus, um recht bald dieses glänzende Elend verlassen zu können." Ein Schreiben an eine junge Berliner Freundin, Charlotte von Oppeln-Bronikowsky, ist im wesentlichen eine Paraphrase über das Thema vom glänzenden Elend. Wohl mit der bestimmten Absicht, in Berlin in einer gewissen Richtung zu wirken, trägt die Schreiberin, die sich diesmal ganz als Gräfin Rossi und Gesandtenfrau fühlt, die Farben stark auf:

„Es will mir freilich kein Mensch glauben, aber ich versichere Sie, liebe Charlotte, ich bin nun einmal nicht zur Künstlerin geschaffen. Das Gretchen bei Radziwill war mir lieber als alle Huldigungen Londons. Es fehlt mir alles zu einer Primadonna. Meine Stimme und Talent, voilà tout. Allein glauben Sie mir, liebe Charlotte, in diesem glänzenden Elend muß man beständig Komödiantin sein, und ich verstehe, nur auf dem Theater Komödie zu spielen, hingegen die anderen beständig Schauspielerinnen auch ohne Kulissen sind. Was mich am meisten kränkt, ist die falsche Beurteilung der Berliner über mich. Hier sowohl als in dem frivolen Paris erkennt man mein Opfer in jeder Hinsicht in seinem vollen Werte vollkommen an. Man trägt mich auf den Händen, ist von unbegrenzter Liebenswürdigkeit, unterläßt aber nicht, mich im tiefsten Herzen zu bedauern, denn jetzt ist es kein Vergnügen, keine Spielerei mehr, jetzt heißt es Kräfte, das Beste, was ich habe, auch oft mit kranken müden Gliedern, hinzugeben. Kein Mensch nimmt jetzt mehr Rücksicht auf mich, ob ich müde und matt bin, ich muß auf die heißen Bretter. Als wir die

Tempesta neulich gaben, war die Generalprobe, d. h. die beiden letzten
Proben von 11 bis 5 und abends von 8 bis 2 Uhr des Nachts; den Tag
der Aufführung wieder von 11 bis 2 Uhr — wie müde und matt man
dann des Abends mit zerschlagenen Gliedern auf das Theater kommt, läßt
sich leicht denken. Demohngeachtet aber höre ich von Berlin erst, daß der
Neid nun sogar das Verdienst meines Opfers will streitig machen, indem
sie sagen, ich wäre ganz glücklich und in meinem Element. Gott möge
es jenen herzlosen Menschen verzeihen, die mich so falsch beurteilen. Ich
zähle die Stunden meiner Erlösung — denn daß ich dies Theatertreiben
nie gemocht habe, habe ich bewiesen, als ich es vor zwanzig Jahren in
der Blüte meiner Jahre verließ — und gewiß nie kam auch nur der kleinste
Gedanke von regrets in meine Seele."

Zur Verschlechterung ihrer Stimmung trug das Gefühl bei, trotz aller
Beifallsspenden, Blumen und Kränze von der großen Masse der Theaterbesucher gerade dann am wenigsten verstanden zu werden, wenn sie echte
Kunstleistungen bot. In diesem Sinne zeigte sie sich über ihren Erfolg
als Regimentstochter, eine von ihr sehr gering geschätzte Rolle, in einem
Schreiben an Förster geradezu ärgerlich: „Sie werden in der „Times" und
anderen Blättern meinen großen immensen Triumph gelesen haben in der
„figlia". Die Engländer sind nun einmal ganz komische Leute. Weil die
Lind in der Rolle so hoch stand, so bildeten sie sich ein, kein Mensch würde
es je wagen dürfen, dieses Heiligtum anzutasten. Mit Zittern gingen
meine Freunde, mit höhnenden Gesichtern meine Feinde hinein. Und siehe
da — Henriette warf Jenny total aus dem Sattel. Zur Schande der
Engländer sei es gesagt, es war mein größter Triumph — ich sage
Schande — denn die Rolle spielt sich von selbst und jede mittelmäßige
Sängerin muß Effekt damit machen. Die guten Leute sind aber so blitz-
dumm, daß diese Leistung ihnen über eine Somnambula, Desdemona und
Donna Anna geht. Nach dem unerhörten succès von gestern abend kann
ich erst sagen, daß man mich hier erst auf die Stufe stellt, wo ich schon
längst hätte stehen sollen. O Stupidität!"

Auch die höchsten Herrschaften bekommen ihren Tadel weg. Die
Königin Victoria, die die Exgesandtin mit allem ihrem früheren Range

gebührenden Ehren aufgenommen hatte, brachte der Oper überhaupt kein sonderliches Interesse entgegen. Der Prinzgemahl Albert, der gleich seinem herzoglichen Bruder von Coburg sich als Lieder- und Opernkomponist versuchte, bevorzugte mit einer gewissen Absichtlichkeit das Covent Garden Theater, wo Meyerbeers „Prophet" bei seinem jedesmaligen Erscheinen volle Häuser machte, obgleich weder Mario noch die Grisi auf der Höhe waren. Trotz dieses Erfolges und der hohen Protektion kam Lumleys Konkurrent aus den finanziellen Schwierigkeiten nicht heraus und mußte, wie Henriette berichtet, selbst seinen ersten Künstlern einen Teil der Gagen schuldig bleiben. Dem Impresario des Majesty Theaters wurden daher von seiner Klientin ungeheure Gewinne nachgerechnet. Lumley meinte freilich später, daß die Sontag ihm keinen Gewinn gebracht habe, da den ungeheuren Einnahmen ebenso gewaltige Ausgaben, allein 4000 Mark Honorar für jedes Auftreten der Sontag, gegenübergestanden hätten. — Von Ende August bis Anfang Oktober wurde wieder in England herumgezigeunert. Dann reiste Henriette, um ein infolge der Überanstrengung aufziehendes Halsleiden zu bekämpfen, über den Kanal nach Boulogne sur mer, wo sie sich von jeher wohlgefühlt hatte. Mit einem Gefühl der Erleichterung sah sie die englische Küste schwinden. „Der Engländer", klagt sie, „wird ewig ein frostiges Herz für Kunst behalten und gewiß jeder wahre Künstler sehnt sich, aus dem antimusikalischen Lande herauszukommen. Hier der Ruhm, der Enthusiasmus, dort die Guineen. Ganze Folianten könnte man über dies Land schreiben, wo ein Gemisch von Größe und Stolz, Niedrigkeit und Egoismus herrscht, wovon man nirgends ein zweites Beispiel findet. Die Nation ist großartig, das Individuum frostig, egoistisch, berechnend. Der Sohn darf nicht zum Vater gehen, ohne spezielle Einladung. In Frankreich ist es gerade umgekehrt. Die ganze Nation erbärmlich, das Individuum scharmant, spirituell, facile à vivre, aimable."

Im November trat sie wieder in Paris, diesmal in der Oper auf, wo gerade eine alte Kollegin aus ihren Jugendtagen die letzten Singversuche machte. „Die Pasta", berichtet sie an den Großherzog, „ist aufgetreten und hat mir Tränen der Trauer und Beschämung entlockt. Kein einziger Ton, dick, aufgedunsen, kupferiger Teint, Schnurrbart, rote Arme und

Hände, so trat die Ärmste als Anna Boleyn vor ein Publikum, dessen Abgott sie früher war. Es war entsetzlich. Une torture musicale. Dabei ist sie eine enragierte Rote (Demokratin), hat ihr Vermögen den elenden Mailänder Revolutionären geopfert und schimpft über alles, was legitim und Royalist heißt. Es ist eine schreckliche Frau und Gott gebe, daß ich ihr nie mehr im Leben begegne. Das Londoner Publikum respektierte sie dennoch und war von ungewöhnlicher Güte und Nachsicht."

Der Umstand, daß Lumley als Engländer nach seinem eigenen Geständnis in Paris nicht eben beliebt war und sich überdies die Feindschaft des allmächtigen Chefs der Claque zuzog, indem er auf dessen Dienste rundweg verzichtete, machte die Lage der Londoner Operngesellschaft nicht eben leichter. Um so stolzer durfte die Sontag auf ihren durch eigene Kraft errungenen Erfolg sein, der in brechend vollen Häusern, auch bei den mehrfachen Wiederholungen der „Nachtwandlerin" und anderer Glanzrollen ihres Repertoirs äußeren Ausdruck fand. In einem Briefe vom November 1851 an den Großherzog verrät sie neue Zukunftspläne:

„Man liebt und vergöttert mich hier als Künstlerin. Ich verdiene sehr viel Geld und denken Ew. Königl. Hoheit: ich habe bereits Pläne, mich in Steiermark anzusiedeln. In Amerika liegt ein schönes Sümmchen, welches ich gut und solide in Grund und Boden schlagen will. Die unglücklichen Staatspapiere flößen mir wenig Vertrauen ein. Sowohl meine als Rossis Vorliebe für Österreich ist noch immer dieselbe. Rossi gehört dorthin, da seine ganze Verwandtschaft dort zu Hause ist. Steiermark ist ein reizendes Land. Sehr wohlfeil und herrliche gute Menschen. Eine kleine Tagereise von Wien und Italien, und schönes Klima. Wir haben uns alles recht gut bedacht. Luigi soll Ökonom werden, Alex bleibt vorderhand Diplomat (solange diese Karriere überhaupt noch besteht). Unsere liebste und schönste Beschäftigung ist jetzt, von unseren Chateaux (nicht en Espagne) mais en Styrie zu sprechen. Es ist ein beseligendes Gefühl, mein teurer Herr, seinen eigenen Herd zu bauen, um so mehr wenn man ihn sich so redlich und honett erworben hat. Weit ist es freilich von Strelitz, allein für meine unbegrenzte Liebe und Verehrung gibt es keine Distanzen. Sooft Sie mir erlauben werden zu kommen, mein gnädigster

Herr, sooft will ich mit derselben Liebe und Freude in meinem unvergeß=
lichen Eldorado sein. Das soll mein Lohn für so manches Herbe und
Drückende sein, was dieses glänzende Elend mit sich bringt."

Daß es sich bei diesem Ansiedelungsplane nicht bloß um eine flüch=
tige Laune handelte, bestätigt uns ein Weihnachtsbrief Henriettes an
Förster, dem sie gleichfalls von einem nach Wien erteilten Auftrag, ihr in
Steiermark eine passende Besitzung zu erwerben, vertraulich berichtet. Voll
inniger Sehnsucht nach der fernen Heimat und der deutschen Weihnacht
schüttet sie dem alten Freunde ihr Herz aus: „Der liebe heilige Christ=
abend, den ich so viele Jahre mit meinen Kindern froh zubrachte, war auch
dies Jahr, wie das vergangene, trüb und einsam. Ich dachte öfters an die
glückliche Kinderwelt in Deutschland, vielleicht in diesem Augenblick das
Glücklichste, was mein teures Vaterland besitzt .... Sonst hatte jedes
neue Jahr etwas Trauriges für mich — jetzt hingegen kann ich es kaum
erwarten, das neue zu beginnen, denn es bringt mich ja immer näher
meinem heißersehnten Ziele."

Ein schöner Zug ist es, daß die Künstlerin über der Sorge für die
ihr Nächststehenden auch das große Heer der Bedürftigen und Elenden
nicht vergaß und zu Gunsten der Pariser Armen mehrere äußerst ertrag=
reiche Konzerte veranstaltete. Ein Opfer, das um so höher anzuschlagen
war, als Lumley die Kräfte seiner Truppe und insbesondere die seines
weiblichen Stars oft über Gebühr anstrengte und die Sontag zeitweilig
4—6 mal in der Woche in großen Rollen auftreten ließ. Aber damit,
„daß der Mensch alles mit Dampf betreiben will", hätte sie sich abgefunden;
schlimmer war es, daß die finanzielle Leistungsfähigkeit des anfänglich so
großsprecherischen und optimistischen Impresarios je länger desto mehr abnahm.
Auf das Jahr 1851, in dem London die erste Weltausstellung in seinen
Mauern sah, hatte Lumley große Hoffnungen gesetzt, die sich jedoch,
vermutlich infolge der Überfülle von Darbietungen aller Art, die das
Interesse des Fremdenpublikums zersplitterten, nur in bescheidenem Maße
erfüllten. Auch die Sontag blieb gegenüber dem ungewöhnlichen Ereignis
dieser ersten großen Revue der Weltkultur und Technik nicht kalt. In
einem Briefe an den Großherzog gibt sie eine enthusiastische Schilderung

des Geschauten: „Die Exposition ist das Schönste, Wundervollste, Impo-
santeste, was je auf Erden existiert hat. Das Arrangement des Gebäudes
erinnert an Tausend und eine Nacht. Österreich und Belgien sind sehr
gut repräsentiert, ersteres schickt u. a. eine Bibliothek als Geschenk des
Kaisers für die Königin mit einem prachtvollen Nationalalbum von allen
österreichischen Künstlern, Dichtern, Malern, Komponisten, ein göttliches
Geschenk. Es sind Kunstschätze selbst aus dem 12. Jahrhundert darin.
Die Königin (Victoria) ist aber keine Fürstin, die so etwas zu schätzen
weiß. Die Liebe zu ihrem Gatten läßt keinen Raum in ihrem Herzen,
um an etwas anderes zu denken. Frankreich ist in Bronzen, Dentelles,
Diamanten wundervoll vertreten, Rußland ist noch nicht angekommen,
der Zollverein miserabel, Preußen sehr unbedeutend, Amerika unter aller
Kritik: Schuhe, Stiefel, Galoschen, Eisen, schlechte Lampen, die Türkei
recht interessant, Tunis gleichfalls, allein meiner Ansicht nach steht old
England obenan in Formen, Geschmack und Tüchtigkeit. Dabei ist noch
zu bemerken, daß Indien sich göttlich mit England vereinigt. Dieser
Reichtum in Waffen, Gold- und Silberstoffen, Sätteln, Baldachinen,
Decken, alles strotzend von Gold und Perlen. Ach, es ist eine Feenwelt!
Ich bin nun schon fünfmal dort gewesen und habe bei weitem noch nicht
alles gesehen.“

Von den beiden Opernnovitäten, die Lumley für das Ausstellungs-
jahr vorgesehen hatte, „L'enfant prodigue“ von Scribe-Auber und
„Le tre nozze“ von G. Alary, die ihre Feuertaufe bereits in Paris
erlebt hatten, schlug nur die letztere ein dank dem ungewöhnlichen Erfolg
einer von der Sontag gesungenen trivialen, aber zündenden Polka, die den
minder musikverständigen Teil des Publikums zu wahren Beifallsstürmen
hinriß und meistens wiederholt werden mußte. Im August des Ausstellungs-
jahres klagte sie der Mutter, daß die Londoner Theaterverhältnisse sich für
sie recht ungünstig gestaltet hätten, Lumley mit größeren Summen im
Rückstande sei und sie durch rücksichtslose Behandlung anscheinend reizen
wolle, ihrerseits kontraktbrüchig zu werden. Auch das beliebte Mittel,
eine Künstlerin gegen die andere auszuspielen, um von dem alten Erbübel
der Bühnenleute, dem Rollenneid zu profitieren, wurde von ihm nicht

verschmäht. Kein Wunder, daß die Sontag in ihren Briefen über ihre beiden Konkurrentinnen, die Cruvelly und die Alboni, sich nicht gerade in Liebenswürdigkeiten ergeht. „Du kannst", klagt sie der Mutter, „bei meinem entsetzlichen Widerwillen gegen diese Karriere Dir denken, wie diese Ariosa mit Lumley geeignet sind, mir sie noch verhaßter zu machen. Ich zähle die Stunden meiner Erlösung". Aber ihr zäher Wille, für ihre Kinder die angestrebte Sicherstellung zu erreichen und zu diesem Zweck die gleiche Summe wie die Jenny Lind zu ersingen, hielt sie aufrecht. Mehr noch als Lumley setzte ihr sein neuer Kompagnon und Geldmann, ein gewisser Bacher, zu. Er reizte sie, nach ihrem Geständnis, mehrmals bis zu Tränen. So begreift man, daß sich in der Künstlerin der Gedanke, in solch ein unerfreuliches Vertragsverhältnis, wenn irgend möglich, nicht mehr zurückzukehren, befestigte, und daß sie Anfang September 1851 London mit wahrer Wonne den Rücken kehrte. Über Bologne sur mer, wo sie den eben von schwerer Krankheit genesenen Meyerbeer begrüßte, und über Brüssel, wo zu ihrem Mißvergnügen der auf der Durchreise nach Italien befindliche Lumley ihr nochmals bindende Versprechungen für die kommende Saison in Paris und London abzunötigen versuchte, kehrte sie nach Deutschland zurück, und zwar zunächst in die engere rheinische Heimat.

XIV. Kapitel.

„Wenn Sie kommen, liebe Frau, wird Deutschland froh, alles tritt in den Hintergrund und selbst die gräßliche Politik wird verstummen", so hatte Förster bei einem Besuch in London der Freundin galant und ermutigend versichert, und Henriette hatte in der Tat gleich beim Betreten deutschen Bodens sich über ihre Aufnahme nicht zu beklagen. „Meine lieben Landsleute", heißt es in einem Briefe an Förster aus Düsseldorf, „zeigen mir nur die Lichtseiten meines jetzigen Lebens: Liebe, Verehrung, Enthusiasmus, Kränze, Gedichte, Fackelzug, Ständchen, Tusch, sooft ich erscheine, nichts fehlt zu meinem Triumphe. Alles will mich haben, jedes Städtchen schickt Deputationen, mich zu bewegen, sie nicht zu umgehen. Es ist rührend, und gewiß, ich erkenne dies im dankbarsten (sic!) Sinne des Wortes hoch an. Welch ein Unterschied zu dem frostigen London, wo mir Lumley stets als Popanz vor der Seele schwebte." Trotzdem gab sie sich keinen Illusionen darüber hin, daß die nächsten Monate auch wieder manches Schwere mit sich bringen würden. Sollte doch die in Frankfurt a. M. beginnende Gastspielreise sich bis in den Sommer des folgenden Jahres erstrecken und die Sängerin durch die meisten Länder Deutschlands führen. „Wenn die Kunst so wie bisher mit Dampf betrieben wird," bemerkt sie in dem schon erwähnten Briefe an Förster, „wenn bis zum März jeden Tag das Gastspiel fest und unabänderlich bestimmt ist, wird einem oft angst und bange, denn die kleinste Erkältung, der kleinste Schnupfen bringt die Maschine ins Stocken. Heute nach einem Jahr bin ich ganz nahe dem ersehnten Augenblick. Ihr reizendes Gedicht „Seelenfrieden" liegt vor mir — — Ach, wäre doch die dritte Strophe schon der Erfüllung nahe:

Ein stilles Tal am grünen Rhein
Empfängt Dich heimlich sonnenhell,
Hier blüht die Welt im Frühlingsschein,
Hier rauscht des Lebens reinster Quell."

Der Aufenthalt in den Rhein= und Mainlanden dehnte sich über ein Vierteljahr aus. In Cöln und Düsseldorf, in Frankfurt und Mainz, in Mannheim und Heidelberg, in Bonn und Wiesbaden wurde das Publikum nicht müde, die gräfliche Sängerin als Martha, Regimentstochter und Nachtwandlerin und als Konzertsängerin zu bewundern. Begreifliche Genugtuung bereitete ihr insbesondere der festliche Empfang in ihrer Vaterstadt Koblenz, wo der Oberbürgermeister und Mitglieder des Magistrats sie an der Landungsbrücke begrüßten und abends nach dem Konzert ihr ein Ständchen und ein Fackelzug gebracht wurden. Der damals für kurze Zeit in Neuwied ansässige Hoffmann von Fallersleben sattelte der Sängerin zu Ehren zweimal seinen schnell bereiten Pegasus und gab in gutgemeinten Versen wohl den Gefühlen vieler Zuhörer Ausdruck:

Sei gegrüßt mit Sang und Schall!
Königin im Reich des Klanges!
Meisterin des deutschen Sanges!
Frühling wird es überall,
Wo Du singst, o Nachtigall!

Und wenn ich Dich höre singen,
So wird's so still umher,
Als wenn ich in seliger Ruhe,
Da droben im Himmel wär'.
Die Klagen und Seufzer verstummen,
Kein Mißklang weiter ertönt,
Als wären die Herzen nun alle
Mit ihrem Schicksal versöhnt.

In Frankfurt a. M. sah der damalige Bundestagsgesandte Otto v. Bismarck die Sontag wieder. Er fand sie äußerlich zu ihrem Vorteil verändert, ihre Stellung in der Gesellschaft und noch mehr die des Grafen Rossi jedoch etwas schief. Henriettes eigene Aussage steht damit nicht im Einklang: „Was die Höfe betrifft, wo ich bescheiden im Hintergrund bleiben will," berichtet sie dem großherzoglichen Freunde aus Frankfurt unterm 22. November 1851, „so tut man alles, um mich heranzuziehen, was sehr schmeichelhaft für mich ist, allein zu meinem jetzigen Beruf und Zweck nichts Wesentliches beiträgt, denn würde es nicht sein, würde ich ja doch als Künstlerin nicht weniger gefeiert, und das ist doch die Hauptsache. Wäre ich ein mittelmäßiges Talent und hätte als Gräfin Rossi alle möglichen Auszeichnungen, meine lieben Kinder würden schwerlich eine sorgenfreie Existenz erhalten. Scharenweise kommen die Intendanten angeflogen. Ich verdiene hier mehr als in England, denn ich gebe nur ein Drittel aus. 3—400 Louisdor per Woche habe ich bis jetzt verdient, die kleinsten Städte bieten mir per Vorstellung 100 Louisdor."

Besondere Teilnahme brachte der gräflichen Sängerin bei ihrem Erscheinen in Stuttgart im Januar 1852 der württembergische Hof entgegen. „Der alte König", berichtet sie nach Strelitz, „wird ganz verjüngt, wenn er von mir spricht, und wohnt jeder Probe bei. Die Großfürstin überhäuft mich mit Güte." Außer der Regimentstochter und Martha sang sie in Stuttgart zwei ältere Rollen ihres Repertoires: Die Rosine im „Barbier" und die Susanne in „Figaros Hochzeit". Daß der ebenso berühmte wie selbstbewußte alte Hofkapellmeister Lindpaintner es verschmähte, am Abend ihres Stuttgarter Debüts selber zu dirigieren, und die „Regimentstochter" dem ihm aufgedrungenen, mit der Technik des Taktstockes noch recht mangelhaft

vertrauten zweiten Kapellmeister Friedrich Kücken überließ, tat dem Erfolg
der Sängerin bei den Hörern keinen Abbruch.

Auch die kunstfreundlichen Herrscher von Sachsen-Coburg-Gotha und
Sachsen-Weimar, Ernst II. und Karl Alexander, bemühten sich, dem seltenen Singvogel den Aufenthalt in den thüringischen Landen angenehm zu
gestalten. Indessen sollte sich an den Besuch der Goethestadt für die
Sängerin eine unliebsame Erinnerung knüpfen. Im Februar 1852 veröffentlichte der damals als Schüler Liszts in Weimar lebende junge Hans von
Bülow unter dem Titel „Henriette Sontag — Ein Minoritätsgutachten"
in Robert Schumanns Neuer Zeitschrift für Musik eine Kritik, die trotz
gewisser verklausulierter Komplimente doch eine glatte Ablehnung nicht nur
der Künstlerin, sondern ihres ganzen Kunstgenres bedeutete. — Bülow
wendet sich zunächst gegen die „geistlose Jenny Lind" und die Enthusiasmus-
Komödie, die die blasierten Berliner mit ihr getrieben, und witzelt über den
unglaublichen Erfolg, den die Schwedin dem „gut inszenierten Nimbus
blondester Jungfräulichkeit" verdanke. Immerhin gesteht er der Lind die
Bedeutung einer Erscheinung ersten Ranges in ihrer Art zu. Der Henriette Sontag von heute sei solche Bedeutung jedoch abzusprechen, weil
ihr Poesie und Passion fehlen, die Jenny Lind trotz ihrer eisig nordischen
Natur doch noch zehnmal mehr besitze. Gleichwohl ist der Kritiker für gewisse äußere Vorzüge der also Getadelten nicht blind. Bei ihrem ersten
Auftreten als Regimentstochter hatte „die jugendlich anmutige Gestalt mit
dem leichtfüßigen graziös behenden Schritt" Bülow wahrhaft frappiert.
„Wohlklang der Stimme und die ganze äußere Erscheinung (bis etwa auf
die etwas zum Embonpoint hinneigende Taille) gaben dem zehrenden Zahne
der Zeit ein so formelles Dementi, daß man mit dem Geburtsschein der
Sontag in der Hand hätte glauben können, die Julirevolution sei noch gar
nicht gewesen". „Die glänzenden Eigenschaften der Sängerin Sontag",
fährt Bülow fort, „sind resümiert etwa folgende: eine in allen Lagen
gleichmäßig schöne und schulgerechte Ausbildung einer bis auf die äußersten
Register trefflich konservierten Stimme, ein ausgezeichnet voller, edler Ton-
anschlag, ein ungemein liebliches mezzo piano, welches nicht identisch mit
dem gewöhnlichen mezza voce zu sein scheint, sondern den Eindruck eines

mit voller Stimme hervorgebrachten piano macht (wie auf dem Klavier ohne Verschiebung), eine in ihrer Art einzige — weil heutzutage nicht mehr in diesem Grade kultivierte — Vokalisation, mit unvergleichlicher Leichtig. keit, Geschmeidigkeit und Ausdauer vereint, und endlich ein überaus feiner, geschmackvoller, künstlerisch abgerundeter Vortrag, der bei minutiöser Be= rechnung des Effektes die beabsichtigte Wirkung auf die Majorität nie verfehlen wird." Auch die Bühnengewandtheit und ungezwungene Natür= lichkeit, die süperbe Toilettenkunst und die anmutige Koketterie der S ch a u = s p i e l e r i n Sontag werden von dem gestrengen Kritiker anerkannt. Aber alle diese Vorzüge und Fertigkeiten vermögen Bülow mit dem Kehlen= virtuosentum, das sich nur Selbstzweck, nicht Mittel zu einem höheren Zweck ist, nicht zu versöhnen. Diese so kehlfertige und scharmante Henriette Sontag erscheint ihm als Luxuskünstlerin im vollen Sinne des Wortes und sein Minoritätsgutachten, heißt es zum Schluß, „soll keine Opposition machen gegen Frau Sontag, auch nicht gegen die von den Göttern selbst vergeblich bekämpfte Majorität, sondern nur gegen diese Luxuskunst; diese Feindin aller wahren, aus der „Not", wie Richard Wagner so treffend sagt, entsprossenen Kunst, gegen dieses autoteleologische Virtuosentum, gegen diesen Anachronismus bloßer Vokalisationsleistungen mit obligater Sou= brettenkoketterie". Namentlich der letzte Satz läßt über die Beweggründe und die Tendenz von Bülows Protestartikel keinen Zweifel walten. Der temperamentvolle junge Musiker, der in jenen für die Entwickelung der Musik so bedeutsamen Jahren seine Lebensaufgabe darin erblickte, für das musikdramatische Kunstwerk der Zukunft und insbesondere für die Schöp= fungen Richard Wagners sich einzusetzen, mußte begreiflicherweise in dem fast einstimmigen und fast uneingeschränkten Beifall, den die Leistungen der Vertreterinnen des alten Koloraturgesangstils fanden, eine unerfreuliche Erscheinung, ein Hindernis auf dem Wege des Fortschritts in der Opern= musik erblicken. Indem er die Lind und die Sontag an den Pranger seiner Kritik nagelte, wollte er ihre ganze Kunstgattung treffen, die ihm als das Erzeugnis einer längst überwundenen Geschmacksperiode galt. Heute, wo die Kunst Richard Wagners sozusagen auf der ganzen Linie längst gesiegt hat, ist man auch wieder zu einer vorurteilsfreien Würdigung des

Koloraturſtils gelangt und braucht nicht den Vorwurf der Ketzerei zu be-
fürchten, wenn das Ohr nicht nur für die getragenen Töne von Wagners
Helden und Heldinnen, ſondern auch für die perlenden Fiorituren und
glitzernden Kaskaden in den Opern Mozarts und der älteren italieniſchen
und franzöſiſchen Meiſter und für die virtuoſe Kehlfertigkeit einer Tetrazzini
und Melba, einer Frieda Hempel und Selma Kurz Verſtändnis hat. Es
liegt im Weſen jeder neuen Kunſtrichtung, die ſich durchzuſetzen beſtrebt iſt,
daß ſie mit ihren Angriffen gelegentlich übers Ziel hinausſchießt und in der
Verdammung des Alten und Beſtehenden ſich zu Übertreibung und Ungerechtigkeit hinreißen läßt. Die Behauptung, daß es einer Künſtlerin der
Vergangenheit an Poeſie oder Leidenſchaft gefehlt habe, läßt ſich von den
Kunſtrichtern ſpäterer Geſchlechter faſt niemals einwandfrei nachprüfen.
Gerade im Fall der Sontag lauten beachtenswerte Stimmen durchaus
entgegengeſetzt: daß die Leiſtungen der Künſtlerin, und zwar ſchon die der
Henriette Sontag von 1823 und 1824, Bewunderung erweckt, aber
kalt gelaſſen haben, während andere von ihrem ſeelenvollen Geſange damals
und ſpäter zu Tränen gerührt wurden. Daß der letzte Aufenthalt in
London, wo vor dem Publikum der Weltausſtellung möglichſt auf den
Effekt hingearbeitet werden mußte, ungünſtig wirkte, daß die Strapazen der
mehrmonatlichen Gaſtſpielreiſe mit den verzeihlichen Symptomen zeitweiliger
Unluſt und Ermattung die ihrer Sache ſichere Sängerin verführten, nicht
immer das Letzte und Intimſte ihrer Kunſt zu geben und daß auch die
allzu häufige Wiederholung gehaltloſer Rollen wie „Regimentstochter“
und „Martha“ dem Eindruck ihrer Perſönlichkeit auf ſo feinſinnige Muſik-
kenner wie Hans v. Bülow nicht eben zugute kam, wird man ohne weiteres
zugeſtehen dürfen. Wiſſen wir doch aus Henriettes Briefen, daß ſie, wenn
es nach ihrem Willen gegangen wäre, viel lieber in klaſſiſchen Rollen ihres
Repertoires aufgetreten und ihre Kunſt z. B. in den Dienſt Glucks geſtellt
hätte. Aber Erwägungen materieller Natur gaben bei der Wahl des
Repertoires nun einmal den Ausſchlag, ſollte das geſteckte Ziel nicht immer
weiter in die Ferne rücken. Unter ſolchen Umſtänden mußte ein Angriff
wie der Bülows in der damals weitverbreiteten und vielbeachteten Zeit-
ſchrift Schumann-Brendels der Künſtlerin arg in die Quere kommen. Nicht

nur sie und ihre nächste Umgebung, sondern auch weitere Kreise ihrer An-
hänger und der Gegner der neuen Reformbewegung in der Musik witterten
in dem Protest des Lisztschülers persönliche Ranküne, ja, es fehlte nicht an
Verdächtigungen, daß Liszt selber den Artikel verfaßt oder zum mindesten
inspiriert habe. Bülow war, wie ein Brief an seinen Vater vom 21. Januar
1852 bezeugt, schon vor dem Eintreffen der Sontag wegen der ihr voraus-
eilenden Reklame und wegen der Wahl ihrer Rollen gegen die Sängerin ein-
genommen. Über Flotows „Martha" hatte er schon zwei Jahre früher in der
Spenerschen Zeitung nach einer Aufführung der Berliner Königlichen Oper
ein vernichtendes Urteil gefällt: „Wir kennen kein „musikalisches Lustspiel" der
neueren Zeit, welches jedes reinere Kunstgefühl so anwiderte als dieses
Machwerk, und es ist eine wahre Schmach für uns, daß der Komponist
dieser Reihe für eine demoralisierte und ultrablasierte Haute·volée geschriebenen musikalischen Laszivitäten (wir finden keinen bezeichnenderen
Ausdruck), daß Herr v. Flotow ein Deutscher ist, daß ein Deutscher das
an und für sich berechtigte französische genre auf die Spitze getrieben und
den unverhülltesten style·régence in die Tonsprache eingeführt hat." Jetzt
schrieb Bülow in dem schon erwähnten Brief: „Nächsten Montag tritt
die Sontag hier auf und gewährt das künstlerische Schauspiel einer 48-
jährigen Soubrette als Regimentstochter; den Mittwoch darauf singt sie
noch einmal, entweder Martha oder Rosine im Barbier. Ich gestehe, daß
ich durchaus nicht begierig bin auf den Kunstgenuß; ich möchte überdies
in Anbetracht dieser schäbigen Wahl — den Barbier nehme ich aus —
der Sontag das Prädikat einer Künstlerin im eigentlichen Wortsinne absprechen. Die dreifach erhöhten Preise — für den Abend erhält sie freilich 100 Louisdor — würden mich auch sonst abschrecken, meine Neugierde
zu befriedigen, doch hat Liszt einen Platz für mich ausfindig gemacht."
Daß Bülow sich über die Wirkung seines Minoritätsgutachtens nicht im
unklaren war, bezeugt sein Brief vom 1. Februar 1852 an Theodor Uhlig:
„In der nächstnächsten Nummer der Brendelschen Zeitschrift werden Sie
einen Artikel über Henriette Sontag von mir lesen, von dem ich glaube,
daß er sich gewaschen hat. Es ist wenigstens das Beste, was ich bis jetzt
geliefert habe. Es wird Skandal machen, aber keinen Luxusskandal, sondern

Notskandal. Wenn Sie's lesen, bevor Sie die Sontag gehört, werden Sie denken, daß es vor Frechheit platzt; nachher jedoch werden Sie einsehen, daß es nur von Wahrheit und Mäßigung — was hätte ich nicht noch für gute „schlechte Witze" reißen können! — strotzt!" Der Skandal blieb denn auch nicht aus. Die Sontag, die beim Erscheinen des Artikels bereits nach Dresden weiter gereist war, zeigte nämlich im Kreise ihrer dortigen Bekannten das gedruckte corpus delicti voll Empörung herum, und Graf Rossi erklärte in einem Briefe an Großherzog Karl Alexander, daß seine Frau ihr Versprechen, noch einmal in Weimar zum Besten der Goethestiftung zu singen, zurückziehen müsse, da sie in eine Stadt, wo ihr so übel mitgespielt worden sei, nicht zurückkehren könne. Unser Hans Percy Heißsporn sollte die schlimmen Folgen, wenn man gegen die kompakte Majorität anzukämpfen versucht, im wahrsten Sinne des Wortes am eigenen Leibe spüren. Bülows Eltern nämlich, die seit einigen Jahren geschieden waren und getrennt lebten, stimmten nichtsdestoweniger, von guten Freunden und Bekannten aufgehetzt, in der Beurteilung der vermeintlichen literarischen Untat ihres temperamentvollen Sprossen überein. Nach den Klagen des jungen Mannes zu urteilen, daß es ihm während zweier Monate am Nötigsten für Kost und Kleidung gebrach, wurde ihm von der Mutter der regelmäßige monatliche Zuschuß und vom Vater die gelegentliche Unterstützung entzogen, so daß er gänzlich auf die paar Taler Einnahmen aus Klavierstunden angewiesen war. In späteren Briefen versuchte „Giovanni penitente" die zürnenden Eltern zu versöhnen und ihnen zugleich eine richtige Auffassung von der Absicht und Wirkung seines Artikels beizubringen. Nicht ohne Stolz wies er darauf hin, daß sein angebeteter Meister Liszt den Artikel gebilligt und auch andere Kunstgrößen wie Josef Joachim, Robert Franz, Georg Herwegh und Richard Wagner sich im gleichen Sinne geäußert hätten. Wie der letztere in einem Briefe an Liszt erklärte, „bestärkte der Umstand, daß Bülows Artikel über die Sontag ein so heilloses Aufsehen habe erregen können, ihn nur in seiner Ansicht über die tiefe Versunkenheit unserer Kunst- und Publikumszustände". Besonders übel genommen wurde Bülow sein Artikel in Leipzig, der Hochburg Mendelssohns. Die Pforten des Gewandhauses blieben dem jungen Bilderstürmer noch jahrelang versperrt. Dafür suchten die Leipziger die Sontag durch verstärkten Beifall bei ihrem einmaligen Auftreten im Gewandhaus und in acht Vorstellungen im Theater (Figaro, Barbier, Nachtwandlerin, Regimentstochter und Martha) für die erlittene Unbill zu entschädigen und erhielten bei dieser Bemühung sogar aus Berlin Zulauf. Aus Rücksicht auf den preußischen Hof und die einstige Stellung ihres Mannes bei demselben hatte die Gräfin Berlin aus ihrem Gastspielplan ausgeschaltet. Um so angenehmer war ihre Überraschung, als die Berliner Sontag-Enthusiasten eine Deputation nach Leipzig entsandten und mit Einverständnis der Künstlerin das dortige Theater für eine Vorstellung — des „Barbiers von Sevilla" am 17. Februar — pachteten. Die Leipziger Musikkritik zeigte sich von dem Bülowschen Minoritätsgutachten nicht im mindesten angesteckt, sondern schwelgte bei der Beurteilung der Leistungen der gräflichen Sängerin in Superlativen. Die damals im 10. Jahrgang stehenden vielgelesenen „Signale für die musikalische Welt" widmeten ihr mehrere umfängliche Artikel, in denen es u. a. heißt:

„Es fällt uns schwer, den Eindruck dieser ersten Vorstellung in Worte zu bringen, die einer hehren künstlerischen Erscheinung gegenüber nicht schon tausendfältig abgenutzt wären. — Henriette Sontag hat dem älteren Publikum, das Zeuge ihrer ersten Triumphe bis zu ihrem Abtreten im Jahre 1828 in Berlin gewesen, dargetan, daß sie der alles zernagenden Zeit von der köstlichen Gabe der Stimme nur einen unmerklichen Tribut abgezahlt hat, daß ihr Werk, die technische und geistige Ausbildung derselben, noch in jener Unerreichtheit dasteht, für die wir im Augenblick kein anderes Epitheton als „fabelhaft" finden können. — Das jüngere Publikum, dem jeder Vergleich mit früher fernsteht, sieht in ihrer Leistung gegenwärtig das Höchste der Gesangskunst, mit der jetzt sogar Jenny Lind eine Parallele scheuen muß. — Die Rolle der Marie, unbestritten die eminenteste Rolle der Letztgenannten, reüssiert bei dieser durch eine uns seltene Einfachheit des Spieles, mit dem ein zwar seelenvoller, doch aber schlichter Gesang Hand in Hand geht; in dem Besitze der Mad. Sontag hingegen erkennen wir diese Marie nicht mehr wieder, wir sehen ein mutiges, keckes Soldatenmädchen, das mit dem Derben aufgewachsen, die Früchte ihrer Erziehung in die Salons

hineinträgt und ihrem Mutwillen in allem, sogar im Erklimmen der ge=
wagtesten musikalischen Passagen freien Lauf läßt; unerschrocken und sicher
überrascht sie uns mit einer Kette von Fiorituren, deren Rapidität dem
Ohre kaum zu folgen erlaubt, und setzt, sind wir mit unserm Staunen
ihr nachgeeilt, durch eine reizend schalkhafte Kadenz uns in immer wieder
neue Verzückung. — Die dem Schluß beigefügte variierte Polka von Alary
übertraf alles Gehörte; diese Exekution glich einer musikalischen Filigran=
arbeit, die den Bewohnern Leipzigs bisher wohl kaum geboten worden ist
und ihnen sicher unvergeßlich bleiben wird."

Ihre Leistung als Amine in der „Nachtwandlerin" schien dem Kritiker
der Signale freilich die der Lind nicht zu erreichen. „Ohne Rivalin da=
gegen", heißt es, „steht sie wieder als Rosine da; diese Partie bietet ihrem
bedeutenden dramatischen Talente, ihrer Mimik einen so großen Spielraum
dar, daß wir uns an ihrer Prosa, ihrem Gange, ihrem Auge ergötzen
können, um so mehr, als die Oper selbst ihr nur zu zwei Malen Gelegen=
heit bietet, mit dem Reichtum ihrer Kunst, dem Glanze ihrer Stimm=
diamanten aufs durchgreifendste zu brillieren." Und nach ihrem letzten
Auftreten als Martha machte ihr derselbe Kritiker wohl in bewußter
Anspielung auf Bülows Vorwurf mangelnder Empfindung das Zu=
geständnis: „Die Träne, die Frau Henriette Sontag mit dem Liede von
der „letzten Rose" manchem schönen Auge entlockte, bildet eine kostbare
Perle in der Krone der Anerkennungen, mit der geschmückt sie Leipzigs
Mauern für diesmal verläßt."

Auch Ignatz Moscheles, Henriettes alter Bekannter aus der Jugend=
zeit, später Mendelssohns rechte Hand in der Leitung des Leipziger Kon=
servatoriums, verklausulierte zwar seine Anerkennung mit einem kleinen
aber", urteilte in der Hauptsache jedoch durchaus günstig über die „aller=
liebste Frau" und erfüllte auch ihren Wunsch, für sie ein neues Bravour=
stück zu komponieren. In seinen „Erinnerungen" heißt es:

„Auch die Sontag erschien in diesem Winter in Leipzig, etwas
älter, etwas weniger sylphidenhaft, aber anmutig, gut und anspruchslos
mit wohlerhaltener Stimme und tadelloser Kehlfertigkeit. Der wachsende
Enthusiasmus schüttelt die Leipziger durch und durch, es ist ein Wonne=

rauſch, eine Reihenfolge von Ovationen mit obligatem Fackelzug der Pauliner. Wir haben ſie in allen ihren Vorſtellungen geſehen; die Stimme genügt vollkommen für unſer kleines Haus und immer noch kann ſie wie in früheren Jahren von ihrer Kehle ſagen: 's muß g'ſchmiert geh'n wie a Kugelhupf'. Man ſoll zwar nicht vergleichen, aber entzückt wie ich war, konnte ich nicht umhin, bei dieſem ruhig kühlen Spiel an die tief gemütlichen Darſtellungen der Lind, an die Leidenſchaftlichkeit der Malibran zu denken. So undankbar iſt der Menſch. Höre ich ſie meine Lieder ſingen, was ſie oft und gern tut, ſo entzückt ſie mich."

Von Leipzig ſetzte Henriette auf beſondere Einladung des ſächſiſchen Königs die Fahrt nach Dresden fort. Das Wiederſehen mit ihrer jetzt in der Elbeſtadt lebenden Mutter hatte ſie bereits in Leipzig gefeiert. Angeſichts der Ovationen, die ihrer Tochter dargebracht wurden, ſchwamm Frau Franziska, wie Henriette ſchreibt, vor Freude und Rührung in Tränen. Unter den begeiſterten Zuhörern in Dresden befand ſich auch eine Anzahl Familien der böhmiſchen Ariſtokratie, die eigens aus Prag herbeigeeilt waren und die Sängerin mit Bitten beſtürmten, an der Stätte ihrer erſten Triumphe ſich gleichfalls hören zu laſſen. Eine Bitte, der Henriette mit der Veranſtaltung eines ertragreichen Wohltätigkeitskonzertes in Prag bereitwillig entſprach, obgleich durch dieſen Schritt vom urſprünglich vorge= ſehenen Wege eins ihrer Dresdener Konzerte ausfallen mußte.

Eine Enttäuſchung dagegen bereitete ihr das Auftreten in Hamburg. Der Umſtand, daß Johanna Wagner, die Nichte des Komponiſten, die Lumley als Erſatz für die Sontag inzwiſchen engagiert hatte, unter den Hamburger Muſikfreunden zahlreiche Bewunderer beſaß, machte das Auf= treten der Sontag zu einer Art von Parteiangelegenheit. Zeitungsnotizen vermehrten die Spannung — das Sontagfieber aus den Tagen Tobias Sonnabends — ſchien, wenn man dem Druckpapier glauben durfte, verſtärkt zurückgekehrt. Es hieß, nur mit Lebensgefahr ſeien Billetts zu erhalten. Im Inſeratenteil der Hamburger Nachrichten wurden täglich Plätze zu einem, ja zu zwei Louisdor geſucht. Aber der Tag des erſten Auftretens ſah ein halbleeres Theater, die Vornotizen waren ein Manöver der Direktion geweſen Henriette freilich verſichert in einem Briefe an Förſter, daß ihre erften fechs Vorftellungen, namentlich ihr Benefiz, fehr befucht gewefen feien, gibt aber zu, daß fie ihr Gaftfpiel vorzeitig abgebrochen habe und zwar aus Unzufriedenheit mit den Direktoren Cheri Maurice und Wurda, die die Sängerin zwar in großer Gala am Bahnhof empfangen hatten und mit Kränzen, Buketts mit großen Schleifen und gedruckten Gedichten nicht knauferten, aber den koftbaren Singvogel auch als „komplette Spekulation" betrachteten, die Preife für die „Hamburger Käfekrämer" zu hoch anfetzten und fich zu einer Ermäßigung durchaus nicht verftehen wollten. Guftav zu Putlitz, der die Sontag damals als Sufanne in Mozarts „Figaro" hörte, gefteht in feinen Erinnerungen, daß „fie an voller Entfaltung ihrer Gefangs- und Darftellungskunft das Höchfte geboten habe, was ihm über- haupt auf der Bühne entgegengetreten fei", beftätigt jedoch, daß „die Künftlerin fich in Hamburg ihren Erfolg erft habe erobern müffen und man verftimmt gewefen fei, abnorme Preife zu zahlen, um eine Sängerin zu hören, die, wie man wußte, das 40. Lebensjahr überfchritten hatte". Auf jeden Fall gefielen die „materiellen Hamburger" der Sängerin diesmal garnicht, und fie eilte über Bremen, Braunfchweig und Hannover, „wo der arme blinde König erftaunlich gnädig war", wieder gen Süden. München, wo fie fchon feit Anfang Mai erwartet wurde, geftaltete fich nach ihrem Geftändnis zu einem Lichtpunkt ihrer Reife. Mit der Kritik der damals führenden Augsburger Allgemeinen Zeitung konnte fie in der Tat zufrieden fein. „Diefe Künftlerin hat den Gipfelpunkt der Kunft erreicht, Sterne erfter Größe find am Gefangshimmel untergegangen, Henriette Sontag aber ftrahlt in hellem Glanz, in jugendlicher Frifche. Der Schatz, den fie gefammelt und bewahrt, das Edelfte und Höchfte deutfcher und italienifcher Kunft — ihr mezza voce, ihr wundervoller Triller, der ganze Reichtum ihrer Verzierungskunft — fie reißen unwider- ftehlich hin. Ebenfo hat ihre dramatifche Darftellung großen Anteil an den Triumphen, die fie überall feiert. Diefe volle Leidenfchaft, diefer treue warme Schmerz, diefe anmutigen Bewegungen der Dame der feinen Welt, als welche fie auch in Rollen des unteren Standes durchfchimmert. Die Kenner find längft einig: es fei das Zufammentreffen fo feltener Gaben und Talente zu einer folchen mufikalifch-dramatifchen Größe noch felten oder nie vorgekommen. Aber nicht dieses allein ist es, das ihr alle Herzen gewinnt. Es ist ihr angeborener unendlicher Liebreiz, ihr wohlwollendes Wesen gegen alle, die mit ihr in Berührung kommen, sowie ihr Wohltätigkeitssinn, der mit höchster Achtung erfüllt." Eine besondere Überraschung wurde ihr bei ihrem letzten Auftreten in einem Wohltätigkeitskonzert des Königlichen Odeon bereitet. König Maximilian von Bayern hatte noch als Kronprinz bei einem Besuche in Berlin im Jahre 1846 der gräflichen Sängerin auf einem rosafarbenen Eindruckblatt eine poetische Huldigung dargebracht:

An Henriette Gräfin Rossi.

Hoch hat Dich der Herr gesegnet,
Gab Dir des Gesanges Macht;
　Glücklich, welcher Dir begegnet
　In des Zweifels banger Nacht.

Deiner Stimme Silberlaute
Treffen süß des Hörers Ohr,
　Dem, der ihnen sich vertraute,
　Öffnest Du des Himmels Tor.

Aus der Cherubine Chören
Nahmst Du, Hohe, Deinen Sang;
　Seinen Engel glaubt zu hören
　Jeder wohl, zu dem er drang.

Aus der reinsten Seele Tiefe
Tönt ein solches Lied allein;
　Ist's, als wenn der Herr uns riefe,
　Heilig, so wie Er, zu sein!

Wenn auch einst Dein Lied verklungen,
Bleibt sein Segen ewig doch,
　Da's in uns den Feind bezwungen,
　Auferlegt der Liebe Joch!

Denn aus Deinem schönen Munde
Spricht ja Gott zu seinem Kind,
　Und von oben bringst Du Kunde,
　Wo wir alle heimisch sind!

Wenn in's Reich der Harmonien,
Holde, Du zurückgekehrt,
　Wenn der Kraft, die Dir verliehen,
　Keine Erdenschranke wehrt:

Dann wirst in der Engel Scharen
Singen Du an Gottes Thron:
　Selig wirst Du es erfahren,
　Was des Sängers höchster Lohn!

Jetzt hatte der Monarch das Gedicht von Hofkapellmeister Ignatz Lachner als Männerchor vertonen lassen, um der Konzertgeberin zum Abschied eine Huldigung erlesener Art darzubringen. „Die Sänger", heißt es in dem Bericht der Allgemeinen Zeitung, „umgaben sie und trugen ihr und zugleich dem Publikum das zu ihren Ehren gedichtete und komponierte Lied vor. Im Text erkannte die Gefeierte, sichtlich ergriffen und tief gerührt, ein Gedicht, welches ihr als Gräfin Rossi in früherer Zeit und von unvergeßlicher Hand, die damals noch nicht wie jetzt das Königsszepter führte, geschrieben und gegeben worden war. So galt diese Huldigung in sinnigster Art zugleich der Gräfin und der Künstlerin und machte auf sie wie auf das teilnahmsvolle Publikum eigentümlichen und mächtigen Eindruck."

Als die Rosen in Blüte standen, verließ Henriette die Isarstadt, um die Sommerwochen vornehmlich ihrer Erholung zu widmen. Ems, dessen heilkräftiger Brunnen ihre Kehle schon öfters gestärkt hatte, wählte sie zum Standort, von dem aus sie mehrere Ausflüge in die benachbarten Bäder unternahm. Den Ertrag eines Emser Konzertes bestimmte sie, ihrer schönen Gepflogenheit folgend, wohltätigen Zwecken, diesmal zum Ankauf eines Kirchhofs sowie zu Gunsten des Krankenhauses und der Kinder= bewahranstalt. Zu Hoffmann von Fallersleben, der die im Vorjahre ge= schlossene Bekanntschaft erneuerte und die Künstlerin für einen von ihm verfaßten Operntext „Der Graf im Pfluge" zu interessieren suchte, äußerte sie sich über ihre Zukunftspläne und vor allem über die Notwendigkeit, „ihr Talent noch weiter auszubreiten". Der Appetit kam ihr, wie sie schon der Mutter scherzend geschrieben, beim Essen.

Bereits während ihres Londoner Aufenthaltes war die Lockung, dem Beispiel Jenny Linds zu folgen und jenseits des Ozeans die gewinn= bringende Jagd nach dem Dollar durch die Konzertsäle und die Theater fortzusetzen, ihr genaht, und der Reiseplan hatte im Laufe der Zeit immer festere Gestalt gewonnen. Im Januar 1852 schrieb sie dem Strelitzer Großherzog: „Im Frühjahr holt mir Rossi meine Töchter zum Besuch, bis ich mich im August zur langen, langen Trennung vorbereite, wofür mein Herz jetzt schon zittert!!! Die amerikanischen Blätter sind schon voll von mir und nach allem, was ich höre, wird es sehr ergiebig ausfallen. Nun, wie Gottes Wille es bestimmt hat! Bis heute hat er mich so gnädig geführt. Die (sardinische) Mission hat man in Berlin auch aufgehoben, mit ihr noch fünf andere. A l'heure qu'il est säße ich in einem italienischen Dorfe mit meinen vier Kindern und 7200 Francs Pension. So ist es besser, denn ich habe mein Schäflein schon im trockenen, und nach Amerika werde ich wohl eine kleine Millionärin sein." Nicht geringe Sorge bereitete ihr freilich ab und zu der Gedanke, daß Lumley und Co. ihre amerikanischen Reisepläne durchkreuzen und sie auf Grund des früheren Vertrages von neuem mit Beschlag belegen könnten. „Ich wäre ganz trostlos," klagt sie in einem Briefe, „wieder in die Hände dieses Lump=ley zu fallen, und wie oft denke ich an die Frau Erbgroßherzogin, die mich eines Tages vor dem Menschen warnte. Damals wollte und konnte ich es noch nicht glauben." Nicht ohne Schadenfreude vernahm sie, daß der Direktor nach ihrem Abgange schlechte Geschäfte machte und mit ihren Nachfolgerinnen, der Cruvelli und der Johanna Wagner im Prozeß lag. „Der Esel", berichtet Henriette dem Großherzog, „nimmt den schönen Antrag nicht an, der ihm gemacht wurde, sein Theater für 10000 Pfund jährlich zu verpachten. Im Covent Garden sind drei prächtige Tenöre, die ihn totschlagen müssen."

Wie Lumley in seinen Memoiren berichtet, war die Wiederkehr der Sontag seine letzte Hoffnung, und er erhielt auch angeblich von ihr die Erlaubnis, ihr Wiederauftreten in einer Vorankündigung der Saison 1853 anzuzeigen. Doch dann kam aus Ems ein Brief des Grafen, der das geschäftliche Band endgültig zerschnitt: „Quoi qu'il en soit, Madame Sontag est, contre son attente, si épuisée par les eaux qu'il ne lui est point possible de paraître dans un opéra." Ihre Freiheit schien Henriette für den Rest des Honorars, den der Impresario ihr noch von London her schuldete, und der ihm jetzt als Reugeld verblieb, nicht zu teuer erkauft. Durch die üblen Erfahrungen mit Lumley und Genossen gewitzigt, zog sie es vor, auf der Sängerfahrt jenseits des Ozeans sich von keinem Direktor abhängig zu machen, sondern sich des damaligen Leiters der italienischen Oper in New York, Ullmann, als eines bezahlten Impresarios und Reise= marschalls zu bedienen.

XV. Kapitel.

Einen zuverlässigen Helfer bei der in jenen Jahrzehnten noch nicht zu den Alltäglichkeiten gehörenden Kunstreise sicherte sich die Gräfin vor allem in der Person des mannigfach erprobten Karl Eckert. In dem mit ihm in Paris am 19. August 1852 aufgesetzten Kontrakt wurde der vielseitige Musiker zunächst für zehn Monate für ein Honorar von 25000 Francs bei freier Fahrt zu Lande und zu Wasser als Konzertbegleiter

und Orchesterchef sowie für Solonummern als Pianist und Geiger verpflichtet. Vorsorglich wurde bei günstigem Erfolge des Gastspiels eine Verlängerung des Vertrages bis zum Mai 1854 vorgesehen. Mit ihrem Gatten,
Eckert und zwei weiteren Teilnehmern der Fahrt, dem Tenoristen Pozzolini und dem Pianisten Heller, und einem bewährten Dienerpaar, schiffte
sich Henriette am 25. August in Liverpool an Bord des Dampfers Arctic,
der 200 Passagiere und eine Besatzung von 130 Mann trug, ein. Die
Fahrt ließ sich anfangs glücklich an, doch sollte der Künstlerin die Bekanntschaft mit den Schrecken des Meeres nicht erspart bleiben. Eine anschauliche Schilderung der überstandenen Gefahr und der Einzelheiten der
Fahrt brachte sie sofort nach ihrer Ankunft in New York am 7. September
für den väterlichen Freund in Neustrelitz zu Papier:

„Mit Gottes gnädigem Schutz sind wir Sonntag nachts um halb
11 Uhr hier eingelaufen. Es ist ein Gefühl, welches sich nicht beschreiben
läßt, wenn man nach 12 Tagen einer Seereise wieder festen Boden unter
sich fühlt. Nun will ich in Kürze Ew. Königl. Hoheit einige Details geben,
die in dem beigefügten Journale fehlen, welches gegen alle Gewohnheit der
Journalisten ziemlich richtig ist. Meine Gedanken, als ich so nach und
nach Europas Küste vor mir verschwinden sah, waren bei meinen Kindern
und Freunden. Alles, alles, was mir lieb und teuer ist — ließ ich dort
zurück und manche Träne habe ich den Lieben, den Teuren im tiefsten
Grunde meiner Seele gewidmet. Wir fuhren mit dem schönsten Wetter
in die hohe See. Der Arctic, ein Schiff von 3000 Pferdekraft, ist eines
der schönsten, was je gebaut wurde. Prachtvolle Säle, alles im Rokoko-
stil, mit den schönsten Spiegeln und Schnitzwerken geziert. In der einen
großen Kabine stehen allein an 20 Sofas und Fauteuils. Ein prachtvolles
Piano wurde mir von New York entgegengeschickt. 178 Passagiere saßen
bequem im Speisezimmer, die Schlafkabinen so bequem und geräumig, daß
man ganz vergißt, daß man an Bord eines Schiffes ist. Kurz, der erste
Eindruck war ein sehr günstiger. Dazu kam, daß ich von allen (vom
Kapitän bis zum Schiffsjungen) nicht wie ein großes Talent, sondern
wie eine Ambassadrice empfangen wurde. So fuhren wir zwei Tage
recht vergnügt und voller guter Hoffnung unserem Ziele näher — Freitag

abend aber wurde es anders. Es erhob sich ein sehr starker Wind, der in wenigen Stunden in der Nacht so zunahm, daß der Kapitän einen kleinen Sturm voraussah! Alles zog sich in seine Kabine zurück. Das sonst so lustige Speisezimmer war verwaist bis auf wenige Glückliche, die der See= krankheit widerstanden hatten. Ich lag sehr elend im Bett und versuchte meine malaise so gut ich konnte zu tragen, indem ich mich kaum regte, was Rossi, der auf dem Kanapee lag, ebenfalls tat. Sonntag morgen fiel die See bedeutend und einige Passagiere krochen aus ihren Kabinen, um auf dem großen herrlichen Verdeck einige Kräfte zu sammeln. So blieben wir bis Montag abend immer in der Hoffnung eines schönen Sonnenscheins. Plötzlich brach ein dicker Nebel herein — der aber bald von einigen heftigen Windstößen verjagt wurde. Der Kapitän sah ganz kurios den Himmel an und wollte mir gar nicht recht auf meine Fragen ant= worten, als ich diese Windstöße sonderbar fand. Er meinte, ich sollte mich bald zu Bette legen. Mit einer leisen Ahnung im Herzen ging ich hin= unter; dort fand ich schon alle Ladys alarmiert, die durch die Stewardesses schon einige Notizen erhalten hatten. Die Matrosen prophezeiten einen großen Sturm. Und so war es, mein teurer Herr. Jetzt, da alles vorbei ist und ich am festen Lande diese Zeilen schreibe, bin ich froh, solch ein fürchterliches Element in allen seinen Schrecken gesehen zu haben. Dank sei dem vortrefflichen Schiff mit seiner ausgezeichneten Maschine — daß wir so glücklich davongekommen sind. Von Montag nacht bis Donnerstag morgen wütete der Ozean gegen uns mit allen seinen Schrecken und mächtigen Winden. — Die Wellen waren dreimal so hoch als unser majestätischer Aretic, dessen Eingeweide vier Tage stöhnten. — Ich kann das Krachen des Schiffes, wenn es so im Sturm herumgeschüttelt wird, mit nichts anderem vergleichen, als einem fürchterlichen Stöhnen, welches einem durch Mark und Bein geht. Zweimal in meinem schrecklichen Katzen= jammer ließ ich mich ins Speisezimmer bringen, um den Ozean, dieses Ungeheuer, anzustaunen. Als ich diesen Anblick das erstemal sah, fiel ich fast in Ohnmacht. Großer Gott, welch ein Anblick! Das Meer war ganz schwarz und die Wellen schienen das Schiff jedesmal in ihrer Wut in den schwarzen Abgrund schleudern zu wollen, bis wir plötzlich auf der

Spitze einer vier Häuser hohen Welle schwebten und wieder in den Abgrund fuhren. Der Kapitän sagte mir heute noch, daß er 30 mal den Ozean durchkreuzt hätte, allein eine solche Tempete hätte er noch nie erlebt. Alles war elend und krank, nur Pozzolini, mein Tenor — saß allein im Speisezimmer und aß seine 3 repas pro Tag, weshalb er von vielen beneidet wurde. — Ein Amerikaner war sterbend, soeben höre ich, daß man an seinem Aufkommen zweifelt. Ein Matrose (noch dazu ein Preuße) brach sich in der Schreckensnacht zweimal sein Bein. Ach! mein teurer Herr, wie oft dachte ich da meiner lieben teuren Freunde! Meiner Kinder, für die allein ich all dies unternahm. — Werden sie einst ihrer Mutter dankbar sein, ihnen solche Opfer gebracht zu haben? Ich ängstigte mich keinen Augenblick, nur die Furcht, in meinem Unternehmen für die Lieben gestört zu werden, vielleicht mein Ziel gar nicht zu erreichen — machte mich traurig. Wenn man so hilflos und elend in seiner Kabine liegt, kommen einem so manche traurige Gedanken. — Donnerstag mittag endlich bekamen wir besseres Wetter. Die See fiel sowohl als der Wind. Man atmete auf und so kam ein Leichengesicht nach dem andern herausgekrochen. Freitag abend arrangierten wir ein Konzert für die Mannschaft, welches den größten Sukzeß hatte. Ich war der Gegenstand aller Aufmerksamkeit, sowohl Frauen als Männer. 12 Kinder waren an Bord, wovon keins krank war — sie mußten von den Stewards gepflegt werden, da die Bonnen fast alle darniederlagen. Diese kleine allerliebste Welt, worunter ein himmlisches Balg von 9 Monaten war, war beständig um mich herum — sobald ich mich blicken ließ, war ich umringt. — Ich mußte ihnen Geschichten erzählen, vorsingen, Versteck mit ihnen spielen — kurz, ich war die Favorite von den herzigen Kindern. Die Ankunft hier und besonders die Einfahrt in die Bai hier ist das Göttlichste, was man sehen kann — mit einem dunkelroten Mond, so groß wie bei uns die Sonne und Sterne, wie ich sie nie sah, machte ich meine Einfahrt hier. In den Zeitungen wurde meine Ankunft bekanntgemacht, allein mit der Bitte, mir keine Rezeption zu machen. Man wies alles im Hafen ab und niemand wurde ohne Billett eingelassen. Dies machte einen sehr guten Eindruck, denn diese abgeschmackten Puffs der Jenny Lind sind hier sehr verachtet.

So wie ich es wünschte, so ist es gekommen, ohne Puff und Spiegel=
fechterei kam ich hier an, nicht als Artist, wie Jenny Lind, wo Barnum
die Leute bezahlte, um in den Straßen zu schreien. Der Amerikaner ist
nicht fein gebildet, allein er hat großen Instinkt und richtiges Gefühl. Mein
Sukzeß wird ganz anders sein wie der Jenny Linds, aber gewiß nicht
weniger."

Zugunsten der tapferen Schiffsbesatzung hatte die Gräfin mit ihren
künstlerischen Begleitern noch auf hoher See ein ertragreiches Konzert ver=
anstaltet. Ihr Wunsch, von der ihr unsympathischen Reklame à la Barnum
verschont zu bleiben, wurde übrigens, wenn wir dem Bericht des Impresario
Ullmann glauben schenken dürfen, nicht erfüllt. Der smarte Geschäftsmann
tat sich etwas darauf zugute, wenigstens hinter dem Rücken der gräflichen
Sängerin die Fäden zu ziehen und Begeisterungsausbrüche der Volksmenge
vor und im Theater zu improvisieren. Daß Henriette trotz ihrer niedrigen
Einschätzung des Musikverständnisses der anglo=amerikanischen Rasse ihre
Aufgabe, das Publikum der Union zu erobern, nicht leicht nahm, beweist
am besten der Umstand, daß sie sich nicht auf ihren alten Rollenkreis be=
schränkte, sondern bald nach ihrer Ankunft mit der Einstudierung dreier
ihr neuer Opern Donizettis, Der Liebestrank, Maria di Rohan und Lucrezia
Borgia, begann. Die gleichzeitig in New York gastierende Alboni war
über die Ankunft der ihr von London her bekannten und gefürchteten Rivalin
wenig erbaut; sie nahm, wie Henriette klagte, „zu allen Kniffen einer be=
leidigten Primadonna ihre Zuflucht und machte ihr mit Intrigen und sehr
wenig gentilem Benehmen viel zu schaffen". Während der Wintermonate
trat die Sontag wöchentlich dreimal in der Oper auf und gönnte sich selbst
während einer mehrere Wochen dauernden Heiserkeit keine Schonung. Von
New York aus wurden Philadelphia, Boston, Baltimore und einige andere
bedeutendere Plätze in den östlichen Staaten der Union besucht. Es war
sicherlich keine Phrase, wenn sie von diesen Wanderzügen dem Freunde in
Neustrelitz klagte:

„Meine jetzigen fatiguen übersteigen alles, was ich noch bis jetzt in
der Art durchgemacht habe. Täglich Konzerte, während wir des Tags
oft 8—9 Stunden Eisenbahnfahrt haben. Um sechs Uhr des Morgens auf=

brechen und abends kaum so viel Zeit, meine Toilette zu machen. Ein Stückchen kaltes Huhn mit einigen sauren rohen Äpfeln als Kompott in der Eisenbahn. Das Programm ist nun freilich auch ein bißchen wie die sauren Äpfel, zum Glück hat es der Großherzog von Mecklenburg nicht gemacht, lauter englische Balladen, deren ich in einer Stunde dutzendweis liefern könnte — für die Yankees ist alles noch zu gut. Boston und Phila= delphia nehme ich aus, diese beiden Städte haben wirklich musikalische Seelen in ihren Mauern, über die anderen aber mache ich einen schwarzen Tintenstrich."

Die Sehnsucht nach ihren in der alten Welt zurückgebliebenen Kindern, die Nachricht von dem Tode zweier guter Freundinnen in der Ber= liner und Strelitzer Hofgesellschaft, der Ärger, daß von ihr abgesandte um= fängliche Briefe die Absender nicht oder nur mit starker Verspätung er= reichten und auch ihr zugedachte Schreiben auf der amerikanischen Post verloren gingen, die Unbilden des Klimas und nicht in letzter Linie eine schmerzhafte Fußverletzung, die sie sich bei einem Bootsunfall zugezogen, das alles trug nicht eben dazu bei, ihre Stimmung zu verbessern. Mit dem Beginn der heißen Jahreszeit zog sie sich nach Staaten=Island in ein unmittelbar am Meeresstrand gelegenes Landhaus zurück, ohne sich jedoch völlige Ruhe zu gönnen. Sie trat vielmehr dann und wann in einem Sommertheater auf, durch dessen offene Fenster und Balkons, wie sie schrieb, beständig eine frische Brise vom Meere her wehte, so daß die Bänder ihres Kostüms auf der Bühne flatterten. Dafür litt sie tagsüber um so ärger unter der tropischen Hitze:

„Man kann nichts am Tage unternehmen. Ich liege kaum angekleidet in einem Musseline=Peignoir in einem von Holz und Rohr geflochtenen shaking chair, fächle mich und transpiriere wie in einem russischen Dampfbad. Gegen Abend macht man Toilette — fährt ohne Hut, ohne Handschuhe in offenem charmanten chair à banc am Meere entlang spazieren, um Luft und Kraft für den nächsten ebenso heißen Tag zu schnappen. Singen, Spielen, Kostüme zu wechseln sind eine wahre Plage. Gewitter sind häufig, sehr stark und gefährlich, denn jedesmal schlägt es irgendwo ein, allein die Atmosphäre kühlt sich nie ab, im Gegenteil vermehrt die Schwüle nur noch mehr. Die Nächte idyllisch schön! Bis drei Uhr bleiben wir auf meinem großen Balkon (Piazza genannt) sitzen, um die Schiffe im Mondenschein unter Kanonendonner einlaufen zu sehen."

Ihre Gabe, über alle Unbequemlichkeiten und Verstimmungen schließlich doch zu siegen und mit offenen Augen Land und Leute zu betrachten, tritt recht deutlich auch in einem ausführlichen an ihren Halbbruder August gerichteten Schreiben zutage, in welchem sie gewissermaßen ein Resümee ihrer nordamerikanischen Eindrücke gibt:

Buffalo, N. Y., den 2. Januar 1854.

Ich eile, Deinen liebevollen Brief zu beantworten, um Dich über meinen Unfall zu beruhigen. Hätte ich ahnen können, daß die Journale die große Trompete und Trommel nehmen würden, hätte ich gleich Bericht über meinen Unfall nach Deutschland geschickt. Es hätte allerdings recht übel werden können, wenn ich die ganze Gegenwart des Geistes nicht gehabt hätte, meinen Fuß zurückzuziehen, eh' das Boot gelandet hat. Der Unfall war unmittelbar vor dem Konzert, doch hatte ich die Kraft, es mit allen Wiederholungen bis zu Ende zu singen. Der Arzt verband den Fuß erst nach dem Konzert, wo es sich dann herausstellte, daß ich drei Löcher auf dem Schienbein hatte. Mit großen Schmerzen mußte ich von Brooklyn nach New York und von da nach Staten-Island in mein home gebracht werden, was natürlich sehr beschwerlich war. Der Arzt fürchtete, da an dieser Stelle dergleichen Wunden schwer heilen, ich würde lange damit zu tun haben, allein wie gewöhnlich irrte er sich. — In drei bis vier Wochen humpelte ich wieder in ein anderes Konzert, denn, gottlob, meine Gesundheit und Säfte sind gut, und mein Mut immer derselbe.

Nachdem ich nun länger als ein Jahr in New York, Philadelphia, Boston und vielen anderen Städten mich herumgetrieben habe — bin ich nun auf dem Wege, meine große Reise durch den Westen und Süden anzutreten. Von Louisville oder Cincinnati gedenke ich mich auf dem Ohio, dann Mississippi für New Orleans einzuschiffen, von dort nach der Havanna, was nach allen Berichten wohl der Glanzpunkt meiner amerikanischen Reise sein dürfte. Mein Sukzeß ist überall gleich

groß — Geschäfte gehen gut — allein die Auslagen derjenigen, die
mich begleiten, die Reisen, Unkosten von Theater, Säle ꝛc. sind hier
so bedeutend, daß der Gewinn im Vergleich mit Europa nicht so bedeutend ist, als man es bei uns glaubt. Im Frühjahr denke ich wieder
in New York zu sein, dort noch italienische oder englische Oper zu
singen, um mich dann im Juli, August für die liebe alte Welt mit all
ihren Mängeln und Krankheiten selig vergnügt einzuschiffen. Mit
Freude und Wonne erwarte ich diesen glücklichen Moment, denn je
mehr ich dieses Yankee-Land kennen lerne, je weniger gefällt es mir.
Ich kann mich in diese Rechenmaschinen von Menschen nicht hineinfinden. Der Yankee kennt nichts als Geld und Dollars. Von früh
bis abends sitzt er in den business (Geschäften) — statt des Herzens
müßte man ihm einen Dollar, statt des Kopfes und Geistes ein Rechen-
exempel hinmalen. Kunst, Wissenschaft, Musik verstehen sie wenig oder
gar nicht — und letztere ist nur seit kurzer Zeit eine Modesache geworden, weil sie alles den Europäern nachmachen wollen — es fehlt
ihnen aber der Sinn und das wahre Verständnis. Nur große Talente,
die einen europäischen Ruf mitbringen, dringen durch — alles Mittelmäßige und oft sehr Gute verhungert hier. Die Frauen verblühen
meist mit 20—25 Jahren und sind mit 30 alte zehrdünne Schachteln.
Die Mädchen bis 19 bildhübsch — allein entsetzlich mager, und ohne
die Künste der Watte- und Krinolinen-Röcke wahre Schwefelhölzer.
Sie sind erstaunlich eigenwillig und unabhängig. Gehen des Abends
allein mit einem jungen Herrn ins Theater, Konzert ꝛc. und genießen
mehr Freiheit als irgendeine Frau in der alten und neuen Welt.
Ihr Dichten und Trachten ist, einen Mann aufzufischen, und sind sie
einmal untergebracht, werden sie Bonnen, Köchinnen, Haushälterinnen,
Ammen, und kein Mensch, d. h. kein Mann, bekümmert sich je mehr
um die schönste Frau. Ich begreife nicht, warum sich die Mädchen
hier je verheiraten wollen, da ihr Los als Jungfrau ebenso glänzend,
als langweilig und prosaisch als Gattin ist. Die Gesetze sind bei
Heiratsversprechungen ungeheuer streng — die Männer, lange, aus-
gezehrte Hopfenstangen mit dem Dollar im Herzen — statt Blut,

Kraft und Saft — Milch und Wasser in den Adern, daher das Vertrauen der Mädchen und Eltern, denn ich mache die Wette, dürfte ich 100 solche Amerikanerinnen mit ihren freien Sitten nach Österreich oder Frankreich einschiffen, ihre hochgepriesene Tugend dürfte bald eine Schlappe bekommen!!!

Das Land ist großartig, und trotzdem, daß jeden Tag 1000 Einwanderer ankommen, ist es lange noch nicht hinreichend, diese weiten öden Flächen zu bebauen, die wild und brach darniederliegen. Amerika macht mir den Effekt einer wohlbesetzten Tafel, wo für 30 gedeckt ist, aber nur 15 essen. Allein die Zeit wird auch kommen, wo es hier an Platz mangeln wird, dann wehe und dreimal wehe!! Ein schwaches, ohnmächtiges Gouvernement, welches jetzt schon nicht die Kraft hat, die paar miserabeln Staaten im Zaume zu halten. Die hochgepriesenen Freiheiten, auf denen unsere dummen Demokraten so herumreiten, sind ein gène für alle . . . Jeder tut gerade, was er will. Wenn ich ein Haus baue, werfe ich den Schutt vor die Türe meines Nachbars, der jahrelang das Vergnügen hat, darüber zu stolpern. Schulden, Bankerotte, Betrug — soviel man will — kein Recht, kein Gesetz — du darfst deinen Gläubiger nicht einstecken lassen — der Yankee lacht und sagt dir, warum warst du so dumm und hast ihm Geld geliehen. Je verschmitzter, je durchtriebener du bist, je mehr bewundert dich der Yankee. Mit der Zeit wird dies Volk der Ausbund von Schlechtigkeit werden, denn alles Gesindel aus der alten Welt strömt herüber. Mir sind sie in den Tod zuwider, und selten findest du hier einen braven, ehrlichen Mann. Ich zähle den Moment meiner Erlösung, und der Tag meiner Einschiffung wird der glücklichste meines Lebens sein. Nun lebe wohl, lieber Gustel. Grüße Fritz und Frau — und schreibe mir, wie es Dir geht.

Von Herzen Deine

Henriette.

P. S. Meine jetzigen Strapazen übersteigen alles, was ich bis jetzt in der Art erlebte. Morgens früh um 5 Uhr bei der garstigsten Kälte fort — 5 Stunden im offenen Schlitten, 7 in der Eisenbahn — abends Konzert in Cleveland — Diner, bestehend aus einem alten Huhn und als Kompott 2 saure Äpfel, in der Eisenbahn verzehrt. Das ist morgen mein Angebinde.*)

(3. Januar.)

Dies Hotel ist wirklich so groß**) und doch noch keines von den größten. Hotels, Schiffe und Flüsse sind die drei Dinge, die mich hier am meisten frappiert haben. Erstere magnifique eingerichtet mit einem Luxus, von dem wir keinen Begriff haben. Bedienung meist mangelhaft — Essen schlecht, stark gepfeffert und ungesund. Seit drei Monaten esse ich nichts als Lammbraten — Huhn und Kompotte — Suppe nicht hinunterzubringen. Schiffe sind „Paläste" mit drei bis vier Etagen — und ziemlich guter Küche — Bedienung meist aus Negern bestehend, die gut bedienen, wenn sie frei sind. — In Virginien hingegen, wo sie Sklaven sind, sind sie faul und schmutzig. Die Flüsse wunderbar schön, aber sehr gefährlich, ebenso die Lakes (Seen) stürmisch und unsicher. Der Niagara, den ich vor 5 Tagen sah, ist wohl das Wunderwerk Amerikas. Leider war es ein stürmisches Schneesturmwetter, das uns um die ganze Schönheit brachte. Wir sahen ihn von Canada aus und mußten über eine dünne Drahtbrücke, die 300 Fuß hoch sich über dieses Ungeheuer hinzieht. Obschon große schwere Wagen hinüberfahren, konnte ich mich eines geheimen Grauens nicht erwehren, als wir in unserem Schlitten auf der wiegenden Brücke standen. Über diese Brücke soll nun eine zweite gebaut werden, wo die Eisenbahn fahren soll. Entsetzlicher Gedanke! Da bringt mich aber keine Macht der Erde hinüber. Der Yankee hat eine große Verachtung für Gefahren, ist sehr fahrlässig und leichtsinnig in allem, was er tut, und denkt nie an die Zukunft, wenn ihm nur die Gegenwart Vorteil bringt. So ist alles schlecht und überhudelt gebaut. Häuser, kaum aufgebaut, stürzen ein wie die alten Baracken. Auf dem Hudsonfluß fährt man per express während 8 Stunden auf den Schienen, die so tief auf dem Wasser liegen, ohne Gelände, daß das Wasser in die Cares spritzt. Denke Dir, welch entsetzliches Gefühl. In der Eisenbahn sitzend, über einen

*) Der 3. Januar, Henriettes Geburtstag.
**) Der Briefbogen trägt am Kopf eine Abbildung des Hotels.

tiefen, reißenden Fluß dahinzurasen, denn schnell kann man dies nicht nennen. Man fliegt übers Wasser. Wie leicht könnte es einem Fisch einfallen, sein Mittagsschläfchen auf diesen kühlen Schienen zu machen, was vielen Tausenden in dieser Schnelligkeit das Leben kosten könnte. Doch nun basta."

Nachdem die östlichen Städte der Union bereist waren, ging es nach Westen. Die Reise war infolge starker Kälte und hohen Schnees eine höchst beschwerliche, aber der Ertrag lohnte, nach Henriettes Aussage, die Mühe. „Die Summen, die ich hier einnehme, sind sehr bedeutend, fabelhaft fast, allein die Ausgaben im Vergleich zu groß, ein Drittel Gewinn, zwei Drittel Auslagen. So ist es hier in allen Entreprisen." Von St. Louis ging die Reise in die Südstaaten weiter. Die Fahrt auf dem „Vater aller Ströme" schildert sie nach ihrer Gewohnheit wieder in einem ausführlichen Briefe an den Großherzog:

„Acht Tage waren wir auf dem Mississippi — herrliches Schiff und recht gute Gesellschaft. Diese Schiffe sind wahre schwimmende Paläste, mit der größten Eleganz und Bequemlichkeit eingerichtet, 350 Fuß lang. Jede Kabine hat eine Tür in den Salon und eine zweite auf eine offene Galerie, wo die Damen meist sitzen, um die schöne Aussicht zu genießen. Der alte Papa Mississippi ist ein alter Herr mit einer Farbe café au lait, sehr breit und durch die Bäume, die unter dem Wasser wachsen, sehr gefährlich für die Schiffe. Die Ufer sind platt und meist mit Zucker- und Baumwollen-Plantationen begrenzt, die einen recht hübschen Anblick gewähren. Die Stadt New Orleans ist wie alle amerikanischen Städte schmutzig und übelriechend. Auf einer Seite der Mississippi, auf der anderen das Meer, liegt diese Stadt in einer Art Kessel, der nach allen Aussprüchen mit der Zeit von beiden verschlungen werden wird. Das Klima ungesund und entnervend. Es ist eine solche Hitze (95 Gr.) heute, daß ich die Feder kaum halten kann. Meine Konzerte und Opern werden mit dem größten succès aufgenommen. Ich habe mich mit einer internationalen Truppe vereinigt, bis zum 27. März Vorstellungen zu geben, das Publikum ist charmant und intelligent. Die Kreolinnen bildhübsch und bei weitem gebildeter als die Amerikanerinnen." Aber New Orleans sollte

noch nicht das Endziel der Reise sein, vielmehr hatte die Künstlerin der Lockung
des Direktors des St. Anna=Theaters in Mexiko, eines gewissen Masson,
Gehör geschenkt, der ihr das Musikinteresse der dortigen Cabaleros und
Sennoras und die glänzenden Einnahmemöglichkeiten in begeisterten Worten
pries. So hatte sie für die Warnungen ihres bisherigen Impresarios Ull=
mann, der mit der Künstlerin andere Pläne vorhatte und den Konkurrenten
als in jeder Beziehung unzuverlässig und die mexikanischen Theaterverhält=
nisse als elende bezeichnete und sie vor dem heimtückischen Charakter der
dortigen Bevölkerung wie vor den Gefahren des Klimas warnte, und auch
für die Bedenken des Grafen Rossi taube Ohren. Seitdem Garcia Vater
mit seiner Truppe die erste Sängerfahrt in das Land Montezumas unter=
nommen und die Verhältnisse nach der Unabhängigkeitserklärung sich kon=
solidiert hatten, war ein Abstecher nach Mexiko als Abschluß einer ameri=
kanischen Tournee schon mehrfach gewagt worden. Nach dem Vater der
Malibran hatten inzwischen u. a. auch die Alboni und Pellegrini ihr Glück
in den beiden Operntheatern der mexikanischen Hauptstadt versucht. So
gab die Sontag in der begründeten Hoffnung, zahlreiche Silberdollars zu
ernten, zugunsten des neuen Reiseplanes den früheren, von den Vereinigten
Staaten aus Havanna zu besuchen, um so leichter auf, als auf Cuba da=
mals das gelbe Fieber wütete. Am 1. April 1854 schiffte sie sich in New
Orleans nach Veracruz ein, wo sie von der dortigen deutschen Kolonie
festlich empfangen wurde. Obgleich sie das berüchtigte Fiebernest, dessen
tropische Hitze und Moskitos ihr arg zusetzten, gern so bald als möglich
verlassen hätte, mußte die Künstlerin den allgemeinen Bitten nachgeben und
ein Konzert veranstalten. Die Begeisterung der Zuschauer stieg gleich der
Quecksilbersäule bis zum Siedegrade und durfte als gute Vorbedeutung für
die Weiterfahrt gelten, der Henriette, wie die folgenden Briefstellen be=
zeugen, mit gutem Humor entgegensah: „Dort finden wir Wagen, Gen=
darmen zu unserer Bedeckung (denn an Banditen soll es nicht fehlen),
fahren drei Tage und drei Nächte bergauf, so daß die Reise im ganzen
eigentlich eine kurze zu nennen ist — wenn — kein accident oder so ein
kleiner Fra Diavolo aus irgendeiner Bergesschlucht uns den Weg
versperrt. Unsere Reise=Kompagnie besteht aus 15 Herren, worunter aber

nur acht als tapfer zu rechnen sind. An Pistolen und Gewehren soll es
nicht fehlen und Courage habe ich auch genug, allein die hilft mir zu gar
nichts, wenn sie meinen Verteidigern abgeht."

Wenn den Reisenden ein Abenteuer mit Wegelagerern auch erspart
blieb, so litten sie doch in der von sechs Maultieren gezogenen neunsitzigen
Kutsche während der viertägigen Fahrt nicht wenig unter den Unbilden der
schlechtgepflasterten Straßen. Henriette, die auch auf den Nachtstationen
auf den harten spanischen Matratzen wenig Ruhe fand, fühlte sich an allen
Gliedern wie zerschlagen. Der Anblick der bald majestätisch furchtbaren,
bald paradiesisch anmutigen Berglandschaft und des malerischen Treibens
der eingeborenen Indianer=Bevölkerung entschädigte die empfängliche Be-
schauerin freilich für die ausgestandenen Strapazen. „Das Land", schreibt
sie bald nach ihrer Ankunft an die Mutter, „ist göttlich schön, alle exotischen
Pflanzen, die wir in kleinen Blumentöpfchen sorgsam in Europa pflegen,
wachsen hier in großen dicken Stämmen wild den ganzen Weg entlang --
Kaffee, Pfeffer, Granaten, Ananas, Kaktus, tausendweis und in allen
Größen. Das Volk, meist Indianer (zahme, keine wilden) mit ihren gelben
Gesichtern und rabenschwarzen Haaren, geben dem Land einen eigentümlichen Anstrich von Originalität. Wir kamen gerade am Aschermittwoch
an, wo alles zu Fuß in die Kirchen geht und die Mexikanerinnen ihren
schönsten Putz entfalten. Es sind meist gelbe, kleine, dicke Frauen mit
spanischen Mäntelchen, Schleiern oder Tüchern auf dem Kopf. Eine weiße
frische Europäerin wird unter den Zitronengesichtern erstaunt bewundert.
Leider aber behält man den weißen Teint nicht lange und in kurzer Zeit
wird der Fremde ebenfalls kaffeebraun."

Henriettes Landsleute in der mexikanischen Hauptstadt ließen es sich
nicht nehmen, den berühmten Gast in feierlicher Weise einzuholen. Auf
der letzten Station empfing sie ein mit sechs Schimmeln bespannter Gala-
wagen, den schmucke junge Reiter begleiteten, während ein Dutzend andere
Equipagen folgten. In der Rue San Franzisco war eine schöne Wohnung auf das eleganteste eingerichtet und mit Blumen geschmückt worden,
auch Ständchen der Liedertafel, Militärmusik und ein Fackelzug wurden
aufgeboten, der gräflichen Sängerin den Empfang so angenehm wie mög-

lich zu machen. Das Klima erschien der so lange von Hitze und Kälte Geplagten herrlich, indessen sollte sie schon wenige Tage nach ihrer Ankunft
die Schattenseiten dieses Paradieses in Gestalt eines der in Mexiko ziemlich
häufigen Erdbeben kennen lernen. „Ich saß", erzählt sie humorvoll, „gerade
im Bade (schrecklich unbequem, zum Davonlaufen), als auf einmal das
Wasser meiner Wanne gehoben wurde und über die Badewanne sprudelte.
Es wurde mir ganz schwindelig, so daß ich kaum die Kraft hatte, mich
aus den Fluten aufzurichten. Ich sprang so schnell ich konnte heraus,
warf meinen Bademantel um meinen paradiesischen Leichnam und stürzte,
alles vergessend, trotz meines unanständigen Kostümes, in mein Kabinett,
wo die schwankende Bewegung meines Lüstres mich mit Angst und Schrecken
erfüllte. Meine indianischen Dienstleute lagen sämtlich betend auf den
Knien, ebenso in den Straßen lag alles auf den Knien. Es war ein
Augenblick, den ich nie vergessen werde und jetzt, da wir in dieser Saison
keine Erdbeben mehr zu fürchten haben, ist es mir sehr lieb, eins erlebt
zu haben."

Ihrem ersten Auftreten im St. Anna-Theater sah sie voller Zuversicht entgegen. „Meine Stimme", schreibt sie, „ist besser als je und die
Kräfte unbegreiflich nach solchen Fatiguen, die seit fünf Jahren mich un-
verändert in meinem glänzenden Elend begleitet haben." Nicht eben günstig
war freilich der Umstand, daß auf der zweiten Bühne Mexikos, im Teatro
Oriente, eine italienische Truppe mit dem Tenoristen Marini und der
Primadonna Steffanini an der Spitze, um die Gunst der Musikfreunde
warb. Für das St. Anna-Theater waren als Vertreter der ersten Rollen
außer der Sontag Pozzolini, der schon während der Amerikafahrt ihr
Partner gewesen, Badiali, Rocco und die schöne Fiorentini verpflichtet
oder, wie Henriette schreibt, „erobert, denn bei dem Worte Mexiko fällt mir
immer Ferdinand Cortez ein, leider finde ich keine wilde Amazili mehr
dort." Als erste Vorstellung ging am 21. April die „Somnambula" in
Szene; Rossinis „Barbier", Donizettis „Liebestrank", „Othello" und „Die
Regimentstochter" folgten. Trotz ihrer Übersättigung mit Musik, einer
wahren Indigestion musicale, wie sie klagte, war die Künstlerin nach ihrer
Gewohnheit unermüdlich fleißig und sang drei- bis viermal in der Woche,

da die Fiorentini die auf sie gesetzten Hoffnungen enttäuschte und Henriette mehrmals für sie einspringen mußte. Die geringen praktischen Erfahrungen des Bühnenleiters Masson, der noch vor kurzem als Redakteur einer französischen Zeitung Mexikos tätig gewesen war, zwangen die Künstlerin, auch in die Geschäfte des Managers und Regisseurs helfend einzugreifen. Dafür hatte sie die Genugtuung, sich das mexikanische Publikum, dem nach dem Bericht eines Augenzeugen, eines Mitgliedes der dortigen deutschen Kolonie, Dr. Schädtler, in der „Spenerschen Zeitung“, der Unterschied zwischen Singen und Schreien erst durch die Sontag offenbart wurde, mit jeder Vorstellung mehr zu erobern. „Nirgends“, erzählt Graf Rossi, „selbst nicht in Europa, erfreute sie sich eines solchen Enthusiasmus und Anerkennung ihres wundervollen Talentes; die zartesten Stellen ihres so reinen Gesanges, die ich nur in Paris verstanden und gewürdigt gesehen habe, wurden jedesmal in Mexiko leidenschaftlich applaudiert, natürlich also, daß bei einer so hinreißenden Anerkennung ihrer Verdienste, sowie bei der Bewunderung, Achtung und Liebe, die ihr von allen Seiten gespendet wurden, ihr der Aufenthalt in Mexiko angenehm werden mußte, um so mehr, da alle Vorteile, die sie sich von dem Einfluß des schönen Klimas auf Stimme und Gesundheit versprach, vollkommen eingetroffen waren. Nie hatte sie so leicht und so gern wie in den schönen Räumen des für die Stimme so herrlichen Theaters St. Anna und vor einem so enthusiastischen Publikum gesungen.“ Indessen, die zunehmenden finanziellen Schwierigkeiten Massons und wohl auch eine düstere Ahnung weckten in Henriette den Wunsch, ihr Gastspiel nicht bis zu der im Vertrage vorgesehenen Dauer von fünf Monaten auszudehnen: „Im Juli oder August“, so lautete die frohe Botschaft nach Strelitz, „gedenke ich für immer nach der lieben alten Welt zu segeln. Je näher ich diesem Augenblick rücke, desto ungeduldiger werde ich. Es brennt der Boden unter meinen Füßen. Wenn ich die Karte ansehe, zittert mir mein Herz vor Angst, welche Strecke ich zurücklegen muß, um sie alle an mein Herz zu drücken.“

Und in einem anderen Briefe stehen die ahnungsvollen Worte: „Wenn ich nur nicht früher sterbe! Ich sage immer zu Rossi, daß meine Freude, wenn ich das letztemal auftreten werde, so groß sein wird, daß ich immer fürchten muß, sie nicht zu erleben.“

Am 6. Juni folgte die Sängerin mit ihrem Gatten der Einladung eines der reichsten mexikanischen Gutsbesitzer, Don Exaudon, auf seine Villa in dem benachbarten Dorfe St. Agostino, um einem Volksfest beizuwohnen. Der Tag, obwohl drückend heiß, verging in guter Gesellschaft sehr angenehm. Zwei Tage nachher erzählte man sich in der Hauptstadt, daß die Cholera, deren Gespenst seit Jahren in Mexiko spukte, unter den Besuchern von St. Agostino sich mehrere Opfer geholt habe. In der Tat wurden von den 16 Gästen des Don Exaudon innerhalb drei Tagen nicht weniger als fünf, darunter der englische Botschaftssekretär Berkeley und sein spanischer Kollege Burtamento, von der fürchterlichen Seuche dahingerafft, und der Gastgeber selbst schwebte wochenlang in Lebensgefahr. Das Ehepaar Rossi war durch diese trübe Nachricht nicht wenig betroffen, indessen befanden sich beide nach wie vor bei bestem Wohlsein, und Henriette beabsichtigte am 11. Juni, nach einer unfreiwilligen Pause von acht Tagen, die durch die Krankheit des Bariton verursacht worden, zum erstenmal in Donizettis „Lucrezia Borgia" aufzutreten. Am Vormittag fühlte sie sich etwas unpäßlich, schob ihren Zustand aber der ungewöhnlich starken Hitze zu. Als Graf Rossi gegen sechs Uhr, von einem bangen Gefühl getrieben, aus einem Stiergefecht vorzeitig nach Hause zurückkehrte, stürzte ihm Henriettes Kammerjungfer mit der Schreckensnachricht, die Gräfin habe einen Anfall von Krämpfen gehabt, entgegen. Sie selbst jedoch empfing den Gatten mit lächelnder Miene, und sie sowohl wie der schnell herbeigerufene Arzt versicherten, es handle sich nur um ein vorübergehendes Unwohlsein. So wollte sie denn, da sie am Abend ein vollbesetztes Haus erwartete, in gewohntem Pflichtgefühl der Bühne nicht fernbleiben, bis der auf die Nachricht von ihrer Erkrankung herbeigeeilte Direktor selbst sie bat, sich zu schonen. Am Abend erneuerten sich die Krämpfe, und auch die übrigen typischen Krankheitserscheinungen der Cholera stellten sich ein. Am folgenden Tage bat Graf Rossi die fünf berühmtesten Ärzte der Hauptstadt zu einer Konsultation. Sie erklärten sich sämtlich mit den Maßnahmen des deutschen Gesandtschaftsarztes Dr. Hillebrandt und seines spanischen Kollegen Dr. Garroni einverstanden, verrieten aber durch ihre ernsten Mienen ihre Besorgnis über den Zustand der Kranken. Der weitere

Verlauf der Katastrophe möge mit Graf Rossis eigenen Worten erzählt werden:

„Vier Wärterinnen und ich standen den Ärzten immerwährend zur Hand, hatten auch vollauf zu tun, um die Kranke jeden Augenblick anders zu legen und ihr immerwährendes Verlangen nach Wasser zu befriedigen. Obwohl die Zunge eiskalt und trocken, litt sie dennoch an einem brennenden Durst, konnte aber keinen Tropfen Wasser eine Minute behalten, ohne sogleich zu erbrechen. Dieser für sie und für uns wahrhaft fürchterliche Zustand dauerte bis Donnerstag abend, um welche Zeit alle Cholera-Symptome gänzlich verschwanden. Eine merkliche Besserung und Ruhe traten ein, sie konnte halbe Stunden lang recht gut schlafen, und die Ärzte versicherten mir, daß nur eine so kräftige Konstitution wie die ihrige einem so heftigen Anfall habe widerstehen können. Ihr von der Cholera ganz verzehrtes Gesicht bekam wieder den gewöhnlichen Ausdruck von Milde und Lieblich-keit — wir schöpften hocherfreut die schönsten Hoffnungen. Den Äußerungen der Ärzte nach war die Cholera ganz überwältigt und die Kranke als in voller Konvaleszenz zu erklären, wenn in diesem Jahre die unheilvolle Epidemie nicht immer von einem Anfall von Typhus gefolgt würde, dem nur wenige Kranke bis jetzt widerstanden hätten. Ich benutzte also diesen Augenblick, um sie zu veranlassen, nach katholischem Gebrauch ihre Andacht zu ver-richten, wozu sie auch gern einwilligte. Wir dankten nun Gott aus der Fülle unserer Herzen für die Hilfe, die er uns in dieser großen Gefahr geschickt hatte, und beteten um die Fortdauer seiner Gnade, für das, was noch kommen sollte. In derselben Nacht zeigten sich schon unverkennbare Spuren des eintretenden Typhus, sie wurde häufig besinnungslos, er-kannte nur mich, aber gab auf keine Fragen mehr Antwort. Von diesem Augenblick bis zu ihrem Tode blieb sie völlig bewußtlos — sie litt nicht mehr, sprach nicht und wurde nach und nach ganz kalt und unempfindlich; dieser Zustand dauerte bis Sonnabend den 17. Juni, als sie Punkt 3 Uhr nachmittags durch einen Schlagfluß in der rechten Seite ihr schönes Leben endete und ihren in Gott ruhenden Geist in meinen Armen aufgab. — Mit Ausnahme der ersten 36 Stunden hat sie nicht mehr gelitten, auch hat sie keine Todesangst ausgestanden und überhaupt an die Cholera nicht geglaubt.

Durch den grünlichen Auswurf getäuscht, wähnte sie, nur an einer Gallen=
entleerung zu leiden, und beklagte sich, daß die Ärzte, von der gegenwärtigen
Epidemie eingeschüchtert, sie auch auf Cholera kurierten. Sie fürchtete nur
das mögliche Eintreffen eines Nervenfiebers. Gleich nach ihrem Tode
bekam sie ihr früheres Aussehen wieder — sie lag da mit dem gewohnten
Lächeln im rechten Mundwinkel, als ob angenehme Bilder ihr im Traum
erschienen — ein sicheres Zeichen des himmlischen Lohnes, der ihr auf
dieser Erde versagt wurde."

Der unerwartete Tod der gefeierten Künstlerin erregte in der mexi=
kanischen Hauptstadt die lebhafteste Teilnahme. Die Hauptzeitungen des
Landes erschienen mit Trauerrand, das St. Anna=Theater schloß seine Pforten
und auch das Theatro Oriente ließ die angekündigte Vorstellung ausfallen.
Am meisten aber wurde der gebeugte Gatte durch „das wahrhaft großartige
Benehmen" der deutschen Liedertafel gerührt. „Die trefflichen Männer
machten", wie Graf Rossi schreibt, „den Tod der berühmten Landsmännin
zu einer Nationalsache und trafen alle Vorkehrungen zu einem würdigen
Leichenbegängnis." Der Wunsch des Grafen, Henriettes sterbliche Überreste
in die Heimat zurückzuführen, ließ sich vorderhand nicht erfüllen, da nach
Eintritt der Regenzeit die Wege zwischen Mexiko und Veracruz zeit=
weilig unpassierbar geworden waren. So mußte eine vorläufige Beisetzung
in der vor den Toren der Hauptstadt gelegenen Klosterkirche von San
Fernando erfolgen. Den imposanten Trauerzug dorthin am 19. Juni
eröffnete ein vierspänniger Leichenwagen, ihm folgten der französische Musik=
verein und der unter Blumen gänzlich verschwindende Sarg, den Mitglieder
der deutschen Liedertafel abwechselnd trugen, während die ehemaligen Kollegen
Henriettes vom St. Anna=Theater die Zipfel des Bartuches hielten. Hinter
dem Sarge marschierten die übrigen Bühnenmitglieder der hauptstädtischen
Theater und der deutsche Klub, den Beschluß machte eine gewaltige Schar
von Teilnahmsvollen und Neugierigen aller Stände, teils zu Fuß, teils
in Equipagen. In der Kirche angelangt, wurde der Leichenzug von der
Geistlichkeit unter den Klängen eines vom Theaterorchester gespielten Chorals
empfangen. Nach der Einsegnung folgten Gesänge der deutschen Liedertafel
und poetische Nachrufe in spanischer und deutscher Sprache. Dann wurde

der Sarg in einer der Nischen des von hohen Pfeilern getragenen Kloster-
gewölbes beigesetzt. — Graf Rossi gab in einem ausführlichen Schreiben an
den Strelitzer Großherzog eine Schilderung der Erkrankung und der letzten
Stunden der Verblichenen. Kürzere Briefe desselben Inhalts gingen an
Franziska Sontag und Friedrich Förster ab. Der Graf wußte, daß er
bei der Mutter und den langjährigen treuen Freunden volles Verständnis
seines namenlosen Schmerzes finden würde. „Rossis Briefe", berichtete
Förster einem gemeinsamen Freunde, „sind die schrecklichsten, die ich je
gelesen habe. Er fühlt, daß seine Existenz für das ganze Leben zerstört ist."
„Ich bin, klagte er, der Verzweiflung nahe, wenn ich an meine Rückreise denke,
an die Erscheinung vor meinen Kindern in Trauerkleidern, denen ich statt der
geliebten Mutter Schmerz und Tränen bringe." Und in einem Briefe an
den Großherzog hadert der trostlose Witwer mit seinem Geschick:

„Ich verkenne nicht, daß wir als sterbliche Wesen jeden Augenblick
gewärtig sein müssen, von dieser Welt abberufen zu werden, allein im vorliegenden Fall ist ein raffinement de cruauté für die Verklärte sowohl
wie für die Zurückgebliebenen wahrzunehmen, der den so fest gehegten
Glauben zu Gott, das gerechte Vertrauen in den so wohl verdienten Lohn
unserer Opfer und die maßlose Liebe zum Schöpfer, mit der wir uns seiner
gnadenvollen Fürsorge empfohlen haben, als wir uns einschifften, erschüttern muß! Es ist ein vernichtendes Bewußtsein, wenn der Mensch
in seinen alten Tagen, wo jeder Gedanke eine Vorbereitung zum Übergang
sein sollte, in den von frühester Jugend gepflegten frommen Gesinnungen
irre wird und dabei die Zuversicht zu einer höheren Gnade verliert!"

Angesichts der von bedeutenden Ärzten einwandsfrei festgestellten
Todesursache Henriettes und des Umstandes, daß eine ganze Anzahl von
Teilnehmern desselben ländlichen Festes der gleichen mörderischen Ansteckung
zum Opfer fiel, hätte ein in späteren Jahren aufgetauchtes Gerücht, die
Gräfin Rossi sei das Opfer einer Vergiftung und wohl gar eines Eifer-
suchtsattentates ihres Gatten geworden, eigentlich schon aus diesen rein
äußerlichen Gründen nicht die mindeste Beachtung verdient. Leider machte
sich ein Bekannter der Rossis aus ihrer Berliner Zeit, der damals in mexikanischen Militärdiensten stehende und später als Schriftsteller bekannt ge-

gewordene Carlos von Gagern, zum Verbreiter und Kommentator dieser
unwürdigen Verdächtigung und schmückte seine von nachweisbaren Irrtümern
wimmelnde Schilderung seiner letzten Begegnungen mit der Gräfin roman=
haft aus. Nach Gagerns Bericht wären von den Teilnehmern jenes Aus=
fluges nur Henriette und der junge feurige, in seine interessante Partnerin
sterblich verliebte italienische Tenorist von einem plötzlichen heftigen Unwohl=
sein, und zwar sofort nach dem Frühstück, erfaßt, in die Stadt geschafft
worden und trotz aller Gegenmittel gestorben. In Wahrheit lagen zwischen
jenem Ausflug und der Erkrankung Henriettes fünf Tage. Der Gedanke,
daß der Graf, der im Vorjahre das Fest der silbernen Hochzeit in aller
Stille begangen hatte, auf seine den Fünfzigern sich nähernde Lebens=
gefährtin plötzlich von so rasender Eifersucht ergriffen sein soll, daß er in seiner
Leidenschaft selbst vor einem Verbrechen nicht zurückscheute, muß dem un=
parteiischen Beurteiler absurd erscheinen. In Henriettes zahlreichen ver=
trauten Briefen sind uns auch irgendwelche Klagen, daß ihr Gemahl sie
mit begründeter oder unbegründeter Eifersucht quäle, nicht begegnet. War
Rossi nach seiner Charakteranlage ein Othello, so hatte er während der
heimlichen Ehe und während des Petersburger Aufenthalts genug Gelegen=
heit, sich dieser Leidenschaft zu entwöhnen und gegen die Huldigungen, die
der gefeierten Sängerin und anmutigen Frau dargebracht wurden, gleich=
gültig zu werden. Einem Gatten, der sich im Laufe der Jahre in die Rolle,
trotz seiner angesehenen Diplomatenstellung etwas den Mann seiner Frau
zu spielen, allem Anschein nach so trefflich hineingefunden hatte und der
als Freund einer sorgenlosen Lebensführung und als liebevoller Vater an
dem Wohlergehen der erfolgreichen Künstlerin gewiß auch im stärksten
Maße materiell interessiert war, ist solch spontaner Gewaltakt keinesfalls
zuzutrauen. Dem Charakter der Gräfin, die ja von ihrer frühesten Jugend
an durch geschmackvolle und geschmacklose Huldigungen aller Art verwöhnt
und abgestumpft worden und die kein anderes Ziel vor Augen hatte, als
ihre Künstlerfahrt bald zu beenden und mit ihren Angehörigen und Freunden
in der alten Welt sich wieder zu vereinigen, lag andererseits gewiß nichts
ferner, als etwaigen Galanterien eines jungen Tenoristen mehr als jene
milde lächelnde Duldung entgegenzubringen, zu der auch eine berühmte

Primadonna aus praktischen Rücksichten auf das Zusammenspiel mit dem vielleicht unbequem werdenden Partner sich gelegentlich verstehen muß. Im übrigen legen die uns bekannt gewordenen Briefe des Grafen noch viele Jahre nach der Katastrophe ein beredtes Zeugnis für die Echtheit seines Schmerzes und die Tiefe seines Gefühls für die so jäh entrissene Lebensgefährtin ab. So beantwortet er einen Glückwunsch seiner Schwiegermutter zu seinem Geburtstag (14. März) im folgenden Jahr mit den wehmütig verzweifelten Sätzen:

„Tausend Dank, liebe Mutter, für Ihre gütige Erinnerung an den alten Geburtstag, dessen freudenlose Wiederkehr nur den einen Trost mit sich bringt, daß er mich immer näher dem Ziel meiner Wünsche entgegenführt. Es ist dieses mein erster Geburtstag, den ich, seit wir verheiratet waren, ohne meine Jette zugebracht habe. Sie können sich also wohl vorstellen, liebe Mutter, mit welchen Gefühlen ich ihn begangen habe! Es war mir unmöglich, ein Familiendiner bei Fürst Palffy anzunehmen, da die Erinnerung, daß ich diesen Tag im vorigen Jahre ganz allein m i t i h r in Neu Orleans zubrachte, mich zu wehmütig gestimmt hatte. Gottes Wille geschehe!!! Einst werden wir wissen, warum dieser große Schmerz uns zugedacht war und warum uns die Freuden dieses Lebens dadurch auf ewig abgeschnitten wurden."

Wenn der Gedanke, seinen Schmerz von so vielen und von so hervorragenden Mitlebenden geteilt zu sehen, Trost gewähren kann, so wurde dem gebeugten Witwer dieser Trost in reichstem Maße zuteil. Nachdem der „New York Herald" in seiner Nummer vom 28. Juni einen sehr ausführlichen Bericht über das Ende der gräflichen Sängerin gebracht, wetteiferten die deutschen, englischen, französischen und italienischen Zeitungen und Zeitschriften in Nachrufen und Schilderungen ihres fast romanhaft anmutenden Lebensganges. Daß die Mutterliebe, die den Ihrigen das frohe Los eines gesicherten Daseins hatte schaffen wollen, ihre Tat nun gar mit dem Opfer des eigenen Lebens besiegelte, erschien seltsam rührend und stimmte auch solche Kritiker zur Nachsicht, die dem Kreise und den Kunstanschauungen Richard Wagners und Hans v. Bülows nahestanden.

Noch lebten Viele, die die Zeit des Sontagfiebers in der Königs-
stadt und in der Provinz bei den Gaſtſpielen der ſchönen Sängerin mit-
erlebt hatten; manche mochten jetzt lächelnd wie auf eine Jugendtorheit
darauf zurückblicken; war doch das Theater längſt nicht mehr, wenn nicht
der einzige ſo doch der beliebteſte Gegenſtand der Salongeſpräche und die
Bühne nicht mehr der einzige Schauplatz öffentlicher mehr oder minder
ſchüchtern verklauſulierter Redefreiheit. Wie in den Tagen der Freiheitskriege hatte die Maſſe an den berühmten Sprechern der Paulskirche, an
den Führern der deutſchen Landtage wieder Männer, die es an Volkstüm-
lichkeit mit Tänzerinnen und Sängerinnen aufnehmen konnten. War man
auf eine Elßler, eine Sontag einſt ſtolz geweſen und hatte in den liebenswürdigen Herrſcherinnen im Reiche Terpſichores und Melpomenes ſo etwas
wie Nationalheldinnen erblickt, ſo war freilich der Stolz nicht unberechtigt
geweſen. Zwei junge Deutſche hatten zum erſtenmal die berühmteſten ausländiſchen Vertreterinnen ihrer Kunſt daheim und draußen im Wettkampfe
erreicht, ja beſiegt. Ein Zeitalter, das den bel canto als Kunſt über alle
Künſte pries und in Roſſini den Muſikpapſt erblickte, mußte eine Sängerin
feiern, die ſelbſt den ſchwächlichſten Sprößlingen von Roſſinis Muſe eine
unerhörte Lebenskraft durch den Wohlklang ihrer Stimme und die Anmut
ihres Spiels verlieh. Und dieſelbe Künſtlerin wußte bei aller genialen Einſeitig-
keit ihrer Begabung auch der echt deutſchen Muſik eines Weber gerecht zu
werden, als Agathe, als Euryanthe, als Gretchen in Radziwills „Fauſt“-
Muſik die Herzen zu rühren. Gewiß waren mädchenhafte Unſchuld und
Anſpruchsloſigkeit einſt ſtarke Waffen der jungen Henriette Sontag um die
Gunſt der Zuſchauer geweſen, zumal ſich eine liebenswürdige, ihrer Mittel
doch nicht unbewußte Koketterie damit verband. Nur ein verhältnismäßig
kleiner Teil der in- und ausländiſchen Opernbeſucher beſaß freilich genügendes
muſikaliſches Verſtändnis, um zu entdecken, daß dieſe ganz auf Anmut und
Ziergeſang eingeſtellte Virtuoſin als Mozarts Donna Anna, als Glucks
Iphigenie doch auch den Ton der Verzweiflung, des tragiſchen Schmerzes
zu treffen wußte und durch ihr Spiel ſelbſt manche Heldinnen Roſſinis
auf ein höheres Piedeſtal hob. Man vergaß ganz den abgeſchmackten
Text des Roſſiniſchen Othello, man ſah und hörte Shakeſpeares Desde-

mona, rühmte einst Börne von ihr, und viele Jahre später erklärte kein Geringerer als Hektor Berlioz: „So unwahrscheinlich es auch klingen mag, Madame Sontag hätte, wie ich glaube, Shakespeare singen können. Ich weiß kein Lob, daß diesem gleichkommt." Das Ungewöhnliche ihrer Lebensschicksale, das neugierigen Zuschauern so manches Rätsel aufgab, die Geschicklichkeit, mit der sich die schöne Frau in den höchsten gesellschaftlichen Schichten mit derselben Sicherheit wie früher auf den höchsten Stufen der Tonleiter behauptete; der Kreis bedeutender Menschen, Fürsten und Staatsmänner, Gelehrten und Künstler, die sich von ihrer zum Geben wie zum Empfangen stets bereiten Persönlichkeit während ihres ganzen Lebens angezogen fühlten: das alles trug dazu bei, der Künstlerin und Frau zu ihren Lebzeiten eine Sonderstellung und nach ihrem Tode für alle Zeiten eine Seite im goldenen Buch der Geschichte zu sichern.

XVI. Kapitel.

Data sunt ipsis quoque
fata sepulcris.
Juvenal.

Nach Abwickelung seiner Geschäfte in der mexikanischen Hauptstadt hatte sich Graf Rossi nach Europa eingeschifft und nach kurzem Aufenthalt in London und Frankfurt a. M. nach Wien zu seinen dortigen Verwandten begeben. Sein heißes Verlangen, den teuren Leichnam bald in der Heimat bestatten zu können, sollte noch monatelang unerfüllt bleiben. Noch am 11. Januar 1855 machte er dem Großherzog gegenüber seinem Herzen in bitterer Klage Luft: „Die Leiche der unvergeßlichen, teuren Henriette! . . . . sie ist noch immer nicht abgegangen und kann nicht direkt nach Deutschland geschickt werden, weil sich kein deutscher Kapitän finden läßt, der sie mitnehmen will. Das ist deutscher Nationalitätssinn! — überall woanders würde man sich streiten um die Ehre, diese verewigte Größe dem stolzen Vaterland zuzuführen und hier muß ich mit Mühe und Sorge ein Schiff aufzubringen suchen, welches unter amerikanischer oder englischer Flagge mir die teuren Überreste über New Orleans, New York nach Bremen oder Hamburg bringt! Welch eine schändliche, grausame Be-

Nina Sontag als Schwester Juliane
Nach einem Schattenriß

Graf Carlo Rossi
Nach einer Photographie

stimmung der edlen, großherzigen Henriette, die die ganze Welt erfreute, begeisterte und zu ihren Füßen hatte, die mit ihrem Talent tausend und tausende von Tränen getrocknet hat und nun jetzt, da ihr Geist entflohen, muß die für die Masse nun wertlose Hülle, kalt und teinahmslos von einem Ort zum andern, von einem Schiff ins andere in die weite Welt geschickt werden!!! Ich werde weder Trost noch Ruhe finden, solange ich sie nicht in den geheiligten Räumen von Marienthal in Gott aufbewahrt weiß."

Noch am selben Tage erhielt er, wie ein Postskriptum beweist, die Nachricht, daß die sterblichen Überreste seiner Gattin endlich von einer dänischen Bark „Juno" aufgenommen und bereits am 28. November von Vera Cruz nach Hamburg abgegangen waren. Von dort sollte, nach Rossis Bestimmung, der Sarg auf der Elbe nach Dresden und weiter in das zwischen Görlitz und Zittau gelegene Zisterzienser-Kloster Marienthal geschafft werden, das sich die Verewigte gelegentlich selbst als letzte Ruhestätte gewünscht hatte. Seit dem 4. Mai 1846 gehörte Nina Sontag als Schwester Juliane dem Klosterfrieden Marienthals an. Das von ihrem Künstlerberuf und wohl auch von der Liebe enttäuschte Mädchen paßte, als es die Mitte der 30er Jahre erreicht hatte, nach eigenem Urteil und dem der Angehörigen nicht mehr recht in die Welt. Mit dem ganzen unbarmherzigen Eifer der Bußfertigen, die unter ihr bisheriges Leben den entscheidenden Strich ziehen wollen, strebte es in eine Gemeinschaft frommer Schwestern, die durch eine möglichst strenge Regel gebunden sind, und entschied sich für das Kloster der unbeschuhten Karmeliterinnen in Prag. Indessen war das zarte und verwöhnte Mädchen den Anforderungen der asketischen Ordensregel körperlich nicht gewachsen und schied nach kurzer Prüfungszeit wieder aus. In der Zerrissenheit ihres Gemüts fiel Nina, wie Henriette schreibt, der alten Mutter mit Selbstvorwürfen, Klagen und übler Laune arg zur Last, so daß Franziska Sontag förmlich aufatmete, als Nina sich nach einem Jahre entschloß, nochmals ihr Seelenheil im Kloster, und zwar jetzt bei den unter milderen Regeln stehenden Zisterzienser Nonnen von Marienthal zu suchen. Im Mai 1846 erfolgte in Gegenwart Henriettes die feierliche Aufnahme der Novize und diesmal glückte das Experiment besser. „Nina", meldete die ältere Schwester im September des folgenden Jahres einer Freundin, „hat im September 1847 definitiv den Schleier genommen. Mama wohnte der Einkleidung bei, die sehr feierlich gewesen sein soll. Ihre Vorgesetzten, Äbtissin und Propst, sind ihr sehr gewogen. Auch ist sie allen anderen Nonnen an Geist, Verstand und Kenntnissen überlegen. Sie spielt sehr schön die Orgel, singt, daß alles in der Umgegend herbeiströmt, sie lernt jetzt lateinisch, ist sehr unterwürfig und gehorsam, kurz es ist nur eine Stimme des Lobes über sie, — Gott schenke ihr ferner noch seine Gnade — denn gewiß ist dies der glücklichste Beruf, wenn man mit sich einig ist." In solcher Stimmung mag auch in der Seele des Weltkindes, das noch öfters bei der Schwester in Marienthal auf Stunden oder Tage einkehrte und durch den Zwiegesang geistlicher Lieder mit Schwester Juliane die Nonnen entzückte, der Wunsch gekeimt sein, dereinst gleichfalls im Klosterschatten zu ruhen, und pietätvoll erfüllte Graf Rossi jetzt auch diesen Wunsch seiner Henriette. Am 3. Mai erfolgte die Beisetzung in der Gruft der Kreuzkapelle zu Marienthal in Gegenwart des Grafen, der vier Kinder, der Mutter Franziska und des jüngsten Halbbruders Carl Sontag. „Ich überlasse es", schreibt Rossi unter dem frischen Eindruck des traurigen Vorganges dem Großherzog, „Ihren eigenen Gefühlen, gnädigster Herr, den Gemütszustand zu ermessen, der sich im trostlosen Augenblick der ewigen Trennung unser aller bemächtigte! Eine große Erleichterung wurde mir jedoch in dem Umstand, daß der Sarg nicht unter der Erde, sondern in einer hellen Gruft, die mir immer zugänglich sein wird und wo die guten Nonnen mir überdies für die Zukunft noch einige Plätze zugesichert haben, beigesetzt wurde. Von diesen frommen Frauen, die meine Verklärte wie eine Schwester liebten, sind mir Gebete, Messen, Blumensträuße und alles, was die innigste Pietät noch wünschen kann, feierlichst zugesagt worden. Leider haben sie die versprochene Beruhigung, die mir nach erfolgter Beisetzung werden sollte, noch nicht erwirken können, allein ich danke dem Allmächtigen, daß er mir dadurch den Vorwurf benommen, den ich mir gewiß ewig gemacht haben würde, wenn mein Schmerz um eine solche Frau die Erfüllung jener letzten Pflicht nicht überlebt hätte."

Der schlechte Zustand des auf der Reise über das Weltmeer übel mitgenommenen Zinksarges, in den der eigentliche hölzerne Sarg eingelötet war, bestimmte den Grafen, im folgenden Jahre die Leiche in einen würdigen Sarkophag umzubetten. Die Anfertigung desselben stellte Rossis Geduld wieder auf eine schwere Probe. Dafür lobte das vollendete Werk aber auch seinen Meister. „Der gegenwärtige Sarg", meldete der Graf mit Befriedigung dem Großherzog, „ist zwar kein Monument zu nennen, welches der Toten würdig wäre, allein er ist dennoch sehr schön und so schön, wie noch kein Mitglied meiner Familie je einen solchen besessen hat." Als Inschrift wurden die Worte aus dem ersten Korintherbrief XIII, 1—8 gewählt. Eine poetische Huldigung steuerte auf Rossis Bitte Friedrich Förster bei. Rossi dankte dem Freunde voller Rührung und hielt mit seiner Anerkennung nicht zurück; Henriettes fürstlichem Gönner gegenüber, dem Förster noch nicht das letzte Wort gesagt zu haben schien, bekannte er freilich: „Wohl haben Sie recht, mein gnädigster Herr, wenn Sie behaupten, daß wir nicht zu befriedigen sind und daß es daher besser sei, die Inschrift so zu lassen, wie sie ist. Selbst Goethe und Schiller würden alle Geisteskräfte ihrer poetischen Phantasie vergebens an den Gegenstand verschwenden und doch dem Verlangen unserer Gefühle nicht genügen. Darum lassen wir den Wert nicht in den Worten, sondern in der Würde des Gegenstandes liegen."

Eine Auswahl von Gedichten und Rezensionen, die Henriette während ihrer Künstlerlaufbahn gewidmet worden, tat der Gatte in einem metallenen Kästchen in den Sarg, damit, „wenn nach Hunderten von Jahren frevelnde Neugier der späteren Geschlechter den Inhalt prüfen möchte, sie die ganze Größe der Toten erkennen können." Zur Sargweihe am 17. Juni 1856 traf auch aus Strelitz ein Kranz aus Edelmetall ein, dessen Blätter die Inschrift trugen: „Der besten Gattin und Mutter, der treuesten Freundin, der schönsten und liebenswürdigsten Frau, der größten Sängerin geweiht von Georg Großherzog von Mecklenburg-Strelitz den 17. Juni 1856." In seiner Verschmelzung von Gold und Silber nahm sich, wie Rossi dem Gönner dankbar schrieb, der Kranz auf dem wie Silber polierten Sarge herrlich aus. Der Friede freilich, den die Tote nun endgültig gefunden, war den Herzen der Hinterbliebenen noch fremd. „Wie beneide ich", schrieb der Witwer einige Zeit später, „Ew. Hoheit um das friedliche Glück, Ihr Leben in einsamen Wäldern zubringen zu können." „Und somit dürfte der Vorhang über das irdische Leben unseres Engels gefallen sein", heißt es in einem anderen Brief Rossis. Die Wissenschaft der Theatergeschichte darf, nachdem zwei Menschenalter seit Henriette Sontags Tode verflossen sind, das Vorrecht beanspruchen, nicht nur einen Zipfel des Vorhanges und Schleiers, der über das Leben der Künstlerin und Frau gebreitet war, zu lüften und ihr von der Parteien Haß und Gunst nicht mehr verwirrtes Charakterbild im Lichte der geschichtlichen Wahrheit zu zeigen.

Kloster Marienthal in Sachsen
Nach einer Photographie

Sarkophag der Henriette Sontag-Gräfin Rossi
Nach einer Zeichnung

Anmerkungen und Literaturnachweise.

Vorbemerkung: Bücher, Zeitungen und Zeitschriften, die im Text erwähnt sind, werden, wofern nicht genaue Seitenangabe erforderlich erschien, in den nachfolgenden Anmerkungen in der Regel nicht nochmals aufgeführt. Mehrmals vorkommende Titel von Büchern usw. sind nur beim ersten Mal ausführlicher zitiert. An Stelle der ursprünglich vorgesehenen fortlaufenden Nummerierung der Anmerkungen ist die bequemere Form der Zitierung nach Stichworten und Seitenzahlen getreten. Einige Anmerkungen haben sich zu Exkursen ausgewachsen, indem es dem Verfasser rätlich erschien, zumal aus seltenen und schwer zugänglichen Werken ausführlichere Zitate zu bringen, statt den Leser lediglich auf die Quelle oder Parallelstelle zu verweisen.

Kapitel I. S. 1, Geburt: In den älteren maßgebenden Nachschlagewerken — so bei Oettinger, Bibliographie biogr. univ. tom. II, Sp. 1695, Paris 1866, Biographie Universelle Michaud, Paris, tom. 39 —, in der Nouvelle Biographie Générale Didot, tom. 45, Paris 1865, ist der 13. März wohl nur Druckfehler — G. Grove, Dictionary of Music, vol. III. London 1883, Fétis, Biographie univers. des musiciens, vol. 8 (im Supplement v. A. Pougin (1880) steht 3. I. 1806) findet sich als Geburtstag Henriette Sontags der 13. Mai 1805 angegeben. Blum=Herloßsohns Theaterlexikon (VII. Band 1842) nennt nur das Jahr 1805. Die Künstlerin hat selber dieses falsche Datum merkwürdigerweise durch ihre Eintragung im Bonner Beethoven=Album, her. v. Dr. Schilling, 1845 verewigt:

„Die reine und vollendete Kunst ist die getreue Offenbarung des Ewigen.“
Gräfin Henriette Rossi, gebor. Sontag,
geb. zu Koblenz, am 13. Mai 1805.“

Daß sie in Wahrheit den 3. Januar 1806 als Geburtsdatum anerkannte, beweisen zwei Briefe an ihre alte Vertraute Frau Andree in Prag vom 2. Januar 1826: „Morgen werde ich 20 Jahre alt“ und vom 3. Januar 1841: „Mein erster Brief im neuen Jahre sei für Sie, meine teure Andree, und was noch mehr ist, heute ist auch mein Geburtstag — der wievielte habe ich vergessen, ich bitte auch recht schön, nicht nachzurechnen, denn die Jahre häufen sich und der Mensch wird alt“. Der 3. Januar 1806 ist auch auf der Inschrifttafel ihres Sarges verewigt. Schletterer gibt auf eine briefliche Mitteilung Carl Sontags sich stützend in der A. Dt. Biographie (Band 34, 647/57) den 3. Januar 1803 an. Aber dieses Zeugnis des 22 Jahre später geborenen Halbbruders Henriettes kann um so weniger Gewicht beanspruchen, als Carl Sontag auch den durch eine durchaus einwandsfreie Kirchenbuch=Eintragung bezeugten Geburtstag seiner Mutter Franziska falsch (1787 statt 1789) angegeben hat. Vielleicht ist auf Carl Sontag auch eine Notiz im Nekrolog auf H. Sontag in der Berliner Theaterzeitung (Redakteur Dr. Schlivian) 1854 Nr. 15 zurückzuführen: „Aus persönlicher Bekanntschaft mit der Sängerin und nach ihren Mitteilungen haben wir Grund, als ihr Geburtsjahr 1803 anzunehmen“. Der andere Stiefbruder, August Sontag, vielleicht durch die falsche Datierung bei Genast, A. d. Tagebuch e. alten Schauspielers, II. Bd. S. 94 irregeführt, nannte in einem Brief an Oskar Teuber 1804 als Henriettes Geburtsjahr. Die 1852 von der Gräfin Rossi dem Verleger Heinrich Brockhaus ausgesprochene Bitte, „sie in seinem Konversations-Lexikon nicht älter zu machen, als sie ohnehin sei, und nicht 1805 oder 1806, sondern die richtige Jahreszahl 1809 anzugeben", ist als Ausfluß der traditionellen verzeihlichen Koketterie alternder Künstlerinnen natürlich für die Feststellung des Datums gänzlich belanglos. Brockhaus notiert in seinem Tagebuch (II. 360, Leipzig 1887) humoristisch: „was ich denn so viel wie möglich zu glauben suchen und nicht als eine recht geschickt angebrachte offizielle Lüge denken will". 1809 steht denn auch in der von der Gräfin 1849 veranlaßten englischen Broschüre: „A Memoir of the Countess de Rossi Mad. Sontag, Royal library Mitschell, London. — Bäuerles Theaterzeitung, Jahrgang 1841 Nr. 64 nennt, um die Verwirrung voll zu machen, den 16. März 1808! Der Fach-katalog der Musikhistor. Abteilung der Internat. Theaterausstellg. Wien 1892 S. 334 vermerkt allzu skeptisch: 1806 (1800?). Wurzbach, Lexikon des Kaisertums Oesterreich (Band 27) hat schon 1871 das richtige Datum 3. Januar 1806. —

S. 1). Geburtshaus: Strambergs Rheinischer Antiquarius I², 161/62. (1853) Die Illustrierte Frauenzeitung XIII, Jahrgang Nr. 16 (1885) meldete die Anbringung einer „Gedenktafel aus dunklem polierten Syenit mit entsprechender Inschrift" am Hause Entenpfuhl Nr. 1.

Namensveränderung und Paten: Rhein. Antiquarius a. a. O.: „In Prag schon mag sie den bedeutenden gesegneten Namen Gertrudis gegen den undeutschen nichts-sagenden Namen Henriette vertauscht haben". In einer anscheinend von der Familie inspirierten Biographie Henriettes in der Spenerschen Zeitung vom 25. Februar 1829 werden als Taufnamen Henriette Gertraut Walburg und als Paten Johann Heinrich Gottschalk, Kaufmann aus Berlin und Dlle. Graef (Druckfehler statt Loef?), Tochter des Wirtes zum Reichsapfel in Koblenz genannt. Merkwürdig klingt eine auf die Namensfrage bezügliche Erzählung Hoffmanns von Fallersleben, der 1852 die Gräfin bat, Patenstelle bei seinem damals eben geborenen Töchterchen zu vertreten und auf die Frage nach Henriettes Vornamen die Antwort erhalten haben will: „Ich habe mehrere: Johanna (sic) Henriette Walpurga (sie nannte noch einen vierten), aber die beiden ersten bitte ich nur aufzuschreiben. Wählen Sie den Namen Johanna, denn Henriette gefällt mir gar nicht". Demgegenüber ist festzustellen, daß die Sontag zeitlebens auch in den intimsten Briefen an Verwandte und Freunde sich nie anders als Henriette oder Jette mit Vornamen unterzeichnet hat.

S. 2. Franz Sontag: Das bischöfl. Sekretariat in Mainz hat mir diese bislang unbekannten auf Franz Sontag bezüglichen Eintragungen aus den dortigen Kirchenbüchern freundlicherweise abschriftlich mitgeteilt. (J. Peth, Geschichte des Theaters in Mainz S. 345 (1879) gibt als Franz Sontags Geburtsjahr 1781 an). Auch Henriettes ist in einer späteren Randbemerkung des Pfarrregisters gedacht. Die Urkunde enthüllt zugleich die bislang unbekannte interessante Tatsache, daß die spätere erfolgreiche Kon-kurrentin der Malibran-Garcia von der Vaterseite her gleichfalls spanisches oder portu-giesisches Blut in den Adern hatte.

S. 2. Franziska Markloff: Ihr Taufschein hat mir im Original aus dem Nachlaß Carl Sontags und in einer Abschrift des jetzigen Pfarrers von Heddern-heim vorgelegen. Das Datum lautet 12. Januar 1789. Die Angabe des Alters der Mutter: „âgée de vingt ans" in Henriettes Geburtsschein ist mithin falsch. Gleich Sophie Schröder und Christiane Neumann trat Franziska Markloff schon als 14jährige in den Ehestand. Da zwischen ihrer Vermählung und der Geburt Henriettes drei Jahre liegen, so ist die Möglichkeit, daß diese nicht das erstgeborene Kind der jungen Eheleute war, immerhin gegeben.

S. 2. Familie Markloff: Im Deutschen Bühnenalmanach von A. Heinrich, Jahrgang 1855, S. 72—92 und 1866, S. 168—177, (Nekrologe auf Henriette S. und Franziska S.) wird August Markloff irrtümlich als adlig bezeichnet. Wie mir der Genealoge und Heraldiker Dr. Stephan Kekule v. Stradonitz freundlich mitteilt, bedeutet jedoch die Markloff in den Dokumenten zuteil gewordene Bezeichnung als „praenobilis dominus" zu jener Zeit und in jener Gegend unter keinen Umständen ein Adelsprädikat, sondern ist gleichbedeutend mit achtbar, ehrenwert und damals eine typische Bezeichnung für höhere Kaufleute und Subalternbeamte. Der Titel satrapa, als welcher M. in der Geburtsurkunde der Tochter figurirt, bedeutet Amtvogt, Amtsvorsteher. In einer Bittschrift der Witwe August Markloffs wird ihr Mann als „domkapittlicher Amtskeller" bezeichnet, d. h. Verwalter der aus Weinbergen bestehenden Liegenschaften des Mainzer Domkapitels.

S. 2/3. Komödiantenfahrten der Eltern Sontag: Vergl. Peth a. a. O., Dr. A. Fritz, Theater und Musik in Aachen z. Zt. der französischen Herrschaft (1901), J. J. Merlo, Zur Geschichte des Theaters in Köln — Annalen des histor. Vereins f. d. Niederrhein Heft 50 (1890), A. Bing, Rückblicke a. d. Geschichte des Frankfurter Stadttheaters seit 1792 (1892).

S. 3. Darmstadt: Henriettes Debut war bisher überall falsch angegeben. Zumeist wurde als ihre erste Rolle die Lilli im Donauweibchen genannt. Schletterer, A. Dt. Biographie läßt sie als 4jährige in Gotters Medea debutieren. Der Hofschauspieler und Hoftheatersekretär Hermann Knispel hat in seiner verdienstlichen „Geschichte des Darmstädter Hoftheaters" (1891) das richtige Datum bekanntgegeben und den Original-Theaterzettel von Henriettes erstem Auftreten, dessen Facsimile diesem Buche beigegeben ist, ermittelt. Vergl. auch H. Knispel, Bunte Bilder, Darmstadt 1900 u. Darmstädter Anzeiger 1906, 3. Januar. — Ein Zusammenwirken C. M. v. Webers in Darmstadt mit der angeblich schon fertigen Sängerin erdichtete Karl Dilthey (Julius Werner) in seiner 1854 geschriebenen, 1872 in New-York veröffentlichten Erzählung: „H. S., Blüten und Dornen am Baume eines Künstlerlebens".

S. 3. Jugenderinnerungen eines alten Darmstädters: Pfarrer Ritsert, „Vor 40 Jahren", in der von Dräxler-Manfred 1853/57 redigierten Zeitschrift „Die Muse" erschienen. Die Angaben Rs., z. B. daß die S. mit sechs Jahren in Frankfurt im „Donauweibchen" aufgetreten sei, sind z. T. ungenau.

S. 4. Donauweibchen: Im Text habe ich durch eine zuerst in der Oesterreich. National-Enzyclopädie (Wien 1835) aufgetauchte und öfters nachgedruckte Angabe irregeführt, Wenzel Müller als Komponisten dieser Märchenoper bezeichnet. Sie stammt jedoch von Ferdinand Kauer (1795). Vergl. Dr. Walter Krone, Wenzel Müller, Berlin 1906. Danach berichtigt sich auch die Müller betreffende Notiz auf S. 7.

Kapitel II. S. 7. Der verlorene Vater: Oskar Teuber, Geschichte des Prager Theaters, Band II. (1885) S. 407 und Band III. (1888) S. 70—100. Dieselbe falsche Darstellung gibt vorher aus gleicher Tendenz der Chronist in A. Heinrichs Bühnenalmanach a. a. O.: „Er (Franz S.) lebte nun mit seiner Gattin, der die Sorge für die Erhaltung der Familie ganz allein überlassen blieb und seinen Kindern meistens an den Orten (!), wo seine Gattin Engagement fand, bis zu seinem Tode, welcher in späteren (!) Jahren erfolgte." Diesen Angaben vertraut u. a. auch C. v. Ledebur, Berliner Tonkünstler-Lexikon 1861.

S. 8. Lindau: „Ein Brief von Henriette Sontag. Mit gelegentlichen Mitteilungen über die Ihrigen von P. L. in „Bühne und Welt" V. Jahrgang (1903) S. 943—947 u. 991—997.) Der Artikel verzeichnet bei den Eltern Sontag noch die falschen Geburtsdaten (1781 und 1787).

S. 8—10. Franz Sontags Tätigkeit in Mannheim und Lebensende: Allgem. Musikal. Zeitung 1812, Nr. 21. — Pichler, Mannheimer Theaterchronik. — Briefliche Mitteilungen des Verfassers der „Chronik des Mannheimer Hoftheaters", Dr. Friedrich Walter, an Paul Lindau (a. a. O. S. 992—994) — Grua: ebendort S. 994 — Wurzbach, a. a. O. läßt Franz S. schon 1815 das Zeitliche segnen, Genast (a. a. O. S. 93/98) gar schon 1810!

Kapitel III: Liebichs Direktion: Teuber a. a. O.

S. 12. Loewe und Franziska S.: „Vom Nachtwächter zum türkischen Kaiser", Hannover 1876. S. 2—4.

S. 13. Prager Aufenthalt der Sontag: Genast a. a. O. (angeblich aus bester Quelle schöpfend, aber voll von Irrtümern.) — Eine amüsante Charakteristik von Mutter und Töchtern gibt A. v. Schaden in: „Kritischer Bocksprung von Dresden nach Prag" S. 217—218, Schneeberg 1822:

Namen	Rollenfach	Talent, Fleiß usw.
Sontag Mad.	Charakterrollen: Jungfrau, Elvira, Orsina.	Ebenfalls krank; soll sehr brav seyn.
Sontag Dem.	Jugendliche Liebhaberinnen: in der Oper: Pamina, Rosine, Phillis, Agathe im Freischützen 2c. 2c.	Siebzehnjähriges Mädchen — ausgezeichnete Schönheit, verwirrt allen jungen Herren die Köpfe, ihr Ruf ist aber noch unbefleckt. Viele Anlagen, reine Stimme, aber keine Manier, könnte vielleicht ein Stern erster Größe einst leuchten, käme sie ins musikalische Conservatorium nach Mailand, oder auch nur zur Sandrini nach Dresden in die Schule. Eigendünkel und Koketterie — die Erbsünde der Primadonna — hebt Dem. S. auch an zu entwickeln.
Sontag Nannete (Nina)	Kinderrollen.	Ein allerliebstes Kind von seltenen Anlagen, mit Recht der kleine Liebling des Publikums.

A. Klingemann, Natur und Kunst, Band II. S. 76 u. III. S. 283.

S. 13. Prager Konservatorium: Denkschriften von Dr. A. W. Ambros, Prag 1858 und Joh. Braunberger, (zur Hundertjahrfeier), Prag 1911.

S. 14. Prager Sontag-Legende: Triebensee, Holbein, Gerstäcker und eine junge Sängerin: Selbsterlebtes von Joh. Heinrich Mirani in: Wiener Chronik Nr. 32, Sonntagabendblatt der Constitutionellen österreichischen Zeitung, Wien 1865 (Phantastische Ausschmückung) und „Gartenlaube", Jahrgänge 1865, 1866, 1868. — Sophie Verena, Traum und Erwachen. Eine Episode aus dem Leben der H. S. im Deutschen Magazin v. J. Rodenberg. (1863).

S. 14. Czejka: Ich folge Teubers Namensschreibung „Czejka" statt Czekka, Czegka oder Czegzka, wie in ältern Biographien der S. zu lesen. Die Pariser Chronique Musicale 1873 Nr. 5 macht aus der Sängerin gar einen professeur de chant Monsieur Cinska.

S. 18/19. H. S. als Prager Primadonna: Holbein, Deutsches Bühnenwesen S. 52. — Teuber a. a. O. Prager Sonntag-(Stiepanek-)Album: Sammlung Fritz Donebauer, Prag, Auktionskatalog, Berlin 1908, S. 94/95. Legendäres: C. M. v. Weber, Roman von Heribert Rau, Leipzig 1865 — Henriette Sonntag, Künstlerlebens Anfänge von Julius Gundling (Lucian Herbert) 2 Bände, 2. Aufl. Leipzig 1862. (Erzählt von einer angeblichen Jugendliebe zwischen Henriette und dem Schriftsteller Herloßsohn in Prag, der seiner Angebeteten heimlich nach Wien folgt und im „Freischütz" statiert. Vergl. Blätter für lit. Unterhaltung 1861, Nr. 38.

S. 19. Barbaja: Vergl. Ehrhard-Necker, Fanny Elßler, München 1910, S. 16.

S. 20. Wiener Gastspiel 1822: Wiener Zeitschrift f. Kunst, Lit., Theater, her. v. J. Schickh, 1822, Nr. 92 u. 95. — Handschriftl. Tagebuch v. Rosenbaum, Schüler Salieris u. Gatte der Sängerin Goßmann-Rosenbaum. (Wiener Hofbibliothek). — J. Castelli, Memoiren meines Lebens, Wien 1861. — C. L. Costenoble, Aus dem Burgtheater. Tagebuchblätter, II. Band, S. 195 (30. Juli 1822): „Man spricht jetzt in Wien mit Gleichgiltigkeit von den Talenten der Minna Schröder, weil jetzt Henriette Sonntag von Prag im Operntheater Gastrollen singt und durch ihre Kunst wie durch ihre persönliche Anmut alle Herzen bezaubert." S. 251 (27. März 1823) „Kein Schauspiel. Heute bei Grünbaums in Gesellschaft Wilhelmis und der Madame Sonntag mit ihrer reizenden Jette. Jette sang wunderanmutig. Die kann es weit bringen, wenn sie nicht in Wien bleibt." —

Kapitel IV. S. 23 ff. Wiener Engagment der S. Kampf der ital. u. deutschen Oper: Schickh's Wiener Zeitschrift 1823/24. — Bäuerles Theaterzeitg. desgl. — Richard Wallaschek, Geschichte der Wiener Hofoper, Wien 1907/9. — Grillparzer-Jahrbuch, Bd. IV. (1894) S. 133/142. —

S. 23 ff. Weber und Euryanthe: M. M. v. Weber, Biographie C. M. v. Webers. Leipzig 1864. — Georg Kaiser, C. M. v. Webers sämtliche Schriften, Berlin 1908.

S. 23. Fodor-Mainville: Biographie von Jean Ch. Unger, Wien 1823.

S. 23 u. 30. Kreutzers Briefe: Spohr-Album, Katalog J. Donebauer, Prag, S. 137.

S. 24, 25. Euryanthe-Premiere: C. L. Costenoble a. a. O. S. 274: „Henriette Sonntag erwarb heute den ersten Preis durch ihren lieblichen Gesang. Das ist ein äußerst süßes Wesen ... Was diese Sängerin eigentlich wert ist, scheinen die lebhaften Wiener Gesangsliebhaber nicht einmal zu fühlen. Man lasse sie nur erst ins Ausland kommen, und wir wollen erleben, ob sie nicht hoch vergöttert werden wird."

S. 26. Beethoven: A. Schindler, Biographie v. L. v. B., Münster 1847 (die spätere Auflage von 1860 ist gekürzt). — A. B. Marx, Beethoven, Berlin 1858. — Wilhelm von Lenz, Beethoven 1855. Neudruck mit Erläuterungen von Dr. A. Chr. Kalischer, Berlin 1908. — Die große Beethoven-Biographie von Thayer-Deiters-Riemann Band IV u. V. (1908) erwies sich für die Zwecke dieses Buches als gänzlich unergiebig. Ed. Hanslick, Geschichte des Wiener Konzertwesens 1870. — Kalischer über Beethoven und die beiden Sängerinnen in Westermanns Monatsheften, Septemberheft 1893. — Derselbe, Beethovens Briefe, IV. Band 1908, S. 29.

S. 30. Ungher: 1803—1877, sang bis zu ihrer Vermählung mit dem als Faust-Übersetzer bekannten französischen Schriftsteller Fr. Sabatier (1843) in Italien

(Trionfi melodr. di C. U. Vienna 1839), Paris, Wien und zuletzt (1840—42) in Dresden.

S. 31. Prag: Die Reise ging über Prag, Teplitz und Dresden nach Leipzig.

S. 31. Leipziger Gastspiel: C. Th. Küstner, Rückblick, 1830, S. 144. — G. H. Müller, Leipziger Stadttheater seit 1817 (Statistik) — Heinr. Brockhaus, Tage= bücher (7. Mai 1825. Erstes Urteil „etwas lau und skeptisch") — Genast, Tagebuch II. 208/9. — Henriette trat vom 2. bis 30. Mai 1825 in den Opern: „Barbier von Sevilla" (zweimal), „Freischütz", „Schnee" (Auber), „Figaros Hochzeit", „Johann von Paris" (Boieldieu), „Euryanthe" (dreimal) auf und sang zweimal im Theater und im Gewandhause (13. Mai) Arien.

Kapitel V. Sontag=Epoche: Willibald Alexis, Erinnerungen, heraus= gegeben von Max Ewert, Berlin 1900: Berliner Hoftheater und Volkstheater S. 314 bis 388. Zuerst 1844/46 im Taschenbuch Penelope erschienen. — Tholuck, Eine Stimme wider die Theaterlust, Berlin 1824. — Ludwig Geiger, Geschichte des geistigen Lebens der preußischen Hauptstadt 2. Band, Berlin 1894. — Heinrich v. Treitschke, Deutsche Geschichte, Band III. 4. A. (1896) — F. W. Gubitz, Erlebnisse, Berlin 1868/69.

S. 35. Friedrich Cerf: J. Kürschner in A.=Dt.=B. Bd. IV., S. 89/90. Cerf geb. 1782, nach anderen Angaben 1771 oder 1772, gest. 1845. Verschiedene Notizen über ihn in den Mitteilungen des Vereins für die Geschichte Berlins, Jahrgang 1884 1886, 1904, 1905, 1908.

S. 35. Königstädtisches Theater: C. F. Ottmer, Das Königstädtische Schauspielhaus zu Berlin 1830 (nur Baugeschichte) — Repertorium des K. Theaters, Heft 1—4, 1825—28 und Repertorium für 1834, mit einer Geschichte des K. Theaters" (1835). (Das Handexemplar der Herausgeber, Souffleure Just und Seidel mit zahl= reichen handschriftlichen Nachträgen und oft schadenfrohen Berichtigungen der von der Theaterleitung veranlaßten Schönfärbereien und wahrheitswidrigen Angaben befindet sich jetzt in der Bibliothek der Gesellschaft für Theatergeschichte). — Karl v. Holtei Vierzig Jahre, Band IV. und V., Berlin und Breslau 1844/45. — Karol. Bauer, Bühnenleben (1871) S. 33 ff. — F. v. Raumer, Lit. Nachlaß. Berlin 1870. — Helling, Geschichtl. statist. topograph. Taschenbuch v. Berlin 1830. — Varnhagen, Blätter zur preuß. Gesch. Bd. III. S. 117.

S. 37. Angely: 1780—1835, Vaudevilles und Lustspiele. Zunächst für das Königstädter Theater (seit 1825). Berlin 1828/34. 3 Bde.

S. 38—41. Leipziger Engagementsverhandlungen: Akten der Generalintendantur der Kgl. Schauspiele in Berlin. — Holtei a. a. O.

S. 39. Brühl: In Hans v. Krosigks Monographie: Karl Graf v. Brühl, Berlin 1910 ist der Sontag keine Erwähnung getan. Über die Konkurrenzbühne in der Königstadt, das „Cerfsche Judentheater" war Brühl sehr ungehalten.

S. 40. Braunschweig: In der von der gedruckten Fassung oft sehr erheblich abweichenden Handschrift von August Klingemanns Tagebuch aus dem Jahre 1825, die mir Dr. Fritz Hartmann in Braunschweig freundlich mitgeteilt hat, heißt es unterm 23. Oktober: „Besuch bei Madame Sontag; sie erzählt mir die durch den alten Esterhazy in Wien, der ihre Tochter durchaus für sich gewinnen wollte, ausgesprengten Ver= leumdungen über ihre Tochter und ihr Verhältnis zu unserem Herzog (Karl II.), mit welchem jene nie ein Wort gesprochen hat." — Daß 1825 in Braunschweig die Absicht bestand, Henriette für das Theater des Diamantenherzogs zu gewinnen, wird durch einen im Braunschweigischen Jahrbuch 1812 S. 29 von P. A. Merbach veröffentlichten

Brief des dortigen Theaterſekretärs Ribbentrop an den Hofkapellmeiſter Wiedebein beſtätigt: „Sie (die S.) hat erzählt, daß ihr von Braunſchweig aus gute Bedingungen gemacht ſeien, ſie käme aber auf keinen Fall wegen der Gerüchte, die über ihr Verhältnis zum Herzog herrſchten." Dagegen notiert Klingemann a. a. O. „ihren Wunſch zu einer künftigen Anſtellung in Braunſchweig, da ſie wohl einſieht, daß dieſes geſpannte Opernverhältnis hier (im Königſtadt. Th.) nicht lange dauern kann". Ribbentrop riet übrigens von einem Engagement Henriettes als „durchaus unzweckmäßig" ab, weil die Braunſchweiger Vertreterin des Rollenfaches, Dermer, ſehr beliebt beim Publikum und hübſcher als die S. ſei.

S. 40. Von Remie, ſpäter Direktor der Leipziger Bühne während ihrer kurzen Hoftheaterperiode, wird berichtet: „Noch ſpricht er mit Vergnügen von dem Augenblick, wo er der Mutter den ausgemachten Vorſchuß und Reiſegeld übergab und dieſe ihm erlaubte, ihrer Tochter 100 fl. davon zu geben. Henriette habe im Zimmer vor Freude gehüpft und geträllert, weil ſie noch nie ſo reich geweſen". (?)

S. 42. Henriettes Berliner Debut: Karoline Bauer, Nachgelaſſene Memoiren, her. v. A. Wellmer, Berlin 1880. (Der 2. Band enthält ein ſehr ausführliches Kapitel über die Lebensgeſchichte der Familie Sontag. In Bauers früheren autobiographiſchen Mitteilungen iſt der Sontag nur flüchtig gedacht.) — A. Klingemann, Natur und Kunſt, Bd. III. S. 281/84. In der Handſchrift ſteht unterm 15. Oktober 1825 nach der Vorſtellung von Aubers „Schnee": „H. S. (Bertha) iſt eine höchſt liebliche Erſcheinung, ſchönes Mädchen, treffliche Sängerin. Der Ruf ſagt nur die Wahrheit an ihr." — Berliner Allgem. Muſikal. Zeitung, II. Jahrgang 1825, Nr. 35 über Henriettes Debut:

„Welche glückliche Gabe wäre nicht über dieſe junge Künſtlerin ausgegoſſen! Wenn der Mime in ſeiner ganzen Perſönlichkeit zu ſchätzen iſt, weil er ſelbſt mit Körper und Seele zum Kunſtwerk wird, wer könnte dann ſchon dieſer ſchönen Darſtellung von Jugendblüte, friſcher Geſundheit und Kraft ſeine Huldigung verſagen? Wer möchte ſich dem Reiz der ſüßen Stimme und dem Entzücken verſchließen, das die Sängerin ſicher erregt, weil ſie es offenbar an der Übung der Kunſt ſelbſt empfindet? Und ſo preiſen wir die Wahl der Italienerin in Algier, um uns Fräulein Sontag zu nahen, glücklich, denn ihre Rolle in dieſer leichten Oper, keinem höheren Anſpruche Raum laſſend, verſtattete der Darſtellerin, ſich ſelbſt zu geben, ein ſchönes Bild zarter und froher Mädchenhaftigkeit. Eine ſo rein ſubjektive Darſtellung iſt gewiß den Roſſiniſchen Spielen (denn Ernſt iſt in ihnen nie) die angemeſſenſte, ja die allein durchführbare und wir können uns denken, mit welcher Genugtuung eine ſo herrlich begabte Künſtlerin ihr Talent dem Roſſini weiht; wir glauben das an dem Entzücken zu ermeſſen, das die kindlich unbefangene Ausführung, dieſes ſorglos ſichere Spiel mit den ſüßeſten Weiſen, dieſe unbewußt eingeſäeten Akzente höherer Kraft und innigerer Empfindung dem ganzen Publikum erweckt. Die Mehrzahl der Zuhörer mag wohl von der lebensvollen, warmen Darſtellung ſo befriedigt ſein, daß ſie den Wunſch zurückweiſet, Fräulein Sontag auch in andern und höhern Sphären wiederzufinden, und nach dem eben Angedeuteten könnte es wohl ſein, daß die junge Sängerin ſelbſt unſere Meinung und Hoffnung für jetzt noch nicht teilte und ihren Beruf in der Roſſiniſchen Sphäre erfüllt glaubte.

Doch iſt es ein höherer und unerſchöpflicher Genuß, wenn der Mime aus ſich heraustritt, ſich in eine neue Individualität verſenkend, ſein Leben vervielfältigt, wenn aus dem ſüßen Spiel ein heiliger Ernſt wird und das Andenken des einzelnen Künſtlers in einer Reihe edler Geſtalten fortlebt und hoch verehrt, fortwirkt. Roſſini hat uns die reizende Erſcheinung der Sängerin gewährt und ſie iſt uns lieb geworden. Gäbe ſich ihr die Gelegenheit, ſo vollendet in einem wahren Kunſtwerke mitzuwirken (ſie vermag es und die Gelegenheit muß kommen), dann wird die hohe Künſtlerweihe ſie köſtlicher ſchmücken, als ſelbſt ihre reizende Perſönlichkeit vermag." — Eine Sammlung der muſikal. Artikel von A. B. Marx bereitet Dr. Leopold Hirſchberg in Charlottenburg vor.

S. 43. Rahel: Varnhagen, Ein Buch des Andenkens für ihre Freunde, Berlin 1883. — Rahels Theater-Urteile in A. Lewalds Allgem. Theater-Revue, Band II. Stuttgart 1836, F. Schmidt-Weißenfels, Rahel und ihre Zeit, Leipzig 1857. O. Berdrow, Rahel, Stuttgart 1902 (S. 388/89).

S. 48. Criſtelli: Erſter Hinweis bei P. Lindau a. a. O. Seine Vermutung, daß C. in den Kreiſen der öſterreichiſchen Armee zu ſuchen ſei, fand ich bei Durchſicht der Militär-Schematismen der in Frage kommenden Jahre nicht beſtätigt. Auch in den Prager Adreßbüchern habe ich den Namen vergeblich geſucht. Eine Mitteilung in Klingemanns handſchriftl. Tagebuch (22. X. 1825) beſtätigt Henriettes ungünſtiges Urteil über den Geliebten der Mutter vollauf. Karoline Bauer ſpöttelt in ihren Memoiren II. 188: „Von ſeiner Franziska zwölf Kindern hat der arme Franz Sontag manche nicht mehr erlebt." Auch Teuber a. a. O. ſpricht merkwürdigerweiſe von 12 (?) Sproſſen, von denen ſieben ſchon im zarten Alter geſtorben ſeien.

S. 47. Lord Clanwilliam: Richard Chr. Fr. M. Earl of Cl. 1795—1879, von Februar 1823 bis Dezember 1827 engliſcher Geſandter in Berlin, ſeit 1828 Peer der Vereinigten Königreiche, ſeit 1830 mit einer Tochter des Earl of Pembroke ver- mählt, 1834 Dr. juris von Oxford. Vergl. Dict. of National Biographie, vol. 37 (1894)

S. 47. Holtei: Erinnerungen, Band IV.

S. 48. Ludolph: Infolge ſeines übermäßigen Lebensaufwandes geriet der freigebige Gönner in Schulden und iſt ſpäter verſchollen, vermutlich hat er ſeinem Leben ſelbſt ein Ende gemacht.

S. 49. Sontag-Fieber: W. Alexis a. a. O. — Derſelbe, Vorrede zu „Schloß Avalon" Roman, Leipzig 1827 und „Meine letzte Nacht in Berlin", November im Berliner Converſationsblatt 1827, Monat März. — Eduard Gans, Vermiſchte Schriften, 2. Band, Berlin 1834, S. 388—393: Mlle. Sontag. Eine Charakteriſtik. (Gans erhielt die Anregung und den Grundgedanken ſeines Artikels angeblich von Rahel Varnhagen). — Natzmer, Unter den Hohenzollern, Band I, Berlin 1887. — F. Tietz, Bunte Erinnerungen aus . . . Berlins Theaterleben, Berlin 1859. — K. Bauer a. a. O.: „Als ich zum erſten Male nach Berlin kam, war das Theater mehr als je das einzige Magen- und Kräuterſäckchen der ganzen Berliner Konſervationswelt. Weder Cholera, noch Politik, weder Frauen- noch Tabakrauchen-Emanzipation, weder junges Deutſchland, noch alter Myſtizismus hatte die geſelligen Elemente angefreſſen und zerſetzt; es war alles ein einziges Atemholen in dem unbegrenzten Element: Theater! Nie, nirgend und auf keine Weiſe war je die Theaterwut ſo ausſchließlich das Lebensprinzip, die Daſeins- bedingung, der Bruſtkern der Exiſtenz und der Pulsſchlag aller Geſellſchaft, als dazumal in Berlin! Hegel, Neander und Ancelot verklangen in dem Namen Sontag; Literatur, Kunſt und Wiſſenſchaft zerſtoben in den Namen Stich, Devrient; und Gewerbe-, Induſtrie- und Erfindungsgeiſt flüchteten vor dem Namen: Dlle. Karoline Bauer." — Karl v. d. Dreiblatt, Das verdolmetſchte Berlin, B. 1827, S. 10. — C. Seidel, Die ſchönen Künſte zu Berlin im Jahre 1826 (U. a. über die Überſchätzung des Theaters und den Sontag- Kultus):

„Ferner ſollte man aus unſeren im ganzen Auslande geleſenen Zeitungen — von

deren Ton man unwillkürlich auf die herrſchende Bildung ſchließt — alle jene lob=
hudelnden und dabei ſo unbeſchreiblich elenden von den oben genannten Herren fabrizierten
Verſeleien auf ſzeniſche Künſtler verbannen, oder doch wenigſten beſchränken und allen=
falls nur mit der Namensunterſchrift zulaſſen. Zu weiterem Belag des Geſagten gebe
ich nur ein ſolches Machwerk hier zum Beſten. (Voſſ. Ztg. 1826, Nr. 220):

An Demoiſelle * ₊ *

Singe fort, lieblich reizende Schöne,
O, wie erquickend ſind Deine Töne,
Nachtigallſtimme höre ich klingen
Tief im liebkranken Herzen ſie dringen.
Allzuſchöne, laß kling'n Deine Lieder,
Gehſt Du von uns, nie Freud' kehret wieder.

Dergleichen Miſerabilitäten in unſeren öffentlichen Blättern geben im Auslande
Anlaß zu gerechtem Spott, der denn natürlich nicht ſowohl den einzelnen als das
Publikum überhaupt trifft."

Als Probe damaliger geſchmackloſer Sontag=Reimerei mag auch das folgende
Zitat aus Friedrich Förſters Gedichten (Berlin 1833, S. 172). „Die zweite Runde des
großen Kurfürſten" dienen:

„Hätt' ich, ſprach er, noch etwas Zeit,
Beſucht ich die Königſtadt wohl heut,
Sie haben dort ein neues Theater erbaut,
Das hätt' ich gern mir angeſchaut".

Da wiehrte das Roß zum zweitenmal;
Da ſprach der Kurfürſt: „Ein andermal,
Heut' kann es leider nicht geſchehn,
Ich hätte die S o n t a g gern geſehn."

Ernſt Ludwig Heim, Tagebücher, her. v. Georg Siegeriſt, Berlin 1901. (Der be=
rühmte Arzt lernte die „jetzt ſo berühmte Sängerin S." im September 1825 beim Bankier
Ebers kennen und notierte in ſeinem Tagebuche: „Sie iſt recht hübſch, aber gar nicht
ſo hübſch (?), als man ſie mir geſchildert hat." Zwei Jahre ſpäter hatte der alte Herr
bitterlich über das Graſſieren des Sontagfiebers in der eigenen Familie zu klagen:
April 1827: „Abends läuft Alt und Jung und mein lieber Sohn an der Spitze ins
Theater, um die Sontag zu hören." — 12. Oktober: „Abends waren alle wieder im
Theater, um die Sontag zu hören. Faſt möchte ich jeden Bettler, dem ich etwas gebe,
bitten, Gott dafür anzurufen, die Sontag doch bald aus Berlin zu entfernen." —
14. Oktober: „Wie gewöhnlich liefen alle ins Theater, um die Sontag zu hören."

Ein ſatiriſches Bild „Die Theater=Enthuſiaſten" erſchien in Band I des erſten
Jahrgangs von Saphirs „Schnellpoſt" als Beilage zu Nr. 34/35.

S. 52. S a p h i r: Weil er ein literariſches Zeitſymptom und Prototyp einer
ganzen Gattung, würde ſich eine ſtilkritiſche Unterſuchung von Saphirs Witz und jour=
naliſtiſcher Technik, insbeſondere auch ſeines Abhängigkeitsverhältniſſes von Jean Paul, und
ein Vergleich mit Börne und Heine empfehlen. Der Bearbeiter dieſes Themas müßte
freilich auch über einige Kenntniſſe des Hebräiſchen und der Jargon=Literatur verfügen.
Wenigſtens einen Anſatz in der angedeuteten Richtung hat bereits 1835 Guſtav Kühne
im „Literariſchen Zodiacus" in ſeiner Kritik von Saphirs „Dummen Briefen" gemacht.
In jüngſter Zeit hat Dr. Robert Rodenhäuſer Adolf Glasbrenners Verhältnis zu Saphir
einer kritiſchen Prüfung unterzogen. (Nicolaſſee 1912.) Daß Saphir infolge ange=

borener Begabung bei entsprechender Selbstzucht als Musik- und Theaterkritiker Ersprießliches und dauernd Wertvolles hätte schaffen können, wurde schon von den Zeitgenossen erkannt. So notierte Costenoble (a. a. O.) 1830 in sein Tagebuch: „Was könnte dieser Saphir leisten, wenn er guten Willens wäre! Man macht ihm Mangel an gründlichen Kenntnissen zum Vorwurf und vielleicht mit Recht, aber daß er, wenn er will, Schauspieler gründlich beurteilen kann, hat seine Rezension über Eßlairs Darstellungen bewiesen." Als eine ernst zu nehmende Probe von Saphirs sozusagen impressionistischem Stil sei seine Beschreibung von Franz Liszt als Klaviervirtuos hier eingefügt:

„Liszt kennt keine Regel, keine Form, keine Satzung, er schafft sie alle selbst! Das Bizarre wird genial, das Befremdende zur Lebensbedingnis, das Verdutzende zum unermeßlichen Anmutsgürtel um den eigentümlichen, wundergefügten, unbegreiflichen Bau seiner ganzen ebenso eigentümlichen Kunstgestaltung! Es grenzt bei ihm das Sublimste an das Barockste, das Erhabene an das Kindische, die ungeheuerste Kraft an die sinnigste Zartheit, der unerreichbare, tausendgliedrige Mechanismus an das zarte Geheimnis des Seelenvermögens, der Kampf allerhöchster Gewaltsamkeit an das süße Traumleben der allerinnigsten Gefühlsweise. Er bleibt eine unerklärbare Erscheinung, eine Komposition von also heterogenen, wundersam ineinander gefügten Stoffen, daß sie unter der Analyse unfehlbar das verlieren würde, was ihr den höchsten Reiz, den individuellen Zauber verleiht, nämlich das unerforschliche Geheimnis dieser chemischen Mischung genialer Koketterie und kindlicher Einfalt, von Caprice und Götteradel.

Nach dem Konzerte steht er da wie ein Sieger auf dem Schlachtfeld, wie ein Held auf der Walstätte; bezwungene Klaviere liegen um ihn herum, zerrissene Saiten flattern als Trophäen wie Pardonfahnen, eingeschüchterte Instrumente flüchten erschrocken in ferne Winkel, die Zuhörer verstummend sehen sich an wie nach einem Gewitter aus heiterem Himmel, wie nach Donner und Blitz vermischt mit Blumenregen und Blütenschnee und schimmerndem Regenbogen, — und er, der Prometheus, welcher aus jeder Note eine Gestalt schafft, ein Magnetiseur, der das Fluidum aus den Tasten zaubert, ein Kobold, ein liebenswürdiges Ungetüm, welches seine Geliebte, das Piano, bald zärtlich behandelt, bald tyrannisiert, mit ihr kost, mit ihr schmollt, sie schilt, anfährt und sie wieder desto inniger, feuriger, liebeglühender, hoch aufjauchzend umschlingt und hinfort rast mit ihr durch alle Lüfte, — er steht da, gesenkt das Haupt, und lehnt sich wehmütig, sonderbar lächelnd, an einen Stuhl wie ein Ausrufungszeichen nach dem Ausbruch der allgemeinsten Bewunderung. — So ist Franz Liszt."

Bevor Saphir seine eigenen Blätter der Bekämpfung des Sontag-Kultes widmete, plänkelte er im Stuttgarter Morgenblatt; in der Nr. 35 vom 10. Februar 1826 richtete er folgende Mahnung an die Adresse der Sontag:

„Hätte sie nur einmal einen Blick auf einen maliziösen Korrespondenten, wie ich bin, geworfen, sie hätte in meiner derben Wahrheitsseele gelesen, daß ich zwar weiß wie Überschätzung ein schönes Köpfchen schwindeln machen kann, allein daß ich doch überzeugt bin, daß Dem. S. es bald wird einsehen lernen, daß ein würdiger Altar der Kunst mehr Reiz für sie haben muß in seiner edlen Einfachheit, als ein Alltagsaltar, und wär' er auch mit ächten Shwals umwunden und knieeten auch Tausende vor ihm."

Eine der unverschämtesten Anzapfungen leistete er sich in seinem Berliner Theaterkalender für 1828 in einer Parodie auf die Seite 56 abgedruckte Eingabe Henriettes an den König. Die damals von Mängeln nicht freie Orthographie der jungen Künstlerin bot ihm dazu den äußeren Anlaß:

Eine große Sängerin beschwert sich bei einem großen Gönner über einen boshaften Rezensenten.

Hochgeährter und Gelübter!

Beiliegende Kridig hat heite in den — schen Blad gestanden, der Importinende kerll sagt ich mache zu viel goleraduren und meine Stimme häte keinen Ausdruck nicht. Der Basian ist gewis Eiversichtig auf Ihnen und ich bidte ihnen mich an dem kerll zu rechnen! Zwahr habe ich bescheidenheid genug damit ich w?is das seind Nidertrachdige lügen, denn die Ausdrüglichkeit meine Stimme haben alle Meine Freinde behaubted und die Goleraduren sind die leiblichen Kinder von eine Rosinische Musik und alle Kridiger haben gesagt meine Goleraduren und ruhladen die ich entdegt habe, dringen in den Doren wie Manteleel, allein den Niedertrachdigen kerll missen Sie daß hantwerg legen. Kennen Sie ihm nicht durch edtwaß herrum krigen, so darf er nicht mer Kridigisiren, wenn Sie heite Abents zu mich komen sollen sie das weidere erfahren. Ihre sie Stende und lübende Dinnerin."

Wie Kritiker und Sängerin unfreiwillig einander zur Popularität verhalfen, bezeugt auch Schmidt-Weißenfels in seinen Berliner Erinnerungen "Die Stadt der Intelligenz: "Saphir und Sontag waren die beiden Achsen, um welche sich das geistige Leben in Berlin drehte. Alle Grade der Einwohner wurden von diesen beiden Größen beschäftigt und bewegt: Saphir mit der Brille auf der Nase und dem wolligen Haarwuchs wurde, wie er leibte und lebte en miniature in alle Häuser Berlins eingeführt, in das der Hökerin wie in das der Fürstin, Henriette Sontag wurde als Marmor- oder Alabasterbüste eine Zierde der Salons und der Boudoirs." — Holtei, Vierzig Jahre, IV. S. 284/92.

S. 54. H e g e l: Sein damaliges Interesse für Saphir wird von Grillparzer in seiner Selbstbiographie bezeugt. Über das gescheiterte Duell zwischen Saphir und dem Journalisten Schall verbreitet sich u. a. ein vielleicht von J. P. Lyser stammender Artikel "Henriette Sontag in Berlin" in dem Wiener Tageblatt "Die Gegenwart" (1847, Nr. 55). Es wird dort behauptet, daß die Sontag in zwei großen Albums gewissenhaft alles, was für und wider sie gedruckt erschien, gesammelt habe.

S. 55. D u m m e B r i e f e an Julie: Ein 10 Seiten langer überaus schwärmerischer Liebesbrief Saphirs aus dem Jahre 1823: "Ich wollte, ich könnte meine Adern öffnen und mein Blut für Sie ausströmen lassen, ich wollte, ich könnte zu Ihren Füßen sterben und ich würde glücklich sein", der mit der Bitte um das beseligende Du schließt und "ewig Dein Moritz" unterzeichnet ist, wurde neuerdings durch auszugsweisen Abdruck in Katalog 2 des Antiquariats Henrici in Berlin bekannt. Aus einem zweiten Briefe an einen Freund geht hervor, daß die also Angebetete ihren Liebhaber bitter enttäuschte.

S. 57. H e n r i e t t e o d e r d i e s c h ö n e S ä n g e r i n: Mehreren durch meine Hände gegangenen Exemplaren des Romans lagen geschriebene "Schlüssel" von alter Hand bei, die in der Deutung einzelner Personennamen sich z. T. widersprechen. Rellstab führte sich selber als Rennstein, Saphir als Saphian, W. Alexis als Schillibald Arecca, Gubitz als Kukvitz, Raupach als Raupenbach usw. ein. Eine sehr gründliche Auflösung der Namenrätsel der Adligen und Militärpersonen fand ich in dem handschriftlichen Tagebuch eines damaligen Gardeleutnants Otto Julius Franz v. Bülow (Behauptet, Clanwilliam habe beabsichtigt, den Verfasser unfehlbar zu erschießen (!), wenn er zu seiner Kenntnis käme.) — Eine französische Übersetzung erschien 1828 unter dem Titel: "Henriette Sontag. Histoire contemporaine." Traduite de l'Allemand,

Paris L'Huillier éditeur, 2 vol. Der Schluß der Übersetzung weicht von dem Original ab und entspricht ungefähr der S. 102 erwähnten Pariser Zeitungsnotiz. — Goethe erhielt Rellstabs Buch erst am 22. Februar 1828 durch Nicolovius (Tagebücher, Band 11) und sandte es, ohne Rellstabs Namen zu nennen, am 26. Februar an Karl August weiter. (Briefe, Weimarer Ausgabe, Band 43. In der zugehörigen Anmerkung wird von dem Herausgeber, der die Beziehung auf die Sontag-Händel nicht erkannt hat, irrtümlich behauptet, daß es sich um ein „Manuskript" gehandelt habe.)

S. 63. Rellstab: Staats- und Prozeßakten im Königl. Staatsarchiv. — Aus meinem Leben, v. L. R. 2 Bände, Berlin 1861. — Derselbe, Musikalische Beurteilungen, Leipzig 1861. — Robert Springer, Berlin im Jahre 1848, Berlin 1850. — Heinr. Stümcke, L. R. und die schöne Sängerin. — H. H. Houben, L. R. 2 Gedenkartikel zu Rellstabs 50. Todestag (28. Nov. 1860) in der Voss. Zeitung, Nov. 1910.

S. 66. Simrock: Biographie von N. Hocker, Leipzig 1877, S. 22 u. f. Sein Abschiedsgedicht an H. S. in Claurens Taschenbuch f. 1828 „Vergißmeinnicht" S. 331.

S. 67. Henoch: Der Titel seiner ersten als nummerierter Privatdruck hergestellten und heute sehr raren Schrift lautet wörtlich: „Sachgemäße Erörterungen über das Königstädtische Theater, veranlaßt durch die Generalversammlung des Aktien-Vereins am 22. Januar d. Js. Zur persönlichen Prüfung sämtlicher Herrn Aktionairs. Nr. .... Berlin im März 1826. Gedruckt bei L. W. Krause, Adlerstraße Nr. 6. VIII. u. 138 S. 8º. — Henoch erklärt sich, falls seinen Reformanträgen gewillfahrt und insbesondere Kunowski entlassen würde, auch zur praktischen Sanierung des Theaters in Form von Bardarlehen, bereit. Holtei (Vergl. Grafenorter Briefe, S. 100) griff den unbequemen Revisor in der Spenerschen Zeitung vom 23. April 1826 heftig an und wurde auf Henochs Klage vom Kammergericht wegen Beleidigung verurteilt. — Kunowski suchte sich in der Schrift: „Die Verwaltung des Königstädtischen Theaters" zu rechtfertigen. Henoch, der am 7. April 1826 aus dem provisorischen Verwaltungskomitee ausgeschieden war, antwortete in der an Kunowskis Adresse gerichteten zweiten Broschüre.

Ein so erfahrener Theatermann wie Klingemann stellte schon im Oktober 1825 (Tagebuch-Msc.) wegen der „einseitigen Spannung der Gagen und Aufgabe der ersten eigentlichen und zweckmäßigen Sphäre" dem jungen Unternehmen ein übles Prognostikon. „Die Juden freilich schreien überall Bravo und lassen nichts auf ihr Institut kommen."

Von theatergeschichtlichem Interesse sind drei Exkurse Henochs. Auf S. 121 der sachgemäßen Erörterungen wendet er sich gegen die sogenannten Spielhonorare: „von Zahlungen sub hoc titulo wußte man in früheren Jahren auf deutschen Bühnen garnichts". S. 131/32 plädiert Henoch mit Wärme für die Einrichtung eines Pensionsfonds, der bei der höchst bedeutenden Einnahme von 210 190 Talern in der Zeit von 18 Monaten seiner Meinung nach hätte gegründet werden können. „Eine herrliche Aussicht für wackere und verdienstvolle Künstler und Künstlerinnen, sich mittels eines Pensionsfonds in Berlin für ihre Lebenszeit einzubürgern und ihren schwankenden Wohnsitz in einen bestimmten Ruhesitz zu verwandeln." Ein Theater mit Pensionsfond habe den doppelten Vorteil, daß es geringere Gehälter bewilligen könne, weil die Mitglieder ihre Zukunft gesichert sehen, und daß es nicht unter dem häufigen Personalwechsel leide.

Aus S. 135, Anmerkung, geht hervor, daß die Marionettentheater im damaligen Berlin dieselben Bedenken erregt haben, wie heute die Lichtspielbühnen, so daß Henoch die Aufhebung dieser Konkurrenztheater niederen Ranges vorschlug: „Sie veranlassen nicht nur zahlloses Hinströmen der niedrigen Volksklassen nach den Tanz-Tabagien, sondern auch Unregelmäßigkeiten, die auf die Sittlichkeit derselben sehr nachteilig einwirken, und leider manches noch unverdorbene Gemüt an den Abgrund des Verderbens führen."

VI. Kapitel. S. 70—72. Pariser Gastspiel: Hauffs erster Artikel, „Demoiselle Sontag in Paris" wieder abgedruckt in: „Hans Hofmann, W. H. Frankfurt a. M. 1902. Weitere Artikel Hauffs über die Sontag in „Donna del lago, Don Juan, Aschenbrödel und heimliche Ehe" erschienen im Juli und August teils im Hauptblatt, teils im Wegweiser der Dresdener Abendzeitung. Vergl. K. Goedeke, Grundriß, 2. A. Band IX, S. 197.

S. 73. Pasta: Giuditta P. geb. Negri, 1798—1865, von 1816—1850 haupt-sächlich in Paris und London als Opernsängerin tätig. Die Sontag traf sie noch in späteren Jahren in Petersburg und London als Rivalin wieder. Vergl. S. 170 u. 216. In Neapel und London erschienen 1833 zwei überschwängliche Lobgedichte auf die Pasta in italienischer Sprache von Lorenzo Bossiori und Luigi Angeloni. — Auf einem Zettel von Varnhagens Hand (Sammlung V. der Kgl. Bibliothek Berlin, Katalog Stern) wird der angebliche Ausspruch der Catalani über die Sontag: son genre n'est pas le premièr, ihr zugeschrieben.

S. 74. Holteis Sontagdichtungen: „Die deutsche Sängerin in Paris." Schwank in einem Aufzuge. Berlin 1826. Wiederholt in: K. v. Holtei, Theater. In einem Bande. Nr. 36, Breslau 1845. Über die Rezensionen vergl. K. Goedeke, Grund-riß, 2. A. IX. Band, S. 515, 45. Das im Juli 1825 in der Königstadt aufgeführte, erst 1831 gedruckte Lustspiel „Anna Rossignoli" ist zweifellos gleichfalls infolge Holteis Be-kanntschaft mit der Sontag entstanden. Vergl. über beide Stücke: Holtei, Vierzig Jahre, Band IV, S. 175 u. 295, und Dr. Alfred Moschner, H. als Dramatiker, Breslau 1911. — Holteis Feder waren auch die im Königstädter Theater gesungenen neuen Texte zu den Opern Rossinis „Aschenbrödel" und „Der Türke in Italien" entflossen. — Der Sontag hat er auch in anderen seiner zahlreichen Schriften noch mehrfach in Vers und Prosa gehuldigt: a) 7 Gedichte (auf 7 Rollen) an H. S. vor ihrer Abreise nach Paris, am 26. Mai 1826, 14 S. 8° [dieser Privatdruck fehlt bei Goedeke, IX. Band, S. 515]: Wiederholt in: Gedichte, Berlin 1827, S. 81. — b) Henriette S. besungen in allen Rollen, welche sie auf der Königstädter Bühne gegeben. (17 Gedichtchen in: „Repertorium des Königstädt. Theaters, viertes Heft, Berlin 1828. — c) Über H. S. als Desdemona in Monatl. Beiträge zur Geschichte der dramatischen Kunst, Berlin 1827, I. Band, S. 194 (Vergl. S. 85). — d) Beiträge für das K. Theater, I. Band, (Vorwort) Wies-baden 1832. („Nicht auf die Länge konnte eine Sontag ihr Talent in die Fesseln dieses Repertoires-Zwanges schmieden wollen, sie strebte fort.") — e) Die Sängerin = Erzählende Schriften, Band XXVIII, Breslau 1861. (Spielt in Paris. Personen: Emilie, ein junger deutscher Schriftsteller, ein italienischer Graf. Eifersuchtsszene: „Der Vorhang fiel, die Oper war zu Ende und Emilie, die deutsche Sängerin, hatte als Sophie in Paers lieblichem Sargino den Sieg errungen.") — f) Eine alte Jungfer, Roman, Breslau 1869. (Handelt von der Liebe eines begeisterten Musikjüngers zu einer stolzen Gräfin, die, obgleich sie für ihn glüht, ihn abweist. Er stirbt und die Frau pflegt ihn in den letzten Tagen aufs sorgfältigste. Nebenfigur beider Freund, der eine schüchtern verehrende selbstlose Liebe zur Sontag im Herzen trägt. Die Sprache da und dort maniert, die Psychologie gesucht. Vgl. P. Landau, Holteis Romane, Breslau 1904.) — g) Nachlese, Band II, Breslau 1870. Darin S. 1—16: „Eine Brustnadel". (Geschenk der S. an Holtei 1825, angeblich aus Dankbarkeit für die Abtretung seiner Sechszimmerwohnung im ersten Stock der Kaiser-Alexanderstr. Nr. 70.) — Auch Henriettes

Halbbruder Carl S. hat der greise Holtei 1864 ein poetisches Albumblatt voll wehmütiger Erinnerung an die Schwester gewidmet. (Vergl. Sontag, Bühnenerlebnisse, 1876, S. 453.)

S. 75—77 u. Kapitel VII. S. 93—94. Goethe und Weimar: Briefwechsel zwischen G. u. Zelter, Band IV u. V. 1834. Neuausgabe von Ludwig Geiger, Leipzig, Reclam 1904. — Goethes Gespräche, Gesamtausgabe, neu her. v. Flodoard Frhr. v. Biedermann, Leipzig 1910. — Goethe, Weimarer Ausgabe, III. Abteilung, Tagebücher, Band X. u. XI. und IV. Abteilung, Briefe, Band 41. Das Gedicht „An Demoiselle Sontag" zuerst in Werke Ausgabe letzter Hand, Band 47, S. 191. — Werke, Weimarer Ausgabe Band IV., S. 272. Anmerkung ebenda Band V², S. 166 (1910). — Sämtliche Werke, Jubiläumsausgabe, Cotta, 3. Band, S. 158 u. 346, her. v. E. v. d. Hellen.

Karol. Bauer — Wellmer, Nachgelass. Memoiren, II, 206 behaupten: „Und Goethe sang sie wieder an in den hellen Versen (Ging zum Pindus) und in den dunkleren Worten:

„Daß man in Güter dieser Erde
Zu theilen sich bescheiden werde —
Singt manches alt' und neue Lied.
Und wären 's zarte Liebesgaben,
Mit wem wir sie zu theilen haben,
Das macht den großen Unterschied.

———

Die Gegenwart weiß nichts von sich,
Der Abschied fühlt sich mit Entsetzen,
Entfernen zieht Dich hinter Dich,
Abwesenheit allein versteht zu schätzen."

Irgend einen Beleg für diese Behauptung der Bauer habe ich weder in der Goethe-noch in der Sontag-Literatur gefunden. Vielmehr geht das erste Gedicht unter dem Namen der polnischen Pianistin Casimira Wolowska, der Goethe noch einen anderen Albumvers in Marienbad im August 1823 gewidmet hat. Der erste Druck in Band 47 der Werke erschien allerdings ohne Überschrift und Datum. E. v. d. Hellen a. a. O. S. 151 setzt auch dieses Gedicht in den August 1823, Marienbad. — Das zweite Epigramm gilt nach einstimmigem Urteil der Forscher Ulrike von Levetzow. Es entstand im Sommer 1822 bei Goethes Rückkehr von Marienbad und wurde vom Dichter im Dezember 1822 einem Briefe an Zelter handschriftlich beigelegt. Im Druck erschien es zuerst 1827 in den Werken unter dem Titel „Aeolsharfen". In den späteren Ausgaben lautet die Überschrift „Entfernung". — Daß der Altmeister gelegentlich Widmungsgedichte nochmals verwendete, ist bekannt. So befinden sich die beiden ersten Zeilen des Ulriken-Gedichts laut Geiger a. a. O. auch im Album eines Kapellmeisters Tomaschek. Es kann daher nicht rundweg bestritten werden, daß Goethe die ursprünglich für die Wolowska und die Levetzow gedichteten Verse nachmals auch der Sontag gewidmet hat. Die Bauer, die mit ihrer zeitweiligen Kollegin am Königstädt. Theater ziemlich inim stand, mag sie in Henriettes Album gesehen haben. Eine Entscheidung könnten nur die der Forschung leider unzugänglichen Stammbücher der S. ermöglichen. Wurzbach, Lexikon, Band 27, der einige flüchtig eingesehen zu haben scheint, erwähnt freilich von Goetheschen Eintragungen nichts. Nicht glaubhaft auf jeden Fall ist die Behauptung der Bauer, daß der Dichter der Sontag 1826 auf einmal drei Gedichte gewidmet habe. Es dürfte für Nr. 2 und 3 nur der zweite Besuch Henriettes in Weimar im folgenden Jahre in Frage kommen. — Daß Goethe auch 1827 der „Flatternden Nachtigall" einen poetischen Gruß zugedacht hatte, beweist ein Bericht des Kanzlers F. v. Müller vom 23. August 1827: „Das Gespräch kam auf die Sängerin Sontag und nahm die heiterste und humoristischste Wendung. Von Goethes Gedicht auf sie, das ihr noch verborgen, nur durch ein zweites könne es producibel werden." (Dann folgt eine lobende Äußerung Goethes über ihr wahrhaft charakteristisches fast proserpinenartiges Profil. Vergl. Biedermann a. a. O. III, 421.) Daß Henriette das Pindus-Gedicht nicht schon bei ihrem ersten Weimarer Besuch erhalten hat, ist schwerlich anzunehmen. Der Bericht könnte also für die ursprüngliche Widmung des zweiten Wolowska-Gedichtes an H. S. sprechen. Die Stelle bezieht sich aber vermutlich auf ein anderes Gedicht „Die neue Sirene", das laut Goethes Tagebuch am 29. Juli und 26. August 1827 erstand und zuerst in Ottilie von Goethes Hauszeitung „Das Chaos" 1829 abgedruckt wurde. Es lautet:

Habt von Sirenen gehört: — Melpomenes Töchter, sie prunkten
Zöpfumflochtenen Haupts, heiter entzückten Gesichts;
Vögel jedoch von der Mitte hinab, die gefährlichsten Buhlen,
Denen vom küßlichen Mund floß ein verführendes Lied.
Eine geschwisterte nun zum Gürtel ab griechische Schönheit
Sittig hinab zum Fuß nordisch umhüllt sie das Knie;
Auch sie redet und singt zum öst- und westlichen Schiffer;
Seinen bezauberten Sinn, Helena läßt ihn nicht los."

Mit v. Loeper (Goethes Werke 2. Ausgabe. Gedichte. Erster Teil, Berlin 1882, Hempel. Anmerkungen S. 406) und v. d. Hellen (a. a. O. II., S. 300) bin ich entgegen Julius Wahle (Weimarer Ausgabe V², S. 88) der Meinung, daß die „neue Sirene" sich auf die Sontag bezieht, das Pindus-Gedicht fortsetzt und daß der am Schlusse desselben noch vorbehaltene Vergleich jetzt in Vers 8 gefunden ist (Sontag = Heliostochter Helena). Wahle meint dagegen, daß Goethe durch einen am 28. Juli empfangenen Brief des Prof. K. Göttling in Jena, des „aufmerksamsten Revisors" der Gesamtausgabe letzter Hand, zu seinem Gedichte angeregt worden sei. Göttling, der als klassischer Philologe die neue Sirene gewandt ins Griechische übersetzt hat, spricht in diesem Briefe mit Entzücken über Goethes Helena, deren Druck er gleichzeitig zurücksendet, und weiter von der „Sirene Helena und ihrer Doppelgestalt". Diese Worte beziehen sich aber nicht auf die auch von v. d. Hellen a. a. O. angezogenen Verse in Faust, II. Jubiläumsausgabe V. 1752—55), sondern auf das Göttlings Brief laut Erwähnung gleichfalls beiliegende „Manuskript". Das Konzept des Goetheschen Gedichts, das nach Wahles Angabe auf die Rückseite eines Briefentwurfs an Cotta vom 26. Juli 1827 geschrieben ist, konnte bis zum 29. Juli bequem nach Jena und wieder zurückgelangen. Da Göttlings Übersetzung laut Tagebuch schon am 3. September in Goethes Händen war, hat Göttling jedenfalls eine Abschrift des Gedichts damals zurückbehalten. In einem Briefe an Goethe vom 16. Mai 1830 (dieser Brief fehlt in Kuno Fischers Ausgabe des „Briefwechsel zwischen Goethe und Göttling", München 1880) macht sich der Professor über eine Journalnotiz „Das Sirenen-Epigramm auf die Helena sei von Excellenz eigentlich für die Sängerin Sontag bestimmt gewesen", lustig. Seinem Altphilologenherzen mag solche Widmung als Profanierung erschienen sein, was gegen die Tatsache selbst natürlich nichts besagen kann. Goethe ging in seinem nächsten Schreiben an G. am 30. Mai 1830 auf die Sirenenfrage mit keiner Silbe mehr ein. — Die von Göttling nicht genannte Zeitschrift habe ich leider nicht ermitteln und somit auch nicht untersuchen können, ob das Gerücht von der beabsichtigten Widmung aus dem Kreise der Sontag stammte. So muß

es dahingestellt bleiben, ob sie damals in Weimar oder später von diesem schmeichelhaften Vergleich mit Helena (siehe auch Goethes Vergleich der S. mit der Proserpina
seiner Schröterdichtung) überhaupt Kunde erhalten hat. In das Stammbuch von Goethes
Sohn schrieb Henriette bei ihrem zweiten Besuch in Weimar am 12. November 1827 den
oft zitierten Spruch von Jean Paul ein: „Erinnerung ist das einzige Paradies, aus dem
wir nie vertrieben werden können". (Dr. H. Vulpius, Das Stammbuch A. v. Goethes
in: „Deutsche Rundschau", Band 68, Berlin 1891.)

Eine angebliche sehr ungünstige Äußerung Goethes über die Sontag hat Hans
v. Bülow, als er 1852 durch sein Minoritätsgutachten über die Künstlerin in eine Polemik
verwickelt wurde, in einem Briefe zu seiner Verteidigung vorgebracht. Eckermann habe
ihm auf der Straße erzählt, daß Goethe seinerzeit folgendermaßen über die Sontag sich
geäußert habe: „Als ich weg hatte, wes Geistes Kind sie sei und mich genügend über
den Ungeschmack des Publikums geärgert, nahm ich meine beiden Enkel, trotz ihres
Widerstrebens, jeden an eine Hand und führte sie zur Loge hinaus, gleichwie Loth nach
Verwandlung seiner Frau vor Sodom und Gomorra seine beiden Töchter hinwegführte."
(Bülows Briefe, Band I, S. 425.) Diese angebliche Äußerung steht in schroffstem
Widerspruch zu Goethes Tagebuchnotiz: „Demoiselle Sontag sang unvergleichlich", zu
den poetischen Huldigungen und Goethes späteren mündlichen und schriftlichen Äußerungen
zu Müller und Zelter. Eckermann hat in seinen „Gesprächen mit Goethe" auch nichts
von einer solchen Äußerung erwähnt. Seine Aufzeichnungen fließen übrigens gerade im
Jahre 1826 äußerst spärlich. Die neuere Forschung hat, ohne daß der Wert des in
seiner Art klassischen und von keinem ähnlichen übertroffenen Buches im Ganzen dadurch
angetastet wird, Eckermann mancherlei Irrtümer, Verwechselungen und auch bewußte
Abweichungen von der Wahrheit in einer ganzen Anzahl von kontrollierbaren Fällen
nachgewiesen. So dürfen wir hier, wo es sich um eine bloß mündliche gelegentliche
Äußerung und die Erinnerung an einen um mehr als 25 Jahre zurückliegenden Vorgang handelt, wohl behaupten, daß den alten Herrn entweder sein Gedächtnis getäuscht
hat oder daß er, um seinem jungen Freunde Bülow Mut zu machen, den ja denkbaren
Vorgang, daß der greise Olympier allzu heftigem Überschwang der Begeisterung für die
schöne Sängerin mit ein paar einschränkenden Worten gelegentlich entgegengetreten ist,
phantasievoll ausgemalt hat. Da die Sontag bis zum Jahre 1852 niemals wieder auf
dem Weimarer Hoftheater aufgetreten ist, (vergl. Bartels, Chronik des Weimarer Hoftheaters S. 29), so könnte sich die von Eckermann erwähnte Szene nur in jener von
Goethe besuchten Barbiervorstellung am 4. September 1826 abgespielt haben.

Auf einer Mystifikation, die sich die zu solchen Scherzen bekanntlich gern aufge-
legte Bettina mit Varnhagen erlaubt hat, beruht aller Wahrscheinlichkeit nach eine Tage-
buch-Notiz vom 21. Juli 1856 (Tagebücher Bd. 13), Bettina v. Arnim habe ihm bei
ihrem Besuch unter genanntem Datum lachend erzählen wollen, wie sie einst Goethe'n um
den Besuch der Sontag gebracht, die er den ganzen Abend erwartete. Auf Varnhagens
vorwurfsvolle Frage, ob sie über diese Sünde gegen den Olympier keine Reue empfinde,
habe Bettina nach kurzem Besinnen verneinend geantwortet. Varnhagen behauptet
merkwürdigerweise, die Geschichte schon zu kennen; die redselige Freundin mag sie ihm
schon vor Jahren aufgetischt haben, aber sie gewinnt dadurch nicht an Glaubwürdigkeit.
Bettinas letzter nachweislicher Besuch in Weimar fand 1824 statt. Im September 1826
und November 1827 war sie keinesfalls dort. Auch ist nichts davon bekannt, daß Goethe
die bereits in Weimar weilende Henriette S. vergebens erwartet hat. Ein Wiedersehen
in späteren Jahren hat gleichfalls nicht stattgefunden. Sollte es sich vielleicht um einen

Brief Bettinas an Goethe mit der falschen Nachricht, die S. würde an einem bestimmten Tage in Weimar eintreffen, handeln? —

Wilh. Bodes Buch „Die Tonkunst in Goethes Leben", Berlin 1912, das nach Drucklegung des Goethe=Kapitels erschien, enthält in Band II S. 260/1 nur kurze Notizen über die Sontag und geht auf die Frage der Widmungsgedichte mit keiner Silbe ein.

S. 94. Grillparzer: G. kannte die S. bereits persönlich. — Laut Schindler, a. a. O. S. 137, wiederholt bei A. Sauer, Grillparzers Gespräche, 2. Band, S. 442 (1905), „freute sich G. schon, Frl. H. S., auf welche Beethoven besonders dabei bedacht sein wollte, als Melusine zu sehen." B. ließ aber den Plan einer Vertonung von G.s Operndichtung fallen — Grillparzer=Jahrbuch 1894. — G.'s Briefe und Tagebücher, herausgegeben von A. Sauer u. C. Glossy, (Stuttgart (1904). — Gs. Selbstbiographie, Werke 5. Aufl. her. v. A. Sauer, Band XIX. Bei den Diners der 5 Justizkommissarien, die sich während Gs. Berliner Aufenthalt um sein leibliches Wohl bemühten, habe die „liebliche höchst selten gefehlt". Über den Theaterskandal: Selbstbiographie S. 124. Der Dichter nennt hier die muntere Sängerin, die sich durch das Pfeifen und Zischen nicht aus der Fassung bringen ließ, sehr burschikos „la petite morveuse!" (Rotz=näschen oder Grünschnabel.)

S. 78. Moscheles: Aus Ignatz M. Briefen und Tagebüchern, her. von seiner Frau. 2 Bände. Leipzig 1872. Geb. in Prag 1794, Schüler von Dionys Weber da=selbst, gest. 1870 als Professor am Konservatorium in Leipzig, Pianist, Theorielehrer und fruchtbarer Komponist.

S. 78. Catalani: Angelika, 1780 (1779?) — 1849, Debut in Venedig 1795, seit 1801 verehelichte Balabrègue, beendete 1827 mit einem Berliner Gastspiel ihre Vir=tuosenlaufbahn. Vergl. G. L. P. Sievers, Lebensbeschreibung bei C., Leipzig 1816. — C. v. Winzingerode, A. Catalani=Balabrègue, Cassel 1825. — Rellstab a. a. O. — K. Bauer, a. a. O. I. Band 387/90 über das Berliner Gastspiel 1827.

S. 79. Schechner, aus München, 1806—1860, nur an deutschen Bühnen von 1825—1835 tätig — Heinefetter, Sabine, aus Mainz 1809—1872, die älteste und bedeutendste von drei Schwestern, die in Deutschland, Frankreich und Belgien als Sängerinnen tätig waren und alle drei in geistiger Umnachtung starben.

S. 80. Sessi: Marianne, 1776—1847, debutierte 1792 in Wien, 1806 in Mai=land, seit 1816 Kunstreisen auch in Deutschland.

S. 80. Krähwinkel: Wohl Anspielung auf Bäuerles Posse „Die falsche Catalani", die auch unter dem Titel „Die Primadonna in Kr." gegeben wurde. Auch von Voß und Schaden erschien 1821 eine „falsche Primadonna". Die Leitung des Königstädtischen Theaters führte nach Henriettes Abgang in einem Anflug von Galgen=humor eine Posse „Die Sängerin Montag oder die falsche Nachtigall" dreimal auf und machte damit nach Saphirs Aussage, „den Versuch, wie lange sie die Geduld des Publi=kums misbrauchen kann".

S. 80. Wegener: Philipp, 1798 — 31. VIII. 1831. (Neuer Nekrolog der Deutschen 1833, Nr. 1186.) — Nach K. Bauer (a. a. O. II, 187), die es wissen konnte, der Vater Carl Sontags (geb. 7. Januar 1828 in Berlin). Im Gegensatz zu Henriette nennt die Bauer ihn einen vorzüglichen Schauspieler.

S. 82. Abschied H. Sontags vom Königst. Theater: Holteis Gedichte a. a. O. — Bauer a. a. O. zählt 211maliges Auftreten der S. in den 17 Rollen. Nach einer mir vorliegenden aus dem Nachlaß Carl Es. stammenden Statistik von alter Hand waren es 205 Vorstellungen. Am häufigsten war sie in der „Italienerin in Algier" (41),

„Schnee" (28), Weiße Dame (26), „Aschenbrödel" (22), „Sargines" (19) aufgetreten, in „die liebenswürdige Alte" nur 1mal. Für das Kgl. Opernhaus in Berlin verzeichnet dieselbe Handschrift ein 20maliges Auftreten der Sängerin in 9 Rollen.

Nicht nur seinen Thersites und Aristarchus in der Person Saphirs, sondern auch seinen Aristophanes hat das Königstädtische Theater gefunden, und zwar in der Person eines Anonymus, der sich Philander von Sittewald der Jüngere nannte und 1829 in Braunschweig unter dem Titel „Die modernen Frösche" eine Parodie des Aristophanischen Lustspiels erscheinen ließ. Der Verfasser dieses überaus seltenen Schriftchens, dessen Maske von der literarhistorischen Wissenschaft bis heute noch nicht gelüftet werden konnte (vergl. K. Hille, Die Aristophanische Komödie in Deutschland, Breslau 1907), hat seine Sache nicht übel gemacht. Auf jeden Fall war er mit den Persönlichkeiten wie mit den literarischen Kabalen und Koterien jener Tage ebensogut vertraut, wie mit der Eigenart des Aristophanischen Witzes, den er auch in seinen Wortspielereien recht gewandt kopiert. Die Überzeugung, „daß von Berlin aus der deutschen dramatischen Bühne am meisten geschadet worden sei", hat Philander die Feder in die Hand gedrückt. Das Fiasko des Königstädtischen Theaters gab ihm den äußerlichen Anlaß zur Veröffentlichung seiner Satire. Im übrigen hatte der Anonymus in seinem Vorwort selber jedes Mißverständnis über seine Absichten und das Ziel seiner Pfeile beseitigt:

„Wollten wir Berlin mit Athen vergleichen im guten Sinne, so erwiesen wir ihm zu große Ehre; im schlechten mag es gelten, denn von Berlin aus ist der deutschen dramatischen Poesie am meisten geschadet worden. — Die Bühne, die den größten Anteil daran hatte, wird jetzt aufgelöst. — Wir haben für dieselbe weiter geträumt. — Ihr Chef oder vielmehr das Haupt ihrer Aktionäre, dem wir den Namen Dionysos gelassen haben, geht in Begleitung seines Schildknappen Silen (des Regisseurs Angely) in die Unterwelt, um einen großen Dichter heraufzuholen, weil er zu der Einsicht gekommen ist, daß nur ein solcher die deutsche Bühne zu retten vermag. — Der Leukopeträer (Weißenfelser) Herakles (Müllner) zeigt ihm den Weg. — In der Unterwelt findet er den Berliner Schiller (Raupach), der den großen Schiller vom Throne stoßen will. — Raupach lebt zwar noch, aber für die echte Poesie ist er bereits tot. — Im Kampfe bleibt Schiller natürlich Sieger, und die Parabase des Aristophanes ist bis auf geringe Änderung auch die Parabase unserer Parodie. — Die Frösche der letzteren, die im Styx quaken, sind die Berliner Journale."

Die Parodie schließt sich dem Gange der Handlung bei Aristophanes bis auf Einzelheiten mit zum Teil wörtlicher Genauigkeit an. Nur sind die antiken Anspielungen durch moderne ersetzt, so daß beispielsweise der Diener bei Philander unter der Last eines ungeheuren Pakets mit Heften von Saphirs „Schnellpost" stöhnt. Recht lustig setzt die Satire auf den Syndikus Kunowsky ein, den Herakles-Müllner begrüßt:

> Nein, ich vermag das Lachen nicht zu bändigen,
> Zu seh'n den Oberlandes-Justizkommissar,
> Der in Komödienzettel sich gewickelt hat.
> Was will das, wie kommt mit Komödienzetteln
> Das Corpus juris denn zusammen: sage mir,
> Wo reistest du herum? —

Dionysos-Kunowsky: Ich war in Leipzig schon einmal.

Herakles-Müllner: Prozeß zu führen?

Dionysos: Nein, die S o n t a g engagierten wir,
Und gaben ihr zwölftausend Taler oder mehr.

Herakles: Zwölftausend Taler?

Dionysos: Bei Rossini, ja!

Herakles: Zwölftau — — —
    „Und da erwacht' ich, und es war leerer Traum."

Dionysus: Und während ich die Sontag engagierte nun,
    Dacht' ich, sie würde uns recht lange bleiben;
    Allein die Ungetreue ging mir nach Paris,
    Da kam Gelüsten über mich —

Herakles: Gelüst? Wonach?
    Nach einer Mondtag, die die Sontag überträf'?!

Dionysos: Behüte, Freund, nur keine Operndamen mehr,
    Die ruinieren arme Direktionen ganz,
    Und geh'n, wenn sie uns ausgezogen haben, fort."

Von dem Chor der Frösche wird u. a. Saphir durchgehechelt:
    „Wenn ich geschickt, Mannes Leben zu schauen bin,
    Oder Charakter, den Straf' einst noch trifft,
    Möchte nicht lang auch der Aff', welcher itzt
        Spektakuliert in der Schnellpost, der Schreier,
        Der verderbteste Skribler von allen, so viel
        Da beschmieren geglättetes und
            Bogengefalztes Papier
            Mit schwarzgallichter Tinte,
    Mehr dauern; und des sich bewußt, ist er nie
    Wie im Frieden; damit er nicht einmal im Rausch
        Werd' ausgezogen, und geht
            Nie ohne Prügel."

Recht lustig ist auch die Antwort des Chores der Berliner Journale auf Dionysos-Kunowskys Bitte, mit dem Gequake während der Wasserfahrt aufzuhören:
    O, schweiget, sangliebend Volk, o, schweiget.

Frösche: Nein, laut'res Lied erheben wir,
    Wenn wir jemals an den schön besonnten Tagen
    In das Königstädtsche, ins Königliche
    Hüpften, und con furore klatschend,
    An der Sontag uns ergötzend,
    Und dann sämtlich überschwenglich
    Lobsonette und Preiskanzonen
    Munt'rerweis' hervorgewirbelt,
    Und auf Direktionen schimpfen,
    Borkkeker, koar, koar.

Dionysos: „Wenn ich künftig Freibillets geb',
    Sind sie nur zu Maulsperrsitzen."

Dr. Credit, Theater-Revue in freien Versen, „Ein Neujahrsgeschenk", Berlin 1828.
    Zu den mancherlei Humoristika dieser Jahre gesellte sich auch ein musikalischer Scherz: „Les Adieux de la Belle Chanteuse". Melancholische Gedanken eines Theater-Aktien-Vereins beim Abschied seiner Prima-Donna, Tongemälde für das Pianoforte vom Kapellmeister Papataci, Berlin, in Kommission im Magazin für Kunst und Musik von Hofmann und Wolff, o. J., 14 S. Quer-Folio. Das Titelbild zeigt

die Sontag, wie sie als Italienerin in Algier verkleidet von Paris mit der Jakobiner-
mütze den Apfel empfängt, Minerva und Juno entfernen sich schmollend, Merkur seufzt:
O weh! Thalia stürzt, o weh, meine Aktien!

S. 84. Sophie Müller: In Graf Jos. Mailaths „Leben der S. M." (1839)
auch ein Abschiedsbrief vom August 1827 an „ihr angebetetes Frl. Jettchen".

S. 88. Milder-Hauptmann: Anna, 1785—1835, seit 1803 an der Wiener
Oper, Beethovens erster Fidelio, von 1816—1829 am Berliner Königl. Opernhause. —

S. 88. Schulz: recte Schulz-Killitschgy, Josefine, in Wien geboren 1790.
Schülerin Salieris, 1811 zuerst in Berlin, seit 1820 die dortige Hauptträgerin
von Spontinis Bühnenerfolgen und Vertreterin des hochdramatischen Gesangstils, nach
Ablauf ihres ersten Kontrakts mit dem Höchstgehalt von 3000 Talern auf Lebenszeit
engagiert. Das Allgemeine Theaterlexikon, Band VI, Altenburg 1846 behauptet, daß
„ein Mißverständnis, welches 1830 zwischen der Sontag bei ihrem Berliner Gastspiel
und der Schulz-Killitschgy eingetreten sei, zur Kenntnis des Publikums gelangte und
dieses in einer Aufführung des Don Juan Partei gegen die einheimische Sängerin
nahm". Infolge der Aufregung sei sie erkrankt und habe, obgleich ihr bei ihrem
Wiederauftreten vom Publikum volle Genugtuung bereitet worden sei, es doch schon
1831 vorgezogen, die Bühne endgültig zu verlassen. Sie starb in dem hohen Alter von
90 Jahren am 1. Januar 1880 in Freiburg i. Br. In den Musiklexicis von Fetis,
Riemann und Grove fehlt ihr Name mit Unrecht.

Seidler: Karoline, geb. Wranitzky geb. in Wien 1790, von 1816—1838 am
Berliner Königl. Opernhause, lebte seitdem im Ruhestande bis zu ihrem Tode (1872) in
Berlin. — Roberts Epigramme im Stuttgarter Morgenblatt, wiederholt in seinen Ge-
dichten, II. Band, Mannheim 1838.

S. 88. Raumer: Dresdener Morgenzeitung 1827, Nr. 122.

S. 89. Granville: A. B. C., St. Petersburgh, Memoirs, London 1828,
tom I. p. 287. — In dem Buche findet sich auch ein lange übersehener interessanter
Bericht über Es. Besuch bei Goethe in Weimar.

S. 90. Berliner Vertrag: Akten der Kgl. Generalintendantur. Er sollte
am 1. Oktober 1830 in Kraft treten. Das Original trägt Henriettes Unterschrift, Frankfurt a./M. 23. Nov. 1827.

S. 90. Spontini: Gasparo, geb. 1774 zu Majolati in Italien, gest. 1851
ebenda, seit 1803 in Paris, Günstling Napoleons, errang 1807 mit seiner Oper „Die
Vestalin" europäische Berühmtheit, von 1820—1842 in Berlin Generalmusikdirektor, von
Friedrich Wilhelm III. trotz aller Charakterfehler Spontinis und häufigen Kabalen seiner
Gegner, zu denen die Generalintendanz und schließlich die Majorität der Opernbesucher
zählten, gestützt und in ungewöhnlicher Weise ausgezeichnet. Vergl. L. Rellstab „Mein
Verhältnis als Kritiker zu Herrn Spontini, Berlin 1823. — C. F. Müller, Spontini und
und Rellstab, Berlin 1833. — Heinr. Dorn, Spontini in Deutschland, Leipzig 1830.
v. Krosigh, Graf Brühl, Berlin 1902.

S. 93. Kapitel VII: Goethe siehe Anmerkung S. 274.

S. 93. Sontagbüsten von Wichmann und Rauch: Goethes Tagebücher,
Band XI. 1828, 14. u. 19. Nov.: „Mit Riemer die Büste der Dem. S. neuerlich be-
schaut und besprochen." Goethes Dankbrief an Wichmann; Goethe-Jahrbuch, Bd. VI., S. 24.
In Karl Eggers Buch „Rauch und Goethe", Berlin 1889, wird die Büste nicht erwähnt.

S. 94. Provinzgastspiele 1827: Einen Brief der S. vom 24. Juli
1827 an die Intendanz des Dresdener Hoftheaters, der ihr dortiges Gastspiel (vergl.

Prölß, Geschichte des Hoftheaters zu Dresden, S. 415) einleitete, hat Ad. Kohut in seinem Buche „Gesangsköniginnen (Berlin 1905), Band II. S. 139 veröffentlicht. — Über ihr Breslauer Gastspiel (ein Konzert, vier Opernvorstellungen) vergl. Max Schlesinger, Geschichte des Breslauer Theaters (1898) S. 184. In einem Briefe aus Breslau klagt sie, ohne polizeiliche Hilfe könne sie durch die Menge der Enthusiasten nicht zu ihrem Wagen gelangen. Göttinger Studenten: Carl Sontag, Bühnenerlebnisse, S. 13. Daß andererseits in kleinen Städten der Erfolg der Sängerin nicht immer treu blieb, beweist ein Gastspielbericht aus Frankfurt a./O. vom Mai 1827: „Die Sache war höchst schlecht arrangiert, der Saal finster und leer, letzteres wegen des abschreckenden Preises, 2 Rthlr. pro Person, und die Schöne sang, hierdurch gekränkt, nur ziemlich mittelmäßig" (Briefe und Aktenstücke aus dem Nachlaß von J. A. Staegemann, 3. Band, S. 350 u. 363. Berlin 1902). — Fragmente aus dem Reisetagebuche des türkischen Sultans über Deutschland im Jahre 1827, Stuttgart 1828, S. 30 u. f.

S. 94. Boerne: In mehreren biographischen Darstellungen der S. sowohl wie Boernes ist sein Artikel irrtümlich in das Jahr 1826 verlegt. Er erschien aber erst Ende Dezember 1827 in Cottas Morgenblatt. — Aus der erhaltenen Originalhandschrift wird in der neuen historisch=kritischen Ausgabe von Boernes Werken, her. v. L. Geiger, II. Band her. v. E. Kalischer und Rudolf Fuerst, Berlin 1911, S. 329—331 eine im Drucke gestrichene Stelle voll heftiger Vorwürfe gegen die Frankfurter Theaterdirektion, die die Sängerin geprellt und schikaniert habe, erstmalig mitgeteilt. — Vergl. Mich. Holzmann, Ludwig Boerne, Berlin 1888. — L. Geiger, Boernes Berliner Briefe 1828, Berlin 1905. — Elisabeth Mentzel, Briefe von Frau J. Strauß=Wohl an Boerne, Berlin 1907. — Alfred Klaar, Einleitung zu „Dramaturgische Blätter I", Band 1 der histor.= kritischen Ausgabe.

S. 96. Darmstadt: Knispel a. a. O. S. 62.

S. 98. Zweiter Pariser Aufenthalt: G. Bazoldo, Il ritorno al regio teatro italiano della Signora Enrichetta Sontag. Parigi 1829. — F. v. Raumer, Briefe aus Paris, Leipzig 1831. — F. Fétis, Revue musicale, tom. III/IV. Paris 1828/29, Castil-Blaze, l' opéra italien à Paris. Paris 1856. — Dr. L. Véron, mémoires d'un bourgeois de Paris. 3—5 vol., Paris 1856. — A de Pontmartin, souvenirs d'un vieux mélomane, Paris 1878. — Auguste Thurner, Les reines du chant Paris 1883.

S. 98. Pisaroni: Benedetta Rosamunde aus Piacenza, 1793—1872, ursprünglich Coloratursopran, dann Altistin, trotz ungewöhnlicher Häßlichkeit in ihrer Heimat und Paris viel gefeiert.

S. 99. Mars: Eine sehr lebendige Schilderung des damaligen Spiels der berühmten Sozietärin des Théâtre Français giebt die Bauer in ihren nachgel. Memoiren Band III.

S. 103. Nina Sontag: Vergl. auch Klingemann, Natur und Kunst, III. 282/83 u. K. Bauer a. a. O. II. 188/89, 223—230.

S. 104. Saphir: Die Zeitungsgründung, Zensurstreitigkeiten und Strafverfahren nach den Akten des Königl. Staatsarchivs und Stadtgerichts. Saphir war von Goedeke in der ersten Auflage seines Grundrisses (III. Band) auch in bibliographischer Hinsicht als quantité negligeable behandelt und u. a. auch sein Geburtsjahr falsch (1775 statt 1795) angegeben worden. In der neuen Auflage des Grundrisses (Band IX. S. 152—169 u. Nachtrag S. 549) hat 1908 Alfred Rosenbaum die zahllosen opuscula und bänderreichen Gesamtausgaben sowie die an den Namen des berüchtigten Spötters anknüpfende weitschichtige Broschüren= und Journalliteratur in größter Vollständigkeit mit peinlicher Akribie in der Wiedergabe der meist geschwollenen und langatmigen Titel verzeichnet. Es sei daher ein für alle mal auf diese Bibliographie verwiesen und hier nur ein Verzeichnis der wichtigsten abgekürzten Titel in chronologischer Folge gegeben:

a. Berliner Schnellpost f. Lit., Theater und Gesellschaft, 4 Jahrgänge. Berlin 1826/29.

b. Berliner Courier, ein Morgenblatt für Theater usw. 3 Jahrgänge. Berlin 1827/29.

(Ganz vollständige Exemplare beider Zeitschriften habe ich auf keiner Bibliothek vorgefunden. So fehlen z. B. in dem Exemplar der Berliner Kgl. Bibliothek allein vom Jahrgang 1829 April bis Dezember 27 Nummern).

c. M. G. Saphir und Berlin. Von Alexis und Genossen, Berlin 1828.

d. Habitt von Moskau contra M. G. Saphir, Berlin 1828.

(Der damals berühmte Taschenspieler entfaltet einen großen Aufwand an Gelehrsamkeit mit lateinischen und französischen Zitaten, um seinen Gegner, dem er u. a. mangelhafte Kenntnis der deutschen Sprache und des deutschen Stils vorwirft, zu demütigen. Aus dem heute vielleicht nur noch auf der Berliner Kgl. Bibliothek vorhandenen Schriftchen sei eine Probe des im damaligen Geisterkampf beliebten Tones geboten: „Wenn Sie sich aber einfallen lassen, mich Ihren ‚Sohn‘ zu nennen, so weiß ich allerdings nicht, wie Sie zu dieser unverschämten Familiarität kommen. Ich muß erklären, daß ich es unter keinen Umständen mir zur Ehre rechnen würde, mit Ihnen verwandt zu sein; denn auf diese Weise käme ich vielleicht zu einer etwas allzu großen Verwandtschaft. Übrigens ist die Familie Habitt zu bekannt (wenigstens in Rußland), als daß man nicht wissen sollte, wie mein Vater, mein Großvater, mein Urgroßvater und so in aufsteigender Linie weiter fort (zu einer Zeit, wo die Aufklärung noch nicht bis zu den Söhnen Israels hingedrungen war) sich das National-gericht Kapusta mit Schweinefleisch sehr gut haben schmecken lassen; sie alle, gleich mir, Ihrem gehorsamsten Diener, waren stets — gute griechische Christen.")

e. M. G. Saphir; der getötete und dennoch lebende Saphir oder 13 Bühnendichter und ein Taschenspieler, Berlin 1828.

f. M. G. Saphir, Kommt her! oder liebes Publikum usw. Berlin 1828.

(Darin eine unverklausulierte Entschuldigung an die Adresse der Sontag S. 13: „Leider aber traf mancher Pfeil, in der Hitze geschleudert, auch Dlle. Sontag. Der Eifer mag mich wohl zu weit hingerissen haben, und Vieles würde ich, wenn ich könnte, gern ungeschrieben machen".)

g. Julius Curtius, der lebende und dennoch maustote Saphir, Berlin 1828.

(Vermutet richtig, daß Saphir seine Pamphlete gleich mit dem Vermerk: „zweite und dritte Auflage" versehen lasse. „Uns wenigstens ist es nicht gelungen, eines Exemplars der ersten Auflage ansichtig zu werden, obgleich wir schon Mittags (am Erscheinungstage) nach derselben fragten." Erwähnt, Saphir halte sich seinen Privatsekretär Bauerhahn nur, „damit dieser ihm seine Donatschnitzer ausmerze". Nimmt im übrigen gegen die 13 Bühnendichter Partei. Die Unterschriften seien wie beim Banket der Wallensteinschen Generale gesammelt.)

h. (Wilh. Wackernagel) Otto Bellmann und M. G. Saphir usw. Berlin 1828.

i. M. G. Saphir. Der eiserne Abschiedsbrief. Hamburg 1828.

k. Habitts aus Moskau notgedrungene Erklärung. Braunschweig 1829.

Gegen den rücksichtslosen vermeintlichen Witz in der Kritik regten sich schon damals auch manche Stimmen Unbeteiligter, z. B. L. Halirsch, Dramaturgische Skizzen 1829. — J. Jacobs, Bilder und Zustände von Berlin, Bd. 2, S. 154/160. Altenburg 1833. Der junge Gutzkow urteilt schon 1831 in seinem „Forum der Journalliteratur" über die betreffenden Jahre wie über eine längst verflossene Periode: „Die Zeit ist vorüber . . . . da eine Sontag das Berliner Publikum total verrückt, auch Saphir ist dahin und die Schnellpost und Kühn, Häring, Rellstab, Curtius, alles vorüber . ." Ein Pröbchen, wie dem gefürchteten Kritiker von Künstlern gelegentlich auf Kosten der Wahrheit geschmeichelt wurde, bietet ein in E. Frensdorffs Anzeiger Nr. 23 auszugsweise abgedruckter Brief des beliebten Wiener Komikers Ignatz Schuster, der im August 1829 von seinem Berliner Gastspiel über Saphir, an den er von Bäuerle empfohlen worden war, und der ihn im Courier gelobt hatte, berichtet: „Ferner ersuche ich Sie zum Herrn von Bäuerle zu gehen und ihm zu sagen, daß ich von Herrn Saphir sehr freundschaftlich aufgenommen wurde. Er hat auch schon in seinem Courier sehr ehrenvolle Erwähnung gemacht. Herr Saphir ist von dem gelehrten Teil des Publikums und besonders vom König und der König-lichen Familie als ein sehr scharfsichtiger witziger Schriftsteller geachtet, wovon ich mich selbst überzeugt habe und in kurzem wird er wohl eine Königliche Anstellung bekommen. Zugleich bedeutete ihn der König, daß wenn Höchstderselbe nach Paris ginge, er ihm nachfolgen dürfte . . ." Der Brief sollte auf dem Umweg über Wien natürlich Saphir zur Kenntnis gebracht werden. — Vergl. über Saphir Gustav Kühne, Porträts und Silhouetten, 1843. — L. Geiger, Geistiges Berlin, 2. Band 1895. Derselbe, Saphir und die preußische Zensur in: Voss. Zeitung 1900, Nr. 256/58. Derselbe, Boernes Briefe S. 23. — Heinr. Stümcke, „Berliner Theaterhändel von 80 Jahren" in Preuß. Jahr-bücher, Band 129, 1. Heft, Berlin 1907. Derselbe, Saphiriana und andere Allotria vom weiland Königst. Theater, in „Bühne und Welt", Jahrg. XI. 21. Band. Der-selbe, Henriette Sontag in Berlin, in: Theaterkalender auf das Jahr 1911, Berlin 1910.

S. 114. A k r o s t i c h o n = A f f ä r e : Dieselbe ist in der Folgezeit zumeist falsch dargestellt worden, wozu Saphir durch seine renommistische Darstellung des Falles selber Anlaß gab. Vgl. Litter. Zodiacus 1835, S. 74: „In den „dummen Briefen", die klüger sind als die anderen, erzählt Saphir seine Aventüren mit dem verstorbenen Zensor Granow; auch seine Fehden wegen der Sontag mit den Berliner Bühnendichtern geben ihm noch immer Stoff zu Späßen, er kann seine Berliner Glanzperiode nicht vergessen".

Wurzbach a. a. O. S. 69 (und Schlossar, A. Dt. Biographie (Artikel Saphir) behauptet irrtümlich, daß das Akrostichon=Gedicht H e n r i e t t e S. gegolten habe. Saphir sei dieser Büberei wegen zu sechswöchentlicher Gefängnisstrafe verurteilt worden, die er aber erst in München auf Requisition des Berliner Stadtgerichts abge-sessen habe (!). — In Band 28 S. 216 seines Lexikons kommt Wurzbach nochmals auf die Sontagaffäre zu sprechen und läßt Saphir das Gedicht in der Spenerschen Zeitung veröffentlichen und nach dem Skandalerfolg seine Berliner Schnellpost begründen!

Richtig ist, daß das Akrostichon für Saphir ein polizeiliches Nachspiel hatte, indem die Behörde darin eine „Zensurtäuschung" erblickte, ihn vorlud und ihm eröffnen ließ, daß er im Wiederholungsfalle in Polizeigewahrsam genommen, bezw. ausgewiesen werden würde. Der also Gemaßregelte protestierte in einem Schreiben an das Polizeipräsidium unterm 21. März 1828 in dreister und spöttischer Form: Ein titl. Polizei=Präsidium hat Gefallen getragen, mich wegen eines einzigen Gedichtes an Mlle. Nina Sontag peinlich vorladen und mir in ungemäßigt harten Worten eine protokollarische Eröffnung machen zu lassen. Ich hätte zwar, da sich Herr Assessor Petersen weigerte, meine Entgegnung in die Verhandlung zu nehmen, dasselbe nicht zu unterschreiben gebraucht, allein ich tat's aus Hochachtung für Ein tit. Polizei-Präsidium. Daher muß ich mich beeilen vorzustellen, daß ich diese Eröffnung keineswegs als genossen betrachte, da ich ihre gesetzliche Gerechtigkeit nicht fassen kann. Ein Akrostichon ist eine Dichtungs-Form, die den Zensur- und Polizeigesetzen nach erlaubt ist. Das Gesetz sagt aber nichts davon, daß bei einem Akrostichon die Anfangsbuchstaben ausgezeichnet werden müssen. Dieses hängt bloß vom Dichter ab, je nachdem er die Deutung all- oder minderbekannt wissen will. Es ist also unbegreiflich, wie das eine „Zensurtäuschung" genannt werden kann.

Überdies ist doch die Zensur nicht da, sich täuschen zu lassen. Könnte also auch von einer Zensurtäuschung die Rede sein, so ist es auffallend, wie die Zensur mit dem Autor verwechselt werden kann. Selbst wenn ich gestehen wollte, wie dies der Fall nicht ist, daß das Gedicht absichtlich so gemacht worden ist, kann mir gerechter Weise kein Verweis gegeben werden, denn selbst wenn ich es mit ausgezeichneten Buchstaben hätte drucken lassen wollen, hätte mir eine willkürlose Zensur es nicht streichen können, da eine Schauspielerin nicht außer den Grenzen der „ungeheuren Ironie" liegt, und ich weder ein Staats-, noch Religions-, noch Sitten-, noch Polizeivergehen damit begangen haben würde.

Der Herr Assessor Petersen hat mich ferner verwarnt, daß ich bei der ersten Wiederholung mit persönlicher Haft, bei der zweiten mit Verweisung aus Berlin bestraft werden sollte. Darüber darf ich jetzt nichts schreiben, da es ein „neues Stück" ist, das erst nach der dritten Vorstellung besprochen werden darf. Indessen hätte ich ebenso geduldig anhören müssen, daß ich bei der ersten Wiederholung geköpft werde. Den Grundzucker der protokollarischen Eröffnungen machte die Anzeige, daß meine Zensur noch verstrengert werden solle. Ich bedaure sehr, daß mir dieser Beweis von Güte nicht mehr zustatten kommen kann, denn ich kann von meiner Zensur wie jener Reisende von seinen Reisen sagen: ich bin so weit gekommen, daß ich bald auf Nichts getreten wäre.

Die offene Sprache möge Einem titl. Polizeipräsidium beweisen, welche unendliche Hochachtung ich für deren Hochherzigkeit und Gerechtigkeitsliebe hege."

Der Polizeipräsident von Esenbeck beantragte wegen dieser „Persiflierung der ergangenen höheren Verfügung einer königl. Behörde" die gesetzliche Bestrafung des Inkulpaten beim Berliner Stadtgericht, das S. zu sechs Wochen Gefängnis verurteilte. Das Kammergericht als Revisionsinstanz bestätigte die Strafe. Ob Saphir die 6 Wochen in der Tat abgesessen hat, ist aus den Akten nicht ersichtlich.

S. 124, 142/44 u. 147. A a c h e n : Almanach für die Aachener Stadttheater, von Arendt 1829. – A. Fritz, Theater und Musik in Aachen, 2. Teil.

S. 124. L o n d o n e r G a s t s p i e l : New Monthley Magazine, London, Juni 1828, – Signale für die musikalische Welt, Leipzig 1873, Nr. 43. – Moscheles a. a. O. Fétis a. a. O. – John Ebers, Seven Years of the Kings Theatre, London 1828. – Edward Holmes, a ramble among the musicians of Germany, London 1828. Henry S. Edwards, the Prima Donna. Vol. pag. 213/42, London 1888. – Anna Comtesse de Brémont, Great singers (Sontag-Malibran) London 1892. – H. Berlioz, la version Sontag in Grotesques 1862. – Das Londoner Repertoire der S. 1828/29 ist in A Memoir of the Countess de Rossi pag. 59–72 genau verzeichnet.

S. 129. P ü c k l e r : Biographie von L. Assing, Band I., S. 234 u. f.

Fürst P. hatte sich im Frühjahr 1828 nach England begeben, um dort mit Einwilligung seiner ersten Gemahlin, einer Verwandten des Fürsten Hardenberg, eine reiche Erbin zwecks Aufbesserung seiner völlig zerrütteten Vermögensverhältnisse zu heiraten. In seinen, eine beispiellose Mischung von Naivität und Zynismus verratenden Briefen, hält er seine „Schnucke" über seine Abenteuer und Erfolge auf dem Laufenden. Die Sontag kannte er bereits aus der Berliner Gesellschaft, sie machte gleich beim ersten Wiedersehen einen starken Eindruck auf ihn: „Es ist ein reizendes Geschöpf und gewiß äußerst verführerisch für Leute, die entweder noch neu in der Welt sind, oder nichts zu sorgen noch zu tun haben, als ihren Wünschen nachzugehen. Die kleine Kokette hatte mir gleich die schwache Seite abgemerkt, und sprach mit den süßesten Blicken von nichts wie dem Glücke der Häuslichkeit und des Landlebens, und wie unglücklich sie sich fühle, ein leeres Leben der Eitelkeit, und bei allem scheinbaren Glanz, der Unbefriedigtheit und oft Demütigung zu führen. . . . . Sie ist hier als etwas Neues und Berühmtes jetzt in höchster Fashion, und hat alle Grands zu ihren Füßen, was ihr jedoch nicht im geringsten den Kopf zu verdrehen scheint." Sie kam Pückler nach seiner Behauptung äußerst vertraulich entgegen und behandelte ihn wie einen älteren Bruder, der nur im Scherze den Liebhaber spielt. „Sie ist wirklich ein kleiner Engel, dem ich 50 000 Pfund Sterling und einen anderen Namen wünschen möchte." Bei einer mitternächtlichen Wagenpartie kam es einige Tage später zum Austausch harmloser Zärtlichkeiten. Pückler war erstaunt, „wie rein und unschuldig sich dieses Mädchen in solcher Umgebung erhalten habe".

Sein Interesse für die schöne Sängerin kam seinem Werben um reiche Erbinnen natürlich nicht zustatten. Er fand die Reflektantinnen teils zu häßlich, teils die Mitgift zu klein und fragte sich, „wäre es da nicht besser, entweder einen Engel zu heiraten, der mich glücklich machen könnte ohne Rang und Geld oder zu bleiben wie ich bin". 14 Tage später, am 17. Mai scheint er von Henriette, die damals längst gewählt hatte und mit dem Grafen Rossi versprochen war und die fortwährenden Annäherungsversuche des fürstlichen Verehrers vermutlich nachgerade als Belästigung empfand, eine unverblümte Zurückweisung erhalten zu haben. Völlig zerknirscht schüttet er seiner Frau in larmoyanten Worten sein Herz aus: „Wir werden uns, meine einzige und ewige Freundin in jeder Lage des Lebens, meine treue Schnucke, bald wiedersehen, und dann sollst Du mündlich hören, wie ich einen Engel in der Welt gefunden, der meine Träume von einem Ideal, wie es für mich geschaffen sein müßte, erfüllte — für den ich in kurzer Zeit eine Leidenschaft gefaßt, der nichts je geglichen, was ich bisher empfand — und den die Gewalt der Verhältnisse mich gezwungen, unabänderlich gezwungen, auf ewig zu verlassen. — Vier Tage habe ich wahrhaft in der Hölle und rastlos zugebracht, ja, ich konnte selbst Dir nicht schreiben! Es war ein Zustand, den die Natur keines Menschen lange ertragen könnte." Vergl. Briefwechsel des Fürsten Hermann von Pückler-Muskau, herausgegeben von Ludmilla Assing, VI. Band, Berlin 1874. — Die in L. Sterns Katalog der Varnhagen-Sammlung der Kgl. Bibliothek (Berlin 1911) S. 769 verzeichneten zwei Briefe der Sontag an Fürst Pückler sind in Wahrheit nicht vorhanden.

S. 130. M a l i b r a n : Die abschließende erst nach Drucklegung des betr. Kapitel meines Buches erschienene Biographie der M. entstammt der Feder Arthur Pougins (Paris 1911). Darin über die Sontag pag. 54 eine interessante Zuschrift Legouvés: Die Malibran habe gegen die Behauptung eines Verehrers, ihre Konkurrentin sei kalt, lebhaft protestiert: „Froide! Il ne lui manque qu'une chose, c'est d'avoir souffert. Qu'il lui vienne un chagrin, et vous verrez si elle est froide! — K. Bauer, Mem. III, 69—74 über S. und Malibran in Paris.

S. 132. M e r l i n : Comtesse Mercedes de, 1788—1853. Les loisirs d'une femme du monde, par la comtesse M., 2 vol., Paris 1838, Ladvocat. Mit Porträt der Malibran und fast völlig ihrer Lebensgeschichte gewidmet. Unter dem Titel „Madame Malibran" erschien eine zweite Ausgabe gleichzeitig in Brüssel (Société typogr. Belge, Ad. Wahlen & Cie.). Deutsche Übersetzung: Georg Lotz, M. Malibran als Weib und Künstlerin. Nach der Gräfin Merlin. Leipzig 1839. Ferner L. Kruse, Erinnerungen aus dem Leben einer Kreolin. Von der Gräfin Merlin. Leipzig 1837, 4 Bände. (Die drei letztgenannten Werke fehlen in Pougins Bibliographie der Malibranliteratur a. a. O. pag. 274/75.) Das Verdienst, die beiden Rivalinnen zuerst zum Duett vereinigt zu haben, wird der Merlin von Fétis bestritten, der behauptet, daß S. u. M. zuerst auf seine Anregung in einer Soiree des Lord Saulton in London 1829 das Duett zwischen Semiramis und Arsaces aus Rossinis Oper gesungen hätten.

S. 133. Zingarellis Romeo: Berlioz, à travers chant (1862), äußert sich scharf gegen das „eingewurzelte Vorurteil eines kindischen Sensualismus. Man nahm für solche Liebhaberrollen Frauen, weil in den Duetten zwei weibliche Stimmen Terzenreihen, welche dem italienischen Ohr so sehr behagen, leichter hervorzubringen vermögen."

S. 139. Graf Rossi: Der Brief an die Andree bricht leider mit dem Zitat ab, da das zweite Blatt, das vermutlich weitere Mitteilungen über das Wiedersehen und die Vermählung enthielt, abgerissen ist. — Infolge Kahlköpfigkeit hatte Rossi schon in jungen Jahren zu einer Perücke Zuflucht genommen. Über sein Äußeres vergl. Carl Sontag, Bühnenerlebnisse (1876), S. 65. Die Anekdoten bei K. Bauer, Bühnenleben, S. 150, tragen offensichtlich den Stempel boshafter Erfindung. Auf einer sehr seltenen kolorierten Lithographie aus jenen Jahren: „Henriette S. macht ihren Mann, den Grafen Rossi, mit Direktor Cerf und Bankier Beer (dem Geldmann des Königstädt. Theaters) bekannt", ist Rossi ebenso wie die beiden jüdischen Herren leicht karrikiert. (Stark verkleinerte Abbildung im Auktionskatalog der Sammlung J. Aufseesser, Berlin 1912.)

S. 142. Heirat: Das genaue Datum ist auch in der „offiziösen" Sontag-Literatur nirgends angegeben. Dettinger, Moniteur des dates, 25. Lieferung, S. 72 verlegt die Trauung schon in das Jahr 1827. In A Memoir, London 1849, pag. 42 heißt es: The wedding was solemnized with all due form, but in secret, with only two or three intimate friends as witnesses.

S. 145. Mendelssohn: Über seine Beziehungen zu H. S. vergl. S. 151 Hensel, Die Familie Mendelssohn, 1879, u. ö. — Reisebriefe, herausgegeben von Paul M., 1861, u. ö. — Briefe an Moscheles, 1888.

S. 146. Cintie Damoreau: 1801—1863, Koloratursängerin, 1819 Debut an der italienischen Oper in Paris, anfänglich ohne Erfolg, dann von Rossini begünstigt und 1826 an der großen Oper engagiert, später an der komischen Oper und auf ausgedehnten Gastspielreisen. Zuletzt Lehrerin am Konservatorium in Paris.

S. 149. Berliner Abschiedsgastspiel: Rellstab und Zelter a. a. O. — Allgem. Deutsche Musikzeitung, Berlin 1830. — Leopold v. Gerlach, Denkwürdigkeiten, Bd. 1. Berlin 1891.

S. 150. Scribe: Von Scribe und Saint Georges wurde am 21. September 1836 an der Pariser Opéra Comique eine komische Oper, deren Musik Auber geschaffen, aufgeführt: „L'Ambassadrice". Oeuvres complètes de Eugen Scribe, IV. Serie, 6me Vol. pag. 155—257. Paris 1878. Auch wenn die darin auftretende Primadonna, deren Rolle von der Cintie Damoreau gesungen wurde, nicht Henriette hieße, wäre die Anspielung auf das Ehepaar Rossi nicht zu verkennen. Der Graf mag freilich über sein Ebenbild in der Komödie, den Botschafter Herzog von Wallberg, der halb Trottel, halb Lebemann ist, nicht eben entzückt gewesen sein. Der Herzog führt sich bei der Primadonna, die von ihrer Tante behütet wird, in München als englischer Impresario ein, wird entlarvt, gesteht seine Liebe und Heiratsabsichten: „Ich ahne im voraus die Vorwürfe der Welt und meiner Familie und trotze ihnen. Mein Landesherr allein könnte sich dieser Heirat widersetzen, aber ich hoffe zuversichtlich, ihn umzustimmen, andernfalls, wenn er seine Einwilligung verweigert, würde die Wahl zwischen der Gunst eines Fürsten und dem Glück meines Lebens mir nicht schwer fallen." Durch solche Opferwilligkeit gerührt, folgt Henriette dem Botschafter nach Berlin, wo er sie seiner adelsstolzen Schwester als eine junge Waise aus guter aber armer Adelsfamilie zuführt. Von ihrer Theatervergangenheit darf kein Sterbenswörtchen verlauten, sie muß sich von der gräflichen Dilettantin sogar Singstunden erteilen lassen und eine ihrer Glanznummern aus einer der „Italienerin in Algier" nachgebildeten Oper mit absichtlichem Ungeschick trällern. Henriettes ehemaliger Direktor Fortunatus sucht seinen Star wieder an sich zu locken. Der Zufall kommt ihm zu Hilfe. Wallberg, der schon vor der Bekanntschaft mit Henriette mit ihrer Kollegin Charlotte geliebelt hat, setzt eines Abends im Theater in seiner Loge seine Bewerbung um das Mädchen fort. Sie versäumt ihr Auftreten, als Stellvertreterin erscheint Henriette, jubelnd begrüßt, wieder auf den Brettern. Sie fühlt, daß der Herzog in ihr nicht so sehr die Frau, als die gefeierte Künstlerin geliebt hat und daß ihr Platz nicht an seiner Seite als Frau Botschafterin, sondern auf der Bühne ist, zerreißt den Brief des Königs, in dem der Monarch seine Einwilligung zur Heirat giebt, und die Vermögensverschreibung des Herzogs und ruft: „Ein jeder, monseigneur, an seinen Platz, ich auf die Bühne und Sie in die Loge des Königs."

„Scribe et Saint-Georges mettaient peu après à l'Opera-Comique, avec le succès que l'on sait, sous ce même prénom d'Henriette, et en lui faisant gazouiller les cantilènes enchanteresses d'Auber, la fée médiatisée dans le monde diplomatique, Titania comprimée sous le maroquin de l'almanach de Gotha. Pourrait on refuser a cette vie romanesque le caractère dramatique, quand on n'a eu rien a ajouter pour y intéresser les spectateurs au théâtre?" (Paul Foucher. chronique musicale 1875.) Wie Clement-Larousse, Dictionnaire des opéras, 2. A., pag. 42 angibt, war die „Henriette" lange Jahre eine beliebte Debutrolle der jungen Pariser Konservatoristinnen. — H. Riemann, Opernhandbuch (1887) S. 16, behauptet fälschlich: „Das Stück erhielt 1850 besondere Anziehungskraft dadurch, daß Henriette S. in der Hauptrolle (Henriette) auftrat, deren Schicksale mit denen der Titelheldin viel (?) Verwandtes hatten." Riemann scheint das Libretto nicht gelesen und eine Bemerkung von Clement-Larousse a. a. O. „La reapparition de Mad. Rossi sur la scène prouva, que le sujet du poème n'était pas invraisemblable" mißverstanden zu haben. Lumley (a. a. O. pag. 249) meint, eine Identifizierung von Henriettes Gemahl mit Scribes Botschafter „would be the greatest calumny against her excellent husband Count Rossi."

S. 154. Hamburger Gastspiel: Uhde, Hamburger Stadttheater (1881), S. 86. — Fr. L. Schmidt, Denkwürdigkeiten, Band 2, S. 283. — Über Abstecher (1830) nach Magdeburg, Dessau und Fischbach: Dr.W. Ahrens, H. S. in Magdeburg, in Wissenschaftl. Beilage der Magdeb. Zeitung. Nr. 29. 1912. — Therese Devrient, Jugenderinnerungen (1905) S. 348.

S. 154. Tobias Sonnabend: Die beiden nur 23 Seiten starken Heftchen zählen unter den mancherlei Seltenheiten der Sontag-Literatur heute zu den allerrarsten. Lewald verteidigte sich:

Pamphlet nennt's nicht, erniedrigt zum Pasquille
Hat Sonnabend die Feder wahrlich nie.
War sie auch bitter, die er reicht, die Pille —
So ward drum heilsamer befunden sie.

Auf die Geistesverwandtschaft seines Opus weist er scherzend in der Einleitung zum zweiten Heftchen selber hin:

Wer wagt es, so das Hohe anzutasten?
Ist Rellstab, Saphir hier in unsrer Stadt?

August Lewald, Aquarelle aus dem Leben. 2 Teil. S. 102/5. Mannheim 1836. — H. Heine, sämtl. Werke, her. v. A. Strodtmann. Band 20. Hamburg 1877. — Dieselben, her. v. E. Karpeles. Band 9. Berlin 1893.

Heine erwähnt die Sontag flüchtig in seinen Reisebildern („Die Stadt Lucca") und im Romancero. (Oktober 1849: Die Sontag, die dem Grab entsteigt, Begrüßt Raketenlärm — die alte Leyer.)

S. 157. Herloßsohn: Gehörte damals zum Freundeskreise Saphirs und weilte im kritischen Jahr 1828 vier Wochen bei ihm zu Besuch. Vergl. Taschenbuch Libussa, Prag 1849. S. 414/83.

S. 161. Anzapfungen: Eine Mystifikation und mißbräuchliche Ausnutzung eines populären Namens zu Reklamezwecken ist auch ein 1830 in Stuttgart bei Paul Neff erschienener Ratgeber für Schönheitspflege: Henriette Sontags Toilettenbüchlein. Ein Geschenk für Damen und Herren, die ihre Toilette geschmackvoll einrichten und in wenigen Stunden die Kunst, sich selbst zu frisieren, erlernen wollen: nebst Schönheitsmitteln, Ratschlägen und bewährten Rezepten usw. 203 S. 12⁰.

S. 161. Warschau: Durch den Komponisten Fürsten Radziwill wurde während ihres Warschauer Aufenthalts Henriettes Bekanntschaft mit Chopin vermittelt. Der feurige junge polnische Tonsetzer lag sofort in den Banden der anmutigen Sängerin, von deren Verheiratung er nichts gewußt zu haben scheint, da er sie ständig Frl. Sontag nennt. In einem Briefe an seinen Busenfreund Titus Wojciechowski (5. Juni 1830) hat er seine kurze Bekanntschaft mit der Sontag ausführlich geschildert. Chopins Briefe, die bisher nur in willkürlich gekürzter und gefälschter Form in den diversen Ausgaben der Chopin-Biographie von M. Karasowsky zugänglich waren, liegen jetzt in einer vortrefflichen deutschen Gesamtausgabe, die Bernhard Scharlitt 1911 in Leipzig veröffentlicht hat, vor. Es heißt dort in Nr. 27: „Du glaubst nicht, wie viel Vergnügen mir die nähere Bekanntschaft, d. h. im Zimmer auf dem Kanapee, denn Du weißt ja, daß wir uns weiter nicht einlassen, dieser Gottgesandten bereitet hat, wie sie von einigen hiesigen Enthusiasten mit Recht genannt wird. Frl. Sontag ist nicht schön, jedoch im höchsten Grade hübsch. Sie bezaubert alle mit ihrer Stimme, die wohl nicht sehr groß, weil sie diese gewöhnlich nur vom tiefen a bis zum zweigestrichenen Cis uns hören läßt, jedoch außerordentlich ausgebildet ist. Ihre Diminuendi sind non plus ultra, ihre Portamenti reizend, ihre Gamen, insbesondere die chromatischen nach der Höhe zu — unerreicht. Sie hat uns eine Arie von Mercadanti sehr, sehr, sehr schön vorgetragen; die Variationen von Rode — namentlich die letzte Roulade — mehr wie vorzüglich. Variationen über schweizerische Themen haben dermaßen gefallen, daß sie, hervorgerufen, zum Dank, anstatt großer Knixe, diese Variationen noch einmal gesungen hat! Sie ist von unbeschreiblicher Güte." Im Morgennegligé fand er sie „noch millionenmal hübscher als im Galakleide des Abends". Zum Schluß des Briefes kommt er noch einmal auf sein Ideal zurück: „Sie besitzt manche Broderien von ganz neuer Art, mit welchen sie gewaltigen Eindruck macht, freilich keinen

folchen wie Peganini. Vielleicht kommt dies daher, daß die Art eine kleinere ift. Man
hat die Empfindung, als hauchte fie in das Parterre den Duft von frifcheften Blumen
und liebkofte mit den Wonnen ihrer Stimme, fie reizt wohl, rührt jedoch felten zu
Tränen. Radziwill fagte jedoch, daß fie die letzte Szene der Desdemona in Othello in
einer Weife fingt und fpielt, daß niemand imftande ift, die Tränen zurückzuhalten. Ich
habe fie vor einer Weile gefragt, ob fie uns nicht diefe Szene im Koftüm fingen möchte
(fie foll eine vorzügliche Schaufpielerin fein); fie erwiderte mir, es fei wahr, daß fie in
den Augen der Zuschauer oft Tränen gefehen habe, daß fie jedoch von dem Spiel auf
der Bühne angegriffen werde und fich daher das Wort gegeben habe, fo felten als
möglich in Rollen aufzutreten." Während der acht Tage ihres Warfchauer Aufenthalts
fpielten fich in der Wohnung der Sontag ähnliche Szenen ab, wie zur Zeit des Höhe-
punkts des Sontagfiebers in Berlin 1826. Senatoren, Kaftellane, Wojewoden, Minifter,
Generäle und Adjutanten drängten fich, wie Chopin berichtet, in ihren Vorzimmern und
wurden nicht müde, ihr in die Äuglein zu fchauen und vom Wetter zu plaudern. „Sie
empfängt alle in liebenswürdigfter Laune, weil fie fo herzensgut ift, daß fie garnicht
unhöflich fein könnte." Über die Stimmen von Chopins Freundinnen, die Sängerinnen
Gladkowska und Wolkow, die mit ihrem Gefangsmeifter Saliva vor ihr Probe fangen,
äußerte fie fich nicht fonderlich günftig. Sie fand die Stimmen fchön, jedoch überfchrieen
und das Organ nicht in der richtigen Weife gebildet. Ihre Aufforderung, die Damen
möchten fie häufiger befuchen, damit fie ihnen ihre eigene Gefangsart zeigen könne, bezeichnet Chopin als „unnatürliche Höflichkeit, die durch ihr Übermaß wieder Natur werde."

S. 161. Petersburg und Moskau: In einem von P. A. Merbach in
den Mitteilungen des Vereins f. die Gefch. Berlins 1912, S. 68 veröffentlichten
burfchikofen Brief Angelys an Direktor Remie (22. Juli 1830), der anfcheinend ein
italienifches Gaftfpiel der Sontag vermitteln follte, heißt es: „Freund, Ihre Toskaniter
find Lumpenhunde und Jettchen wird nicht kommen. Wenn fie in Petersburg 4 Tage
das Maul auffperrt, fliegen ihr 10000 Rubel hinein, und in Neapel foll fie 4 Monat
für 4000 Thaler fingen? Ja, Kuchen."

S. 162. Rio de Janeiro: Wurzbach a. a. O. S. 71 betrachtet die Amerikafahrt irrtümlich als Tatfache: „1834 fchiffte fie fich in Neapel nach Rio ein, wohin ihr
Gatte als fardinifcher Gefchäftsträger gewiffermaßen verbannt wurde."

S. 162. Carlo Alberto: L. Cappelletti, storia di C. A. Roma 1891.

S. 162. Adelsdekret: Der Zeitpunkt der Nobilitierung fowie das der Sontag
verliehene Prädikat find bis in die jüngfte Zeit häufig, z. T. mit Abficht, falfch angegeben worden: 1829 oder 1830 und „Frl. v. Klarenftein". Z. B. Wurzbach a. a. O.
S. 70 und in dem Memoir London 1849, page 43: „Unsolicited (!) he (Friedrich
Wilhelm III.) spontaneously bestowed on Mlle. Sontag, before (!) her mariage a
patent of nobility." Gautier, l'Ambassadrice, Paris 1850, pag. 28, datiert die
Nobilitierung gleichfalls vor und phantafiert die Verleihung von 7 Ahnen hinzu.
Oettinger, moniteur des dates, Supplem. vol. I. pag. 154 gibt, foviel ich fehe, als ein-
ziger das aktenmäßige Datum der Nobilitierung, 22. Auguft 1831, richtig an. Ins
Gebiet der unfreiwilligen Komik gehört die Schilderung von H. Ehrlich, Berühmte
Sängerinnen, Leipzig 1895, S. 197: Endlich (!), als Roffi nach dem Haag verfetzt wurde,
machte er die eheliche Verbindung, aus welcher vier Kinder entfproffen waren, offenbar."

S. 162. Lauenftein: Der Name fcheint rein willkürlich gewählt zu fein,
denn irgendwelche Beziehungen der Gräfin Roffi zu der alten Ritterburg Lauenftein in
Oberfranken, der Heimat der fagenhaften „weißen Frau", Gräfin von Orlamünde, laffen

sich nicht nachweisen. In der Nachbarschaft des Geburtsortes Henriettes, Koblenz, befindet sich keine Burg und kein Berg dieses Namens. (Vergl. Rheinischer Antiquarius a. a. O. 1853). In den anläßlich der Nobilitierung erfolgten Akten und Korrespondenzen fehlt jeder Hinweis auf die Ableitung des Namens. Auch das der Sontag verliehene Wappen ist in dieser Hinsicht kein sogenanntes sprechendes. Der gevierte Schild zeigt im ersten und vierten Felde eine silberne Lilie, im zweiten und dritten einen roten Sparren. Auf dem Wappenschilde ruht eine goldene Adelskrone und zu beiden Seiten des Schildes erheben sich rechts ein grüner Lorbeerzweig, links ein grüner Eichenzweig, beide unten durch ein goldenes Band verbunden.

S. 162. Gautier: G's. Broschüre, L'Ambassadrice, Biographie de la Comtesse Rossi, Paris 1850, 8⁰, 35 pag. Ferdinand Sartorius éditeur, erschien anonym im Dezember 1849 und als Zeitschriftartikel gleichfalls anonym am 13. Januar 1850 in La Musique. (Dieser Artikel fehlt in Comte Spoelbergh de Loevenjoul's Bibliographie: Histoire des oeuvres de Th. Gautier, Tome I. No. 1029, Paris 1887.) Ein Nachdruck in Broschürenform kam im selben Jahre bei Stapleaux in Brüssel heraus. Nach des Dichters Tode wurde der Essay in etwas gekürzter Form in die Sammlung seiner Portraits contemporains (Paris 1874) aufgenommen. — Wenngleich es sich ersichtlich um „bestellte Arbeit" handelt, so brauchte doch der ehrlich für seine Heldin begeisterte Autor, der die Grenzen des guten Geschmackes und der aufdringlichen Reklame stets auseinander hält, sich seiner Leistung nicht zu schämen. Kritischer als in dieser anonymen Würdigung der Ambassadrice und femme du monde zeigt sich Gautier in seiner Beurteilung der Sängerin in einem Konzertbericht vom 4. März 1850. (Abgedruckt in Gautiers Histoire de l'art dramatique en France, 6ᵗᵉ série, Paris 1859, pag. 149.) Dort vermißt er „le mens divinior, qui fait qu'une grande artiste devient quelquefois une sibylle envahie par son dieu" und spricht von talents accomplis mais froids.

S. 163/64. Stillleben: Im 9. Bande des Damen-Konversationslexikons, Adorf 1837 heißt es von der Gräfin Rossi: „Eine glückliche Mutter bildschöner Kinder in den angenehmsten Verhältnissen".

S. 164. Kinder: In einem Schreiben eines Generalmajors Grafen Pückler an seinen Schwager, den Fürsten v. Pückler-Muskau, datiert Potsdam, 22. April 1830, (Varnhagen-Sammlung der Kgl. Bibliothek), auf das E. Frensdorff in den Mitteilungen d. B. f. d. Gesch. Berlins 1912, S. 74 aufmerksam gemacht hat, findet sich eine die Gräfin Rossi betreffende Stelle, die von der gegen sie in gewissen Berliner Kreisen damals beliebten leichtfertigen, um nicht zu sagen gehässigen Medisance charakteristisches Zeugnis ablegt: „Die Sontag, die mit zwei Kindern bereichert, im nachsichtsvollen Berlin, schon, wie wohl verleugnet, als Gräfin gilt, ... hat, wie es in Paris üblich, eins ihrer Kinder ausgetan, aber nicht auf das Land, sondern nur in die Vorstadt. Mütterliche Liebe führte sie zu einer ungewohnten Zeit in jene einsame Gegend, die von Kutschen wimmelte (!), weil die schlaue Pflegerin ihren Säugling als ein seltenes Kabinettstück (!) für Geld zeigte (!)". — Da das erste Kind der S. im Sommer 1829 gestorben war und das zweite erst im Sept. 1831 zur Welt kam, kann es sich, sofern die ganze Geschichte nicht bloßer Klatsch ist, nur um den damals zweijährigen Halbbruder Henriettes Carl Sontag handeln, den Franziska S. erst in seinem 7. Lebensjahre zu sich nahm und damals aus begreiflichen Gründen verleugnete. Damit mag auch das gänzlich unbegründete, in Dresden jedoch jahrzehntelang mit Zähigkeit verbreitete Gerücht, der spätere berühmte Bonvivant und Charakterkomiker sei in Wahrheit ein vorehelicher Sohn der Gräfin Rossi gewesen, zusammenhängen.

S. 165. Frankfurter Bundestag: Über die exceptionelle Stellung der Gräfin Rossi, die ihre künstlerischen Antecedentien nicht verleugnete, berichtet aus eigener Anschauung Adolf Friedrich Graf von Schack in seinen Erinnerungen „Ein halbes Jahrhundert", Band I, S. 109. Stuttgart 1888.

S. 165. Rothschild: Noch 15 Jahre aus dem Leben eines Toten. Tübingen 1853, S. 51. Verfasser? (fehlt in Holtzmann-Bohattas Anonymen-Lexikon.)

S. 166. Spohr: Der berühmte Violinvirtuose und Komponist, der Henriette vermutlich schon seit ihrem Prager Aufenthalt 1816 kannte, wirkte seit 1822 als Hofkapellmeister in Kassel. Vergl. seine Selbstbiographie (1860/61, 2 Bde.)

S. 168. Nina und Franziska Sontag: In Kassel wurde Nina wohl auf gemeinsame Verwendung Spohrs und des interimistischen Direktors Bethmann, des alten Freundes der Familie, angenommen. Vergl. W. Bennecke, Das Hoftheater in Kassel (1906) S. 80. Im Frühjahr 1833 hatte Nina mit der Truppe der Primadonna Pirscher im Kingtheater in London ein Gastspiel absolviert. Vergl. A. v. Wolzogen, Wilhelmine Schröder-Devrient (1863) S. 213. Franziska S. in Oldenburg 1834: R. v. Dalwigk, Chronik des Theaters in Oldenburg (1881), S. 23.

S. 168. Petersburger Aufenthalt: Stuttgarter Morgenblatt 1857, S. 323. — Eduard Jerrmann, Unpolitische Bilder aus Petersburg 1851.

S. 171. Czejka: Sie verstand es trotz der glänzenden Petersburger Einnahmen nicht, ihren Lebensabend sorglos zu gestalten. 1845 war sie Gesanglehrerin der Prinzessinnen in Altenburg, machte sich aber bald durch ihren Lebenswandel unmöglich und starb, wie die Rossi der Andree schreibt, 1849 gänzlich verarmt in einem Spital in Linz. Die Tochter hatte nicht die Mittel, das Begräbnis zu bezahlen. Nach Reden-Esbeck, Deutsches Bühnenlexikon I (1879) starb die C. 1850 in Ulm. Nach derselben Quelle hat eine ihrer Kompositionen „Erinnerung" durch herumziehende Harfenistinnen Weltruf erlangt.

Kapitel XI. Berliner Gesellschaft 1843—47: Varnhagen von Ense, Tagebücher, Band 2, S. 160 u. 216, Band 3, S. 311. (Vorwurf, die Gräfin Rossi wolle mit ihrer Hofball-Quadrille nur die anderen Aufzüge erdrücken.) Band 4, S. 461 über Musikabend März 1847 bei der Rossi, „deren Gesang schöner als je sein soll; Der alte Großherzog von Strelitz dort".) Band 15 = Register v. H. H. Houben (1904) — Über die Beteiligung der Gräfin Rossi an der Gründung des Sternschen Gesangvereins 1847 siehe Dr. A. Weißmann, Berlin als Musikstadt. Berlin 1911. S. 247. — Auszüge aus einigen Berliner Briefen Henriettes (Sammlung Jos. Finkelstein) mitgeteilt von K. F. Nowack „H. S. in Berlin" im Berliner Tageblatt vom 28. Juli 1908. — E. Zoller, a. a. O. S. 84/85. — S. Hensel, Die Familie Mendelssohn (1880). — Carl Sontag, Bühnenerlebnisse (1876). — H. Th. Rötscher, Erinnerungen an H. S., Gräfin Rossi in „Neues Deutsches Theaterarchiv", Berlin 1861. — Ludwig Pietsch, Erinnerungen, Berlin 1894. — Carlos von Gagern, Tote und Lebende, Erinnerungen, Berlin 1883/84. Heinrich Stümcke, Henriette Sontag in Berlin, a. a. O.

Richard Wagners flüchtige Beziehungen zur Sontag, von denen vor Veröffentlichung seiner Autobiographie nichts bekannt war, endeten mit einem sehr merkwürdigen „Brouillamini": Da die Gräfin „zu seiner wahrhaften Verwunderung (?) ihn in Dresden mit sehr einnehmender Wärme begrüßte hatte", machte Wagner ihr bei seinem nächsten Berliner Besuch seine Aufwartung und wurde freundlich empfangen. Auf ihren Wunsch, etwas von seinen neuesten Arbeiten kennen zu lernen, übergab er ihr den Text seines „Lohengrin": „Bei meinem nächsten Morgenbesuche, an welchem sie die Einladung zu einer musikalischen Abendunterhaltung, die sie dem Großherzog von Mecklenburg-Strelitz, ihrem väterlichen Beschützer, zu Liebe bei sich veranstaltete, mir vorläufig kundgab, stellte sie mir auch mein Manuskript des Lohengrin-Gedichts zurück, mit der Versicherung, es habe sie sehr angesprochen, und oft habe sie bei der Lektüre die „kleinen Feen und Elfen vor sich tanzen sehen". Da ich sonst an dem warmen, freundlichen Ausdruck der recht natürlich gebildeten Frau mich herzlich erfreut hatte, fühlte ich mich nun plötzlich wie mit kaltem Wasser übergossen, entfernte mich bald und sah die Gräfin Rossi nie wieder, wozu ich auch außerdem bei dem Ausbleiben der angekündigten Einladung keine besondere Veranlassung mehr erhielt." Danach zu urteilen, hätte die Gräfin Wagners Dichtung aus Zeitmangel garnicht gelesen, und ein paar Verlegenheitsphrasen von sich gegeben oder „Lohengrin" mit dem „Sommernachtstraum" — Mendelssohns Musik wurde im Herbst 1843 in Potsdam zum erstenmal vollständig vorgetragen — oder der Venusgrotte in „Tannhäuser" verwechselt? (Richard Wagner, Mein Leben. München 1911, S. 306 u. 415/16).

S. 172. Rossis Hausschule: A. L. Lua, Henriette Gräfin Rossi, geb. Sontag, Privatdruck ca. 1864. — Neue Berliner Musikzeitung 39. Jahrg., Berlin 1885. S. 354—394.

S. 176. Lind: Jenny Lind, die schwedische Nachtigall. Eine biographische Skizze. Hamburg 1845. S. 12—16. — Holland und Rockstroh, J. L. Deutsche Ausgabe, 2 Bände, Leipzig 1891. (Geb. 1820 in Stockholm, gest. 1887 in England, von allen Sängerinnen ihrer Zeit am häufigsten mit der Sontag verglichen und als ihre bedeutendste Rivalin anerkannt. 1838 Debut an der Stockholmer Oper, 1841 von Manuel Garcia in Paris vor dem Stimmverlust gerettet und weiter ausgebildet, 1844 bis 1847 in Berlin und anderen deutschen Städten, dann zumeist in London, 1850/52 mit Barnum in Amerika. Nach ihrer Verheiratung mit dem Komponisten Goldschmidt (1852) bis zum Jahre 1870 nur noch gelegentlich als Konzertsängerin tätig. — In ihrer Glanzzeit erregte die schöne blonde Nordlandstochter eine Begeisterung, die füglich als Lindfieber bezeichnet werden muß und dieselben die Satire herausfordernden Begleiterscheinungen wie weiland das Sontagfieber zeitigte.

S. 177. Viardot-Garcia: Pauline, geb. 1821 in Paris, gestorben 1910 ebenda, Schwester der Malibran, hervorragende Altistin, seit 1839 Opernsängerin, 1849 Meyerbeers erste Fides, zog sich Anfang der sechziger Jahre von der Bühne zurück und zählte bis zu ihrem Tode zu den gesuchtesten Gesangsmeisterinnen.

S. 177. Marra: Marie von, verehelichte Vollmer, geb. 1822 in Linz, Schülerin Donizettis, Koloratursängerin, seit Mitte der vierziger Jahre an der Wiener Hofoper und italienischen Oper in St. Petersburg, 1849 bis 1861 gastierend, dann bis zu ihrem Tode 1878 als Gesangslehrerin in Frankfurt a. M. tätig.

S. 177. Schröder-Devrient: Bauer, Bühnenleben, S. 150. — Ein für die Schröder günstiger Vergleich beider Sängerinnen in L. Rellstabs „Blumen- und Aehrenlese", Leipzig 1836. — Verkehr der Schr.-D. mit Franziska S.: Carl Sontag, Bühnenerlebnisse 1876. — Eine abschließende Biographie der Schr. aus den Quellen gedenke ich in einigen Jahren vorzulegen.

S. 180. Großherzog Georg von Mecklenburg: L. Fromm in A. Dt. Biographie, Band 8, S. 681. — Archiv für Landeskunde in den Großherzogtümern Mecklenburg. X. Jahrgang 1860. — Hermann Kindt, H. S. und der Großherzog G. v. Mecklenburg-Strelitz, in Wachenhusens „Hausfreund", Berlin 1868. S. 35 u. S. 53.

S. 181. Strelitzer Hoftheater: Fr. Chrysander, Musik und Theater in Mecklenburg-Schwerin 1854, S. A. S. 50/52, Hoftheater Neu-Strelitz.

S. 183. Turiner Kabalen: Im Universal-Lexikon der Tonkunst von F. S.

Gaßne., Stuttgart 1847 steht folgende energische Abwehr: „Der sardinische Adel findet sich in seiner törichten Beschränktheit noch immer dadurch befleckt, daß ein an sich Nichts bedeutender Graf mit einem Wesen sich verbunden hat, welches zwar die Freude und der Stolz Europas gewesen, aber von Eltern herstammt, die keine Kronen und goldenen Felder in ihrem Wappen führen."

Kapitel XII. S. 184. Berliner Märztage 1848: Heinrich Stümcke, Ein Brief Henriette Sontags über die Berliner Märzrevolution: Sonntagsbeilage Nr. 12 der Voss. Zeitung 1907. Vergl. Prof. W. Busch, Die Berliner Märztage von 1848, München 1899. — Aus den Berliner Märztagen. Aufzeichnungen des Grafen Ed. v. Waldersee, Berlin 1909.

S. 191. Rossis Finanzen: Der Vorwurf, daß der Graf durch seine Leidenschaft fürs Kartenspiel seine Familie ruiniert habe, ist häufig wider ihn erhoben, aber von Eingeweihten nachdrücklich bestritten worden. Vergl. z. B. Graf Schack, a. a. O. (Anti-Rossi) und die Verteidigung Rossis in Carl Sontags Bühnenerlebnissen S. 65. K. Bauer bezichtigt auch Henriette derselben Passion. (Bühnenleben S. 147 und Memoiren II. S. 192). — Die damaligen Verluste auf dem Rentenmarkt veranschaulicht folgende Kurstabelle der Pariser Börse: Die 5 %ige Rente, die vor der Revolution Ende Februar 1848 116,25 notierte, fiel bis zum 6. April auf 50,25 und erreichte ihren höchsten Stand mit 89,75. — Die Aktien der Banque de France bewegten sich in derselben Zeit von 3180 auf 965 und stiegen mit einigen Schwankungen wieder bis 2280.

S. 196. Rückkehr zur Bühne: Theaterlexikon Band VII (1842) S. 8: „Ob die 1841 ausgestreuten Gerüchte, daß sie wegen zerrütteter Vermögensumstände die Bühne wieder betreten wolle, begründet sind; ob — wie man sagt — ihre Reise nach Wien Anfangs 1842 damit in Verbindung steht, muß die nächste Zukunft lehren. Jedenfalls wäre es schade um die wundervoll schöne Erscheinung, die in dem höchsten Kulminationspunkte ihres Glanzes sich freiwillig der staunenden Welt entzog, wenn sie bei abnehmendem Glanze mit verminderter Kraft wieder an die Öffentlichkeit treten müßte."

Einen wahrhaften Hymnus auf die opferbereite Mutterliebe der Sontag singt Holtei in seinem Roman „Die alte Jungfer" (1869) S. 292: „Verdient aber der Mann vollständige Anerkennung, so verdient die Frau unsere Ehrfurcht. Ja, auf Henriette Sontag findet das abgenützte, verbrauchte Gleichnis von der Pelikan-Mutter, findet die Sage, an die freilich kein Naturkundiger glaubt, frische, bedeutsame Anwendung. Mit dem Blute ihrer Brust will sie die Kinder nähren, erhalten, vor Dürftigkeit schützen. Was der Menge, der Mehrzahl vergnügungssüchtiger, gleichgültiger Hörer für ein leichtes Mittel gilt, mit geläufiger Kehle G e l d zusammen zu singen, s p i e l e n d zu erwerben . . . mir ists eine große erhabene Tat, bewundernswert wie jemals eine getan worden. Leib und Leben hinzuwerfen für ihre Kinder . . . das mag zärtlichen Müttern ein Spiel sein; ich vermags mitzufühlen, obwohl ich keine eigenen Kinder besaß; wär' ich doch mit frohem Mute für der seligen Schwester Kinder gestorben! Aber in vorgeschrittenem Alter sich noch einmal in die Miseren zu stürzen, die dem Künstlertreiben unvermeidlich anhängen; noch einmal um die Gunst einer zum Teil rohen, zum Teil verbildeten Masse zu buhlen; aus dem Behagen eines zierlich geregelten Haushaltes, aus wohlgeordneten sauberen Umgebungen, aus angenehmen geselligen Verhältnissen, deren strahlender Mittelpunkt sie gewesen . . . sich auf oft entweihten Brettern der Bühne, hinter schmutzigen Kulissen, zwischen neidischen oder stupiden „Kunstgenossen" dem „verehrten Publikum" produzieren . . , ich kanns mir nicht entsetzlich genug vorstellen, wenn ich mich in die Lage dieser Frau versetzte. Dennoch zweifle ich nicht am Gelingen. Die ewige Macht,

die ihr jenes unvergleichliche Talent gegeben, wird ihr auch Kraft und Ausdauer verleihen, allen Schwierigkeiten obzufiegen. Und ift fie erft wieder im Zuge; hat ihr
schlummernder Genius erft wieder Flügel zu freier Bewegung entfaltet ... dann wird
er auch, der armseligen Schranken konventioneller Form spottend, fie mit fich forttragen
zu höheren Regionen. Henriette Sontag wird dann vergessen, daß fie Gräfin Rofli
heißt, daß fie, von Ezzellenzen schief angesehen, neben diesen als Ezzellenz im großen
Cercle fich ennuyirte; wird vergessen, daß fie an einer goldenen Kette lag. Von Blumen-
ketten umwunden wird fie nicht gedenken, wie viel Jahre zwischen ihren älteren Triumphen und ihren neueren liegen. Die Jugend wird ihr wiederkehren, und niemand von
allen, die fie hören und fehen, wird ahnen, welcher Kampf ihrer Wiedergeburt voranging."

Auf den Wunsch feines Verlegers Hallberger, den Roman „Henriette Sontag"
umzutaufen, ging Holtei, wie fein (ungedruckter) Brief an H. vom 26. Sept. 1868 bezeugt, gleichwohl nicht ein. — Gustav Freytag, Zwei Sängerinnen (Catalani und Sontag) in Grenzboten 1849, Bd. 3. = Gef. Werke, Bd. 16. „Ihre erfte Rolle war die
Prinzeffin im „Johann von Paris", welches wird ihre letzte fein? Was wird das Weib,
die Künftlerin bis zu dieser letzten Rolle noch von Freude und Leid zu genießen haben?"

S. 196. Magnus, fiehe Ikonographie S. 305.

S. 197. Lumley: Reminiscences of the opera, London 1864. Auszüge
daraus in Hans Wachenhusens „Hausfreund", Berlin 1868, Nr. 46/47.

S. 197. Grisi: Giulia, 1811—1869, Schülerin der Pasta, Sopraniftin, feit
1832 Primadonna der italienischen Oper in Paris und London, in zweiter Ehe mit dem
ausgezeichneten Tenoriften Conte Guiseppe Mario (1810—1883) der fie 1854 nach
Amerika begleitete, vermählt.

S. 197. Barnum: Seiner „Spekulation" mit Jenny Lind hat er den vierten
Band feiner Memoiren „Barnums Leben, von ihm felbft geschildert. Deutsche Ausgabe,
Leipzig 1855" nahezu völlig gewidmet. Mit vieler Selbftgefälligkeit erzählt er feine
dreiften Künfte des Bluffs und der Stimmungsmache, von denen übrigens nach feinem
Geftändnis feine Klientin nichts wußte und wissen wollte. In mehreren Tabellen gibt
er über die Einnahmen aus den 95 amerikanischen Konzerten der Lind Aufschluß. Die-
felben brachten dem findigen Unternehmer das hübsche Sümmchen von 712161 Dollars
Brutto ein, wovon Barnum an die Sängerin 176675 Dollars abführte. Die Lind widmete
einen fehr beträchtlichen Teil dieser Summe wohltätigen Zwecken, in New-York allein
nach Barnums Aussage 10000 Dollars. B. ließ die erften Billetts zu den Konzerten
meiftbietend verfteigern und erzielte dabei 100—650 Dollars für den Platz. Der fefte
Preis für die reftlichen Karten betrug 1—7 Dollars. Die „offiziöse" Lind-Biographie
von Holland und Rockftroh (Band II. S. 368 ff.) bezeichnet es merkwürdigerweise „nicht
als ihre Aufgabe, der Sängerin übers Meer zu folgen" und schweigt fich über die Verbindung mit Barnum nahezu aus.

S. 198. Thalberg: 1812—1871, ausgezeichneter Pianift, zeitweilig der einzige
wirkliche Rivale Lifzts, feit 1835 zumeift im Ausland auf Kunftreisen, die ihn bis nach
Brafilien führten. Auch als Komponift von Effektftücken feinerzeit viel bewundert.

S. 198. Catalani: Setzte als Madame de Valabregue bei der Direktion der
italienischen Oper in Paris ihr erfungenes Vermögen zu und wandte fich daher 1817
wieder zur Bühne. — Lewald a. a. O. — G. Freytag a. a. O.

S. 200. Lampenfieber: Klagen der Sontag über folche „Emotion" find
uns in keinem ihrer früheren oder späteren Briefe begegnet. Die Behauptung ihres
amerikanischen Impresarios Ullmann, fie habe vor ihrem jedesmaligen Auftreten daran

gelitten, klingt daher wenig glaublich. Die Lind bekennt dagegen einmal in einem Brief an Charlotte Birch-Pfeiffer: „Wenn Sie mich nur sehen könnten, in welcher Verzweiflung ich bin, jedesmal, daß ich ins Theater gehe, um zu singen! Diese abscheuliche Angst verdirbt mir Alles. Ich singe bei weitem nicht, wie ich sollte, wäre dieser Feind nicht!"

S. 201. B e r n s t o r f f: Der Brief abgedruckt bei Ad. Kohut, Gesangsköniginnen, Band I., S. 129. Die darin genannten Personen gehörten der Strelitzer Hofgesellschaft an. „Mama" war die Mutter der Adressatin, eine Frau von Dewitz.

Kapitel XIII. L u m l e y a. a. O. — A Memoir of the Countess de Rossi (1850). — Robert Springer, „Berlins Straßen, Kneipen und Klubs im Jahre 1848", Berlin 1850, S. 5 schreibt:

„Es war eine schöne Zeit, als Henriette Sontag auf dem Königstädter Theater sang und Sie, Herr Rellstab, Ihre „Schöne Sängerin" schrieben. Die schöne Sängerin ist wieder in London aufgetreten. Man glaubte, sie hätte Runzeln bekommen und die Stimme verloren, aber — o Wunder! es war die junge Jugendgestalt von früher, die bezaubernde Stimme, wie sie einst die Hofräte, Bankiers, Gardeoffiziere und die Bürger der Stadt Berlin entzückt hatte; sie glich dem Salamander, der sich im Feuer der zerstörenden Zeit unversehrt gehalten; — sie ist ewig jung geblieben und hat ihre Stimme bewahrt, wie die Rose ihren Duft behält, bis sie zerfällt. Fünfzig Geheimräte, die ihr den Hof gemacht haben, liegen auf dem großen Kirchhofe vor dem Hallischen Tore; ein Justizrat, der ihr alljährlich einen königlichen Weihnachtsbaum bereitete, ist verschollen; die Fähnriche, welche ihr aus der Loge applaudierten, haben die nächste Anwartschaft auf die Premierleutenants-Charge; der englische Gesandte hat mehrere Male seit jener Zeit gewechselt, — aber sie ist ungealtert, bezaubernd und lieblich wie früher. Reiset nach London, ihr alten Herren, die ihr ergraut seid im Senat, in der Registratur, am Comptoirtisch oder auf dem Exerzierplatze, geht dort in die Oper, und wenn dann der Kapellmeister im schwarzen Frack und mit weißen Glacehandschuhen den Stab schwingt und das Orchester rauschend beginnt und der Vorhang auffliegt, und die kleine zierliche Gestalt erscheint und ihre Melodien zaubert, die wie Goldfäden den weiten Raum durchziehen und sich durchkreuzen und vernetzen und hinaufschweben zur Decke, wie das erste Gold aus Peru, das die Decke der römischen Johanniskirche ziert, — dann Hofräte, Tribunalsräte, Kommerzienräte und Generale, dann wird ein süßes Gedenken eurer Jugendschwärmerei über euch kommen, und ihr werdet mit einem Male Alles begreifen, was ihr bisher nicht begriffen habt: die Poesie und die Rührung und die Begeisterung und den Frühling, — und noch zwei Stunden später, wenn euch der Steward das Original-Beafsteak vorsetzt, werdet ihr eine Träne von eurem Teller fortwischen müssen."

H. Stümcke, Vier Briefe von Henriette Sontag, Neue Musikzeitung, Stuttgart 1907 Nr. 13. — J. W. Davison, Music during the Victorian era. (Forty Years music critic of „The Times"), Ed. by Henry Davison. London 1912.

S. 204. L a b l a c h e: Luigi, geb. 1794 in Neapel, trefflicher Bassist, trat seit 1813 vornehmlich in Paris und London auf. Die Bemerkung der Sontag S. 207, er sei 1850 „gestorben", ist unverständlich, denn L. starb erst 8 Jahre später auf seinem Landgut bei Neapel. Vergl. auch S. 213. Über Lablache junior heißt es bei Fétis, Biogr. univ. tome V. pag. 151: „De ses nombreux enfants l'ainé des fils suivit la carrière du théâtre et fut chanteur et acteur médiocre".

S. 204. B e l l e t t i und C a l z o l a r i: über diese Begleiter der Sontag sowie über die später genannten Pozzolini und Fiorentini finden sich weder in den Musiklexicis noch bei L. Rasi, Comici italiani (1897) irgendwelche Angaben.

S. 209. Times: Siehe Davison a. a. O., R. Wagner, Leben, S. 611 bestätigt, „daß die S. als Gräfin Rossi sich aller Aufmerksamkeiten gegen den verwöhnten einflußreichen Kritiker überhoben gedünkt habe."

S. 209—212. Paris: Lumley a. a. O. — P. Scudo in Revue des deux mondes 1850. — Th. Gautier a. a. O. tome VI. pag. 148/49. — Jules Deneux, Memoires de l'Academie . . . de la Somme, Tome VII. Amiens 1869. — Putlitz, Theatererinnerungen, Berlin 1874, I. Band, S. 94—97. — Im Mai des Jahres 1851 wurde in Paris das sonst nirgends bestätigte Gerücht verbreitet, der Intendant der kaiserl. Theater in Petersburg habe die Sontag für die Sommersaison gegen ein Honorar von 500 000 Frs. engagiert, der Zar habe indessen den Kontrakt nicht bestätigt, da er es für unpassend erachtete, daß die Frau, die er einst als Gesandtin empfangen, nun als bezahlte Sängerin auf seiner Hofbühne erscheine.

S. 221. Eckert: geb. 1820 als Sohn eines Wachtmeisters in Potsdam, begann schon als Vierjähriger zu komponieren, erfüllte aber später als Tonschöpfer nicht entfernt die auf den Knaben gesetzten Hoffnungen. Nach der Tournee der Sontag war er von Mitte der 50er Jahre bis zu seinem Tode 1879 Hofoperndirektor und Hofkapellmeister in Wien, Stuttgart und Berlin. Vergl. Putlitz a. a. O. S. 94/95. Die Sontag lockte ihn in einem Briefe vom 12. November 1849 nach London: „Die Hauptsache ist für Sie, mein Bester, aus Berlin fortzukommen, dort hat noch kein wahres Talent Wurzel geschlagen. Alte, abgetakelte pensionsfähige Musiker sind gut genug für Berlin, frischer Geist und Herz können dort nie gedeihen."

S. 215. Regimentstochter: Vergl. Ferdinand Hiller, Aus dem Tonleben unserer Zeit, Leipzig 1868, Pariser Theaterbrief 1851, S. 20/1: „Gräfin Rossi löst ihre Aufgabe in erstaunenswerter Weise, mit so jugendlicher Grazie im Spiel, mit so vollendeter Meisterschaft im Gesange, daß der Kritik nicht der geringste Raum bleibt. Darf ich trotzdem und trotzdem ich Donizettis Komposition dieser Oper vortrefflich finde, eingestehen, daß ich während der ganzen Vorstellung ein gewisses Gefühl des Unbehagens, ja, der Wehmut nicht los werden konnte? Ich hatte den Eindruck, als träte eine Künstlerin wie Madame Sontag, eine Frau wie die Gräfin Rossi ihrer persönlichen und weiblichen Würde doch etwas zu nahe durch Darstellung dieser Rolle, wenn ich auch keinen Augenblick verkannt habe, mit wie viel künstlerischer und weiblicher Feinheit sie dem Übermute darin die Grenze gezogen. In welch' höherem Lichte würde mir aber die Künstlerin erscheinen in Rollen wie Iphigenie, wie Donna Anna, wie Euryanthe!"

Eine enthusiastische Schilderung der Leistung der Sontag als „figlia" entwarf nach seinem Londoner Besuch 1851 Friedrich Förster in der Spenerschen Zeitung (abgedruckt in der Berliner Musikzeitung Echo, I. Jahrgang, Nr. 36).

S. 216. Gagen: Berlioz in à travers chant (Deutsche Ausgabe, Leipzig 1864): „Paris ist schon garnicht mehr im Stande, die „außerordentlichen" Stimmen zu bezahlen. Sobald ein Sänger die Überzeugung erlangt hat, daß er ein „Gott" geworden ist, blickt er mit verächtlichem Mitleid auf die 50 000 Franken herab, die man ihm in Paris in den Beutel schüttet. Man singt (so gut oder so schlecht es eben gehen will) lieber italienisch, um die „100 000" zu erlangen, die man in London und Petersburg dafür zahlt. Ein Sänger mit schöner und starker Stimme, der nicht jährlich seine 100 000 Franken verdient, kommt sich heutzutage wie ein Bettler vor." Mario und die Grisi bezogen im Jahre 1853 je 150 000 Fr., Tamberlick 145 000, die Cruvelli 100 000 für acht Monate, die Alboni 2000 Fr. für den Abend.

S. 218. Wohltätigkeitskonzerte: Wie bei anderen Gesangssternen

hat auch bei der Sontag die Legende die tatsächliche Caritas der Künstlerin noch übertrieben und ausgeschmückt und weiß z. B. von einem Geschenk von 3000 Fr. an eine
Pariser Straßensängerin und langjährige Pensionen für ihre drei stimmbegabten Töchter,
von einer Benefizvorstellung in Petersburg, deren Ertrag in Höhe von 12000 Rubel
die Sängerin einem verunglückten Theaterarbeiter überlassen habe, von Separatkonzerten
für einen Schwerkranken und einen Polenflüchtling zu berichten.

S. 220. Cruvelli: Von den beiden Sängerinnen dieses Namens, der eigentlich
Crüwell lautete, Marie geb. 1824 und Sophie geb. 1826, trat 1851 die ältere bei
Lumley in London auf.

S. 220. Alboni: Marietta, 1823—1894, bedeutende Altistin, seit 1847 in
Paris und London, 1853 in Amerika, zog sich 1863 als Gräfin Pepoli von der Bühnen-
laufbahn zurück.

Kapitel XIV. S. 221. Koblenz: In einem Brief der Sontag vom
17. Januar 1852 erzählt sie von ihrer Begegnung mit der späteren Kaiserin Augusta
in Koblenz: „Prinzessin von Preußen behauptet, sie fühle sich unbeschreiblich glücklich
in meinem Nestchen von Vaterstadt, was ich aber weder begreife noch glaube. Ich
könnte um keine Welt dort leben."

S. 221. Hoffmann: Mein Leben, Band V, 1868 — Ges. Werke, Band VI,
Berlin 1892. Hoffmanns Verse wurden damals von Luise Reichardt auch vertont und
als Ständchen gesungen. Mit ähnlich wohlfeilen Versen hatte ein Kölner Lokaldichter
Sternau-Inkermann 1849 die Lind in Köln angesungen:

> „Gott grüß' dich, Fee der Sängerwelt,
> Gott grüß' dich, Liederblume!"

S. 222. Bismarck: Die Stelle findet sich in seinem Bericht vom 5. November
1851 an den Minister von Manteuffel und lautet nach Poschinger, Preußen im Bundestag, Band IV, S. 49/50 (1884):

„Die hiesigen Wintervergnügungen haben sich in dieser Woche mit zwei kleinen
Bällen bei A. Rothschild und bei Graf Thun eröffnet. Die Gräfin Rossi ist in allen
Salons zu treffen; sie hat sich embelliert, seit sie Berlin verlassen hat, der kupfrige Teint
ist ziemlich geschwunden. Sie spielte, namentlich in der „Nachtwandlerin" und der
„Tochter des Regiments", mit einer Hingebung an die Rolle und einem Aufwand leiden-
schaftlicher Mimik, welche beweisen, daß sie sich auf der Bühne und unter dem fanatischen
Beifall, der ihr wurde, mehr zu Hause fühlt, als in der gräflichen Wirklichkeit, und
welche für mich das Peinliche des Kontrastes zwischen ihrer sozialen Stellung in Berlin
und ihrem Anblick auf der hiesigen Bühne, in den durch das Stück bedingten körper-
lichen Beziehungen zu miserablen Mitspielern, beträchtlich erhöhten. Graf Rossi ist derselbe wie in Berlin; er spielt den grand seignear und hohe Partien, raucht unbezahlbare
Zigarren und jede drückende Empfindung über seine und seiner Frau Stellung scheint
ihm fern zu liegen. Als er ankam, hat er Zirndorfer besucht und zu Tisch eingeladen;
dieser würdige Rezensent und Mouchard erzählt mir, daß er jederzeit Zutritt bei der
Gräfin habe, den Grafen Thun antichambrieren lasse, wenn er bei ihr sei, und über beliebige
Billets disponiere. Madame Sontag, wie sie hier genannt wird, empfängt nach 3 Uhr
die haute volée von Frankfurt, und erregt die Unzufriedenheit der Kellner im Hotel de
Russie dadurch, daß sie erst um halb zwei Uhr mit kaltem Champagner zur Nacht speist."

Daß der große Staatsmann von Standesvorurteilen gegenüber den Vertretern der
Kunst nicht frei war, beweist auch sein berühmter Brief vom 16. Dezember 1865 an
seinen Jugendfreund Andre v. Roman, der dem Minister bittere Vorwürfe gemacht

hatte, daß er sich im Sommer desselben Jahres in froher Laune in Jschl gemeinsam mit Pauline Lucca hatte photographieren und das Bild in den Handel kommen lassen, was schließlich zu einer Skandalaffäre aufgebauscht wurde. Bismarck gebrauchte in seiner Antwort an Roman damals die charakteristische Wendung: Außerdem ist die jetzige Frau von Rhaden, wenn auch Sängerin, doch eine Dame, der man ebensowenig wie mir jemals unerlaubte Beziehungen nachgesagt hat. — Carl Sontag, der Bismarcks Bericht aus einem Abdruck in der Frankfurter Zeitung kennen gelernt hatte, schrieb im November 1899 einem Freunde, „es tue ihm sehr leid, daß Rossi, der für uns Kinder ein Gott war, darin so schlecht wegkomme", bezweifelte im übrigen die Richtigkeit des Wortlauts einiger Stellen und fand zwischen Anfang und Schluß der Schilderung einen Widerspruch: „Wenn die Gräfin die haute volée von Frankfurt, also die Gesandten, die Rothschilds usw. empfangen habe, so könne ihre Stellung doch keine drückende gewesen sein." Vergl. Frankfurter Zeitung, Abendblatt, 3. Januar 1906.

S. 222. Stuttgart, Lindpaitner und Kücken: A. Palm, Briefe aus der Bretterwelt, Stuttgart 1881.

S. 223. Weimar und Minoritätsgutachten: Hans v. Bülows Ausgewählte Schriften 1850—1892, 2. Auflage. — Derselbe, Briefe, I. Band, 2. Auflage 1890, II. Band, S. 45 u. 378, III. Band, S. 77. (Noch 1857 habe Bülow bei seinem glänzenden Konzert in Leipzig etwas Opposition wegen seines Sontag-Artikels gefunden!) Ebenso S. 81: „Das Komité entscheidet noch immer gegen das Auftreten des „Sontagverbrechers" im Gewandhause". Am 1. April 1857 kam das Konzert aber doch zu stande. — Briefwechsel zwischen R. Wagner und Liszt, 3. Auflage 1910. — Ed. Genast, Tagebuch, IV. Band, S. 168/172: H. S. in Weimar.

S. 228. Leipzig: Signale 1852, Nr. 6, 7, 8, — Heinr. Brockhaus a. a. O. — Meyers Großes Konversations-Lexikon, II. Abt. Bd. 9 (1852) urteilt skeptisch: „Den großen Beifall, den sie heute noch erntet, verdankt sie wohl teilweise ihrem berühmten Namen, indem der ganze Stil ihres Gesanges wie ihrer Darstellung einer früheren Periode angehört, obgleich derselbe an und für sich noch jetzt viel Anerkennenswertes hat." — Ein Brief der Henriette Sontag vom 9. Februar 1852. Festgabe zur Generalversammlung der Gesellschaft der Bibliophilen. Leipzig, 12. November 1905. (Einleitung von G. Weißstein, Facsimile und Abdruck eines Briefes an Förster über den Besuch der „Berliner Sontag-Enthusiasten".) Vergl. Ernst Kossak, Humoresken, 2. Auflage, Berlin 1859, S. 90—96. Henriette Sontag in Leipzig: „Das gute Leipzig hatte in der Todesangst gelebt, daß halb Berlin anrücken werde, daß die Mausefalle von Theater bersten werde von Berlinern. Leipzig hatte sich nicht hineingewagt. Schon am Bahnhof waren sie aber in Reihen aufmarschiert, die Berliner Sturmflut an ihre weichen sächsischen Seelen zu pressen und in ihrem berühmten Kleinpariser Dialekt darüber schnakische Glossen zu machen. Aber man muß ihnen dennoch dankbar sein, sie hatten trefflich gekocht, die Suppe war heiß, der Champagner ins Eis gestellt, die Gasthofsequipagen nach dem Bahnhof geschickt und die Hausmänner, um nicht Portiers zu sagen, unter dem Torweg postiert. Stolzer trugen die Oberkellner die Feder hinter dem Ohr und hoffnungsvollere und unterwürfigere Stubenmädchen gab es nie als am 16. Februar in Leipzig." Moscheles a. a. O.

S. 230. Dresden: Börner-Sandrini, Erinnerungen einer alten Dresdenerin.

S. 230. Prag: Allgem. Zeitung, Beilage, Nr. 162 (1852).

Auf der Fahrt von Dresden nach Hamburg wurde auch in Dessau für ein zweimaliges Gastspiel Station gemacht, desgleichen auf der Rückkehr von München in Nürnberg.

S. 230. Hamburg: H. Uhde, Hamburger Stadttheater, S. 325. — Putlitz a. a. O., S. 98/99. — Elise Aztalos, Erinnerungen, Hamburg 1902. — Ferd. v. Strantz, Erinnerungen, Hamburg 1901.

S. 230. Johanna Wagner: 1799—1894, R. Wagners erste Elisabeth, 1849 in Hamburg. Von 1852—1862 Mitglied der Berliner Hofoper, ging dann zum Schauspiel über. — Die Sontag urteilte 1852 in zwei Briefen über sie u. a.: „In Fidelio würde sie nach der schönen, schlanken Cruvelli Fiasko machen. Als alte Frau (Fides) gehts, denn sie spielt sehr gut und ihre Mitteltöne sind schön, Höhe und Methode mittelmäßig. Johanna ist ein Glückskind und ist in einer so armen Sänger-Epoche ein Stern."

S. 331. München: Allgem. Zeitung (Juni). — Das Gedicht des Königs bezeichnete Graf Rossi nach Henriettes Tode in einem Briefe als die „Krone aller Poeme", die seiner Gattin gewidmet worden. Auch Theophil Gautier, der große Verskünstler, (L'Ambassadrice pag. 34) beurteilt es nachsichtig: „Des vers, qui ne sont pas mauvais pour des vers de roi et qui valent mieux que ceux de François I., de Charles IX. et de Louis XIV. et autres rimeurs royaux." — Varnhagen, Tagebücher 1846 (3. Band, S. 352) nennt es dagegen „zusammenhangloses Gereim", Reumont habe das Gedicht in italienische Prosa übersetzt, die gedruckten Blätter sollen in Turin Eindruck machen für die Gräfin. — Die Vertonung stammte nicht von dem Komponisten und Generalmusikdirektor Franz Lachner, sondern von seinem jüngeren, zeitweilig gleichfalls in München als Hofkapellmeister tätigen Bruder Ignaz.

Kapitel XV. S. 235. Eckert: Der von Graf Rossis Hand geschriebene, von Henriette unterzeichnete Kontrakt erschien als Facsimile-Beilage in Otto Weddigens Geschichte der Theater Deutschlands, Berlin o. J. (1904/06)

S. 235. Ozeanfahrt: H. Stümcke, Vier Briefe von H. S. a. a. O. — Ebenda der Brief aus Buffalo an August Sontag.

S. 238 u. f. Amerikanisches Gastspiel: Lind und Barnum a. a. O. — Voss. Zeitung 1852, Nr. 256. — Bernhard Ullmann, Erinnerungen an H. S., erzählt von Hans Wachenhusen im „Hausfreund", Berlin 1866, S. 80 teilweiser Nachdruck ohne Quellenangabe: „H. S. in Amerika" in der „Musikwoche" 1904, Nr. 8. (Über die zu Reklamezwecken absichtlich vereitelte Serenade in New York, 10 Freikonzerte für je 5000 Volksschüler; nach einem solchen Konzert habe der Bischof von Massachusetts der Sängerin gedankt und die Kniende und vor Rührung Weinende gesegnet. Die Briefe der Gräfin wissen von diesen Vorgängen nichts.) — Life of Henriette Sontag, Comtess of Rossi. With interesting sketch by Berlioz, Boerne, Scudo etc. New-York 1853. — Dasselbe, Spanische Ausgabe, Noeva Orleans 1854. (Diese beiden im Katalog des Britischen Museums verzeichneten Schriften waren mir nicht zugänglich. Sie enthalten nach dem Untertitel zu urteilen im Wesentlichen Auszüge aus dem Memoir und anderen bekannten älteren Veröffentlichungen über die Sängerin).

S 245. Mexiko: H. Stümcke, Vier Briefe a. a. O. — Ullmann a. a. O.

S. 247. Amazily: Die S. verwechselt „Jessonda" von Spohr, welche Oper aber in Indien spielt, mit Spontinis „Ferdinand Cortez". Amazily ist Jessondas Schwester. Derselbe Irrtum unterläuft der Schreiberin in einem ungefähr gleichzeitigen Briefe an einen Theaterdirektor, wo sie scherzhaft bemerkt: „Das Land des Montezuma ist nicht ohne eigentümliches Interesse und sollte ich bei meiner Rückkunft in Frankfurt als Amazili auftreten, dann sollen Sie, lieber Herr Direktor, über die Richtigkeit meines Kostüms nicht zu klagen haben."

S. 248. Todesahnungen: In der Deutschen Theaterzeitung Nr. 59, Berlin

1854 werden aus einem Brief der Gräfin Rossi, den sie auf die Nachricht vom Tode ihrer Freundinnen Gräfin Pückler und Frau v. Massow schrieb, die Worte zitiert: „Vielleicht bin ich bald die Dritte in diesem Kleeblatt."

S. 250—254. Tod und Todesursache: In Mexiko bestand damals, wie die Zeitungsberichte beweisen, nicht der geringste Zweifel, daß die Gräfin der Cholera — wie 1849 die Catalani — erlegen sei. In deutschen Blättern tauchte gelegentlich die Version von einer Grünspanvergiftung auf. Nach Lumley a. a. O. starb die Künstlerin „innerhalb weniger Stunden (!) an einer Lungenentzündung". Ullmann a. a. O. schreibt: „Bis heute kann ich nicht begreifen, auf welche Art hier in Europa das entsetzliche Gerücht sich verbreitete, die Gräfin Rossi sei an Vergiftung gestorben, während in Mexiko kein Wort davon gesprochen wurde."

Wurzbach, Lexikon Bd. 27, S. 73 formuliert die Verdächtigung Rossis folgendermaßen: „Die italienische Aristokratie konnte es der Sontag auch im Tode nicht verzeihen, daß sie als Deutsche niederer Abkunft in eine der vornehmsten Adelsfamilien Italiens geheiratet und sprengte nach ihrem Tode das Gerücht aus, sie sei von ihrem Gatten vergiftet worden. Sie hätte nämlich einen Geliebten gehabt!! und beide, sie und er, wären als Opfer der Eifersucht des Gatten gefallen! Es sei sogar zum Prozesse in dieser Angelegenheit gekommen, aber das gelbe Fieber habe die ganze Angelegenheit in den Hintergrund gedrängt! Nun man kann ja den Italienern ihre Freude an dieser gemeinen Lüge und Verleumdung lassen." Carlos von Gagerns Artikel „Henriette Sontag" findet sich in Teil I. S. 301—318 seiner Erinnerungen: „Tote und Lebende", Berlin 1884. — A. Kohut, Gesangsköniginnen, I. Band, S. 133—137 ff. (1905) möchte der Erzählung „seines verstorbenen Freundes C. v. G., obschon er nicht persönlich Zeuge gewesen war und nur vom Hörensagen (!) zu berichten wußte, die innere Wahrscheinlichkeit nicht ganz absprechen", bringt aber auch Carl Sontags warme Verteidigung des Grafen Rossi S. 134/35 zum Abdruck. Vergl. auch Carl Sontag, „Bühnenerlebnisse", S. 66. — Daß die Ehe der Sontag unglücklich gewesen oder schließlich geworden sei, geht aus ihren uns bekannten Briefen keinesfalls hervor. Sie spricht vielmehr an unterschiedlichen Stellen von ihrem Gatten mit vollster Achtung und Sympathie. Daß sie mit seiner Familie in Turin niemals zu einer entente cordiale gelangte und aus diesem Grunde auch niemals italienischen Boden betreten hat, mag allerdings einen Stachel in ihrer Brust zurückgelassen haben, doch maß sie Rossi mit Recht keinerlei Schuld daran bei und war, wie ihre Briefe an Großherzog Georg bezeugen, ängstlich bemüht, jeden Stein des Anstoßes in ihrer exponierten Stellung zu vermeiden. Gagerns Behauptung: „Es bleibt stets ein gewagtes Unternehmen, eine an die Huldigungen von Tausenden gewöhnte und hierdurch verwöhnte Frau auf die schmale Kost der Huldigung eines Einzigen beschränken zu wollen", ist auf den Fall der Sontag bezogen, gänzlich unzutreffend.

S. 251. Leichenfeier: Bericht eines Korrespondenten in Mexiko und Abbildung der Grabeskirche von San Fernando mit der Trauerversammlung erschien in „L'illustration" Nr. 600, Paris 1854.

S. 254. Nekrologe: Aus der unübersehbaren Masse seien die inhaltreichen von Förster inspirierten Berichte in der „Vossischen Zeitung", die von L. Bischof in der „Kölnischen Zeitung" und „Rheinischen Musikzeitung", „Bäuerles Theaterzeitung" (1854, 172—180), „Hamburgischer Korrespondent" 1854, Nr. 168 u. ff., „Berliner Theaterzeitung" v. 15. Juli 1854 hier erwähnt. — Die Frage, ob die Künstlerin wenigstens in materieller Hinsicht das von der Mutterliebe ersehnte Ziel auf ihrer Todesfahrt erreicht habe, wurde bezeichnenderweise besonders in der angloamerikanischen Presse aufgeworfen.

Der „New Yorker Herald" gab, — wenn man den Reingewinn ins Auge faßt, wohl
übertrieben — als finanzielles Resultat der amerikanischen Tournee die Summe von
100000 Dollars an, woraus gelegentlich beim Nachdruck 100000 Pfund Sterling wurden.
Temperamentvoll wetterte, sentimentalen Erwägungen unzugänglich, Hector Berlioz,
sonst durchaus kein Gegner der Sontag, gegen die gefährliche Jagd nach der Million:
„Pauvre Sontag! aller mourir si tristement, si absurdement, loin de l'Europe, qui
seule pouvait savoir quelle artiste elle était! Je blâmais en ma conscience cette
course au million entreprise par Mdme. Sontag et poursuivie jusqu'au sommet
des Andes. (!) Je ne pouvais me taire à la voir si apre au gain, elle, une artiste,
une artiste sainte, possédant réellement tous les dons de l'art et de la nature:
la voix, le sentiment musical, l'instinct dramatique, le style, le goût le plus exquis,
la passion, la rêverie, la grâce, tout, et quelque chose de plus que tout. — Pourquoi ne pas se contenter de cinq cent mille francs, de six cent mille francs, de
sept cent mille francs? Pourquoi vous faut-il absolument un million, plus d'un
million? C'est monstrueux cela, c'est une maladie." (Abgedruckt in Grotesques de
la Musique, Paris 1865.)

S. 255. Gesamtwürdigung: Die Darstellungen des Lebens der S. in den
Musiklexicis und Sammelwerken gehen in der Hauptsache auf die Artikel in Fétis
mit Recht geschätzter und von keinem späteren Werke bislang übertroffenen Biographie
universelle des musiciens (2. Edition Paris 1865) und das zugehörige Supplement
von A. Pougin (1880) zurück, wobei freilich zumeist auch alle Fehler mit übernommen
werden, z. B. von Mendel-Reißmann, Musik. Konversations-Lexikon, Band IX, Berlin
1878, S. 307—312. (Dort als Todesjahr 1852! angegeben.) Daneben werden die
Stellen aus C. Sontags Bühnenerlebnissen vielfach benutzt. Auf Fétis und Mendel-R.
stützt sich kritiklos noch Berta Thomas in der zweiten Auflage vol. IV. von Groves
imposantem Dictionary of music, London 1908. Kurz, aber verhältnismäßig korrekt ist
der Sontag-Artikel im Neuen Universal-Lexikon der Tonkunst, 3. Band, Offenbach 1861,
ungewöhnlich fehlerhaft dagegen leider die einschlägige Stelle in dem meistverbreiteten
und angeblich immer von neuem umgearbeiteten deutschen Musiklexikon von Professor
Hugo Riemann. Noch in der 7. Auflage von 1909 finden sich folgende Irrtümer:
Franz Sontag 1814 gest. — Henriette schon 1820 in Wien, in Leipzig 1824 Engagement, Königstädter Debut 1824! Rossi 1830 sardinischer Botschafter im Haag,
Adelsprädikat Frl. v. Klarenstein schon vor 1830 verliehen, 1837—1848! Peters-
burger Aufenthalt, dann Konzerte in Brüssel, Paris, London. Von der großen deutschen
Tournee wird kein Wort gesagt. — Ich habe an dieser Feststellung auch ein unmittel-
bares praktisches Interesse, da Riemann merkwürdigerweise am Schluß seines
Artikels außer Gundlings schwächlichem Roman, Gautiers L'Ambassadrice und (einen
Fehler Pougins nachschreibend) einem niemals erschienenen Buch „H. S." von Carl
Sontag auch meine (damals als in Vorbereitung befindlich angezeigte) Monographie
„Henriette Sontag" als Quellen angibt! In der 5. Auflage seines Werkes (1900) hatte
er sich mit einem Hinweis auf Gundlings Roman und Rellstabs „Henriette" begnügt. —
Wurzbach trägt in seiner Bibliographie nach seiner Gepflogenheit viel ephemeres. z. T.
freilich nicht uninteressantes Material von entlegenen Stellen herbei, hat dagegen die
Hauptartikel, zumal der ausländischen Presse, und die Darstellungen in Buch- und Broschürenform mit Ausnahme der Romane übersehen. — A. Ungherinis Manuel de Bibliographie biographique et d'Iconographi des femmes célèbres, Turin 1892 und
Supplement, 1905 stützt sich zumeist auf Oettingers älteres Werk und verdient wegen der

Porträtverzeichnisse Beachtung. — C. v. Ledebur, Tonkünstler-Lexikon Berlins 1861, S. 554 und ihm folgend Schletterer A. D. B. wollen als einzige auch von Kompositionen der Sontag, insbesondere von einer angeblich einmal in Wien exekutierten Kantate „Il naufragio fortunato“ etwas wissen. In dem maßgebenden „Handbuch der musikalischen Literatur“ von Adolf Hofmeister, Leipzig 1852 und in E. Challiers großem Liederkatalog ist jedoch die genannte Kantate oder irgendwelche andere Komposition der Sontag-Rossi nicht verzeichnet. Auch spricht die Gräfin in ihren zahlreichen musikalische Angelegenheiten behandelnden Briefen an den Großherzog von Strelitz niemals von irgendwelchen eigenen Kompositionen. Es dürfte sich mithin um eine Verwechselung mit Werken eines der 28 Vertreter des Namens Rossi, die R. Eitner in seinem musikalischen Quellenlexikon namhaft macht, handeln und die Kantate etwa von Luigi Rossi aus Piemont (1803—1865) stammen.

Kapitel XVI. S. 256. Leichentransport: Kapitäne und Matrosen mehrerer Schiffe hegten, wie es in einem anderen Briefe heißt, abergläubische Scheu, den Sarg auf die weite Reise nach Europa an Bord zu nehmen.

S. 257. Nina Sontag: Interessante Mitteilungen über sie finden sich in Carl Sontags Buch „Schimpfereien“ (1894), das man nicht nach dem geschmacklosen Titel beurteilen soll. S. bezeichnet Nina „als das ohne Zweifel begabteste von unseren Familienmitgliedern“, und rühmt ihr Talent für fremde Sprachen. Ihre Darstellung als Rosine im „Barbier“, die er allerdings nur als Knabe hatte sehen können, erschien ihm in der Erinnerung sehr matt und langweilig. „Sie wollte eben nicht“. Mit dem Schauspielerberuf ihres jüngsten Halbbruders konnte Nina S. sich nur schwer abfinden. Carl Sontag wagte das zur Sprache zu bringen, als dem schon längst berühmt gewordenen Künstler die Gunst einer Audienz bei Papst Leo XIII. zu teil wurde. Der heilige Vater habe verständnisvoll und gütig ihm erwidert: „Nun, wenn ich Sie bitte, Ihrer Schwester meinen Apostolischen Segen zu überbringen und sie diesen Segen durch einen Schauspieler erhält, wird sie wohl mit Ihrem Beruf versöhnt sein.“ Eine Probe von Schwester Julianes ekstatischem Seelenzustand und ihrer religiösen Schriftstellerei gibt die nachstehende 1861 an eine Prager Freundin gerichtete Litanei: „Um die Leiden der Mutter Gottes zu begreifen und zu erwägen, darf man ja nur ein Bild der Blutschwitzung am Oelberg, der Geißelung, der Dornenkrönung, Kreuztragung, Annagelung ans Kreuz, wo das Brustblatt sowie alle Sehnen und Nerven des Herrn auseinandergerissen werden, das schmerzliche dreistündige Hangen am Kreuze und seinen Tod betrachten, wobei die seligste Jungfrau bei allem selbst oder doch im Geiste zugegen war. Die Thränen waren bei ihr so versiegt, daß sie Blut statt Thränen weinte. Ist diese Mitwirkung bei unserer Erlösung durch ihre Ergebung nicht ein Gegenstand unserer steten dankbaren Verehrung? Ich kann Dir meine Liebe nicht kräftiger beweisen, als daß ich diese Gnade Dir wünsche, meine gute Freundin.“ Nina S. starb erst 1879 in Marienthal und wurde auf dem dortigen Klosterfriedhof, nicht an der Seite ihrer Schwester, bestattet.

S. 257. Marienthal und Gruft: Abbildungen und Beschreibungen von Henriette S.'s letzter Ruhestätte, die allerdings der Wirklichkeit nicht immer entsprechen, sind im Laufe der Jahre mehrfach in Familien- und Musikzeitschriften erschienen. Vergl. z. B. A. Salzbrunn, Besuch am Grabe der H. Sontag in: „Musik, Ges. Blätter, Berlin 1873, und Signale für die musik. Welt Nr. 48, Leipzig 1900. — Die Ausstattung des Sarkophags entspricht nicht mehr dem ursprünglichen Zustand, der Metallkranz des Großherzogs war bei meinem Besuch in Marienthal 1905 nicht mehr vorhanden, sondern nach Aussage des Küsters einige Jahre vorher abhanden gekommen (?). Die Gruft hat mehrfach durch das Hochwasser der im Frühjahr mächtig anschwellenden Neiße gelitten, die im Sommer, das Bild des Klosterfriedens vollendend, sich sanft durch das anmutige Tal zwischen grünenden Wiesen und Bäumen hinschlängelt.

S. 258. Familie Rossi, Franziska und Carl Sontag: Von den Kindern des gräflichen Ehepaares befand sich der ältere Sohn Alexander zur Zeit der Amerikareise der Eltern als Attaché bei der sardinischen Gesandtschaft im Haag. Der jüngere, Luigi, besuchte unter Aufsicht eines Hofmeisters damals das Gymnasium in Aschaffenburg und sollte nach dem Wunsche der Mutter später die Rechte studieren und dann in den bayrischen Staatsdienst treten oder die Oberaufsicht über die Bewirtschaftung des zu erwerbenden Rittergutes führen. Beide Söhne scheinen in verhältnismäßig jungen Jahren gestorben zu sein. — Die beiden Töchter, von denen die ältere unvermählt blieb, während die jüngere einen ungarischen Magnaten heiratete, befanden sich zur Zeit des Todes der Mutter in einem von Nonnen geleiteten Erziehungsinstitut Sacré coeur bei Richmond in England. — Graf Rossi starb 67 Jahre alt, im Februar 1864 in Brüssel, wo damals sein ältester Sohn der italienischen Gesandtschaft zugeteilt war. Auch Franziska Sontag überlebte ihre berühmte Tochter um mehr als ein Jahrzehnt, sie starb im 77. Lebensjahre am 10. April 1865 in Dresden. Über ihren jüngsten Sohn, Carl, der damals den Namen Holm führte, und über das erste Jahrzehnt seiner schauspielerischen Laufbahn, enthalten einige Briefe des Ehepaares Rossi und der Mutter interessantes bislang unbekanntes Material. 1845 schreibt Henriette der Andree: „Carl Holm ist in einer Buchhandlung und wird seine Carriere recht gut machen. Er ist ein guter gescheiter Junge und betet die Mutter an. Schon wegen dem wünsche ich Nina aus Mutters Nähe, denn dem gönnt sie keinen Löffel Suppe. Jede Butterstulle wird ihm vorgeworfen." Carls Übertritt zur Bühne 1848 betrachtete die Gräfin Rossi dagegen nicht mit günstigen Augen: „Mama hat endlich ihren Carl Holm als Schauspieler mit 20 Thalern Monats-Gehalt in Dresden selbst beim Hoftheater angebracht. Ich wußte es wohl. Aus dem Jungen konnte nur ein Komödiant werden. Was ich aber am meisten fürchte, ist, daß er wie sein Vater ein miserabler Schauspieler werden wird (vergl. Anmerkung S. 277) und er am Ende doch wieder zu seiner Buchhandlung zurückkehren wird müssen, was am Ende noch das Beste für beide wäre. Nächstens soll er in kleinen Rollen auftreten." Ihre damaligen Befürchtungen hat der Künstler, der zeitweilig zu den gefeiertsten deutschen Schauspielern zählte, durch die Tat glänzend widerlegt. — In die Zeit seiner Wirksamkeit am Schweriner Hoftheater (1852/59) fällt die offizielle Änderung seines Namens in Carl Sontag. Franziska Sontag hatte sich im Juni 1855 an Henriettes fürstlichen Gönner in Strelitz mit der Bitte gewandt, die Namensänderung des Sohnes zu sanktionieren. Großherzog Georg erklärte sich darauf bereit, dem Künstler Heimatsrecht und Militärfreiheit zu gewähren, erhob jedoch gegen die Namensänderung Bedenken. Franziska S. erbat nunmehr die Intervention ihres Schwiegersohnes. Graf Rossi, bereitwillig auf ihre Wünsche eingehend, richtete aus Brüssel am 19. Juni 1855 an den Großherzog Georg ein Schreiben, in das er folgenden längeren Passus aus dem Briefe Franziska S's. einschaltete: „Carl kann und darf gesetzlich nicht den Namen Holm führen, er müßte also um diese Erlaubnis einkommen und der Geheime Kabinetsrat Prosch in Schwerin, den Carl in sein Geheimnis eingeweiht hatte, sagt, daß da diese Umstände einmal gemacht werden müssen, dann möge es wenigstens nur der Name sein, der Carl gebührt. .... Ich weiß den Inhalt (des Briefes des Großherzogs) und kann Ihnen sagen, das der ganze Brief auf das Bedenken hinausgeht, die Namensveränderung würde zu viel Aufsehen erregen. Aber ge-

rade um das Auffehen zu vermeiden, welches die Führung des Namens Holm bis jetzt
gemacht hat und noch macht, wünsche ich die Umänderung. Carl ist seit seinem siebenten
Jahre bei mir und nennt mich Mutter, weshalb es natürlich ist, daß alle Welt ihn für
meinen Sohn hielt und Carl Sontag nannte. Als er im Jahre 1848 zum Theater ging
und als H o l m auf dem Zettel stand, stellte sich halb Dresden auf den Kopf und drang
in mich um die Urfache. Ich antwortete, daß ich nicht wüßte, ob Carl Talent hätte und
hätte er diefes nicht und wäre von der Bühne nicht abzubringen, so würde er eine nur
sehr untergeordnete Rolle dabei spielen, und sollte er zufällig ein Engagement in dem
Staat finden, wo mein Schwiegersohn mit meiner Tochter lebte, so würde es diefem gewiß nicht angenehm sein, den Namen seiner Frau auf dem Theaterzettel zu lesen. Das
fanden die Leute sehr vernünftig, bis meine gute Henriette selbst wieder zum Theater
ging, da standen alle wieder um mich herum und quälten, ich sollte jetzt dem Carl seinen
wahren Namen wiedergeben, denn er sei ja nun wieder auf dem Theaterzettel erschienen.
Die Benennung Holm hat mich schon oft in die peinlichste Verlegenheit gesetzt: Im
Jahre 1849 stellte ich Carl meinen Bekannten in Berlin als meinen Sohn vor und
Henriette als ihren Bruder und man nannte ihn immer Sontag, bis in einer großen
Gesellschaft bei Birch-Pfeiffer, wo ich mit Henriette und Carl geladen war, wir unsere
Namen unter eine Kollekte setzten und Carl den Namen Holm zum Erstaunen aller Welt
unterschrieb. Henriette wurde gefragt, was das zu bedeuten habe, ich nahm aber schnell
das Wort und sagte, er führe einen anderen Namen, weil er sich der Militärpflicht entzogen habe, und so kam ich noch oft deshalb in Verlegenheit und Carl ebenso in Schwerin
beinahe täglich, denn kaum war er dort, wußten die Leute, daß er mein Sohn sei und
als mein ältester Sohn August Sontag im Österreichischen Ingenieur-Corps ihn im
vorigen Jahre in Schwerin besuchte und bei der Tafel des Großherzogs gefragt wurde,
was ihn nach Schwerin führe und August antwortete — ich will meinen Bruder besuchen — da kam nun auch bei Hofe die Sache zur Sprache. Carl wurde dann mit
August von den Offizieren zum Diner geladen und nur H e r r S o n t a g genannt, wie ihn
auch der Großherzog immerwährend nennt. Man wird also darin garnichts finden, wenn
er sich künftig Carl Sontag nennt, da er unter diesem Namen und fast nur unter diefem
bekannt ist. Das Auffehen würde aber nicht zu fürchten sein und einen anderen Grund
gibt es nicht. Wäre Carl nicht ein Mann von Ehre, würde ich es selbst nicht verlangen,
aber das ist er im strengsten Grad. Er hat in jeder Hinsicht eine ehrenvolle Stellung, die
erste an seinem Theater und sein Großherzog ist ihm als Mensch wie als Schauspieler sehr
gewogen und hat sich selbst von Carl versprechen lassen, daß er nur dann Schwerin verläßt, wenn man ihm eine ganz besonders glänzende Stellung wo anders anbietet."

Zum Schluß unterstützte Graf Rossi die Bitte seiner Schwiegermutter und dankte
im voraus dem fürstlichen Gönner im Namen der verewigten Jette, „wenn E. Kgl. H.
der alten Mutter diesen letzten Trost ins Grab mitgeben wollten". Der Großherzog
blieb bei diesem Appell an sein Herz denn auch nicht ungerührt und ließ Carl Holm das
erbetene Namenspatent zuteil werden. Graf Rossi, der diese einer Auszeichnung für den
jungen Schauspieler gleichkommende Erlaubnis, den berühmten Künstlernamen Sontag
statt des rechtlich Carl allein zustehenden Namens der Mutter, Markloff, oder des
nichtssagenden Pseudonyms Holm fortan de jure zu führen, vollauf zu würdigen wußte,
erblickte darin einen letzten Freundschaftsbeweis des greisen Fürsten für Henriette und
dankte dem Großherzog gerührt: „So gehen die Wohltaten, die unser Engel allenthalben
im Leben um sich verbreitete, auch noch über das Grab hinaus und unwillkürlich werden
wir dessen fromme Instrumente."

Anhang.

Ikonographisches.

Wenige Frauen sind bei ihren Lebzeiten und nach ihrem Tode so oft abgebildet worden wie Henriette Sontag. Große Meister und dilettierende Kunsthandwerker haben mit Pinsel und Stift, mit Kohle und Grabstichel die zierliche Henriette und die imposantere Madame Sontag, Gräfin Rossi zu verewigen gesucht. „An meinem Gesicht", schreibt die Gräfin 1840 anläßlich eines im Entstehen befindlichen Porträts, „sind schon so manche große Talente gescheitert." In der Tat läßt die Ähnlichkeit auf manchen Bildern auch für das nicht mehr mit dem Original vertraute Auge des nachgeborenen Beschauers zu wünschen übrig. Wenn Schletterer A. D. B. die Mehrzahl der Bildnisse der Sontag durch die großen Lockenwülste an den Schläfen entstellt findet, so gilt das für Porträts aus der Zeit jener Haarmode überhaupt. Einige Bilder der Sontag, der Bauer, der Fournier, der Hoguet-Vestris und Haizinger sehen wegen eben dieser Lockenwülste auf den ersten Blick einander zum Verwechseln ähnlich. Saphir empfahl 1827 in der „Schnellpost" das von Carloni in Paris geschaffene Bild der schönen Sängerin als das bislang beste zur Anschaffung. Von der Sontag selbst sind briefliche Urteile über die beiden bekanntesten und bedeutendsten Ölgemälde von Delaroche und Magnus in Briefen an Friedrich Foerster aus dem Jahre 1850 enthalten. Der Pariser Meister hatte, wie sie erzählt, ihr das bereits 1828 entstandene Bild, das sie als Donna Anna in Mozarts „Don Juan" darstellt, als Zeichen seiner Verehrung 1850 geschenkt. „Es ist schön als Gemälde, allein nicht ähnlich und höchst traurig aufgefaßt." Die Tadlerin übersah, daß gerade durch die in den Geist der Rolle eindringende Auffassung des Künstlers der scheinbare Mangel an Ähnlichkeit verursacht und bedingt war. Über das im Jahre 1849 entstandene Bild von Magnus heißt es in einem andern Briefe aus London: „Ich wünsche so gern zu wissen, welchen Preis Magnus für mein Bild bestimmt hat, um meine Schuld endlich zu entrichten. Leid tut es mir, daß Magnus das Bild nicht zur hiesigen Ausstellung geschickt hat." Über einen nach diesem Porträt geschaffenen Kupferstich äußerte sich die Gräfin sehr abfällig. „Ich finde es als eine wahre Sünde, ein solches Produkt nach einem solch gelungenen Bilde wie jenes von Magnus der Welt preis zu geben." Als „magnifique" bezeichnete sie dagegen an derselben Stelle einen Kupferstich nach einem „sehr lieblichen Bilde" von Salomé. Auch das 1851 entstandene Aquarell von F. Winterhalter fand ihren vollen Beifall. „W. will es lithographieren lassen, da es gewiß das beste Bild von mir ist." Das Gemälde von Delaroche wurde in den 70er Jahren von Carl Sontag käuflich erworben und ging nach seinem Tode durch letztwillige Verfügung in den Besitz der königl. Gemälde-Galerie in Dresden über. Das Originalgemälde von Magnus befand sich 1906 im Besitz der ältesten Tochter der Sontag in Wien.

Im Jahre 1909 entdeckte der Kunstschriftsteller Fritz Stahl bei einer Berliner Dame ein angeblich die Gräfin Rossi in Lebensgröße darstellendes Porträt von Magnus, das der Besitzerin nach ihrer Aussage von der Porträtierten einst zum Geschenk gemacht worden war. Der bekannte Gemälde-Restaurator Schmidt (1911 †), dem das Bild zur Auffrischung übergeben wurde, bezeichnete dasselbe sofort als ein ihm aus dem Atelier von Magnus (gestorben 1872) her bekanntes Porträt der Sontag. Das neu gefundene Gemälde von Magnus weicht freilich von dem bekannten älteren nicht unbedeutend ab, weist dagegen mit Daguerreotypen der Gräfin Rossi aus jenen Jahren unverkennbare Ähnlichkeit auf. Wir wissen andererseits, daß der Wiederbeginn der anstrengenden Künstlerlaufbahn in der äußeren Erscheinung der gräflichen Sängerin sichtbare Veränderungen hervorrief. Ebenso ist durch einen mir vorliegenden Brief der Rossi aus Paris im Jahre 1851 ihr Wunsch, noch einmal von Magnus porträtiert zu werden, erwiesen: „Ich bin jetzt so mager und schlank geworden; wenn doch Magnus hierher käme und mich sähe". Nun weilte der Maler in der Tat von 1850—53 auf einer Studienreise in Frankreich und Spanien (vergl. A. Seuberts Allgemeines Künstler-Lexikon 2. Band, Stuttgart 1878) und hatte somit Gelegenheit gehabt, den Wunsch der Gräfin zu erfüllen und ihre schlanke, blasse, aristokatische Erscheinung nochmals mit seinem Pinsel zu verewigen. An malerischen Qualitäten und vornehmer Auffassung ist die neue Darstellung der Totalfigur dem älteren Brustbilde zweifellos überlegen. — Von den zahlreichen Stichen und Lithographien sind die von Fleischmann, Bülow und Weger am verbreitetsten. Obgleich meine nachfolgende Liste 80 Nummern gegenüber 31 in der Ikonographie Ungherinis aufweist, kann auch sie keinen Anspruch auf Vollständigkeit erheben, da aus Privatbesitz und in Katalogen immer wieder neue Originale oder seltene Reproduktionen auftauchen. Die Identifizierung der letzteren ist wegen ungenauer oder widersprechender Angaben über die Zeichner, Stecher und Lithographen ohne Autopsie häufig unmöglich, und ich habe deshalb auf die Aufführung einer ganzen Reihe derartiger zweifelhafter Reproduktionen lieber verzichtet. Nicht berücksichtigt wurden in dieser Zusammenstellung auch die zahlreichen Holzschnitte, die insbesondere in den letzten Lebensjahren und nach dem Tode der Künstlerin in den illustrierten Zeitungen, Familienblättern und Musikzeitungen zumeist als Einschaltbilder im Texte erschienen sind, ferner die nicht minder zahlreichen Autotypien. Dasselbe gilt von den Daguerreotypen, von denen ein gerahmtes koloriertes Exemplar in Visitformat sich beispielsweise in der Sammlung Donebauer-Prag befand. — Nachbildungen des anonymen Miniaturporträts der Sontag als Italienerin in Algier aus dem Jahre 1825 und Daguerreotypen von 1850/52 haben den Holzschneidern der 50er und 60er Jahre zumeist als Vorlage gedient.

Die Bilder sind nachstehend in alphabetischer Reihenfolge der Namen der Verfertiger geordnet; Anonyma erscheinen jedesmal zum Schlusse. Das Jahr der Entstehung, soweit es auf den Werken vermerkt oder mit einiger Sicherheit zu ermitteln war, ist angegeben.

A. Oelgemälde, Aquarelle und Zeichnungen.

1. als Donna Anna von Delaroche, Paris 1828.
2. von Fleischmann.
3. von E. Gleich.
4. als Agathe von Gosse, 1829.
5. als Donna Anna von Gosse, 1829.
6. von Grevedon.
7. von Hayter.

8. als Donna del lago von J. Hübner.

9. als Emmeline von J. Hübner.

10. von Franz Krüger, Berlin 1825.

11. Hüftbild, Aquarell von C. L'Allemand, 1837.

12. Porträt von Ed. Magnus, 1849.

13. Porträt, ganze Figur von Ed. Magnus, 1851.

14. als Aschenbrödel von Maurin.

15. Bleistiftzeichnung von Fr. Michaelis, Berlin 1833.

16. Zeichnung nach dem Leben von J. Peroux.

17. Porträt von A. Salomé, 1850.

18. Porträt von Winterhalter, 1850.

19. Anonym, Miniaturporträt als Italienerin in Algier, Berlin 1825.

20. Anonym, Federzeichnung, (André, Offenbach).

Auch die Großherzogin Marie v. Mecklenburg-Strelitz und die Gräfin Auguste v. Bernstorff sollen mehrere Bilder von Henriette Sontag gemalt und gezeichnet haben.

B. Stiche und Mezzos.

1. Als weiße Dame von J. Bachmann (ca. 1826). — 2. Stahlstich von Duncan. — 3. als Emmeline von Fleischmann nach Hübner (ca. 1826). — 4. Porträt von Fleischmann (ca. 1826). — 5. als Donna del lago von Fleischmann nach Hübner (ca. 1826). — 6. als Donna Anna von J. Girard nach P. Delaroche (1829). — 7. von B. Holl (Drawn und engraved). — 8. als Rosine von Maleuvre (ca. 1827). — 9. als Agathe von J. W. Reynolds nach Goße (ca. 1829). — 10. als Donna Anna von J. W. Reynolds nach Goße (ca. 1829). — 11. von E. Riepenhausen (1830). — 12. als Donna Anna von Robinson (ca. 1829). — 13. von H. T. Ryall (mit Unterschrift Countess Rossi, ca. 1849). — 14. als weiße Dame von J. Stoeber (ca. 1827). — 15. von C. Schuler nach Pfann. — 16. von C. Schuler nach Winterhalter (1850). — 17. von Weger und Singer, Stahlstich, Porträt mit Facsimile ca. 1850). — 18. Dieselben, nach Winterhalter, Kniestück (Hamburg, 1852 Schubert & Co.) — 19. von G. Zobel nach A. Salomé (London 1850). — 20. Anonym nach Magnus 1849. — 21. Anonymer Stahlstich in „Zeitgenossen" Nr. 1, Bibliographisches Institut, Hild-burghausen (ca. 1851). — 22. Anonymer Stahlstich, als weiße Dame. — 23. Anonymer kolorierter Stich als Regimentstochter in „Galerie dramatique" Paris ca. 1851. 24. Anonymer Stahlstich, Baumgärtner, Leipzig 1863.

C. Lithographien.

1. von E. Albrecht (Lenz, Leipzig). — 2. Debüt im Salon von Bülow ca. 1825. — 3. Kniestück in Tondruck, von Bülow, Berlin. — 4. Gürtelbild von Carloni, 1827. — 5. von C. C. Cialdini. — 6. von Crottschling. — 7. von Engelmann nach Vigneron. — 8. von Fechert nach Magnus 1849. — 9. von Fechert nach L'Allemand. — 10. von F. A. Fricke. — 11. von H. Grevedon, 1830. — 12. von Helmlehner, Berlin 1827. — 13. von W. Hermes. — 14. als Aschenbrödel von Hove, ca 1828. — 15. von Jab. — 16. von Klose nach E. Gleich, Berlin 1827. — 17. von L. Krusemann, Amsterdam 1827. — 18. von Lemercier nach Grevedon 1830. — 19. von Emma Mathieu. — 20. von G. Ed. Müller, Berlin, nach Franz Krüger ca. 1825. — 21. als Donna del lago von G. Nehrlich, ca. 1827. — 22. von Leon Noel nach Winterhalter, 1850. — 23. von J. Peroux. — 24. von Poenicke. 25. von F. Streuber. — 25. von Sturm. — 27. von F. Vogel. — 28. von Vigneron. — 29. als Aschenbrödel von Villain nach Maurin, ca. 1827. — 30. von

F. Zelinka, Prag. — 31. von C. Zobel. — 32. Anonym. Ganze Figur mit Guitarre. — 33. Anonym, (Leipzig, Henze). — 34. Anonym, (Berlin, Zawitz). — 35. Anonym, Berlin, Sala & Co.) — 36. Anonym, London 1829.

Gegenüber der Masse der Gemälde und Stiche ist es auffallend, daß die Medailleurkunst sich nur ein einziges Mal und dazu in recht mäßiger Form an einer Nachbildung der Züge der Sontag versucht hat, während die einschlägige Monographie Musica in nummis von Andorfer und Epstein (Wien 1905) beispielsweise von Jenny Lind nicht weniger als 11 Plaketten, Medaillen und Jetons verzeichnet. Diese vermutlich aus dem Jahre 1826 stammende einseitige Sontag-Medaille (38 mm), deren Verfertiger sich nicht genannt hat, zeigt auf stark erhöhter, gegen den Rand zu abfallender Fläche in doppelter Linienfassung das bekannte Brustbild der Sängerin als Italienerin in Algier und ist mit einer angelöteten Oese versehen. — Über Büsten der Sontag vergl. S. 93 und S. 280. — Über Karikaturen vergl. S. 280 und S. 286.

Die auf Tafel III nachgebildeten Miniaturporträts in Pastellmanier von Franz Sontag, die sich im Nachlasse Carl Sontags vorfanden, dürfen füglich als Unika angesprochen werden. In keinem der vielen hundert im Laufe der Zeit mir zu Händen gekommenen Kataloge öffentlicher und privater Porträtsammlungen und Auktionsverzeichnisse und in keiner der illustrierten Theaterzeitschriften ist mir jemals ein Bild des Vaters der Sontag begegnet. Dasselbe gilt von Franziska Sontag, von der mir nur ein einstmals im Besitze Carl Sontags befindliches, jetzt verschollenes mäßiges Gemälde bekannt geworden ist. Nina Sontags Züge scheinen nur der anonyme Zeichner des auf Tafel VIII dieses Buches zum erstenmal veröffentlichten anmutigen Porträts und ein ziemlich grober anonymer Holzschnitt, der das junge Mädchen mit hochgetürmtem Lockenbau zeigt, sowie endlich die auf Tafel XI reproduzierte Silhouette als Schwester Juliane in Nonnentracht der Nachwelt überliefert zu haben.

Druckfehler-Berichtigung.

Seite 23, Zeile 4 v. o. lies statt Spontinis Spohrs.
Seite 31, Zeile 6 v. o. u. ö. lies Clam-Gallas.
Seite 47, Zeile 6 v. o. u. ö. lies Clanwilliam.
Seite 179, Zeile 10 v. o. lies Dorgerloh.

Personen-Register.